suhrkamp taschenbuch
wissenschaft 2036

Michel Foucault war Philosoph und Historiker, Begründer einer bestimmten Spielart der Diskursanalyse, aber kein Medienwissenschaftler. Nie empfahl er seine Schriften als »Rezepte« für irgendeine Denkweise oder gar Fachdisziplin, sondern nannte sie lieber »Werkzeuge« und sogar »Träume«. Darin kommt eine von Foucault kultivierte »experimentelle Haltung« zum Ausdruck, die sowohl für seine großen Abhandlungen als auch für seine Essays, Vorträge und Gelegenheitsäußerungen zu Malerei und Photographie, zur Musik und zum Kino, zur Ordnung des Diskurses und zum Rauschen der Informationstechnologien prägend war. Der Band versammelt erstmals all jene (kürzeren) Texte, in denen Foucault die Entstehung und den Wandel der heutigen Medienkultur beleuchtet.

Michel Foucault (1926-1984) hatte von 1970 an den Lehrstuhl für die Geschichte der Denksysteme am Collège de France in Paris inne. Sein Werk liegt im Suhrkamp Verlag vor.

Bernhard J. Dotzler ist Professor für Medienwissenschaft an der Universität Regensburg. Bei Suhrkamp erschien zuletzt: *1929. Beiträge zur Archäologie der Medien* (stw 1579, hg. zusammen mit Stefan Andriopoulos).

Michel Foucault

# Schriften zur Medientheorie

Ausgewählt und mit einem Nachwort
von Bernhard J. Dotzler

Suhrkamp

Bibliografische Information der Deutschen Nationalbibliothek
Die Deutsche Nationalbibliothek verzeichnet diese Publikation
in der Deutschen Nationalbibliografie;
detaillierte bibliografische Daten sind im Internet
über http://dnb.d-nb.de abrufbar.

suhrkamp taschenbuch wissenschaft 2036
Erste Auflage 2013

Umschlag nach Entwürfen
von Willy Fleckhaus und Rolf Staudt
Druck: Druckhaus Nomos, Sinzheim
Printed in Germany
ISBN 978-3-518-29636-3

# Inhalt

Information



Medienmacht



Coda



*Bernhard J. Dotzler*
Nachwort

# [Statt eines Vorworts:] Worüber denken die Philosophen nach?

»A quoi rêvent les philosophes?« (Gespräch mit E. Lossowsky), in: *L'Imprévu*, Nr. 2, 28. Januar 1975, S. 13.

– *Michel Foucault, lesen Sie die Zeitungen? Was suchen Sie darin? Und womit beginnen Sie?*
– Oh, puh, wissen Sie, ich glaube, meine Lektüre ist sehr banal. Meine Lektüre beginnt beim Kleinsten, Alltäglichsten. Ich schaue auf die im Ausbrechen begriffene Krise und dann drehe ich meine Runden um die großen Kerne, die großen, ein wenig ewigkeitlichen, ein wenig theoretischen Zonen, ohne Tag und ohne Datum …
– Le Monde? *Ist das auch Ihre Bibel? Teilen Sie diesbezüglich die Passion der Linksintellektuellen?*
– Die stets gut informierten Artikel aus *Le Monde* hätten auch zwei Monate früher oder vier Jahre danach geschrieben sein können. Und dann sowieso der Journalist, der in Manila, in Kairo oder in Oslo ankommt, sich auf dem Flughafen befindet, und bereits der Taxifahrer sagt ihm einen zugleich banalen wie zündenden Satz, was ihm dann in einer hochfeierlichen Rede durch den Außenminister wiederholt werden wird … Es folgen im Allgemeinen sehr genaue, sehr treffliche Analysen. Doch hier unternehme ich den Versuch, sie von einem anderen lesen zu lassen, der mir dann so ungefähr erzählen soll, worum es dabei geht.
– *Und das Fernsehen, funktionsbereit?*
– Was mich daran stört, ist die Qualität des französischen Fernsehens. Wahrlich! Es ist eines der besten der Welt, unglücklicherweise! Ich habe in den Vereinigten Staaten gelernt, wie man mit dem Fernsehen umgeht. Bis dahin fand ich, dass es ein wenig entwürdigend war, wenn man sich das in den Kopf setzte, sich das anzuschauen. Doch in den Vereinigten Staaten ist es, insofern es von sehr schlechter Qualität ist, sehr angenehm, die ganze Zeit mit dem Fernsehen zu leben. Es gibt zehn Sender, es gibt von allem was, man kann von einem Sender auf den anderen klicken.

Aber was mich in Frankreich stört und ganz schrecklich aufregt, ist, dass man verpflichtet ist, vorab die Programme durchzusehen, um zu wissen, was man nicht versäumen darf, und folglich seinen Abend darauf abstimmen muss.

Und dann gibt es noch montags *Le Pain noir*. Mit dem Ergebnis, dass sämtliche Montage blockiert sind. In diesem Fall denke ich, dass es sehr wenige Fernsehsender in der Welt geben dürfte, die die Frechheit und das Geld haben, eine solche Serie zu produzieren. Das ist unglaublich! Das macht die Gewalt des Fernsehens aus. Am Ende leben alle Leute nach seinem Rhythmus. Die Hauptnachrichtensendung im Fernsehen wird eine Viertelstunde später ausgestrahlt: Nun, da weiß man, dass die Restaurants ihre Gäste eine Viertelstunde später zu Gesicht bekommen werden.

– *Und wenn Sie rausgehen, wofür sind Sie empfänglich, wohin lassen Sie Ihre Gedanken treiben?*

– Wohin ich meine Gedanken treiben lasse? Nein, so was! Ich weiß nicht so recht. Letztlich wird es so sein, dass ich meine Gedanken sehr wenig treiben lasse, ich habe eine ziemlich geringe Fähigkeit zum Vergnügen. Ich habe eine tiefe Unfähigkeit, mich zu vergnügen.

– *Sie verlieren keine Zeit?*

– Nein, nicht so sehr. Und ich bin nicht sehr stolz darauf. Ich würde gern wie einer meiner Freunde sagen können: »Ich bin vor Mittag niemals frei, am Morgen verliere ich meine Zeit!« Nein, dazu bin ich nicht fähig. Und wenn ich rausgehe, da habe ich ein Mittel gefunden, um meine Gedanken nicht treiben zu lassen: Ich nehme das Fahrrad, ich bewege mich nur noch damit fort. Ein wunderbares Spiel in Paris! Aber auch hier gibt es Leute, die mit dem Fahrrad fahren und die wunderbare Dinge sehen. Es scheint so, dass der Pont Royal um sieben Uhr abends im September, wenn es ein wenig Nebel gibt, großartig ist. Ich nun gar nicht, ich sehe das nicht, ich spiele mit den Staus, ich spiele mit den Autos, immer noch das Kräfteverhältnis.

– *An den Orten, an denen Sie Ihre Tage verbringen, richten Sie da nicht Ihre Aufmerksamkeit auf die Szenerie? Schauen Sie sich nicht beispielsweise die Malerei an?*

– Gerade an der Malerei gefällt mir, dass man wirklich genötigt wird zu schauen. Nun, eben da komme ich zur Ruhe. Das ist eines der seltenen Dinge, worüber ich mit Lust schreibe und ohne mich mit etwas herumzuschlagen. Ich glaube, zur Malerei habe ich kein taktisches oder strategisches Verhältnis.

– *Sie sind bereit, sich alles anzusehen?*
– Ich glaube, ja. Es gibt Sachen, die mich faszinieren, die mich absolut einfangen, so wie Manet. Alles an ihm haut mich um. Die Hässlichkeit zum Beispiel. Die Aggressivität der Hässlichkeit wie in *Le Balcon*. Und dann die Unerklärbarkeit, so wie er ja selbst nichts über seine eigene Malerei gesagt hat. Manet hat in der Malerei einiges getan; im Verhältnis dazu waren die »Impressionisten« absolut rückständig.
– *Was heißt für Sie Hässlichkeit? Handelt es sich dabei um eine Form der Vulgarität?*
– Nein, absolut nicht. Wie Sie wissen, lässt sich die Hässlichkeit nur sehr schwer definieren. Es kann sich um vollständige Zerstörung handeln, um systematische Gleichgültigkeit gegenüber sämtlichen ästhetischen Kanons, und nicht nur denen seiner Epoche. Manet war gleichgültig gegenüber den ästhetischen Kanons, die so sehr in unserer Empfindsamkeit verankert sind, dass man selbst jetzt noch nicht versteht, warum er es gemacht hat, und wie er es gemacht hat. Es gibt eine tiefe Hässlichkeit, die auch heute noch heult und kreischt.
– *Und welche unter den Zeitgenössischen interessieren Sie am meisten?*
– Das sind im Wesentlichen die amerikanischen Maler. Letztes Jahr habe ich mir mit dem Geld aus der Neuausgabe der *Histoire de la folie* [dt. *Wahnsinn und Gesellschaft*, Frankfurt am Main 1969] den Traum meines Lebens verwirklicht: Ich habe einen Tobey gekauft. Und dann, als ich zu Hause war, war ich überzeugt, dass ich nicht mehr rausgehen würde.

Und dann gab es die Hyperrealisten. Es ist mir nie so richtig klar geworden, was mir an ihnen gefiel. Es hatte sicher etwas damit zu tun, dass sie mit der Wiederherstellung der Rechte des Bildes spielten. Und das nach einer langen Disqualifizierung. Als man zum Beispiel in Paris, wo man stets sehr spät dran ist, die Bilder von einigen Pompier-Malern wie Clovis Trouille wieder hervorholte, war ich erstaunt sowohl über meine Lust, mir das anzusehen, als auch über die Lust, die die Leute dabei hatten. Das war eine Freude! Der Strom sprang körperlich, sexuell über. Plötzlich sprang mir der unglaubliche Jansenismus in die Augen, den die Malerei uns über Jahrzehnte und Jahrzehnte aufgezwungen hatte.
– *Sie sind empfänglicher für die Arbeit der Malerei als für die der Literatur?*

– Ja, ganz eindeutig. Ich muss sagen, dass ich das Schreiben nie allzu sehr gemocht habe. An der Malerei fasziniert mich die Materialität.

*Übersetzt von Hans-Dieter Gondek*

# Diskurs

# Von der Archäologie zur Dynastik

»Archeologie Kara dynastique he« (»De l'archéologie à la dynastique«; Gespräch mit S. Hasumi in Paris am 27. September 1972), in: *Umi*, März 1973, S. 182-206.

– *Die japanische Übersetzung von* Les Mots et les Choses *[dt.* Die Ordnung der Dinge, *Frankfurt am Main 1971] ist leider noch nicht fertig, während die von* L'Archéologie du savoir *[dt.* Archäologie des Wissens, *Frankfurt am Main 1973] vor zwei Jahren veröffentlicht wurde. Diese chronologische Umkehrung Ihrer Werke führte in Japan zu einigen Missverständnissen bezüglich Ihres Denkens, insbesondere im Hinblick darauf, was Sie am Ende von* Les Mots et les Choses *geschrieben haben. Die japanische Presse hat Sie der Öffentlichkeit als einen »strukturalistischen Philosophen präsentiert, der die Geschichte und den Menschen getötet hat«, und trotz des Vortrags, den Sie in Tokio über »Die Rückkehr zur Geschichte«*[1] *gehalten haben, besteht dieser Mythos fort. Gegenstand dieses Gesprächs wird es also sein, diese Missverständnisse aufzulösen.*

– In *Les Mots et les Choses* versuchte ich, Diskurstypen zu beschreiben. Mir schien, dass die institutionelle, enzyklopädische, an Lehrzwecken orientierte Klassifikation, zum Beispiel Biologie, Psychologie, Soziologie, keine allgemeineren Gruppierungserscheinungen berücksichtigte, die sich ausmachen lassen. Ich wollte normative und regelgeleitete Diskursformen abgrenzen. Beispielsweise gab es im 17. und 18. Jahrhundert einen Typ von Diskurs, der zugleich beschreibend und klassifizierend war und den man sowohl bezogen auf die Sprache als auch bezogen auf Lebewesen oder die Wirtschaft findet. Ich wollte zeigen, wie sich im 19. Jahrhundert ein neuer Typ bzw. mehrere neue Typen von Diskursen bildeten, darunter der Diskurs der Humanwissenschaften. Ich habe diese Beschreibung, diese Analyse, wenn Sie so wollen, der Transformation von Diskurstypen unternommen. Das ganze Buch hindurch habe ich gesagt, dass es sich dabei nur um eine Analyseebene handelte, dass ich in diesem Buch weder die Absicht hatte, das Problem zu lösen, auf welche historischen Realitäten sich diese Diskurstypen bezogen, noch was

1 Siehe Nr. 103, in: Foucault, M., *Schriften*, Bd. 2, Frankfurt/M. 2002, S. 331-347.

der tiefere Grund für die Veränderungen war, die man bei diesen Diskurstypen beobachten kann. Es handelt sich also um eine Beschreibung, eine Oberflächenbeschreibung, eine Beschreibung, die sich absichtlich auf die Oberfläche bezog. Einige Kritiker – im Allgemeinen waren es jene empiristischen und kraftlosen Marxisten, denen ich bereitwillig die Schuld zuweise – haben sich mit beispielloser Böswilligkeit geweigert, die immerhin expliziten Sätze zur Kenntnis zu nehmen, in denen ich sagte: »Ich beschreibe hier nur; es stellen sich einige Probleme, die ich anschließend zu lösen versuchen werde.« Sie haben sich geweigert, diese Sätze zu lesen, und haben mir vorgeworfen, diese Probleme nicht gelöst zu haben.

Im Augenblick bin ich bei dem Versuch, sie zu stellen, d.h., dass ich die Ebene wechsle: Nachdem ich die Diskurstypen analysiert habe, versuche ich zu verstehen, wie sich diese Diskurstypen historisch bilden konnten und auf welche historischen Realitäten sie sich beziehen. Was ich die »Archäologie des Wissens« nenne, ist genau die Bestimmung und Beschreibung dieser Diskurstypen, und was ich die »Dynastik des Wissens« nenne, ist das Verhältnis zwischen diesen großen Diskurstypen, die man in einer Kultur beobachten kann, und den historischen, wirtschaftlichen und politischen Bedingungen ihres Auftretens und ihrer Bildung. So wurde *Les Mots et les Choses* zu *L'Archéologie du savoir*, und das, woran ich gerade arbeite, liegt auf der Ebene der Dynastik des Wissens.

– *Sie haben gerade von »kraftlosen Marxisten« gesprochen. Worin besteht Ihre wesentliche Kritik der marxistischen Methode? In Japan stellt man sich die Frage, ob M. Foucault versuchen wird, über Marx hinauszugehen, oder gehört das nicht zu diesem Fragenkomplex?*

– Ich muss sagen, dass ich von der Art und Weise, wie einige europäische Marxisten die historische Analyse praktizieren, außerordentlich peinlich berührt bin. Ich finde es auch sehr peinlich, auf welche Weise sie sich auf Marx berufen. Vor kurzem las ich einen Artikel in *La Pensée*, der übrigens sehr schön war. Dieser Artikel wurde von jemandem geschrieben, den ich gut kenne, der ein Mitarbeiter von Althusser ist und Balibar heißt. Er hat einen sehr bemerkenswerten Artikel über das Problem des Staats und die Transformation des Staats nach Marx geschrieben.[2] Ich finde diesen

2 Balibar, É., »La rectification du *Manifeste communiste*«, La Pensée, Nr. 164, August 1972, S. 38-64.

Artikel zwar interessant, aber ich kann beim Lesen ein Schmunzeln nicht unterdrücken, weil er auf zwanzig Seiten im Ausgang von ein oder zwei Sätzen von Marx zu zeigen versucht, dass Marx die Transformation des Staatsapparats innerhalb des revolutionären Prozesses vorausgesehen hatte, und zwar in einem gewissen Sinne schon vom Beginn des revolutionären Prozesses an. Balibar zeigt mit großer Gelehrsamkeit eine große Fähigkeit zur Textauslegung, dass Marx dies gesagt und jenes vorausgesehen hatte. Ich bewundere also diesen Artikel, weil er eine gelungene Textauslegung darstellt, und ich schmunzle darüber, weil ich weiß, warum Balibar das tut. Er tut dies, weil in der realen politischen Praxis, in den realen revolutionären Prozessen der Bestand und die Dauerhaftigkeit des bürgerlichen Staatsapparats bis hin zu den sozialistischen Staaten in der Tat ein Problem ist, auf das man stößt und dem man auch heute begegnet. So sehr es mir wichtig erscheint, dieses Problem auf der Grundlage wirklicher historischer Daten zu stellen, über die wir verfügen, beispielsweise das Fortdauern der staatlichen Strukturen, das Fortbestehen der Struktur der zaristischen Armee innerhalb der Roten Armee zur Zeit Trotzkis, was ein wirkliches historisches Problem ist, so sehr bin ich doch davon überzeugt, dass das marxistische Problem des Staats im Ausgang von Problemen wie diesen gelöst werden muss, und nicht im Ausgang von einer Textinterpretation, deren Ziel es ist, herauszubekommen, ob Marx vorhergesehen hat oder nicht …

– *Das heißt, im Ausgang von einem Ereignis …*

– … im Ausgang von einem Ereignis der historischen Wirklichkeit, die Marx selbst zu denken ermöglichte, bezüglich deren er eine bestimmte Anzahl von Ebenen, von Mechanismen, von Funktionsweisen identifiziert hat. Es ist Marx, dem wir alle diese Analysen verdanken. Das ist absolut gewiss. Aber selbst wenn Marx nicht wirklich alles gesagt hätte, was man gegenwärtig über den Staat denken soll, selbst wenn man mit den Mitteln, die er verwendet hat, über eine historische Wirklichkeit nachdenken könnte und die Analyse nicht nur ihrem Inhalt, sondern auch ihrer Form nach und im Hinblick auf die verwendeten Mittel vorantreiben könnte, würde mir das annehmbar erscheinen. Aber ich brauche nicht sicher zu sein, dass Marx die Notwendigkeit der Transformation des Staats schon vom Beginn des revolutionären Prozesses an vorausgesehen hat; ich brauche nicht sicher zu sein, dass er das gesagt hat, um überzeugt zu sein, dass es notwendig ist. Mir obliegt die Analyse der historischen Wirklichkeit. Der erste Vorwurf, den ich also diesen Marxisten mache, die ich »kraftlos« nenne, ist das Misstrauen, das sie dem historischen Material, der historischen Wirklichkeit entgegenbringen, mit der sie zu tun haben, und ihre grenzenlose Ehrfurcht vor dem Text, was sie notwendig an die akademische Tradition der Textauslegung fesselt. Sie versteifen sich auf das Akademische gerade aufgrund ihrer Ehrfurcht vor Marx' Text. Das ist mein erster Vorwurf.

Mein zweiter Vorwurf ist eng damit verbunden. Er betrifft die Geschichte. Ich glaube, dass auch dort einige Marxisten, nicht unbedingt alle, dermaßen mit dem Kanon, mit den Regeln beschäftigt sind, die sie von Marx' Texten abzuleiten glaubten, dass sie nicht in der Lage sind, eine wirkliche historische Analyse durchzuführen. Betrachten wir ein Beispiel: Die Wissenschaftsgeschichte ist ganz sicher ein historisch äußerst wichtiges Gebiet, das man mit Begriffen, Methoden und Perspektiven bearbeitet hat, die wir Marx verdanken. Nun ist es aber so, dass die Wissenschaftsgeschichte, die in der orthodoxen marxistischen Tradition steht, von Engels sehr flüchtig skizziert wurde. Sie wurde außerdem von Lenin bis zu einem gewissen Punkt in *Materialismus und Empiriokritizismus* nachgezeichnet. Was auch immer Engels' Kompetenz gewesen sein mag, die gewiss groß war, so hat der Zustand der Wissenschaft in der Tat unsere Perspektiven sehr verändert, während der eine den *Anti-Dühring* oder die *Dialektik der Natur* und der andere *Materialismus und Empiriokritizismus* schrieb. Ihre Perspektive war überhaupt nicht wissenschaftsgeschichtlich, sondern etwas ganz anderes. Es handelte sich um eine ideologische oder theoretische und zugleich politische Polemik, die sich an bestimmte Leute richtete. Man kann also sagen, dass das Gebiet der Wissenschaftsgeschichte jungfräulich geblieben ist und dass es noch von keiner marxistischen Tradition erschlossen wurde. Ich behaupte, dass dieses Gebiet unfruchtbar ist, wenn man sich bei seiner Bearbeitung nur der Begriffe, Methoden und Themen bedienen will, die man wirklich in den Texten von Marx und Lenin findet. So. Daher mache ich jenen, die ich »kraftlose« Marxisten nenne, den Vorwurf der Kraftlosigkeit, des Akademischen und der Phantasielosigkeit.

– *Sie beschränken sich auf den Kommentar des klassischen Zeitalters. Also Wort für Wort.*

– Genau. Sie haben den Gebrauch, den man von Marx machen kann, eingeengt; sie haben ihn auf eine rein akademische Tradition eingeschränkt. Das ist übrigens sehr interessant, weil sie sich selbst in einen merkwürdigen Widerspruch verwickeln. Tatsächlich sagen sie einerseits: Der Marxismus ist eine Wissenschaft. Vielleicht weil ich auch Wissenschaftshistoriker bin, scheint es mir kein sonderliches Kompliment zu sein, wenn man von einem Diskurstyp sagt, er sei eine Wissenschaft. Ich glaube nicht, dass man einen Diskurstyp wirklich ehrt oder dass man ihn wirklich wertschätzt, wenn man sagt: Das ist ein wissenschaftlicher Diskurs. Mir scheint jedenfalls, dass ein wissenschaftlicher Diskurs sich zumindest gegenwärtig durch bestimmte Merkmale auszeichnet, unter denen die folgenden zu finden sind: Wenn es richtig ist, dass jede Wissenschaft einen Gründer hat, dann kann die historische Entwicklung dieser Wissenschaft niemals bloß im Kommentar der Texte dieses Autors bestehen. Wenn es stimmt, dass die Physik von Galilei begründet wurde, dann kann man im Namen der Wissenschaftlichkeit der Physik genau wissen, bis zu welchem Punkt Galilei gelangte, bis wohin er folglich nicht gelangte … und worin er sich geirrt hat. Dasselbe gilt für Newton, für Cuvier und Darwin. Wenn es wahr ist, dass die Marxisten, bestimmte Marxisten, den Marxismus als Wissenschaft betrachten, dann müssen sie wissen, im Namen und auf der Grundlage dieser Wissenschaft selbst, worin sich Marx geirrt hat. Einem Marxisten, der mir sagt, dass der Marxismus eine Wissenschaft sei, antworte ich: Ich werde an dem Tag glauben, dass Sie den Marxismus als Wissenschaft praktizieren, an dem Sie mir im Namen dieser Wissenschaft zeigen, worin sich Marx geirrt hat.

– *Ich möchte zu einer anderen Frage übergehen, die den Begriff des Diskurses betrifft, oder genauer, das Verhältnis, so wie Sie es sich vorstellen, zwischen dem System von Repressionen und der Geschichte des abendländischen Diskurses. Für Jacques Derrida ist zum Beispiel die Tradition der abendländischen Metaphysik nur die Geschichte der Herrschaft der gesprochenen Rede über die Schrift … Mir scheint, dass Sie sich weigern, uns diesen Typ von begrifflichem Repressionsmodell vorzustellen.*

– Leider bin ich nicht in der Lage, diese hochfliegenden Spekulationen anzustellen, die es gestatten würden zu sagen: Die Geschichte des Diskurses ist die logozentrische Unterdrückung der Schrift. Wenn es so wäre, dann wäre es wunderbar … Leider erlaubt das ganz bescheidene Material, das ich bearbeite, keine so fürstliche Behandlung. Aber dabei komme ich auf den ersten Punkt zurück, von dem wir sprachen. Mir scheint, dass, wenn man die Geschichte bestimmter Diskurstypen schreiben will, die ja Wissensträger sind, man die Machtverhältnisse nicht auslassen kann, die in der Gesellschaft bestehen, in der dieser Diskurs stattfindet. Ich habe es Ihnen schon vorhin gesagt, *Les Mots et les Choses* bewegt sich auf einer rein beschreibenden Ebene, die jede Analyse von Machtverhältnissen, die der Erscheinung eines Diskurstyps zugrunde liegen und ihn ermöglichen, unberücksichtigt lässt. Dieses Buch habe ich nach zwei anderen geschrieben, von denen das eine die Geschichte des Wahnsinns behandelt und das andere die Geschichte der Medizin, nämlich *Naissance de la clinique* [dt. *Die Geburt der Klinik*, München 1973], und zwar genau deshalb, weil ich in diesen beiden ersten Büchern auf eine etwas konfuse und ungeordnete Weise versucht hatte, alle Probleme gleichzeitig zu behandeln. Insbesondere habe ich im Hinblick auf den Wahnsinn versucht zu zeigen, wie der psychiatrische, psychopathologische, psychologische und auch der psychoanalytische Diskurs im Abendland nur unter bestimmten Bedingungen in Erscheinung treten konnte. Es ist wirklich sehr eigenartig festzustellen, dass man schließlich schon sehr lange vom Wahnsinn sprach, dass es schon sehr lange eine Literatur über den Wahnsinn gab und dass die Ärzte ebenfalls schon sehr lange in beiläufiger und eher andeutungsvoller Weise über den Wahnsinn sprachen. Aber es gab keine Wissenschaft des Wahnsinns. Die Vorstellung, dass man über den Wahnsinn als wissenschaftlichen Gegenstand sprechen könnte, dass man ihn analysieren könnte, wie man ein biologisches oder ein anderes pathologisches Phänomen analysieren kann, ist eine späte Vorstellung. Ich habe also versucht zu verstehen, wie und warum der wissenschaftliche Diskurs über den Wahnsinn zu diesem Zeitpunkt entstanden ist, d. h. im Grunde seit dem Ende des 17. Jahrhunderts. Zu dieser Zeit keimte diese Vorstellung im Abendland auf und hat vom 19. Jahrhundert an jene gewaltige psychologische und psychiatrische Literatur hervorgebracht. Mir schien, dass man diese Entstehung mit einem ganz neuen Typ von gesellschaftlicher Macht in Verbindung bringen kann oder vielmehr mit einer neuen Weise der Machtausübung. Und mir schien, dass die große Unterdrückung, die große Einengung der Bevölkerung in den zentralisierten Staaten, in den Manufaktur betreibenden Staaten des 17. Jahrhunderts und in den Industriestaaten des 19. Jahrhunderts die Bedingung der Möglichkeit für das Erscheinen dieser Wissenschaft war. Im Hinblick auf die Medizin habe ich versucht, eine ähnliche Analyse durchzuführen, also die Machtverhältnisse aufzudecken, d. h. notwendigerweise die Formen der Unterdrückung, die mit der Erscheinung eines bestimmten Wissens verbunden waren. Jetzt versuche ich, in einem etwas größeren Maßstab und im Hinblick auf jene berüchtigten Humanwissenschaften, deren Typologie ich in *Les Mots et les Choses* beschrieben habe, zu verstehen, wie diese Wissenschaften zu Beginn des 19. Jahrhunderts, und zwar völlig im Einklang mit der Konstitution einer entwickelten kapitalistischen Gesellschaft, in Erscheinung getreten sind.

– *Die folgende Frage bezieht sich auf Ihre Bestimmung des Raumes des Vorlesungssaals am Collège de France. Ich stelle mir vor, dass es bei Ihnen drei privilegierte Räume gibt: Einerseits eine Bühne, andererseits eine Bibliothek und zwischen beiden befindet sich das, was Sie ein Deck nennen, d. h. einen leeren Raum. Wie würden Sie den Ort jenes Saals im Verhältnis zu diesen drei Räumen bestimmen, wo Ihre Reden sich verflüchtigen, wenn sie einmal gehalten wurden …*

– Sie stellen mir da eine interessante Frage, und die Weise, in der Sie sie vorbringen, ist sehr geschickt, sehr intelligent und bringt mich notgedrungen in Verlegenheit. Sie wissen, dass seit 1968, seit der großen Krise der Universität in Frankreich im Grunde niemand mehr weiß, mit wem er es bei der Lehre zu tun hat, nicht weiß, was er lehren soll, und nicht weiß, warum er lehrt. Das gilt, glaube ich, für alle Professoren Frankreichs. Nun gibt es eine sehr merkwürdige Institution, nämlich das Collège de France, der ich seit zwei, drei Jahren angehöre. Es ist eine Institution, die jedem Professor Freiheit, ein absolut außergewöhnliches Maß an Freiheit lässt. Diese Freiheit ist an eine einzige Verpflichtung gebunden: zwölf Vorlesungen pro Jahr für ein Publikum zu halten, das man nicht kennt, dem gegenüber man keine Verpflichtung hat und dem man nur deshalb erzählt, was man zu erzählen hat, weil man Lust dazu verspürt oder weil man es nötig hat oder weil man muss. Es handelt sich um eine etwas abstrakte Art der Verpflichtung. Anders gesagt, das Collège de France, das eine sehr alte Institution ist, hat anscheinend in einem bestimmten Sinne die Notlage, in der sich jeder Professor heute in Frankreich befindet, vorhergesehen und institutionalisiert. Nur, die Professoren der gewöhnlichen Universitäten tun das aus einer Notlage heraus und wegen der einstweiligen Krise. Wir am Collège de France tun es jedoch auf eine absolut gewohnheitsmäßige, institutionelle und geregelte Weise.

Es hat berühmte Fälle gegeben. Valéry war während des Krieges Professor am Collège de France. Die Hörerschaft war klein, da die Leute, soweit möglich, aus Paris geflüchtet waren. Er hatte also seine berüchtigten zwölf Stunden Lehre zu absolvieren. Wie alle anderen Professoren am Collège de France wusste er nicht, zu wem er sprach, er wusste nicht, zu wem er sprechen würde, und er wusste nicht, warum er überhaupt etwas sagen sollte. Also war seine große Hoffnung jedes Mal, dass überhaupt keine Hörer kämen. Er ging in seinem Büro auf und ab und rauchte dabei nervös eine Zigarette nach der anderen. Von Zeit zu Zeit rief er den Pedell an und fragte ihn: »Ist schon jemand da?«, und der Pedell antwortete: »Nein, nein, niemand. – Ist jemand da? – Nein, immer noch nicht. – Ist jemand da?«, und dann sagte der Pedell: »Ja, es sind zwei Leute gekommen.« In diesem Augenblick sagte Valéry: »Mist!« Er drückte seine Zigarette aus und ging in seine Vorlesung.

Diese Anekdote über das Collège de France ist vielleicht nicht besonders interessant, aber Ihre Frage ist wichtig und ernst. Trotzdem scheint mir, dass man Folgendes sagen könnte: Die Weitergabe von Wissen durch die Rede, durch die Rede eines Professors in einem Vorlesungssaal, in einem Raum, in einer Institution wie einer Universität, einem Kolleg, darauf kommt es nicht an, diese Art von Weitergabe des Wissens ist jetzt vollkommen überholt. Es handelt sich um einen Archaismus, eine Art von Machtverhältnis, das wie eine leere Muschel fortbesteht. Während der Professor keine wirkliche Macht mehr über die Studenten hat, bleibt die Form dieses Machtverhältnisses bestehen. Man hat sich von ihr nicht völlig befreit. Ich denke, dass die Rede des Professors gezwungenermaßen eine archaische Rede ist. Man weiß genau, welche Aufsätze und welche Bücher man gerne schreiben möchte. Ich weiß zum Beispiel genau, welche Radio- oder Fernsehsendungen ich gerne machen würde, wenn es mir nicht politisch untersagt wäre. Ich weiß außerdem genau, welche politischen Reden ich halten könnte. Wenn ich bei anderen Gruppen von Gefängnissen spreche, wenn ich zum Beispiel zu den Leuten des Verbands für die Aufklärung über Gefängnisse spreche, weiß ich, was ich ihnen sagen soll, und die

Diskussionen sind oft sehr interessant. Ich versichere Ihnen, dass die Angst, die mich jedes Jahr und gerade in diesen Tagen befällt, wo ich die Vorlesungen für das kommende Jahr vorbereiten muss, schwer zu überwinden ist.

– *Welches Interesse haben Sie an der französischen Literatur? Manche Autoren zitieren Sie sehr häufig, zum Beispiel Georges Bataille, Artaud etc. Dagegen sprechen Sie nur selten von den so genannten »klassischen« Autoren.*

– Ich werde Ihnen auf eine grobe und barbarische Weise antworten. Ich interessiere mich weiterhin sehr für jene Schriftsteller, die auf eine bestimmte Art die Grenzen und die Kategorien des Denkens aufgebrochen haben. Blanchot, Bataille, Klossowski, Artaud haben innerhalb des abendländischen, literarisch-philosophischen Diskurses etwas erscheinen lassen, was die Sprache des Denkens selbst war. Das ist keine Philosophie, das ist keine Literatur, das sind keine Essays, sondern das sprechende Denken selbst, und zwar das Denken, das immer diesseits oder jenseits der Sprache ist, das sich der Sprache immer entzieht, das dann von der Sprache wieder eingeholt wird, die über es hinausgeht, das dann aber erneut die Sprache durchbricht. Dieses merkwürdige Verhältnis von Verkettungen, von gegenseitigem Übersteigen, von Verflechtungen und Ungleichgewichten zwischen dem Denken und dem Diskurs hat mich bei den Schriftstellern sehr interessiert.

Dagegen bringen mich die Schriftsteller, selbst die großen Schriftsteller, wie es Flaubert oder Proust sein können, viel mehr in Verlegenheit. Jedenfalls bin ich von ihnen viel weniger beeindruckt. Manchmal sage ich einfach so zum Spaß Dinge über Flaubert, den Sie tausendmal besser kennen als ich. Ich wollte etwas über *La Tentation de saint Antoine* [*Die Versuchung des heiligen Antonius*] machen, weil mich das amüsierte, oder über *Bouvard et Pécuchet* [*Bouvard und Pécuchet*]. Aber ich muss sagen, dass ich die Lektüre solcher Schriftsteller weder besonders spannend finde noch von ihnen wirklich erschüttert wurde. Und je mehr das so ist, umso weniger interessiere ich mich für die institutionalisierte Schriftstellerei in Form von Literatur. Dagegen interessiere ich mich immer mehr für alles, was dem nicht entspricht: der anonyme Diskurs, der Diskurs des Alltags, all die platt gebügelten Reden, die von den Institutionen abgelehnt oder von der Zeit beiseitegeschoben werden, was die Verrückten seit Hunderten von Jahren in den Anstalten sagen, was die Arbeiter schon immer gesagt, gerufen und geschrien haben, seitdem das Proletariat als Klasse existiert und ein Klassenbewusstsein hat, was unter diesen Bedingungen gesagt wurde, diese Sprache, die zugleich flüchtig und hartnäckig ist und die nie die Grenzen der Institution der Literatur, der Institution der Schrift überschritten hat.

Unmittelbar vor unserem Gespräch war ich mit Jean Genet zusammen, und wir haben geredet. Ich soll Vorlesungen in Amerika halten und weiß nicht, worüber ich wohl sprechen könnte. Ich sagte mir: Ich werde Vorlesungen über die Literatur des Verbrechens halten, über das, was über Verbrechen geschrieben wurde, über Lacenaire, Sade, Genet. Ich habe das Genet erzählt, wir haben ein bisschen über sein Werk gesprochen, dann hat er sich unvermittelt umgedreht – wir gingen auf der Straße und waren genau vor dem Palais-Royal –, er hat sich umgedreht und gesagt: »Sie haben vorhin über *Les Paravents*[3] [*Wände überall*] gesprochen. Sie haben mir gesagt, dass Ihnen *Les Paravents* gefallen hat. Was wollen Sie, all das zählt für mich nicht mehr«, und er deutete mit dem Zeigefinger auf die Comédie Française und sagte zu mir: »Schauen Sie, das, aber ich pfeife darauf!« Genet schreibt nicht mehr für das Theater und kann es auch nicht mehr. Patrice Chéreau hat ihm gerade wegen *Les Paravents* geschrieben und ihn gebeten, das Stück wieder aufzuführen. Er antwortete Chéreau: »Aber ich will nicht, ich kann nicht, ich habe nichts mehr darüber zu sagen.« Doch Genet arbeitet. Ich habe in meinem Schrank einen Haufen von Artikeln, die er über die politische Macht geschrieben hat, worin die politische Macht besteht. Ich komme gerade von diesem Gespräch mit ihm, ich bin ziemlich mitgenommen von der Idee, dass ich Vorlesungen in Amerika werde halten müssen und dass ich dann am Collège de France welche halten muss, weil ich mich ihm sehr nahe fühle. Ich hätte gegenüber jeder literarischen Institution große Lust, wie er zu sagen: »Ich pfeife darauf!«

– *Sie lieben Jean Genet … das heißt, lieben Sie die Schriften Genets oder interessiert Sie die Persönlichkeit?*

– Ich bin wie alle anderen auch. Ich habe Jean Genet gelesen, als ich jung war, und ich war wie viele Leute sehr erschüttert. Das *Journal du voleur* [*Tagebuch eines Diebes*] ist sicher einer der ganz großen

3 Genet, J., *Les Paravents*, Paris, Gallimard, 1961 [dt. *Wände überall*, Hamburg 1960].

Texte. Ich habe Genet persönlich unter ganz anderen Bedingungen kennen gelernt, außerhalb des Kontextes von Schriftstellern und Literatur. Es war im Zusammenhang mit der Black-Panther-Bewegung, es ging um politische Dinge, und wir haben uns recht gut angefreundet. Wir sehen uns sehr oft. Zumindest wenn er in Paris ist, sehen wir uns alle zwei bis drei Tage. Wir plaudern und gehen spazieren. Er ist ein Mann, von dem ich nicht sagen kann, dass er mich beeindruckt. Wenn ich ihn innerhalb der Institution der Literatur kennen gelernt hätte, hätte er mich wahrscheinlich tief eingeschüchtert. Aber die Schlichtheit, mit der er sich an die politische Arbeit machte, und zugleich sein tiefes politisches Gespür – dieser Mann ist im Grunde seines Wesens ein Revolutionär, in jedem Augenblick seines Lebens, in der geringsten seiner Entscheidungen – sind natürlich beeindruckend und verleihen seinen Reaktionen eine tiefe Gerechtigkeit, auch dann, wenn sie nicht direkt formuliert sind. Es ist nicht so, dass er sie nicht direkt formulieren oder keine wirklich sehr schönen theoretischen Texte über das Thema der Macht schreiben könnte. Was mich jedoch frappiert, ist seine revolutionäre und absolut beständige Entscheidung, ohne dass er ein Aufrührer wäre.

– *Meine letzte Frage betrifft das, was Ihnen Ihre Reise nach Japan gebracht oder vielleicht auch nicht gebracht hat. In Ihrer Antrittsvorlesung haben Sie William Adams erwähnt, der Mathematikprofessor des Shogun war. Wo und in welchem Zusammenhang haben Sie von ihm gehört?*

– Ich gestehe, dass ich mich nicht mehr sehr gut daran erinnere. Ich vermute, dass es mit dieser Reise nach Japan zu tun hatte, wahrscheinlich in einem Buch, das ich zuvor gelesen hatte, um mich ein wenig zu informieren, oder in einem Buch, das ich dort gelesen habe. Diese Geschichte über Adams, der dem Shogun die Mathematik lehrt, welcher dieses Wissen so schön fand, dass er es für sich allein behalten wollte, weil dieser Shogun sehr genau verstand, wie stark das Wissen mit der Macht verknüpft ist, diese Geschichte schien mir von äußerster Tiefe zu sein. Mir schien, dass der Shogun in seiner Weisheit vollkommen verstanden hatte, was wir gänzlich vergessen haben, was für uns völlig verschüttet ist, nämlich die Beziehungen zwischen Wissen und Macht. Die ganze Philosophie des Abendlands besteht darin, das Wissen in einer idealen Sphäre zu zeigen oder es einer solchen zuzurechnen, so dass es nie von den historischen Umschwüngen der Macht tangiert wird. Das Abendland nimmt also diese Teilung vor, obwohl von außen gesehen, in den Augen des Shogun, das Abendland im Gegenteil als eine Kultur erscheint, in der Wissen und Macht tief miteinander verbunden sind. Das schien mir eine der vielleicht tiefsten Perspektiven auf das Abendland zu sein. Ich war darüber erstaunt …

– *Der Shogun hätte also geradezu instinktiv diese Beziehung zwischen Wissen und Macht wahrgenommen …*

– Aber ja! Obwohl man sagen kann, dass seit Platon die ganze abendländische Philosophie darin bestand, die größtmögliche Distanz zwischen dem einen und dem anderen herzustellen. Das führte einerseits zu den Themen der Idealität des Wissens und außerdem zu jener sehr sonderbaren und sehr heuchlerischen Arbeitsteilung zwischen den Männern der Macht und den Männern des Wissens, zu jener sehr merkwürdigen Person des Weisen und des Wissenschaftlers, der auf jede Macht und auf jede Teilnahme am Gemeinwesen verzichten muss, um zur Wahrheit zu gelangen. All das gehört zu der Fabel, die sich das Abendland erzählt, um seinen ungeheuren Machthunger zu verdecken, der sich aus dem Wissen speist.

– *Ihre hauptsächliche Sorge gilt der Analyse der Herausbildung der* Episteme *im Abendland. Worin besteht für Sie die Welt außerhalb des Abendlandes?*

– Sie stellen mir da eine sehr schwierige Frage. Diese Welt war ungeheuer groß. Ich wollte eine Wissenschaftsgeschichte schreiben, die sich nicht auf die Geschichte der Wissenschaften, auf die Universalität des Wissens beziehen sollte, sondern im Gegenteil auf die historische und geographische Eigentümlichkeit des Wissens. Dieses Abendland war eine Hand voll Männer am Ende des Mittelalters, es war immer noch eine Hand voll Männer im 16. und 17. Jahrhundert. Hat heute das Abendland nicht alles verschluckt? Ging nicht schließlich in einem bestimmten Sinn die ganze Welt auf Empfang im Hinblick auf seine Formen des Wissens, in einigen Fällen im Modus der Unterwerfung, in anderen im Modus der Aneignung, in wieder anderen im Modus des Konflikts? Der Marxismus ist ein Teil, und was für ein großer, dieses Wissens, das im Abendland entworfen wurde. Wie könnte er da zu einem Mittel der Analyse, und vor allem zu einem Mittel des Kampfes, und sogar des Kampfes gegen das Abendland werden? Was bedeutet das in Nationen und Kulturen, die nicht zum Abendland gehören? Bedeutet das nicht letztlich die Aneignung eines Wissens, das im Abendland gebildet wurde durch andere, die ihm nicht angehören? Vielleicht. Übrigens ist es sehr gut möglich, dass man sich in fünfzig, hundert oder zweihundert Jahren darüber klar wird, dass diese Aneignung letztlich nur eine kurze Episode in der Geschichte des Fernen Ostens gewesen ist, und infolgedessen wird das Abendland dieser Bestandteile, die es weitergeben konnte, ganz enteignet werden. Im Augenblick hat man aber doch den Eindruck, dass der wissenschaftliche, wirtschaftliche und politische Austausch, der sich zwischen den Nationen der Welt vollzieht, auch und vor allem in Form von Konflikten und Rivalitäten, Kanäle, Wege und Mittel wählt, deren historischer Ursprung im Westen liegt. Ich möchte jedoch nicht, dass das, was ich sage, als furchtbar imperialistisch erscheint.

– *Ich glaube nicht, weil es sich gerade um Punkte handelt, über die man nicht sprechen will. Der moderne Imperialismus zieht es vor, diese historische Wahrheit, auf die Sie gerade hingewiesen haben, zu verdecken.*

– Eigentlich kann ich mir sehr gut vorstellen, dass man im Hinblick auf einen anderen Maßstab, d. h., wenn man nicht das betrachtet, was seit zweihundert Jahren geschah, sondern wenn man in Jahrtausenden zählt, etwas ganz anderes sehen kann als die Art von Verwestlichung, von der ich sprach. Es ist tatsächlich möglich, dass in der Geschichte des Fernen Ostens, auf einer Zeitskala von Jahrtausenden betrachtet, diese belanglose Verwestlichung als vollkommen oberflächlich erscheinen wird, als ein Phänomen, das nur zwei Jahrhunderte gedauert hat. Mir scheint jedoch, dass die Mittel, mit denen sich die nichtwestliche Welt gegenwärtig von der entsetzlichen wirtschaftlichen Ausbeutung befreit, die der Westen ihr im letzten Jahrhundert oder zu Beginn dieses Jahrhunderts zu kosten gab, aus dem Westen stammen. Was wird nun geschehen? Wird es durch diese Befreiung, die sich durch Mittel westlichen Ursprungs vollzieht, wird es etwas ganz anderes geben, die Entdeckung einer Kultur, einer absolut außerwestlichen Zivilisation? Ich halte das für möglich. Ich halte es sogar für wahrscheinlich. Ich wünsche mir jedenfalls, dass es möglich ist und dass die Welt von dieser westlichen Kultur befreit wird, die sich nicht von jenen Formen der Macht trennen lässt, die für die Bildung des Kapitalismus charakteristisch waren. Es ist wahrscheinlich, dass eine nichtkapitalistische Kultur jetzt nur außerhalb des Westens entstehen kann.

Im Westen wurden das abendländische Wissen und die abendländische Kultur durch die eiserne Hand des Kapitalismus gebeugt. Wir sind gewiss zu verbraucht, um eine nichtkapitalistische Kultur entstehen zu lassen. Die nichtkapitalistische Kultur wird nichtwestlich sein, und folglich muss sie von Menschen erfunden werden, die nicht zum Abendland gehören. Ich wollte vorhin sagen, dass gegenwärtig die Menschen des Westens durch ihre eigene Kolonialisierung, durch die Verwestlichung der ganzen Welt in eine Falle geraten sind, weil sich die nichtwestliche Welt mit Werkzeugen, die im Westen erfunden wurden, von seiner Herrschaft befreit hat.

Jetzt beginnt die Ära einer nichtwestlichen Kultur der kapitalistischen Welt.

*Übersetzt von Jürgen Schröder*

# Malerei/Photographie

# Worte und Bilder

»Les mots et les images«, *Le Nouvel Observateur* 154, 25. Oktober 1967, S. 49 f. (Über E. Panofsky, *Essais d'iconologie,*[1] Paris 1967, und *Architecture gothique et Pensée scolastique,*[2] Paris 1967.)

Man möge mir meinen Mangel an Kompetenz verzeihen. Ich bin kein Kunsthistoriker. Bis vor einem Monat hatte ich noch nichts von Panofsky gelesen. Damals erschienen gleichzeitig zwei Übersetzungen: die berühmten, im Original schon vor mehr als dreißig Jahren veröffentlichten *Essais d'iconologie* (fünf Studien zur Renaissance, denen Panofsky eine bedeutsame Reflexion über die Methode vorangestellt hat; die Einleitung zur französischen Ausgabe stammt von Bernard Teyssèdre) und zwei Studien zum gotischen Mittelalter, die Pierre Bourdieu kommentiert.

Angesichts solcher Verspätung muss die Gleichzeitigkeit überraschen. Ich kann kaum beurteilen, welchen Nutzen Fachleute aus dieser so lange gewünschten Veröffentlichung ziehen werden. Als ganz gewiss begeisterter Neophyt in Sachen Panofsky werde ich das Schicksal des Meisters in den Worten des Meisters erläutern, und ich sage, der Nutzen wird groß sein. Diese Übersetzungen werden die ferne, fremde *Ikonologie* zum *Habitus* machen; für gelernte Historiker werden diese Konzepte und Methoden nicht mehr etwas sein, das man erst noch lernen muss, sondern die Grundlage bilden, von der aus man sieht, liest, entschlüsselt und erkennt.

Aber ich werde mich nicht noch weiter vorwagen. Ich möchte nur sagen, was ich an Neuem in diesen Texten gefunden habe, die für andere bereits Klassiker sind: die Verschiebung, zu der sie uns einladen und die, wie ich hoffe, einen grundlegenden Ortswechsel für uns bedeuten wird.

Ein erstes Beispiel: die Analyse der Beziehungen zwischen dem Diskurs und dem Sichtbaren.

Wir sind überzeugt, wir *wissen*, dass alles in der Kultur spricht: Die Strukturen der Sprache prägen der Ordnung der Dinge ihre Form auf. Eine weitere (und bekanntlich sehr fruchtbare) Versi-

1 [Dt. *Studien zur Ikonologie*, Köln 1980.]

2 [Dt. *Gotische Architektur und Scholastik: zur Analogie von Kunst, Philosophie und Theologie im Mittelalter*, Köln 1989.]

on jenes Postulats von der Souveränität des Diskurses, das bereits die klassische Ikonographie voraussetzte. Für Émile Mâle waren die plastischen Formen in Stein, Linien oder Farben gefasste Texte; ein Kapitell oder eine Buchmalerei analysieren hieß aufzeigen, was dieses Kapitell oder diese Miniatur »sagen wollte«, hieß das Sprechen rekonstruieren, wo es sich wegen des unmittelbareren Ausdrucks seiner Worte entledigt hatte. Panofsky hebt das Privileg des Diskurses auf. Nicht um Autonomie für das plastische Universum zu fordern, sondern um die Komplexität der Beziehungen zu beschreiben: Überschneidung, Isomorphie, Transformation, Übersetzung, kurz: das ganze Feston des *Sichtbaren* und des *Sagbaren*, das eine Kultur in einem bestimmten geschichtlichen Augenblick kennzeichnet.

Einmal ziehen die Elemente des Diskurses sich als *Themen* durch die Texte, die kopierten Handschriften, die übersetzten, kommentierten, nachgeahmten Werke hindurch; aber sie gewinnen Gestalt in den plastischen *Motiven*, die ihrerseits Veränderungen unterworfen sind (auf der Grundlage desselben Ovid'schen Textes ist die Entführung Europas ein stilles Bad in einer Miniatur des 16. Jahrhunderts, eine brutale Vergewaltigung bei Dürer); ein andermal kommt die plastische Form zum Stillstand, findet aber Nachfolger in diversen Themen (aus der nackten Frau, die im Mittelalter für das Laster steht, wird im 16. Jahrhundert die schmucklose, also reine, wahre und geheiligte Liebe). Diskurs und Form bewegen sich im Verhältnis zueinander. Aber sie sind keineswegs unabhängig voneinander. Wenn Christi Geburt nicht mehr durch eine liegende Frau, sondern durch eine kniende Jungfrau Maria dargestellt wird, verlagert sich der Akzent auf das Thema der lebendigen Muttergottes, aber es wird auch eine rechteckige Komposition durch ein vertikales Dreiecksschema ersetzt. Gelegentlich scheinen Diskurs und Plastik eine gemeinsame Verlagerung zu erfahren. Der scholastische Diskurs bricht im 12. Jahrhundert mit der langen Folge der Beweise und Erörterungen. Die »Summen« lassen eine logische Architektur erkennen und verräumlichen die Schrift ebenso wie das Denken: Unterteilung in Paragraphen, sichtbare Unterordnung der Teile; Homogenität der auf gleicher Ebene stehenden Elemente, also Sichtbarkeit der gesamten Argumentation. Zur selben Zeit macht der Spitzbogen das Rippengefüge des Bauwerks sichtbar, ersetzt die große Kontinuität des Tonnengewölbes durch die Abgrenzung der Gewölbefelder und verleiht allen Elementen mit derselben Funktion dieselbe Struktur. Hier wie dort finden wir dasselbe Prinzip des *Zutage-Tretens*.

Der Diskurs ist also nicht die gemeinsame Interpretationsgrundlage aller Erscheinungen einer Kultur. Eine Form erscheinen zu lassen ist keine indirekte (subtilere oder auch naivere) Art, etwas zu *sagen*. Nicht alles, was die Menschen tun, ist letztlich ein entschlüsselbares Rauschen. Diskurs und Figur haben jeweils ihre eigene Seinsweise; aber sie unterhalten komplexe, verschachtelte Beziehungen. Ihr wechselseitiges Funktionieren gilt es zu beschreiben.

Ein weiteres Beispiel: die Analyse der Darstellungsfunktion der Malerei in den *Studien zur Ikonologie*.

Bis zum Ende des 19. Jahrhunderts ging es in der abendländischen Malerei um »Darstellung«. Über seine formale Komposition stand ein Bild stets in Beziehung zu einem Objekt. Unter diesen Umständen gilt es immer wieder herauszufinden, was an dieser Form oder dieser Bedeutung das Wesen eines Werkes bestimmt. Panofsky ersetzt diesen einfachen Gegensatz durch die Analyse einer komplexen Darstellungsfunktion, die sich mit unterschiedlichen Bedeutungen durch den gesamten formalen Aufbau des Bildes zieht.

Was ein Bild des 16. Jahrhunderts darstellt, ist in ihm in vierfacher Weise präsent. Linien und Farben stellen Objekte dar – Menschen, Tiere, Dinge, Götter –, aber stets nach den formalen Regeln eines Stils. Auf den Bildern einer bestimmten Zeit gibt es rituelle Standorte, die Auskunft darüber geben, ob man es mit einem Menschen oder einem Engel, mit einer Erscheinung oder einer Realität zu tun hat; außerdem zeigen sie Ausdruckswerte – ein zorniges Gesicht, die Melancholie eines Waldes –, aber hier nach den formalen Regeln einer Konvention (bei Le Brun haben die Leidenschaften nicht dieselbe Charakteristik wie bei Dürer). Diese Personen, Szenen, Gesichtsausdrücke und Gebärden verkörpern ihrerseits Themen, Episoden oder Konzepte (den Sturz des Vulcanus, die Frühzeit der Welt, die Unbeständigkeit der Liebe), aber dies nach den Regeln einer Typologie (im 16. Jahrhundert gehört das Schwert zu Judith, nicht zu Salomé). Und diese Themen schließlich geben *Raum* für ein Empfinden, ein System von Bedeutungen, aber nach den Regeln einer kulturellen Symptomatologie.

Die Darstellung ist der Form weder äußerlich, noch ist sie ihr gegenüber gleichgültig. Sie ist durch eine Funktionsweise an die Form gebunden, die man beschreiben kann, sofern man die verschiedenen Ebenen beachtet und für jede dieser Ebenen die jeweils spezifische Form von Analyse bestimmt. Dann erscheint das Werk in seiner aus Teilen zusammengesetzten Einheit.

Die Reflexion über die Formen, deren Bedeutung uns heute klar ist, hat sich in der Kunstgeschichte bekanntlich schon im 19. Jahrhundert entwickelt. Seit gut vierzig Jahren wandert sie von dort in andere Bereiche der Sprache und der sprachlichen Strukturen ein. Nun stellen sich zahlreiche – sehr schwer zu lösende – Probleme, wenn man die Grenzen der Sprache überschreiten möchte, und sogar schon bei der Untersuchung realer Diskurse. Panofskys Werk könnte hier als Fingerzeig oder vielleicht sogar als Vorbild dienen. Es lehrt uns, nicht nur die Elemente und deren Verknüpfungsgesetze zu untersuchen, sondern auch das wechselseitige Funktionieren der Systeme in der Realität einer Kultur.

*Übersetzt von Michael Bischoff*

# Dies ist keine Pfeife

»Ceci n'est pas une pipe«, *Les Cahiers du chemin* 2, 15. Januar 1968, S. 79-105. (Hommage an den am 15. August 1967 verstorbenen René Magritte.)

Eine erweiterte Fassung des Textes, gefolgt von zwei Briefen und vier Zeichnungen von Magritte, erschien 1973 bei den Éditions Fata Morgana in Montpellier.

## Zwei Pfeifen

Die erste Fassung, von 1926, glaube ich: eine sorgfältig gezeichnete Pfeife und darunter (in gleichmäßiger, eifriger, gekünstelter, klösterlich anmutender Schönschrift, wie man sie als Vorbild im Schreibheft eines Schülers oder nach dem Unterricht an der Tafel finden mag) dieser Hinweis: »Ceci n'est pas une pipe« – »Dies ist keine Pfeife«.

Die zweite Fassung – ich glaube, es ist die letzte – findet sich in *Aube à l'antipode*. Dieselbe Pfeife, derselbe Satz, dieselbe Schrift. Doch hier sind Text und Bild nicht in einem indifferenten, unbegrenzten, nicht weiter gekennzeichneten Raum übereinandergesetzt, sondern von einem Rahmen umgeben, der seinerseits auf einer Staffelei steht, und diese wiederum auf den deutlich erkennbaren Dielen eines Holzfußbodens. Darüber eine Pfeife, die genauso aussieht wie die auf dem Bild gemalte, aber sehr viel größer ist.

Die erste Fassung verblüfft allein durch ihre Einfachheit. Die zweite vervielfacht sichtbar die bewussten Unsicherheiten. Der auf der Staffelei stehende Rahmen zeigt an, dass es sich um das Bild eines Malers handelt: ein fertiges Werk, das nun ausgestellt wird und für den möglichen Betrachter mit einem kommentierenden oder erläuternden Hinweis versehen ist. Aber diese kindliche Schrift, die eigentlich weder den Titel des Gemäldes noch eines seiner Bildelemente darstellt, das Fehlen jeglichen Hinweises auf die Anwesenheit des Malers, die schlichte Umgebung, die groben Dielen des Fußbodens, all das lässt an eine Tafel in einem Klassenraum denken: Vielleicht wird schon bald ein Schwamm Bild und Text auslöschen, oder auch nur eines von beidem, um den »Fehler« zu korrigieren (und etwas zu zeichnen, das tatsächlich keine Pfeife ist, oder einen Satz zu schreiben, der sagt, dass es sich sehr wohl um eine Pfeife handelt). Ein Missgriff, der nicht von Dauer ist (ein »Missschrieb«, wie man nach dem Vorbild von »Missverständnis« sagen könnte) und der sich gleich in Kreidestaub auflösen wird?

Aber das ist nur die geringste Ungewissheit. Es gibt noch weitere: Wir sehen zwei Pfeifen. Oder sind es zwei Darstellungen derselben Pfeife? Oder eine Pfeife und ihr Bild? Oder zwei Bilder, die beide eine Pfeife darstellen? Oder zwei Bilder, von denen eines eine Pfeife darstellt, das andere jedoch nicht? Oder schließlich zwei Bilder, die beide weder eine Pfeife sind noch eine Pfeife darstellen? Und schon überrasche ich mich dabei, *Sein* und *Darstellen* zu verwechseln, als wäre beides gleichbedeutend, als wäre ein Bild das, was es darstellt. Und wenn ich (wie schon vor mehr als dreihundert Jahren die *Logik* von Port-Royal verlangte) sorgfältig zwischen der Darstellung und dem Dargestellten unterscheiden müsste – und das muss ich ganz gewiss –, dann müsste ich die eben aufgestellten Hypothesen nochmals vornehmen und mit zwei multiplizieren.

Aber auch dies verblüfft mich: Die auf dem Gemälde dargestellte Pfeife – ob schwarzes Holz oder bemalte Leinwand, spielt keine Rolle –, also die »untere« Pfeife, ist solide in einen Raum mit sichtbaren Bezugslinien eingebettet: Breite (der geschriebene Text, der obere und der untere Rand des Rahmens), Höhe (die Seiten des Rahmens und die Streben der Staffelei), Tiefe (die Nuten der Holzdielen). Ein stabiles Gefängnis. Die »obere« Pfeife dagegen besitzt keinerlei Koordinaten. Ihre übergroßen Proportionen machen ihre Lokalisierung ungewiss (das Gegenteil des Effekts, den man in *Le Tombeau des lutteurs* findet, wo das Riesenhafte in einen höchst präzisen Raum gefasst ist). Befindet diese übergroße Pfeife sich vor dem gemalten Bild und schiebt es weit nach hinten? Oder schwebt sie unmittelbar über der Staffelei wie eine Emanation, wie Rauch, der aus dem Gemälde aufgestiegen ist – Rauch aus einer Pfeife, der nun seinerseits Form und Gestalt einer Pfeife annimmt und in dieser Ähnlichkeit zum Gegenbild der Pfeife wird (in einem ähnlichen Spiel aus Analogie und Kontrast, wie man es in der Folge der *Batailles de l'Argonne* zwischen Dunst und Festem findet)? Oder könnte man vielleicht nicht sogar annehmen, sie befände sich hinter dem Gemälde und der Staffelei und wäre damit noch größer, als sie jetzt bereits erscheint? Dann wäre sie die überbordende Tiefe des Gemäldes, die innere Dimension, welche die Leinwand (oder die Tafel) sprengt und sich langsam in einem Raum verliert, der keinerlei Bezugspunkte mehr besitzt.

Aber nicht einmal dieser Unsicherheit bin ich mir sicher. Oder vielmehr, zweifelhaft erscheint mir gerade der simple Gegensatz zwischen dem nicht zu lokalisierenden Dahintreiben der oberen Pfeife und der Stabilität der unteren. Bei genauerem Hinsehen erkennt man leicht, dass die Füße der Staffelei, die den Rahmen trägt, in den die Leinwand gefasst ist, auf der das Bild sich befindet – dass diese Füße, die auf einem Holzboden ruhen, der durch seine Grobschlächtigkeit sichtbar wird und fest erscheint, in Wirklichkeit abgeschrägt sind. Sie berühren den Boden nur mit drei feinen Spitzen, die dem dennoch recht massiven Ensemble jede Stabilität nehmen. Droht das Ganze umzustürzen? Die Staffelei samt dem Rahmen, der Leinwand oder der Tafel, des Bildes und des Textes? Zersplittertes Holz, zerbrochene Figuren, Buchstaben, die so getrennt worden sind, dass man die Wörter vielleicht nicht mehr erkennen kann? Alles durcheinander auf dem Boden, während darüber weiterhin die große Pfeife ohne Maß und Bezugslinien mit der unerreichbaren Unbeweglichkeit eines Ballons schwebt?

## Das aufgelöste Kalligramm

Magrittes Bild (ich spreche im Augenblick von der ersten Fassung) ist so einfach wie eine Seite aus einem botanischen Handbuch: eine Zeichnung und ein Text, der sie bezeichnet. Nichts ist einfacher zu erkennen als eine so gezeichnete Pfeife, nichts leichter auszusprechen als die »Bezeichnung für eine Pfeife« – unsere Sprache tut es ganz von selbst für uns. Merkwürdig an dieser Figur ist nun aber nicht der »Widerspruch« zwischen Bild und Text. Und zwar aus einem einfachen Grund: Einen Widerspruch kann es nur zwischen zwei Aussagen oder innerhalb ein und derselben Aussage geben. Ich sehe aber, dass es hier nur eine Aussage gibt und dass ein Widerspruch ausgeschlossen ist, weil das Subjekt ein einfaches Demonstrativpronomen ist. Ist die Aussage also falsch? Aber wer sagt mir denn, dass diese Ansammlung von Strichen über dem Text eine Pfeife *ist*? Verwirrend ist hier, dass es unvermeidlich ist, den Text auf das Bild zu beziehen (das Demonstrativpronomen fordert uns ebenso dazu auf wie das Wort *Pfeife* und die Ähnlichkeit des Bildes), und dass es unmöglich ist, die Ebene zu bestimmen, auf der man sagen könnte, die Aussage sei wahr, falsch, widersprüchlich oder notwendig.

Ich kann mich nicht des Gedankens erwehren, dass die Teufelei in einer Operation steckt, die aufgrund ihres simplen Ergebnisses unsichtbar ist, aber allein die unbestimmte Beklemmung zu erklären vermag, die sie auslöst. Diese Operation ist ein Kalligramm, das Magritte heimlich geschaffen und dann sorgfältig wieder gelöscht hat. Alle Elemente der Figur, ihre wechselseitige Lage und ihr Verhältnis resultieren aus dieser unmittelbar nach ihrer Ausführung wieder annullierten Operation.

In seiner Jahrtausende alten Geschichte erfüllt das Kalligramm drei Aufgaben: Es ersetzt das Alphabet, es dient der Einübung ohne Zuhilfenahme der Rhetorik, und es fängt die Dinge in der Falle einer zweifachen Graphie. Zunächst einmal bringt es Text und Figur in allernächste Nähe; es schließt einen Kompromiss zwischen den Linien, die das Objekt abgrenzen, und den Linien der Buchstabenfolge; es versetzt die Aussagen in den Raum der Figur und sorgt dafür, dass der Text sagt, was die Zeichnung darstellt. Einerseits alphabetisiert es das Idiogramm, füllt es mit diskontinuierlichen Buchstaben und bringt so die stummen, ununterbrochenen Linien zum Sprechen. Aber andererseits verteilt es die Schrift in einem Raum, der nicht mehr die Gleichgültigkeit, Offenheit und tote Leere des Papiers besitzt; es zwingt ihn, sich nach den Gesetzen einer simultanen Form zu verteilen. Es reduziert die Phonetik auf graues Raunen, das nur für einen Augenblick ertönt und die Umrisse einer Figur vervollständigt; aber es macht die Zeichnung zu einer hauchdünnen Hülle, durch die man hindurchdringen muss, um die Entleerung des darin befindlichen Textes Wort für Wort zu verfolgen.

Das Kalligramm ist also eine Tautologie. Aber auf andere Weise als die Rhetorik. Die Rhetorik spielt mit der Überfülle der Sprache; sie nutzt die Möglichkeit, mit verschiedenen Worten zweimal dasselbe zu sagen; sie profitiert von dem übermäßigen Reichtum, der es gestattet, zwei verschiedene Dinge mit ein und demselben Wort zu sagen; das Wesen der Rhetorik liegt in der Allegorie. Das Kalligramm dagegen nutzt die Eigenschaft der Buchstaben, linienförmige, im Raum angeordnete Elemente und zugleich Zeichen zu sein, die man nur in der einen und einzigen Folge der Lautsubstanz aneinanderreihen darf. Als Zeichen vermag der Buchstabe Wörter zu fixieren, als Linie stellt er die betreffende Sache bildlich dar. So gibt das Kalligramm vor, die ältesten Gegensätze unserer alphabetischen Zivilisation spielerisch aufzuheben: Zeigen und Benennen; Darstellen und Sagen; Reproduzieren und Artikulieren; Nachahmen und Bedeuten; Anschauen und Lesen.

Indem es die Dinge, von denen es spricht, gleich zweimal in die Enge treibt, stellt es ihnen eine perfekte Falle. Durch den zweifachen Zugriff sichert es diese Gefangennahme, die der Diskurs oder die Zeichnung allein nicht bewerkstelligen könnten. Es beschwört die unüberwindliche, von den Wörtern nicht zu besiegende Abwesenheit, indem es ihnen durch die List einer im Raum spielenden Schrift die sichtbare Form ihres Referenten aufzwingt: Dank einer geschickten Anordnung auf dem Blatt Papier rufen die Zeichen gleichsam durch ihre Umrisse, die sich auf der leeren Fläche des Papier abzeichnen, die Sache, von der sie sprechen. Und umgekehrt wird die sichtbare Form von der Schrift ausgehöhlt, wird von den Worten umgepflügt, die sie von innen her bearbeiten, ihre reglose, mehrdeutige, namenlose Präsenz beschwören und dadurch das Netz jener Bedeutungen hervortreten lassen, welche ihr einen Namen geben, sie bestimmen und im Universum der Diskurse fixieren. Zwei unausweichliche Fallen: Wie sollte ihnen nun noch der Flug der Vögel, die vergängliche Form der Blüten, das Rauschen des Regens entkommen?

Und nun zu Magrittes Zeichnung. Mir scheint, sie besteht aus den Teilen eines aufgelösten Kalligramms. Unter dem Deckmantel einer scheinbaren Rückkehr zu einer früheren Disposition nimmt sie die drei Funktionen der Kalligraphie auf, um sie zu pervertieren und dadurch alle herkömmlichen Beziehungen zwischen Sprache und Bild zu verwirren.

Der Text, der in das Bild eingedrungen war, um das alte Idiogramm wiederherzustellen, ist wieder an seinen Platz zurückgekehrt. An seine natürliche Stelle, nämlich unten, wo er dem Bild als Träger dient, um es in die Abfolge der Texte und Buchseiten einzufügen. Er wird wieder zur »Legende«. Die Form dagegen kehrt an den Himmel zurück, von dem die Komplizenschaft der Buchstaben mit dem Raum sie einen Augenblick hatte herabsteigen lassen. Frei von jeder diskursiven Bindung wird sie nun wieder in ihrem ursprünglichen Schweigen dahintreiben können. Wir sind wieder bei der Seite und ihrem alten Verteilungsprinzip. Aber nur scheinbar. Denn die Wörter, die ich nun unter dem Bild lesen kann, sind ihrerseits gezeichnete Wörter – Bilder von Wörtern, die der Maler außerhalb der Pfeife, aber in den allgemeinen (und zuweisbaren) Rahmen seiner Zeichnung gesetzt hat. Von der kalligraphischen Vergangenheit, die ich ihnen beimessen muss, haben die Wörter nur ihre Zugehörigkeit zur Zeichnung und ihren gezeichneten Charakter zurückbehalten. Daher muss ich sie so lesen, als wären sie sich selbst überlagert. An der Oberfläche des Bildes bilden sie gleichsam die Reflexe der Wörter, die sagen, dass dies keine Pfeife ist. Als Text im Bild. Aber umgekehrt ist die dargestellte Pfeife von derselben Hand und mit derselben Feder gemalt wie die Buchstaben des Textes; sie bildet eher eine Fortsetzung des Textes, als dass sie ihn illustrierte oder seinen Mangel ausgliche. Man hat fast den Eindruck, sie wäre mit kleinen, durcheinandergeworfenen Buchstaben gefüllt, mit den Fragmenten graphischer Zeichen, die über die ganze Fläche des Bildes verstreut sind. Eine geschriebene Figur. Die vorgängige, unsichtbare kalligraphische Operation hat für eine Kreuzung zwischen Schrift und Zeichnung gesorgt; und als Magritte die Dinge wieder an ihren Platz rückte, achtete er sehr genau darauf, dass die Figur geschrieben bleibt und der Text nichts als die gezeichnete Darstellung seiner selbst ist.

Dasselbe gilt für die Tautologie. Scheinbar kehrt Magritte von der kalligraphischen Verdopplung zurück zur einfachen Übereinstimmung des Bildes mit seiner Legende. Eine stumme, hinreichend erkennbare Figur zeigt, ohne es zu sagen, die Sache in ihrem Wesen; und darunter erhält ein Name von diesem Bild seinen »Sinn« oder seine Anwendungsregel. Verglichen mit der herkömmlichen Funktion der Legende, ist Magrittes Text jedoch in zweifacher Weise paradox. Er benennt etwas, das offensichtlich gar nicht benannt zu werden braucht (weil die Form nur allzu bekannt ist). Und in dem Augenblick, da er den Namen nennen müsste, nennt er ihn und sagt zugleich, dass es nicht dies sei. Woher kommt dieses seltsame Spiel, wenn nicht aus dem Kalligramm? Aus dem Kalligramm, das zweimal dasselbe sagt (obwohl ein einziges Mal zweifellos genügte); aus dem Kalligramm, das – ohne dass dies deutlich würde – eine negative Beziehung herstellt zwischen dem, was es zeigt, und dem, was es sagt. Denn wenn ein Kalligramm mit verstreuten Buchstaben einen Blumenstrauß, einen Vogel oder einen Regenschauer zeichnet, sagt es niemals über diese geheuchelt spontane Form: »Dies ist eine Taube, eine Blume, ein Regenschauer.« Es vermeidet vielmehr, zu benennen, was die Anordnung der Zeichen zeigt. Zeigen, was hinter den Worten im halben Schweigen der Buchstaben geschieht; nicht sagen, was diese Linien sind, die den Text begrenzen und hervortreten lassen. Nun, da Magritte den Text aus dem Bild hat herausfallen lassen, muss die Aussage diese negative Beziehung selbst wieder aufnehmen und daraus in ihrer eigenen Syntax eine Negation machen. Das »Nicht-Sagen«, das vorher schweigend im Innern der Kalligraphie ruhte, wird nun von außen in der sprachlichen Form des »nicht« gesagt. Aber zu dem Kalligramm, das sich hinter dem Text verbirgt, muss der Text, der sich unter der Pfeife hinzieht, zugleich mehrere Dinge sagen können.

»Dies« (die Zeichnung, die Sie sehen und deren Form Sie zweifellos erkennen) »ist keine« (ist nicht substanziell verbunden mit …, besteht nicht aus …, hat nicht dieselbe Stofflichkeit wie eine …) »Pfeife« (also dieses Wort, das zu Ihrer Sprache gehört, aus Lauten besteht, die Sie hervorbringen können, und von den Buchstaben übersetzt wird, die Sie gerade lesen). *Dies ist keine Pfeife* kann man also auch so lesen:

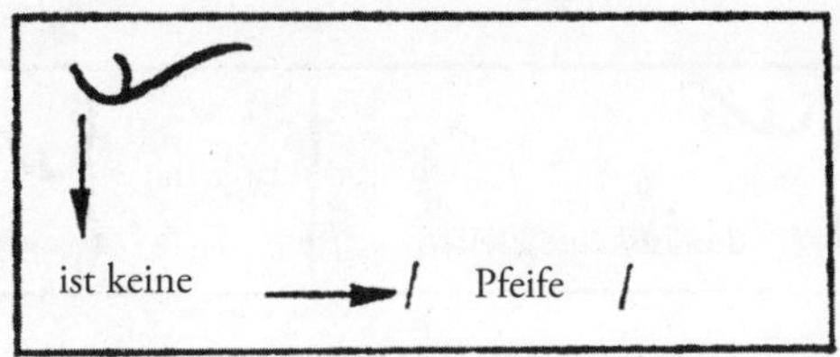


Aber zugleich sagt dieser Text etwas ganz anderes: »Dies« (diese Aussage, die Sie als Linie aus diskontinuierlichen Elementen sehen und für die »dies« sowohl das Bezeichnende als auch das erste Wort darstellt) »ist keine« (ist nicht gleichbedeutend mit …, lässt sich nicht einsetzen für …, ist kein adäquater Repräsentant für eine …) »Pfeife« (eines jener Objekte, von denen Sie oben über dem Text ein mögliches, austauschbares, namenloses, also für jeden Namen unzugängliches Bild sehen). Unter diesen Umständen muss man lesen:

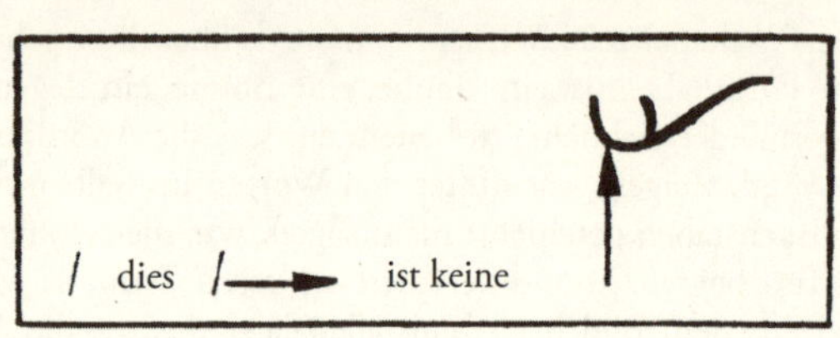


Insgesamt ist also leicht zu erkennen, dass die Negation der Magritte'schen Aussage auf der unmittelbaren wechselseitigen Zugehörigkeit der gezeichneten Pfeife und des Textes beruht, mit dessen Hilfe man ebendiese Pfeife benennen kann. Bezeichnen und Zeichnen überschneiden einander nicht – außer in dem kalligraphischen Spiel, das hinter dem Ganzen abläuft und auf das sowohl der Text als auch die Zeichnung und ihr aktuelles Getrenntsein verweisen. Daher die dritte Funktion der Aussage: »Dies« (dieses aus einer Zeichnung, einem Schriftzug und einem gezeichneten Text bestehende Ensemble) »ist keine« (ist nicht kompatibel mit der Aussage, es handle sich um eine ...) »Pfeife« (jenes gemischte Element, das zugleich Diskurs und Bild ist und dessen sprachliches und visuelles Spiel das Kalligramm in seiner Zwiespältigkeit hervortreten lassen wollte).

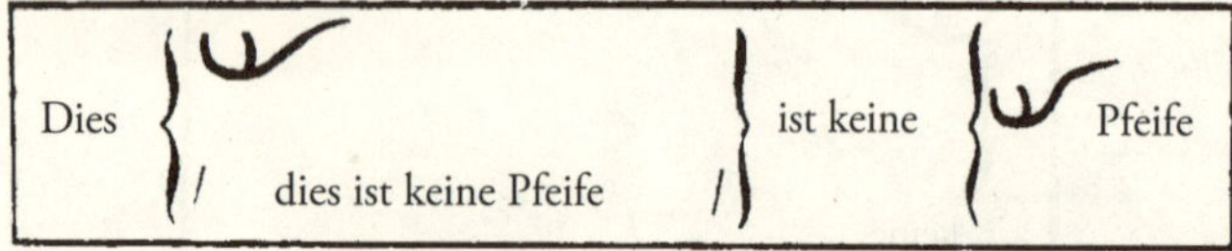


Dritte Verwirrung: Magritte hat die Falle wieder geöffnet, die eben erst die Kalligraphie über dem, wovon sie spricht, geschlossen hatte. Aber plötzlich ist die Sache selbst verschwunden. Auf der Seite eines illustrierten Buches achtet man gewöhnlich nicht auf den kleinen Leerraum über den Wörtern und unter den Zeichnungen, der ihnen als gemeinsame, ständig zu überschreitende Grenze dient. Denn auf diesen wenigen Millimetern weißen Papiers, auf dem stillen Sand der Seite, knüpfen sich zwischen Worten und Formen sämtliche Beziehungen der Bezeichnung, Benennung, Beschreibung und Klassifikation. Das Kalligramm hat diesen Zwischenraum verschluckt; aber auch nach der neuerlichen Öffnung ist er nicht wieder da; die Falle öffnet sich über einer Leere: Bild und Text fallen aufgrund ihres je eigenen Gewichts ein jedes auf seine Seite. Sie haben keinen gemeinsamen Raum mehr, keinen Ort, an dem sie miteinander interagieren, an dem die Wörter ein Bild aufnehmen und die Bilder in die Ordnung des Wortschatzes eintreten könnten. In dem schmalen, farblosen, neutralen Streifen, der auf Magrittes Zeichnung Text und Bild voneinander trennt, müssen wir nun etwas Hohles, einen unscharfen, nebelhaften Bereich erblicken, der die in ihrem Bildhimmel schwebende Pfeife vom irdischen Getrippel der auf ihrer Linie dahinziehenden Buchstaben scheidet. Und von einer Leere oder Lücke zu sprechen wäre schon zu viel: Es handelt sich um die Abwesenheit von Raum, ein Auslöschen des gemeinsamen Ortes, des »Gemeinplatzes«, zwischen den Zeichen der Schrift und den Linien des Bildes. Die »Pfeife«, die ursprünglich ungeteilt war zwischen der Aussage, die sie benennen, und dem Bild, das sie darstellen sollte, diese schattenhafte Pfeife, die eben noch die Linien der Form und die Fasern der Wörter ineinander verschlang, ist nun endgültig verschwunden. Ein Verschwinden, das auf der anderen Seite des klaffenden Abgrunds der Text traurig konstatiert: Dies ist keine Pfeife. Die nun allein gelassene Zeichnung der Pfeife versucht ganz vergeblich, jener Form möglichst ähnlich zu sein, die das Wort *Pfeife* gewöhnlich bezeichnet; und der Text zieht sich vergeblich mit der ganzen aufmerksamen Treue unter der Zeichnung dahin, wie man sie aus wissenschaftlichen Büchern gewohnt ist. Beide wechseln nur noch den Scheidungsspruch, die Aussage, die zugleich den Namen der Zeichnung und den Referenten des Textes negiert.

Von daher wird nun auch Magrittes letzte Fassung von *Dies ist keine Pfeife* verständlich. Indem Magritte die Zeichnung der Pfeife und den ihr als Legende dienenden Satz auf die klar abgegrenzte Fläche eines Gemäldes setzt (wenn es sich um ein Gemälde handelt, sind die Buchstaben nur Bilder von Buchstaben; wenn es sich um eine Tafel handelt, ist das Bild nur didaktische Fortsetzung eines Diskurses) und indem er dieses Gemälde auf ein stabiles hölzernes Dreieck setzt, tut er alles, was nötig ist, um den gemeinsamen Ort des Bildes und der Sprache zu rekonstruieren (sei es durch die Ewigkeit eines Kunstwerks, sei es durch die Wahrheit einer Lektion). Aber diese Fläche wird sogleich in Frage gestellt. Denn diese

Pfeife, die Magritte mit solchem Bedacht in die Nähe des Textes gebracht und zusammen mit ihm in das institutionelle Rechteck des Gemäldes eingeschlossen hat, diese Pfeife ist davongeflogen. Sie schwebt nun gänzlich ohne Bezug darüber und lässt zwischen Text und Bild, denen sie eigentlich als Bindeglied und Konvergenzpunkt am Horizont dienen sollte, nur einen kleinen leeren Raum zurück, den schmalen Spalt ihrer Abwesenheit – wie einen unausgewiesenen Hinweis auf ihre Flucht. Die Staffelei bräuchte nur auf ihren abgeschrägten und erkennbar instabilen Füßen ein wenig zu wackeln, der Rahmen aus dem Gleichgewicht zu kommen, das Gemälde samt der Pfeife auf den Boden zu fallen, die Buchstaben durcheinandergewürfelt zu werden, und schon wäre der gemeinsame Ort, der Gemeinplatz – ob banales Werk oder alltägliche Lektion – verschwunden.

## Klee, Kandinsky, Magritte

Zwei Prinzipien haben meines Erachtens die abendländische Malerei vom 15. bis zum 20. Jahrhundert beherrscht.

Das erste trennt die plastische Darstellung (die Ähnlichkeit verlangt) von der sprachlichen Darstellung (die sie ausschließt). Diese Unterscheidung wird so eingesetzt, dass sie eine Unterordnung der einen oder anderen Art ermöglicht: Entweder wird der Text vom Bild reguliert (wie bei den Gemälden, auf denen ein Buch, eine Inschrift, ein Brief oder der Name einer Person abgebildet sind), oder das Bild wird vom Text reguliert (wie in Büchern, in denen ein Bild gleichsam auf kurzem Wege leistet, was eigentlich die Worte darstellen sollten). Diese Unterordnung ist allerdings nur selten stabil, denn manchmal ist der Text im Buch nur Kommentar zu einem Bild und geht dessen simultane Formen nacheinander in Worten durch; und manchmal wird ein Bild von einem Text beherrscht, dessen Bedeutungen es lediglich plastisch vorführt. Aber in welcher Richtung die Unterordnung erfolgt und wie sie sich fortsetzt, vervielfältigt oder umkehrt, ist gar nicht so wichtig; entscheidend ist, dass weder das sprachliche Zeichen noch die visuelle Darstellung mit einem Schlage gegeben sind. Stets sorgt ein Plan für eine Hierarchisierung. Genau diesem Prinzip nimmt Klee seine Souveränität, wenn er das Nebeneinander von Figuren und Syntax der Zeichen in einem ungewissen, umkehrbaren, freischwebenden Raum zur Geltung bringt (der zugleich Blatt und Leinwand, Fläche und Volumen, Linierung des Hefts und Kataster des Bodens, Geschichte und Karte ist). Er sorgt dafür, dass die beiden Darstellungssysteme einander auf ein und demselben Gewebe überschneiden. Anders als die Kalligraphen, die das Spiel der wechselseitigen Unterordnungen verstärken, indem sie es vervielfachen, erschüttert Klee damit deren gemeinsamen Raum und erschafft einen neuen.

Das zweite Prinzip behauptet die Äquivalenz zwischen der Tatsache der Ähnlichkeit und der Behauptung einer Darstellungsbeziehung. Sobald eine Figur einer Sache (oder einer anderen Figur) ähnelt, sobald eine Analogiebeziehung zwischen ihnen besteht, schiebt sich in das Spiel der Malerei eine auf der Hand liegende, banale, tausendmal wiederholte und dennoch fast immer unausgesprochene Aussage (wie ein endloses, zwanghaftes Gemurmel, das die schweigenden Figuren umgibt, dieses Schweigen auflädt, sich seiner bemächtigt, es aus sich selbst heraustreten lässt und es schließlich in den Bereich der Dinge verkehrt, die man benennen kann): »Was Sie da sehen, ist dies.« Auch hier spielt es keine große Rolle, in welche Richtung die Darstellungsbeziehung läuft, ob das Bild auf etwas Sichtbares in der Umgebung verweist oder ob es aus sich heraus etwas Unsichtbares erschafft, das ihm ähnelt. Hauptsache, man kann Ähnlichkeit und Aussage nicht trennen. Kandinsky hat die Malerei von dieser Äquivalenz befreit; und zwar nicht indem er beide Seiten voneinander getrennt hätte, sondern indem er sowohl die Ähnlichkeit als auch die Darstellungsfunktion aus ihren Aufgaben entließ.

Nun scheint aber niemand weiter von Kandinsky und Klee entfernt zu sein als Magritte. Eine Malerei, die sich mehr als jede andere um exakte Ähnlichkeit bemüht, und zwar so sehr, dass sie diese Ähnlichkeit freiwillig noch vervielfältigt, um sie zu bestätigen. Es reicht nicht, dass die Pfeife einer Pfeife auf demselben Bild ähnelt, die ihrerseits einer Pfeife ähnelt usw. Eine Malerei, die sich mehr als jede andere bemüht, das graphische Element sorgfältig, ja grausam vom plastischen Element zu trennen; wenn einmal beide Elemente einander überlagern wie bei einer Legende und dem zugehörigen Bild, so nur unter der Bedingung, dass die Aussage die offenkundige Identität der Figur und des Namens bestreitet, den man ihr geben möchte. Und dennoch steht Magrittes Malerei Klees und

Kandinskys Bemühungen keineswegs fern; vielmehr ist sie eine Figur, die auf der Basis eines gemeinsamen Systems sowohl einen Gegensatz als auch eine Ergänzung zu diesen Bemühungen darstellt.

## Die taube Arbeit der Worte

Die bei Magritte so sichtbare Äußerlichkeit der Schrift und der Plastik ist symbolisiert durch das Nichtverhältnis – oder zumindest das sehr komplexe und versteckte Verhältnis – zwischen dem Bild und seinem Titel. Diese große Distanz, die verhindert, dass man gleichzeitig Leser und Betrachter sein kann, lässt das Bild abrupt über der Horizontalität der Worte erscheinen. »Die Titel sind so gewählt, dass man meine Bilder keinem vertrauten Bereich zuordnen kann, dem das Denken sich ganz automatisch zuwenden würde, um der Ungewissheit zu entgehen.« Magritte bezeichnet seine Bilder (ein wenig wie die namenlose Hand, die zu der Pfeife den Satz stellt: »Dies ist keine Pfeife«), um die Benennung in Schach zu halten. Und dennoch knüpfen sich in diesem zerbrochenen, abdriftenden Raum seltsame Beziehungen, kommt es zu Einschüssen, unvermittelten zerstörerischen Invasionen, zum Sturz von Bildern inmitten der Worte, zu sprachlichen Blitzen, die das Bild zerfurchen und explodieren lassen. Klee konstruiert geduldig einen namenlosen Raum ohne Geometrie, indem er die Kette der Zeichen mit dem Schussfaden der Bilder kreuzt. Magritte gräbt heimlich einen Raum, den er in der traditionellen Anordnung zu halten scheint. Aber er gräbt ihn mit Worten; und die alte Pyramide der Perspektive ist nur noch ein Maulwurfshügel, der gleich in sich zusammenfallen wird.

Es genügt, eine ganz brave Zeichnung mit einem Titel wie »Dies ist keine Pfeife« zu versehen, damit das Bild gezwungen ist, aus sich herauszutreten, sich im Raum zu isolieren und schließlich dahinzutreiben, fern von sich oder nahe bei sich, man weiß es nicht, sich selbst ähnlich oder verschieden von sich selbst. Ganz anders als *Ceci n'est pas une pipe* das Gemälde *L'Art de la conversation*: In einer Landschaft, die an die Frühzeit der Erde oder an Gigantomachie denken lässt, sprechen zwei winzige Personen miteinander; ein unhörbarer Diskurs, ein Murmeln, das sich sogleich im Schweigen der Steine verliert, im Schweigen der Mauer, die mit ihren riesigen Quadern die beiden stummen Schwätzer überragt; diese unordentlich aufeinandergeschichteten Blöcke bilden an ihrer Basis eine Reihe von Buchstaben, in denen man leicht das Wort RÊVE (Traum) erkennt, als besäßen diese zerbrechlichen, gewichtslosen Buchstaben die Fähigkeit, Ordnung in das Chaos der Steine zu bringen. Oder im Gegenteil, als könnten hinter dem erwachten, aber sogleich wieder verstummten Geschwätz der Menschen die Dinge in ihrer Stummheit und ihrem Schlaf ein Wort zusammensetzen – ein stabiles Wort, das nichts auszulöschen vermöchte; und dieses Wort bezeichnet das flüchtigste aller Bilder. Aber das ist noch nicht alles. Denn erst im Traum kommunizieren die Menschen, endlich zum Schweigen gebracht, mit der Bedeutung der Dinge, lassen sie sich von diesen rätselhaften, hartnäckigen Worten durchdringen, die von anderswoher kommen. *Ceci n'est pas une pipe* war der Diskurs, der in die Form der Dinge hineinschneidet, seine zwiespältige Fähigkeit, zu verneinen und zu verdoppeln. *L'Art de la conversation* ist die autonome Gravitation der Dinge, die gleichgültig gegen den Menschen ihre eigenen Worte bilden und sie ihnen, ohne dass sie dessen gewahr würden, in ihrem alltäglichen Geschwätz aufzwingen.

Zwischen diesen beiden Extremen entfaltet Magrittes Werk das Spiel der Worte und Bilder. Das vollkommen ernste Gesicht eines Menschen, der weder die Lippen bewegt noch die Augen zusammenzieht, »zerfällt« unter dem Einfluss eines Lachens, das nicht das seine ist, das niemand hört und das von nirgendwoher kommt. Der »anbrechende Abend« kann nicht anbrechen, ohne eine Fensterscheibe zu zerbrechen, deren Splitter über den Boden und die Fensterbank verstreut sind – in den gläsernen Zungen ihrer scharfen Klingen spiegelt sich noch die Sonne. Die Worte, die das Verschwinden der Sonne als »Untergang« bezeichnen, haben mit dem Bild, das sie darstellen, nicht nur das Glas mitgezogen, sondern auch jene andere Sonne, die sich wie ein Doppelgänger auf der glatten, durchsichtigen Fläche abzeichnet. Wie der Klöppel in einer Glocke, so steckt der Schlüssel senkrecht im »Schlüsselloch« und lässt dort bis zur Sinnlosigkeit den vertrauten Ausdruck erklingen. Hören wir, was Magritte dazu sagt: »Man kann zwischen Worten und Dingen neue Beziehungen herstellen und einige Merkmale der Sprache und der Dinge deutlicher herausarbeiten, die im Alltag gewöhnlich übersehen werden.« Oder: »Manchmal gibt der Name einer Sache Anlass zu einem Bild. Ein Wort kann in der Wirklichkeit an die Stelle eines Objekts treten. Und in einem Satz kann ein Bild an die Stelle eines Wortes treten.« Und im Folgenden geht es nicht um Widersprüche, sondern um das unentwirrbare Netz der Bilder und Worte und das Fehlen eines gemeinsamen Ortes, auf den sie sich stützen könnten: »Auf einem Gemälde sind die Worte aus demselben Stoff wie die Bilder. Auf einem Gemälde sieht man Bilder und Worte anders.«[1]

Wir sollten uns nicht täuschen: In einem Raum, in dem alle Elemente allein dem Prinzip der plastischen Darstellung und der Ähnlichkeit zu gehorchen scheinen, sind die sprachlichen Zeichen, die den Eindruck machten, ausgeschlossen zu sein, sich fern vom Bild zu halten und durch den willkürlichen Titel für immer auf Distanz gehalten zu werden, diese Zeichen sind unmerklich näher getreten und haben Unordnung in die Fülle des Bildes, in seine sorgsam geschaffene Ähnlichkeit gebracht – oder vielmehr eine Ordnung, die nur zu ihnen gehört.

Klee schuf einen neuen Raum für seine plastischen Zeichen. Magritte lässt den alten Darstellungsraum bestehen, aber nur an der Oberfläche, denn er ist nur noch ein glatter Stein, der Figuren und Worte trägt; darunter ist nichts. Es ist wie bei einer Grabplatte: Die eingravierten Bilder und Buchstaben kommunizieren nur über die Leere miteinander, über jenen Nicht-Ort, der sich unter der Festigkeit des Marmors verbirgt. Ich bemerke nur, dass diese Abwesenheit gelegentlich bis an die Oberfläche aufsteigt und auf dem Bild sichtbar wird. In seiner Version der *Madame Récamier* und des *Balcon* ersetzt Magritte die Personen der herkömmlichen Malerei durch Särge; die unsichtbare Leere zwischen den gewachsten Eichenbrettern öffnet den Raum, den einst das Volumen der lebendigen Körper, die wallenden Kleider, die Blickrichtung all dieser zum Sprechen bereiten Gesichter entstehen ließen, und der »Nicht-Ort« erscheint »in Person« – an der Stelle, an der einst die Personen waren und nun niemand mehr ist.

1 Ich zitiere all diese Texte nach P. Waldberg, *Magritte*, Brüssel 1965. Sie illustrierten eine Folge von Zeichnungen in der Nummer 12 der Révolution surréaliste.

## Die sieben Siegel der Behauptung

Kandinsky verabschiedete die alte Äquivalenz zwischen Ähnlichkeit und Behauptung mit einer einzigen souveränen Geste und befreite die Malerei von beiden. Magritte dagegen zerlegt beide; er zerbricht ihre Verbindung, stellt eine neue Ungleichheit her, lässt die eine ohne die andere auftreten; er hält an der fest, die zur Malerei gehört, und schließt die aus, die dem Diskurs am nächsten steht; er verfolgt so weit wie möglich die unendliche Folge der Ähnlichkeiten, aber befreit von jeglicher Behauptung, die sagen wollte, wem sie ähneln. Malerei des »Selben«, vom »Als-ob« befreit. Nichts ist hier ferner als das Trompe-l'Œil, das die schwere Last der Behauptung durch die List einer überzeugenden Ähnlichkeit zu umgehen versucht: »Was Sie da auf der Wand sehen, ist keine Ansammlung von Strichen und Farben, sondern etwas, das Tiefe hat, ein Himmel und Wolken, die Ihr Dach wie einen Vorhang weggezogen haben; eine echte Säule, um die Sie herumgehen können; eine Treppe, die eine Verlängerung der gerade von Ihnen benutzten Treppe darstellt (und schon sind Sie ihr, ganz ohne es zu wollen, einen Schritt näher gekommen); eine steinerne Balustrade, über der die Gesichter von Höflingen und Damen erscheinen, die Sie anblicken und dieselben Bänder, dieselben Kleider tragen wie Sie, die über Ihr Erstaunen lächeln und über Ihr Lächeln; die Ihnen Zeichen geben, welche Ihnen nur deshalb rätselhaft erscheinen, weil sie schon auf Zeichen antworten, die Sie selbst noch gar nicht gegeben haben.«

Gegen die vielen Behauptungen, die sich auf so viele Analogien stützen, stellt sich Magrittes Text, der ganz unmittelbar von der allerähnlichsten Pfeife spricht. Aber wer spricht in diesem einzigartigen Text, in dem die elementarste Behauptung bestritten wird? Zunächst die Pfeife selbst: »Was Sie da sehen, diese Linien, die ich bilde oder die mich bilden, all das ist durchaus nicht das, was sie meinen, sondern lediglich eine Zeichnung, während die wahre Pfeife, deren Wesen über jeder künstlichen Geste im Element ihrer idealen Wahrheit schwebt, darüber ist – über diesem Bild, in dem ich selbst nur eine einfache, einsame Ähnlichkeit bin.« Worauf die obere Pfeife erwidert (und zwar immer noch innerhalb derselben Aussage): »Was Sie da vor Ihren Augen außerhalb des Raumes und ohne feste Grundlage schweben sehen, dieser Nebel, der weder auf einer Leinwand noch auf einem Blatt Papier ruht, wie sollte das wirklich eine Pfeife sein? Täuschen Sie sich nicht, ich bin nur eine Ähnlichkeit – und zwar nichts, das einer Pfeife ähnelte, sondern diese nebelhafte Ähnlichkeit, die, ohne auf irgendetwas zu verweisen, dafür sorgt, dass eine Verbindung hergestellt wird zwischen Texten wie dem, den Sie hier lesen können, und Bildern wie denen, die Sie dort sehen.« Aber die so gleich zweimal von verschiedenen Stimmen artikulierte Aussage ergreift ihrerseits das Wort und sagt: »Diese Buchstaben, aus denen ich bestehe und von denen Sie beim Lesen erwarten, sie müssten eine Pfeife bezeichnen – wie sollten diese Buchstaben zu sagen wagen, sie seien eine Pfeife, da sie doch so fern von dem sind, was sie bezeichnen? Dies ist ein Schriftzug, der nur sich selbst ähnelt und nicht als das gelten kann, wovon er spricht.« Und mehr noch, jeweils zwei dieser Stimmen vermischen sich miteinander und sagen mit Blick auf das dritte Element, dass dies keine Pfeife ist. Da der Text und die untere Pfeife durch den Bilderrahmen miteinander verbunden sind, besteht eine Komplizenschaft zwischen ihnen. Die Fähigkeit der Worte, etwas zu bezeichnen, und die Fähigkeit der Zeichnung, etwas darzustellen, denunzieren die obere Pfeife und sprechen dieser bezugslosen Erscheinung das Recht ab, sich als Pfeife zu bezeichnen, denn ihre losgelöste Existenz macht sie stumm und unsichtbar. Da die beiden Pfeifen durch ihre Ähnlichkeit miteinander verbunden sind, sprechen sie der geschriebenen Aussage das Recht ab, sich als Pfeife zu bezeichnen, da sie doch aus Zeichen besteht, die keinerlei Ähnlichkeit mit dem Bezeichneten haben. Da der Text und die obere Pfeife miteinander durch die Tatsache verbunden sind, dass sie beide von anderswoher kommen und der eine ein Diskurs ist, der die Wahrheit zu sagen vermag, die andere dagegen gleichsam die Erscheinung eines Dings an sich, schließen sie sich zusammen und behaupten, dass die Pfeife auf dem dargestellten Gemälde keine Pfeife ist. Und vielleicht müssen wir annehmen, dass neben diesen drei Elementen noch eine weitere ortlose Stimme in dieser Aussage spricht und eine gestaltlose Hand sie schreibt; und im Blick auf die untere Pfeife und die Pfeife über dem Gemälde und den Text, den sie gerade schreibt, sagte diese anonyme Stimme, schriebe diese namenlose Hand: »Nichts von alledem ist eine Pfeife; sondern ein Text, der einem Text ähnelt; die Zeichnung einer Pfeife, die der Zeichnung einer Pfeife ähnelt; eine Pfeife (gezeichnet, als wäre sie keine Zeichnung), die einer Pfeife ähnelt (welche nach Art einer

Pfeife gezeichnet ist, die selbst keine Zeichnung wäre).« Sieben Diskurse in einer einzigen Aussage. Aber weniger hätte gereicht, um die Festung zu sprengen, in der die Ähnlichkeit von der Behauptung festgehalten wurde.

Damit ist die Ähnlichkeit auf sich selbst verwiesen – sie ist aus sich selbst herausgetreten und hat sich auf sich selbst zurückgezogen. Sie ist nicht mehr der Zeigefinger, der die Fläche der Leinwand senkrecht durchstößt, um auf etwas anderes zu zeigen. Sie beginnt ein Spiel aus Analogien, die sich innerhalb der Bildebene bewegen, vermehren, ausbreiten und aufeinander antworten, ohne jemals etwas zu behaupten oder darzustellen. Daher bei Magritte diese endlosen Spiele einer gereinigten Ähnlichkeit, die niemals aus dem Bild heraustritt. Sie schaffen Metamorphosen. Aber in welche Richtung? Ist es die Pflanze, deren Blätter davonfliegen und zu Vögeln werden, oder sind es die Vögel, die da verfließen, sich langsam botanisieren und mit einer letzten Zuckung des Grüns in den Boden eindringen *(Les Grâces naturelles, La saveur des larmes)*? Ist es die Frau, die zur Flasche wird [weil »prendre de la bouteille« nach dem Bild des in der Flasche alternden Weins »älter und erfahrener werden« bedeutet, d. Ü.], oder die Flasche, die sich verweiblicht und zum »nackten Körper« wird [weil der nackte Körper, *le corps nu*, auch die reine Würze und Vollmundigkeit des Weins bezeichnet, d. Ü.]? (Hier verbindet sich eine durch die latente Einführung sprachlicher Zeichen geschaffene Verwirrung der plastischen Elemente mit einem Analogiespiel, das, ohne etwas zu behaupten, dennoch gleich zweimal durch das spielerische Moment der Aussage hindurchgeht.) Statt Identitäten zu vermengen, gelingt es der Analogie gelegentlich auch, sie zu zerbrechen: Der Rumpf einer Frau ist in drei Teile zerteilt (deren Größe von oben nach unten gleichmäßig abnimmt); die an jeder Bruchstelle beibehaltenen Proportionen garantieren die Analogie, indem sie jede Identitätsbehauptung in der Schwebe halten: drei proportionale Größen, denen die vierte fehlt; und diese vierte ist nicht berechenbar: Der Kopf (das letzte Element = x) fehlt. *Folie des grandeurs*, Größenwahn, sagt der Titel.

Eine weitere Möglichkeit für die Analogie, sich von ihrer alten Komplizenschaft mit der darstellenden Behauptung zu befreien, liegt in der perfiden Verwechslung des Bildes mit dem, was es darstellen soll (wobei eine List eingesetzt wird, die das Gegenteil dessen anzuzeigen scheint, was sie sagen will). Scheinbar wird damit behauptet, das Bild *sei* tatsächlich sein eigenes Modell. In Wirklichkeit setzte solch eine Behauptung eine innere Distanz, einen Abstand, eine Differenz zwischen dem Bild und dem darauf Nachgebildeten voraus. Bei Magritte jedoch findet man eine Kontinuität der Ebene, einen linearen Übergang zwischen Bild und Modell, einen kontinuierlichen Übergang vom einen ins andere: entweder durch eine Verschiebung von links nach rechts (wie in *La condition humaine*, wo die Linie des Meeres sich ohne einen Bruch des Horizonts ins Bild hinein fortsetzt); oder durch eine Umkehrung der Entfernungen (wie in *La Cascade*, wo das Modell vor die Leinwand tritt, sie seitlich umhüllt und so den Eindruck erzeugt, sie sei weiter hinten als das, was eigentlich hinter ihr sein müsste). Das Gegenstück zu dieser Analogie, welche die Darstellung negiert, indem sie Dualität und Distanz auslöscht, bildet jene Analogie, die beidem ausweicht oder sich durch die Fallstricke der Verdopplung darüber lustig macht. In *Le soir qui tombe* trägt die Fensterscheibe eine rote Sonne analog jener, die immer noch am Himmel steht (gegen Descartes und seinen Weg, die beiden Sonnen der Erscheinung in der Einheit der Darstellung aufzulösen). Das Gegenteil finden wir in *La Lunette d'approche*: Auf einer durchsichtigen Fensterscheibe sieht man Wolken vorüberziehen und ein blaues Meer glänzen; aber das Fenster öffnet sich auf einen schwarzen Raum und zeigt so, dass es sich um eine Spiegelung von nichts handelt.

## Malen heißt nicht Behaupten

Strenge Trennung zwischen sprachlichen Zeichen und plastischen Elementen; Äquivalenz zwischen Ähnlichkeit und Behauptung. Diese beiden Prinzipien schufen die Spannung der klassischen Malerei. Denn das zweite Prinzip führte den Diskurs (Behauptungen gibt es nur, wo gesprochen wird) wieder in eine Malerei ein, aus der das sprachliche Element gründlich entfernt worden war. Daher die Tatsache, dass die klassische Malerei sprach – und viel sprach –, obwohl sie sich außerhalb der Sprache konstituierte; daher auch die Tatsache, dass sie unausgesprochen auf einem diskursiven Raum basierte; und die Tatsache, dass sie sich unterhalb ihrer selbst einen gemeinsamen Ort schuf, an dem sie die Beziehungen zwischen dem Bild und den Zeichen wiederherstellen konnte.

Magritte verknüpft sprachliche Zeichen und plastische Elemente, aber ohne die Voraussetzung einer Isotropie zu schaffen; er lässt die Grundlage des affirmativen Diskurses verschwinden, auf der die Ähnlichkeit beruhte; und er spielt mit reinen Ähnlichkeiten und nichtaffirmativen sprachlichen Aussagen in einem instabilen Raum, der kein Bezugssystem und keine Ebene besitzt. Eine Operation, deren Formel sich in gewisser Weise aus *Ceci n'est pas une pipe* ableiten lässt:

1. Zunächst schafft man ein Kalligramm, in dem sich gleichzeitig und sichtbar Bild, Text, Ähnlichkeit, Behauptung und deren gemeinsamer Ort finden.
2. Man sorgt plötzlich für eine Öffnung, die das Kalligramm sogleich zersetzt und verschwinden lässt, so dass gleichsam als Spur nur seine eigene Leere zurückbleibt.
3. Man lässt den Diskurs dank seines eigenen Gewichts fallen und sorgt dafür, dass er die sichtbare Form von Buchstaben annimmt. Da diese Buchstaben gezeichnet sind, treten sie in eine unsichere, unbestimmte, verschachtelte Beziehung zur Zeichnung – aber ohne dass irgendeine Fläche beiden als gemeinsamer Ort dienen könnte.
4. Man sorgt andererseits dafür, dass die Ähnlichkeiten sich aus sich selbst heraus vervielfachen, aus ihrem eigenen Dunst aufsteigen und sich endlos in einen immer weniger verräumlichten Äther erheben, in dem sie nur noch auf sich selbst verweisen.
5. Nach der Operation prüft man, ob der Niederschlag im letzten Reagenzglas sich verfärbt hat, ob er von Weiß zu Schwarz umgeschlagen ist, ob aus *Dies ist eine Pfeife* tatsächlich *Dies ist keine Pfeife* geworden ist. Kurz, ob das Bild aufgehört hat, irgendetwas zu behaupten.

*Übersetzt von Michael Bischoff*

# Maxime Defert

»Maxime Defert«, *Les Lettres françaises* 1265, 8.-14. Januar 1969, S. 28. (Über die Defert-Ausstellung in der Galerie Daniel Templon.)

Fünf gleiche Bilder, die keine Folge bilden, sondern den Raum schaffen, in dem sie sich wie Figuren auf einem einzigen Bild verteilen. Dieses andere, imaginäre Bild umgibt die fünf Bilder, weist ihnen einen bestimmten Ort zu, vereinigt ihre Zerstreuung zu einer einzigen bildlichen Tiefe und erfasst sie schließlich wieder in der Ebene einer Fläche, die sich öffnet, so dass wir dort eindringen können. Jedes einzelne Bild folgt dem Gesetz der Reversibilität. Durch ein einfaches Spiel aus Vertikalen, Horizontalen und Diagonalen, durch eine nahezu arithmetische Abstufung der Töne, durch den Gegensatz zwischen matten und leuchtenden Farben treten Säulen vor (oder weichen zurück), Hintergründe erstrecken sich über den ganzen Horizont (oder leuchten auf wie Lichtquellen), Stufen führen hinauf oder hinab. Wer wird dieser Architektur feste Achsen zuordnen? Wer wird das Auf und Ab der Figuren gegenüber der imaginären Ebene anhalten, der es nicht gelingt, sie festzuhalten?

Betrachten Sie das linke und das rechte Bild. Die Verteilung der Töne ist dort genau umgekehrt. Ihre Schwingungen sind nicht miteinander verträglich. Und der Raum, der sie in der Unbewegtheit eines großen fiktiven Bildes einfangen sollte, kippt selbst ständig um.

In die Festigkeit der Prismen und ihre so tief eingeschriebenen Ecken sollte man kein allzugroßes Vertrauen legen. Was sind diese oberen Elemente, die aus der großen dunklen Fläche hervorzukommen scheinen? Ein heimlich vom Licht geschaffener Innenraum, der die nächtlichen Flächen der Figur durchstößt? Oder sind sie zerbrechliche Formen, die auf der Oberfläche eines fest in sich geschlossenen Volumens treiben? Die Linien, die für eine sorgfältige geometrische Aufteilung der farbigen Flächen sorgen, definieren weder ihr räumliches Verhältnis noch ihre wechselseitige Position; sie sind vielmehr Zeichen für deren Unverträglichkeit; sie komponieren mit dicken schwarzen Nähten und in scheinbar vertrauten Formen Elemente, die keinen gemeinsamen Ort besitzen.

*Übersetzt von Michael Bischoff*

# Die Malerei von Manet

»La peinture de Manet«, Vortrag in Tunesien, Club Tahar Haddad, 20.5.1971, zuerst in: *Les cahiers de Tunisie. Numéro spécial: Foucault en Tunisie*, Tunis 1989.

Manet wird in der Geschichte der Kunst und der Malerei des 19. Jahrhunderts nach wie vor als derjenige geführt, der die Techniken und Darstellungsweisen des Malens derart veränderte, dass er die Bewegung des Impressionismus, die fast die ganze zweite Hälfte des 19. Jahrhunderts hindurch die Geschichte der Kunst beherrschen sollte, möglich gemacht hat.

Nun trifft es zwar zu, dass Manet der Wegbereiter des Impressionismus ist, doch ist es nicht dieser Aspekt, dem ich im Folgenden nachgehen möchte. Tatsächlich scheint mir Manet etwas anderes getan zu haben als lediglich den Impressionismus zu ermöglichen. Über den Impressionismus hinaus hat Manet die ganze nachimpressionistische Malerei möglich gemacht, die ganze Malerei des 20. Jahrhunderts, die Malerei, in deren Bahn sich auch heute noch die aktuelle Kunst entwickelt. Dieser tiefe, grundstürzende Bruch, den Manet herbeiführte, ist ohne Zweifel schwerer einzuordnen als all die Veränderungen, die den Impressionismus ermöglicht haben. Was in der Malerei Manets den Impressionismus möglich machte, ist in den neuen Techniken der Farbgebung angelegt, im Gebrauch relativ reiner Farben wie auch in der Verwendung bestimmter Formen der Beleuchtung und der Luminosität, die sich von denen der vorhergehenden Malerei grundlegend unterscheiden ... Dagegen sind die Veränderungen, die – über den Impressionismus hinaus, und in gewisser Weise über den Impressionismus hinweg – die nachfolgende Malerei ermöglicht haben, meines Erachtens schwerer zu erkennen und zu verorten.

Und doch lassen sich diese Veränderungen, wie ich glaube, folgendermaßen zusammenfassen: Manet ist derjenige, der es zum ersten Mal in der abendländischen Kunst, zumindest seit der Renaissance, dem Quattrocento, gewagt hat, in seine Gemälde, in das, was sie darstellen, die materiellen Eigenschaften der Fläche, auf die er malte, einzubeziehen. Um es deutlicher zu sagen: Seit dem 15. Jahrhundert, dem Quattrocento, war es in der abendländischen Malerei Tradition, wenn irgendmöglich die Tatsache vergessen zu machen, zu überspielen und zu verschleiern, dass die Malerei einem bestimmten Stück Fläche aufgetragen oder eingeschrieben war, das entweder – im Falle eines Fresko – eine Wand oder aber eine Holztafel, eine Leinwand, ja eventuell sogar ein Stück Papier sein konnte. Man wollte vergessen machen, dass die Malerei auf einer mehr oder weniger rechteckigen und zweidimensionalen Oberfläche aufruht, und stattdessen diese materielle Fläche, auf der die Malerei seit dem Quattrocento aufgetragen wurde, durch einen dargestellten Raum ersetzen, der die Malfläche gewissermaßen negierte. Seit dem Quattrocento versuchte die Malerei somit die drei Dimensionen darzustellen, während ihre Grundlage eine zweidimensionale Ebene war. Es war eine Malerei, die nicht nur die drei Dimensionen darstellte, sondern die in jeder nur erdenklichen Weise die großen Schrägen und Spirallinien privilegierte, um die Tatsache zu verschleiern und zu negieren, dass die Malerei nichtsdestotrotz in ein Quadrat oder ein Rechteck aus geraden, sich rechtwinklig überschneidenden Linien eingeschrieben ist. Desgleichen versuchte sie eine Beleuchtung entweder innerhalb oder außerhalb der Leinwand darzustellen, aus dem Hintergrund oder von rechts oder von links kommend, um auch auf diese Weise die Tatsache zu überspielen oder zu negieren, dass die Malerei auf einer rechteckigen Oberfläche aufruht, ganz real beleuchtet von einer bestimmten realen Beleuchtung, die sich im Übrigen selbstverständlich je nach Hängung und Tagesbeleuchtung ändern kann. Auch musste geleugnet werden, dass das Gemälde ein Flächenausschnitt ist, demgegenüber sich der Betrachter bewegen, den er umschreiten und den er infolgedessen unter einen bestimmten Blickwinkel oder von beiden Seiten wahrnehmen kann. Daher legte die Malerei seit dem Quattrocento einen bestimmten idealen Platz fest, von dem aus das Gemälde betrachtet werden konnte und sollte. Diese Materialität des Gemäldes, diese rechteckige, ebene, ganz real von einem bestimmten Licht beleuchtete Fläche, vor der und um die herum man sich bewegen kann, all das wurde verschleiert und überspielt durch die Darstellung des Gemäldes, durch das, was auf dem Gemälde selbst dargestellt wurde; das Gemälde stellte einen durch seitlich einfallendes Licht beleuchteten Tiefenraum dar, den man – von einem idealen Platz aus – wie ein Theater betrachtete.

Darin besteht, wenn Sie so wollen, das Versteckspiel, die Illusion, die die repräsentative Malerei des Abendlands seit dem Quattrocento darbot. Manets Leistung war es (das ist jedenfalls einer der wichtigsten Aspekte der Veränderungen, die Manet in die abendländische Malerei einführte), innerhalb dessen, was auf dem Gemälde selbst dargestellt wurde, jene Eigenschaften, Qualitäten oder materiellen Begrenzungen der Leinwand sichtbar zu machen, die die malerische Tradition bis dahin zu überspielen oder zu verschleiern hatte.

Die rechteckige Fläche, die großen horizontalen und vertikalen Achsen, die reale Beleuchtung der Leinwand, die Möglichkeit des Betrachters, es von der einen oder anderen Seite aus zu betrachten, all das hat in die Gemälde Manets Eingang gefunden, ist in ihnen präsent. Manet erfindet aufs Neue, womöglich auch zum ersten Mal, das Bild als Objekt, das Bild als Materialität, als farbigen Gegenstand, der von einem äußeren Licht beleuchtet wird und vor dem und um das herum sich der Betrachter bewegen kann. Diese Erfindung des Bildes als Objekt, diese Einbeziehung der Materialität der Leinwand in das, was dargestellt wird, ist meines Erachtens der Kern der großen Veränderung, die von Manet in der Malerei bewirkt wurde, und insofern kann man sagen, dass Manet – jenseits all dessen, was den Impressionismus vorbereitet haben mag – alles, was in der abendländischen Malerei seit dem Quattrocento grundlegend war, umgestürzt hat.

Ich möchte nunmehr versuchen, Ihnen dies an den Gemälden selbst zu zeigen; ich greife dazu auf ein Dutzend Gemälde zurück, die ich zu analysieren versuche. Zur Vereinfachung werde ich sie nach drei Gesichtspunkten einteilen:

*Erstens* nach der Art, in der Manet die Bildfläche behandelte; wie er die materiellen Eigenschaften der Leinwand ins Spiel brachte, die Oberfläche, die Länge, die Breite; auf welche Art und Weise er diese räumlichen Eigenschaften der Leinwand in das, was er auf der Leinwand darstellte, einbezog.

*Zweitens* werde ich Ihnen zu zeigen versuchen, wie Manet das Problem der Beleuchtung behandelte; wie er in seinen Gemälden kein dargestelltes Licht verwendete, das innerhalb des Bildes leuchtet, sondern das wirkliche äußere Licht.

*Drittens* wird es darum gehen, wie Manet die Stellung des Betrachters dem Gemälde gegenüber berücksichtigt. Bei diesem dritten Punkt werde ich nur ein einziges Gemälde untersuchen, das das ganze Werk Manets in sich zusammenfasst und zugleich eines der letzten und revolutionärsten Manets ist: *Un bar aux Folies-Bergère.*

Erstens: Auf welche Art und Weise hat Manet den Raum dargestellt?

Nehmen wir eines der ersten Bilder, die Manet gemalt hat (1861-1862).[1] Ein noch überaus klassisches Bild. Sie wissen, dass Manet eine durch und durch klassische Ausbildung erhalten hat; er hatte in den konformistischen Ateliers der Epoche, so bei Couture, gearbeitet, und dort lernte er die ganze große Maltradition beherrschen. In diesem Bild bezieht sich Manet noch auf all die Traditionen, die er sich in den Ateliers, in denen er Schüler war, hat aneignen können. Man muss jedoch bereits auf einige Dinge hinweisen, zum Beispiel auf die Betonung, die Manet in diesem Gemälde auf die großen vertikalen Linien legt, die durch die Bäume dargestellt werden. Sie sehen, dass das Bild Manets in der Tat über zwei Achsen organisiert ist, über eine horizontale Achse, die von den Köpfen der hintersten Reihe der Figuren angezeigt wird, und über die großen vertikalen Achsen, die, so als sollten sie verdoppelt oder besonders hervorgehoben werden, von einem kleinen Lichtdreieck angezeigt werden, durch das das ganze Licht einfällt, das den Vordergrund der Szene erhellt.

Diese Szene sieht der Betrachter oder der Maler von einem leicht erhöhten Standpunkt aus, so, dass man gerade noch, wenn auch nicht sehr gut, sehen kann, was sich dahinter abspielt. Das Bild hat nur eine geringe Tiefe; die den Vordergrund ausfüllenden Figuren verbergen, was sich im Hintergrund befindet (Fries-Effekt). Die Figuren bilden eine Art flaches Fries, und die Vertikalität – zusammen mit der verhältnismäßig geringen Tiefe – verstärkt diese friesartige Wirkung noch.

Zehn Jahre später wird Manet ein Bild malen, das in gewisser Weise dasselbe ist, gleichsam eine andere Fassung dieses Bildes, *Le bal masqué à l'Opéra*. Wieder sind es dieselben Figurentypen: Männer mit Frack und Zylinder, einige weibliche Gestalten in hellen Kleidern. Doch das ganze räumliche Gleichgewicht hat sich bereits verändert. Der Raum ist von hinten her abgeriegelt, versperrt; die Tiefe, die schon im vorigen Bild nicht sehr ausgeprägt, aber doch

1 [Fußnote der ital. Ausgabe: Bei seinem Vortrag hat Foucault den Titel des Bildes, von dem er spricht, nicht angegeben. Es müsste sich aber um *La musique aux Tuileries* (1862) handeln. – A. d. R.]

vorhanden war, ist nunmehr durch eine dicke Mauer abgeschlossen; und wie um zu signalisieren, dass es zwar eine Wand, dahinter aber nichts zu sehen gibt, sehen wir zwei vertikale Pfeiler und einen gewaltigen horizontalen Balken, die das Gemälde einrahmen und innerhalb des Bildes die Vertikale und Horizontale der Leinwand gewissermaßen verdoppeln. Dieses große Rechteck der Leinwand finden Sie innen wiederholt, es bildet den Hintergrund des Gemäldes und verhindert infolgedessen die Tiefenwirkung. Nicht nur diese Wirkung ist verschwunden, auch der Abstand zwischen dem Bildrand und diesem Hintergrund ist relativ gering, so dass sich alle Figuren nach vorne projiziert sehen. So gibt es nicht nur keine Tiefe, sondern Sie haben geradezu eine Art Reliefphänomen vor sich; die Figuren treten hervor und das Schwarz der Anzüge und Kleider blockiert absolut alles, was die hellen Farben räumlich hätten eröffnen können. Der Raum ist im Hintergrund durch die Mauer und vorne durch die Kleider und Anzüge versperrt. Sie haben es nicht wirklich mit Raum zu tun, sondern nur mit zusammenhängenden Volumen und Flächen, die nach vorne projiziert werden, in die Augen des Betrachters.

Die einzige Öffnung, die in dem Gemälde dargestellt wird, ist diese eigenartige Öffnung, die sich ganz oben im Bild befindet, aber doch keine wirkliche Tiefe wie den Himmel oder das Licht eröffnet. Im vorigen Gemälde gab es ein kleines Lichtdreieck, das eine Öffnung auf den Himmel freigab, durch die sich das Licht verteilte. Hier gibt die Öffnung ironischerweise nur Füße, Hosen usw. frei, das heißt, alles beginnt von neuem, als wäre es die gleiche Szene, und dies in unendlicher Wiederholung: Es wirkt wie ein Teppich, eine Wand, eine Tapete, mit der ironischen Zugabe zweier kleiner Füße, die den phantasmatischen Charakter dieses Raumes anzeigen, der nicht der reale Raum der Wahrnehmung ist, sondern der das Zusammenspiel der Oberflächen und Farben wiedergibt, die auf dem Gemälde von oben nach unten verteilt und unendlich oft wiederholt werden. Die räumlichen Eigenschaften des Rechtecks der Leinwand werden somit dargestellt, verdeutlicht und übersteigert durch das, was im Bild selbst dargestellt wird. Sie sehen, wie Manet im Verhältnis zum vorigen Bild, das im Grunde dasselbe Sujet behandelte, den Raum vollständig abgeschlossen hat. Nunmehr sind es die materiellen Eigenschaften der Leinwand, die auf dem Gemälde selbst dargestellt sind.

Betrachten wir jetzt *l'Exécution de Maximilien* aus dem Jahr 1867. Wieder stoßen wir auf die drei Hauptmerkmale von *Le bal masqué à l'Opéra*; wieder sind es die gleichen Verfahren: ein abrupter Abschluss des Raumes, markiert und räumlich verstärkt durch die Anwesenheit einer großen Mauer, die nichts anderes als die Verdopplung der Leinwand selbst ist; so dass alle Figuren auf einem schmalen Streifen Erde wie auf einer Treppenstufe zu stehen kommen, d. h. Horizontale und Vertikale, und erneut so etwas wie eine durchlaufende Horizontale, mit kleinen Figuren darauf, die dabei sind, die Szene zu beobachten. Es stellt sich fast die gleiche Wirkung ein wie in der Szene in *Le bal masqué à l'Opéra*, d. h. eine Wand, die einen Abschluss bildete, und eine Szene, die über der Wand erneut anfing und das Bild verdoppelte.

Dieses Gemälde weist nicht einfach die Elemente auf, denen man später in *Le bal masqué à l'Opéra* wiederbegegnen sollte, es präsentiert alle Figuren auf ein und demselben schmalen, kleinen Rechteck, auf dem sie mit ihren Füßen stehen (eine Art Treppenstufe, hinter der sich eine große Senkrechte abzeichnet). Sie stehen dicht gedrängt auf dieser kleinen Fläche, sie stehen so nahe beieinander, dass die Gewehrläufe ihre Brust berühren. Die Horizontalen und die vertikale Stellung der Soldaten vervielfachen und wiederholen innerhalb des Gemäldes lediglich die großen horizontalen und vertikalen Achsen der Leinwand. Jedenfalls berühren die Soldaten mit dem Ende ihrer Gewehre die Figuren, die ihnen gegenüberstehen. Es ist kein Abstand zwischen dem Peloton und den Opfern. Wenn Sie genauer hinsehen, sehen Sie, dass die Figuren der Gruppe kleiner sind als die anderen, während sie normalerweise gleich groß sein müssten, da sie sich exakt auf der gleichen Höhe befinden und die einen wie die anderen über sehr wenig Raum verfügen, um sich zu entfalten. Manet hat sich jener überaus archaischen Technik bedient, die darin besteht, die Figuren zu verkleinern, ohne sie auf der Fläche zu verteilen (die Maltechnik vor dem Quattrocento). Er verwendet diese Technik, um einen Abstand zu bezeichnen oder zu symbolisieren, der nicht wirklich dargestellt wird. In seinem Gemälde, in dem Raum, den er sich gegeben hat, in diesem winzigen Rechteck, in dem er all diese Figuren platziert hat, kann Manet ganz offensichtlich den Abstand nicht darstellen. Der Abstand kann nicht wahrnehmbar gemacht werden. Man sieht den Abstand nicht. Dagegen zeigt die Verkleinerung der Figuren eine gewisse intellektuelle und nicht wahrnehmbare Anerkennung an, dass zwischen den Opfern und dem Exekutionskommando ein Abstand liegen müsste. Dieser nicht wahrnehmbare Abstand, dieser Abstand, der sich dem Blick nicht zu erkennen gibt, wird durch dieses Zeichen – die Verkleinerung der Personen – angezeigt. Was sich somit im Innern des kleinen Rechtecks, das Manet sich gegeben hat, auflöst, sind einige der grundlegenden Prinzipien der abendländischen malerischen Wahrnehmung. Die malerische Wahrnehmung sollte gleichsam die Wiederholung, die Verdopplung, die Abbildung der alltäglichen Wahrnehmung sein. Was dargestellt werden sollte, war ein quasi wirklicher Raum, in dem der Abstand gelesen, eingeschätzt und dechiffriert werden konnte, so als betrachteten wir eine Landschaft. Hier nun treten wir in einen malerischen Raum ein, in dem sich der Abstand nicht mehr zu erkennen gibt, in dem die Tiefe kein Gegenstand der Wahrnehmung mehr ist und wo die räumliche Stellung und die Entfernung der Figuren voneinander einfach durch Zeichen angegeben werden, die nur innerhalb der Malerei Sinn und Funktion haben, d.h. durch das gewissermaßen willkürliche, in jedem Fall rein symbolische Verhältnis zwischen der Größe der Figuren. Wovon Manet in *Le bal masqué à l'Opéra* oder in *L'exécution de Maximilien* Gebrauch machte, was er in seine Darstellungsweise einbezog, war vor allem die Tatsache, dass die Leinwand vertikal ist, dass sie eine zweidimensionale Fläche ist, dass sie keine Tiefe hat. Letzteres stellte er dar, indem er die dargestellte Szene aufs äußerste verdichtete.

In dem Gemälde *Port de Bordeaux* (1871) sind es im Wesentlichen die horizontalen und vertikalen Achsen, auf die es ankommt. Diese Achsen, die auf der Leinwand selbst die horizontalen und vertikalen Achsen wiederholen, die die Leinwand einfassen und den Rahmen des Gemäldes bilden, sind, gewissermaßen in Filigran, zugleich die Reproduktion der Malerei selbst, all der horizontalen und vertikalen Fasern, die die Leinwand in ihrer Materialität ausmachen. Es ist, als wollte das Gewebe der Leinwand selbst zum Vorschein kommen und seine innere Geometrie offenbaren. Diese sich überkreuzenden Fäden sind gleichsam ein stellvertretender Entwurf des Bildes selbst. Wenn Sie einen bestimmten Ausschnitt, ungefähr ein Sechstel der Leinwand, allein für sich betrachten, so sehen Sie fast ausschließlich ein Geflecht von Horizontalen und Vertikalen, von Linien, die sich fast rechtwinklig überschneiden, wie in den Variationen, die Mondrian über den Baum angefertigt hat (1910-1914). Sie sehen hier genau die Geburt der abstrakten Malerei.

Mondrian hat seinen berühmten Baum ungefähr so behandelt, wie Manet den Hafen von Bordeaux behandelt hat. Er hat seinem Baum ein bestimmtes Geflecht von Linien abgewonnen, die sich rechtwinklig überschneiden und gleichsam ein Schachbrett aus horizontalen und vertikalen Linien bilden. In gleicher Weise ist es Manet gelungen, aus diesem Gewirr von Schiffen, aus der ganzen Betriebsamkeit des Hafens, ein Geflecht von Horizontalen und Vertikalen zu ziehen, die nichts anderes sind als die geometrische Darstellung der Geometrie der Leinwand in ihrer Materialität.

Diesem Spiel mit dem Gewebe der Leinwand begegnen wir auf amüsante und für die damalige Zeit absolut skandalöse Art und Weise erneut in dem Bild *Argenteuil*. Zwei große Achsen, die eine vertikal, die andere horizontal, verdoppeln den Bildrand. Was dargestellt wird, sind exakt die Stoffe, die vertikale und horizontale Linien haben. Der zugleich volkstümliche und bescheidene Charakter der Figuren und dessen, was auf der Leinwand dargestellt wird, ist für Manet nur ein Spiel, ein Spiel, das darin besteht, auf einer Leinwand gerade die Eigenschaften des Stoffs und die Kreuzungen und Überschneidungen der Vertikale und der Horizontale darzustellen.

*Dans la serre* ist gleichsam das Resümee der verschiedenen Spiele, die wir bereits in den anderen beiden Gemälden gesehen haben, ein Spiel von Horizontalen und Vertikalen.

Die Bildtiefe stößt unmittelbar hinter den Figuren auf eine Grenze. Sie haben diesen grünen Pflanzenteppich, den kein Blick zu durchdringen vermag und der sich absolut wie ein Bühnenhintergrund, wie eine aufgestellte Pappwand ausbreitet; keine Tiefe, keine Beleuchtung durchdringt diesen Wald aus Blättern und Stielen, die in ihrem Gewirr ein einziges Fest darstellen.

Die Figur der Frau ist vollständig nach vorne projiziert, die Beine, die nicht zu sehen sind, ragen gewissermaßen über den Bildrand hinaus. Die hinter ihr stehende Figur streckt sich mit ihrem riesigen Gesicht uns entgegen, so dass sie uns viel zu nahe kommt, um von uns gesehen zu werden; so sehr ist sie in dem zu kurzen Raum nach vorn gekippt. Also erneut Abschluss des Raumes und natürlich das Spiel der Vertikalen und Horizontalen; quer durch das ganze Bild die mehrmals wiederholte Linie der Rückenlehne der Bank, dazu die Verdopplung in Weiß durch den Regenschirm der Frau und, was die Vertikalen angeht, das ganze Gitterwerk, mit nur sehr kurzen Diagonalen, die die Tiefe anzeigen. Das ganze Gemälde beruht auf der Architektur dieser Vertikalen und Horizontalen. Und wenn Sie nun noch berücksichtigen, dass die Falten des Kleides der Frau vertikale Falten sind, dass gleichzeitig jedoch durch das Kleid eine Art Fächerbewegung geht, die bewirkt, dass, obwohl die Falten eigentlich horizontal verlaufen, das Kleid durch eine Drehung fast in die Vertikale gerät, dann sehen Sie, dass das Spiel der Falten, das vom Regenschirm bis zu den Knien der Frau geht, in umgekehrter Richtung die Bewegung abbildet, die von der Vertikalen zur Horizontalen geht. Berücksichtigen Sie außerdem, dass Sie eine Hand haben, die herunterhängt, und eine andere Hand, die in die andere Richtung zeigt, und dass Sie genau im Zentrum des Gemäldes, als hellen Fleck, die Achsen des Gemäldes abbildend, die gleichen horizontalen und vertikalen Linien haben, denen man schon als jene dunklen Linien begegnet ist, die das Gerüst der Bank und die innere Architektur des Gemäldes bilden. Damit haben Sie das ganze Spiel, das darin besteht, den Raum als Tiefenraum zu beseitigen, durchzustreichen, zusammenzupressen und dagegen die Linien der Vertikalität und der Horizontalität zu betonen.

Es gibt für Manet jedoch noch eine andere Art, mit den materiellen Eigenschaften der Leinwand zu spielen, denn die Leinwand ist in der Tat eine Fläche, die eine Horizontale und eine Vertikale hat, sie ist zudem aber auch eine Fläche mit zwei Seiten, einer *Rück-* und einer *Vorderseite*. Und mit dieser *Rück-* und *Vorderseite* wird Manet auf eine noch viel hinterlistigere und gemeinere Art und Weise sein Spiel treiben.

*La serveuse de bocks*: Worin besteht dieses Gemälde und was stellt es dar? In einem gewissem Sinn stellt es nichts dar, weil es nichts zu sehen gibt. Im Endeffekt haben Sie in diesem Gemälde nicht viel mehr als die Figur der Kellnerin, die Sie sehr nahe dem Maler sehen, sehr nahe dem Betrachter, die Ihnen das Gesicht so plötzlich zugewendet hat, als würde sich vor ihr ein Schauspiel ereignen, durch das ihr Blick angezogen wird (sie achtet nicht einmal auf das, was sie tut: das Abstellen ihrer Biergläser). Sie wird von etwas angezogen, das wir nicht sehen, das wir nicht kennen, das sich vor der Leinwand abspielt. Andererseits weist die Leinwand noch zwei weitere Figuren auf, von denen wir fast nichts sehen, denn von der einen Figur sehen wir gerade noch das fliehende Profil und von der anderen sehen wir nur den Hut. Beide blicken genau in die entgegengesetzte Richtung. Was sehen sie? Wir wissen es nicht, denn das Gemälde ist genau so geschnitten, dass uns das Schauspiel, durch das ihre Blicke angezogen werden, entgeht.

Denken Sie an irgendein Gemälde klassischen Typs. Es kommt sehr häufig vor, dass ein Gemälde Leute darstellt, die dabei sind, etwas zu betrachten. Nehmen Sie das Fresko von Masaccio *Il Tributo*.[2] Sie haben Figuren, die Petrus dabei zusehen, wie er dem Zöllner Geld gibt; wir kennen diese Szene jedoch, wir sehen sie, sie wird auf dem Gemälde gezeigt. Hier aber blickt jede der beiden Figuren auf etwas anderes und das Bild sagt uns nicht, was sie sehen. Es ist ein Gemälde, in dem nur zwei Blicke in entgegengesetzte Richtungen dargestellt werden, in die beiden entgegengesetzten Richtungen des Gemäldes, *Vorder-* und *Rückseite*, und keines der beiden Schauspiele wird uns gezeigt.

Um dies zu verdeutlichen, wird Ihnen ironischerweise noch der kleine Zipfels eines Kleides gezeigt. Tatsächlich hat Manet in einer ersten Fassung des Gemäldes dargestellt, was von den beiden Figuren erblickt wird: eine Varietésängerin, die dabei ist, einen Tanzschritt anzudeuten (eine Fassung, die sich in London befindet); später hat Manet in der zweiten Fassung die Szene so zurechtgeschnitten, dass es nichts mehr zu sehen gibt.

Die Leinwand zeigt und benennt im Grunde nur das Unsichtbare, es gibt durch die entgegengesetzten Blickrichtungen lediglich einen Hinweis auf etwas Unsichtbares – sowohl vor, als auch hinter der Leinwand. Zu beiden Seiten der Leinwand spielen sich Szenen ab, denen die beiden Figuren zusehen, die das Bild jedoch verbirgt und dem Blick entzieht. Die Bildfläche mit ihren beiden Seiten, der Vorder- und Rückseite, ist kein Ort, an dem sich eine Sichtbarkeit manifestiert; sie ist im Gegenteil der Ort, der die Unsichtbarkeit dessen garantiert, was von den Figuren auf der Ebene des Gemäldes gesehen wird.

In *La gare Saint Lazare* haben Sie erneut die gleichen Vertikalen und die gleichen Horizontalen: diese Vertikalen und diese Horizontalen, die eine bestimmte Ebene des Gemäldes definieren,

2 [Florenz, S. Maria del Carmine, Capella Brancacci. Abgebildet in *Kindlers Malerei-Lexikon*, München 1985, S. 2806. – A. d. R.]

gewissermaßen die Ebene der Leinwand, und Sie haben zwei Figuren wie in dem Gemälde *La serveuse de bocks*, die eine blickt in unsere Richtung, die andere blickt in dieselbe Richtung wie wir. Die eine wendet uns ihr Gesicht zu, die andere dreht uns dagegen ihren Rücken zu. Was die Frau ziemlich gespannt betrachtet, ist ein Schauspiel, das wir nicht sehen können, da es sich vor der Leinwand abspielt. Und auch das Mädchen betrachtet etwas, das wir nicht sehen können, denn Manet hat die Dampfwolke eines vorrüberfahrenden Zuges davorgelegt, so dass uns auch hier die Sicht versperrt ist.

Um zu sehen, was es zu sehen gibt, müssten wir entweder über die Schulter des Mädchens schauen oder wir müssten um das Bild herumgehen und über die Schulter der Frau schauen. Sie sehen also, wie Manet mit den materiellen Eigenschaften der Leinwand spielt. Bis dahin hatte sich noch nie ein Maler damit vergnügt, die *Vorder-* und die *Rückseite* zu verwenden. Hier verwendet er sie, indem er den Betrachter geradezu dazu treibt, um die Leinwand herumgehen zu wollen, seine Position zu verändern, um doch noch zu sehen, was man dem Gefühl nach sehen müsste, was jedoch im Bild nicht gegeben ist. Es ist dieses, gerade von der Flächigkeit der Leinwand ermöglichte Spiel mit der Unsichtbarkeit, das Manet innerhalb des Gemäldes selbst durchspielt. Es ist das erste Mal, dass die Malerei uns etwas gibt, das uns etwas Unsichtbares zeigt: Die Blicke sind da, um uns anzuzeigen, dass etwas zu sehen ist, etwas, das durch die Natur der Leinwand selbst notwendigerweise unsichtbar ist.

Gehen wir nun zum Problem der Beleuchtung und des Lichts über.

*Le fifre*: Dieses Gemälde hat seinerzeit ein beträchtliches Aufsehen erregt. Manet hat dem Bild völlig die Tiefe genommen. Es gibt keinen Raum hinter dem Pfeifer. Er steht im Grunde nirgends. Die Stelle, auf die er seine Füße setzt (Fußboden, Erde), wird durch nahezu nichts angezeigt. Ein winziger Schatten, ein kaum merklicher grauer Fleck unterscheidet die Wand im Hintergrund von der Fläche unter seinen Füßen. Nicht einmal die Treppenstufe, die wir in den Gemälden zuvor gesehen haben, ist noch da. Er hat als Stellfläche für seine Füße nur diesen ganz leichten Schatten. Also setzt er den Fuß auf einen Schatten, ins Leere.

Man muss jedoch die Art und Weise beachten, wie der Pfeifer beleuchtet ist. In der traditionellen Malerei hat die Beleuchtung normalerweise immer irgendwo einen Ort. Es gibt innerhalb oder außerhalb des Bildes eine Lichtquelle, die entweder direkt dargestellt oder durch Lichtstrahlen angezeigt wird: ein offenes Fenster deutet darauf hin, dass das Licht beispielsweise von rechts, von oben usw. kommt. Neben dem wirklichen Licht, das auf die Leinwand fällt, stellt das Gemälde stets noch eine Lichtquelle dar, die die Leinwand beleuchtet und an den vorhandenen Figuren Kernschatten, Hervorhebungen, Vertiefungen usw. hervorruft ... Eine ganze Systematizität des Lichts, die zu Beginn des Quattrocento erfunden wurde und der Caravaggio ihre vollendete Regelhaftigkeit gegeben hat.

Hier gibt es hingegen überhaupt keine Beleuchtung, die von oben, von unten oder auch von außerhalb der Leinwand käme. Vielmehr kommt die gesamte Beleuchtung von außen und fällt absolut senkrecht auf die Leinwand.

Das Gesicht weist nicht die geringste Modellierung auf, nur zwei kleine Vertiefungen beiderseits der Nase, um die Augenbrauen und die Augenhöhlen anzuzeigen.

Der einzige Schatten in diesem Gemälde ist der winzige Schatten unter der Hand des Pfeifers, der darauf schließen lässt, dass die Beleuchtung in der Tat direkt von vorne kommt, denn der einzige Kernschatten, der sich in diesem Gemälde abzeichnet, verläuft hinter der Querpfeife, in der Innenfläche der Hand. Es gibt einen winzig kleinen Schatten, der ein Indikator für den Rhythmus ist, den der Pfeifer, indem er mit dem Fuß auf den Boden klopft (er hebt leicht den Fuß), seiner Musik gibt. Von einem Schatten zum anderen ergibt das eine große Diagonale, die vom Futteral der Querpfeife wiedergegeben wird. Die Beleuchtung fällt somit vollkommen senkrecht auf die Leinwand; es ist die wirkliche Beleuchtung, so als hinge die Leinwand vor einem offenen Fenster.

Während es traditionellerweise in der Malerei üblich war, auf der Leinwand ein Fenster darzustellen, durch das eine fiktive Beleuchtung die Figuren mit Licht überflutete und ihnen ihr Relief verlieh, muss man hier von einer Leinwand, einem Rechteck, einer Fläche ausgehen, die vor einem Fenster angebracht ist, durch das sie direkt von vorne beleuchtet wird.

Diese radikale Technik, die innere Beleuchtung wegfallen zu lassen und sie durch die wirkliche äußere und frontal von vorne kommende Beleuchtung zu ersetzen, setzte Manet nicht wirklich von Anfang an ein.

In einem seiner ersten Gemälde, *Le déjeuner sur l'herbe*, verwendete er nebeneinander zwei Beleuchtungstechniken. In diesem Gemälde gibt es zwei hintereinanderliegende Beleuchtungssysteme. Im zweiten Teil des Gemäldes haben Sie (sofern man gelten lässt, dass der Grasstreifen das Gemälde in zwei Hälften teilt) eine traditionelle Beleuchtung mit einer links oben liegenden Lichtquelle, die die Szene in helles Licht taucht, die große Grasfläche im Hintergrund beleuchtet und auf den Rücken der Frau trifft und ihr teilweise abgedunkeltes Gesicht modelliert. Diese Beleuchtung endet an zwei hellen, beinahe lodernden Büschen. Sie sind gewissermaßen der Zielpunkt dieser von der Seite und in Dreiecksform einfallenden Beleuchtung. Es gibt also ein Dreieck, das das Gesicht der Frau mit Licht überflutet und modelliert: die klassische Beleuchtung, die das Relief bestehen lässt und von einem inneren Licht ausgeht.

Nehmen Sie nun die Figurengruppe im Vordergrund: Sie wird von einem völlig anderen Licht beleuchtet, das mit dem vorigen, das an den Büschen haltmacht, nichts zu tun hat. Diese Beleuchtung ist frontal, kommt direkt von vorn und trifft auf die Frau und ihren völlig unbetonten, ebenmäßigen nackten Körper. Es liegt so etwas wie eine Glasur auf dem Körper der Frau, eine Art japanische Malerei. Das Licht kann nur direkt von gegenüber kommen. Das gleiche Licht fällt auf das Gesicht des Mannes, die beiden dunklen Jacken sind die Endpunkte dieser frontalen Beleuchtung, ganz so wie die Büsche die End- und Helligkeitspunkte der inneren Beleuchtung waren. Eine äußere, von den Körpern der beiden Männer aufgehaltene Beleuchtung und eine innere, von den beiden Büschen verdoppelte Beleuchtung. Diese beiden Systeme, im Innern eines Bildes Licht sichtbar zu machen, sind miteinander nicht verbunden, was dem Gemälde seine Disharmonie, seine innere Heterogenität gibt, die Manet durch die hell aufleuchtende Hand in der Mitte des Gemäldes gewissermaßen zu unterstreichen versuchte: mit den beiden Fingern, deren einer in Richtung des inneren Lichts weist und deren anderer sich zur Bildachse hin einkrümmt, die auf den Ursprung des äußeren Lichts zielt.

*Olympia*: Ich möchte mich nun zu der Beziehung äußern, die zwischen dem Skandal, den dieses Bild auslöste, und einer gewissen Anzahl seiner malerischen Eigenschaften besteht.

Diese *Olympia* löste im Salon von 1865 einen derartigen Skandal aus, dass man sich gezwungen sah, sie wieder abzuhängen. Es gab (Spieß-)Bürger, die beim Besuch des Salons mit dem Schirm auf das Bild losgehen wollten, so anstößig fanden sie es.

Nun ist die Darstellung der weiblichen Nacktheit in der abendländischen Malerei eine Tradition, die bis ins 16. Jahrhundert zurückreicht, und man hat eine Unzahl anderer Akte gesehen, vor *Olympia*, sogar im selben Salon, in dem sie diesen Skandal auslöste. Was also war an ihr so unerträglich?

Die Kunsthistoriker erklären, dass der moralische Skandal eine ungeschickte Art war, den ästhetischen Skandal zum Ausdruck zu bringen. Es sind diese unschattierten Flächen, die man nicht erträgt, diese große Malerei à la japonaise, auch die Hässlichkeit dieser Frau. Aber gibt es nicht einen anderen Grund für den Skandal, der insbesondere mit der Beleuchtung zusammenhängt?

Man müsste dieses Bild mit dem Bild vergleichen, das ihm bis zu einem bestimmten Punkt als Modell und als Gegenstück dient. Die *Olympia* von Manet ist in der Tat die Dublette, die Reproduktion, eine Variation über das Thema der liegenden Venus und insbesondere der *Venus*[3] des Tizian. Letztere liegt ungefähr in derselben Haltung; wie *Olympia* ist sie auf Tücher gebettet, eine Lichtquelle links oben beleuchtet sanft das Gesicht, die Brust und das Bein der Frau. Dieses Licht ist wie eine Art Vergoldung, die ihren Leib liebkost und die das Prinzip der Sichtbarkeit dieses Körpers ausmacht. Wenn die *Venus* des Tizian sich dem Blick hingibt, so deshalb, weil es diese besondere Lichtquelle gibt, diskret, seitlich und golden, die sie gewissermaßen gegen ihren Willen überrascht. Die Betrachter überraschen das Spiel zwischen dem Licht und der Nacktheit.

Wenn die *Olympia* von Manet sichtbar ist, so deshalb, weil ein Licht auf sie fällt. Dieses Licht ist keineswegs ein sanftes und diskretes Seitenlicht, sondern ein sehr starkes Licht, das direkt von vorne auf sie trifft. Dieses Licht kommt senkrecht von vorne, aus dem Raum vor der Leinwand, d. h. von dort, wo wir uns befinden. Es gibt nicht drei Elemente, die Nacktheit, die Beleuchtung und uns, es gibt nur die Nacktheit und uns, die wir genau am Ort der Beleuchtung stehen. Das heißt, es ist unser Blick, der, indem er sich der Nacktheit der *Olympia* öffnet, sie beleuchtet. Wir machen sie

3 [Florenz, Galleria degli Uffici. Abgebildet in *Kindlers Malerei-Lexikon*, S. 3832. – A. d. R.]

sichtbar. Unser Blick auf *Olympia* trägt das Licht: Wir sind somit verantwortlich für die Sichtbarkeit und die Nacktheit der *Olympia*. Sie ist nur für uns zu sehen, denn wir machen sie nackt. Jeder Betrachter ist somit notwendigerweise in diese Nacktheit verstrickt. Sie sehen, wie ein ästhetischer Wandel einen moralischen Skandal auslösen kann.

*Le balcon*: In diesem Bild haben wir die Kombination dessen, was wir bei der Behandlung des Raumes und der Beleuchtung festgestellt haben.

Es gibt grüne Fensterläden und Jalousien mit zahlreichen horizontalen Linien, die das Gemälde einrahmen. Das Gemälde ist ganz offensichtlich aus horizontalen und vertikalen Linien aufgebaut. Das Fenster selbst wiederholt aufs genaueste die Leinwand. Und auch der Balkon vor dem Fenster reproduziert durch sein Eisengitter die Vertikalen und die Horizontalen.

Wenn Sie nun noch die Jalousien berücksichtigen, sehen Sie, dass das ganze Gemälde von Horizontalen und Vertikalen eingerahmt wird.

Nicht dass Manet das Rechteck, auf das er malte, vergessen machen wollte, ganz im Gegenteil, er wiederholt, verdoppelt und vervielfältigt es beharrlich innerhalb des Gemäldes. Mehr noch, das ganze Gemälde ist in Schwarz und Weiß gehalten, mit einer einzigen anderen Farbe, dem Grün. Nun ist dies die genaue Umkehrung der Regeln des Quattrocento, denen zufolge die großen architektonischen Elemente im Schatten liegen mussten, nur dunkel dargestellt werden durften, und die Figuren die Farben zu tragen hatten. Hier sind es dagegen die architektonischen Elemente, die durch das hervorstechende Grün des Bildes betont und herausgehoben werden.

Was die Tiefendimension angeht, so treibt Manet auch hier ein ausnehmend listiges Spiel. Das Gemälde eröffnet zwar, vermittels eines Fensters, eine Tiefe; diese Tiefe wird jedoch verdeckt, wie in dem Gemälde *La gare Saint Lazare*, wo die Landschaft durch die Rauchwolke des Zuges verdeckt wurde. In diesem Gemälde gibt es ein Fenster, das den Ausblick auf etwas eröffnet, das vollkommen dunkel ist: Man erkennt nur mit Mühe den schemenhaften Reflex eines metallischen Gegenstands, eine Art Teekanne, die ein kleiner Junge trägt. All das ist jedoch kaum sichtbar. Dieser große leere Raum, der sich normalerweise auf eine Tiefe hin öffnen müsste, ist für uns absolut unsichtbar gemacht. Dies deshalb, weil das ganze Licht außerhalb des Gemäldes ist; statt in das Gemälde einzudringen, ist das Licht außen. Da man sich auf einem Balkon befindet, muss man annehmen, dass es die Mittagssonne ist, die senkrecht auf den Balkon fällt und die Figuren darauf ohne jeden Schatten lässt. Tatsächlich zeichnet sich von den großen weißen Tüchern der Gewänder nicht der geringste Schatten ab, allenfalls einige etwas stärkere Reflexe. Der ganze Schatten ist hinten, denn durch das Gegenlicht kann man nicht sehen, was im Zimmer ist. Statt einer Hell-Dunkel-Verteilung haben wir ein eigenartiges Bild, in dem alles Licht auf der einen Seite und aller Schatten auf der anderen Seite ist. Alles Licht ist vor dem Bild, aller Schatten ist auf der anderen Seite des Bildes. Als ob gerade die Vertikalität der Leinwand eine hintere Welt des Schattens von einer vorderen Welt des Lichts trennte.

An der Grenze von Licht und Schatten gibt es drei Figuren, die gewissermaßen in der Luft hängen und die wiederum fast keine Standfläche haben, so dass der kleine Fuß der Schwester von Berthe Morisot herabhängt, als wäre nichts da, worauf sie ihn stellen könnte (wie in Giottos *Il Dono del mantello*[4]). Die Figuren hängen somit zwischen der Dunkelheit und dem Licht, zwischen dem Innen und Außen, zwischen dem Zimmer und dem Freien. Sie sind einfach da: zwei weiße, eine schwarze, wie drei Musiknoten; sie verlassen den Schatten, um ins Licht zu gelangen; das Ganze hat etwas von der Auferstehung des Lazarus an sich, an der Grenze von Leben und Tod. Magritte, der surrealistische Maler, hat eine Variation zu diesem Gemälde gemalt, in der er die gleichen Elemente dargestellt hat, die drei Figuren aber durch drei Särge ersetzt hat.[5] Es ist genau diese Grenze von Leben und Tod, die durch die drei Figuren manifest wird. Letztere blicken gespannt auf etwas, das wir nicht sehen.

Die Unsichtbarkeit wird gleichsam dadurch signalisiert, dass die drei Figuren in drei verschiedene Richtungen blicken, alle drei gefangen von einem spannenden Schauspiel: die erste von einem vor der Leinwand, die zweite von einem rechts davon und die dritte von einem links davon. Wir dagegen sehen nichts. Wir sehen nur

4 [Fresco in Assisi, S. Francesco. Abgebildet in *Kindlers Malerei-Lexikon*, S. 1492. – A. d. R.]

5 [Gent, Museum voor Schone Kunsten. Abgebildet in Noel, B., *Magritte*, München 1977, S. 54. – A. d. R.]

Blicke. Diese divergierenden Elemente sind nichts anderes als das Aufscheinen der Unsichtbarkeit selber.

In *Un bar aux Folies-Bergère* gibt es eine Figur im Zentrum, die gewissermaßen für sich ganz allein porträtiert wird, und einen Spiegel dahinter, der uns ihr Bild zurückwirft (ein klassisches Verfahren in der Malerei). Und doch unterscheidet sich das Gemälde Manets: Der Spiegel füllt praktisch den gesamten Hintergrund des Gemäldes aus. Der Rand des Spiegels ist das goldene Band, so dass Manet den Raum durch eine Art ebener Fläche wie durch eine Wand verschließt. Manet hat im Spiegel dargestellt, was vor dem Spiegel ist, was auf eine doppelte Negation der Tiefe hinausläuft. Man sieht nicht, was hinter der Frau ist, die unmittelbar vor dem Spiegel steht, man sieht hinter ihr nur, was vor ihr ist. Die Beleuchtung ist vollkommen frontal und trifft die Frau direkt von vorn. Und wieder stellt Manet die frontale Beleuchtung auch innerhalb des Gemäldes durch die Abbildung der Lampen im Spiegel dar. Die Lichtquellen sind somit innerhalb des Gemäldes dargestellt, obwohl sie sich in Wirklichkeit außerhalb des Gemäldes befinden, im Raum davor. Weitaus wichtiger ist die Art und Weise, in der die Personen im Spiegel dargestellt werden. Tatsächlich gibt es zwischen dem, was im Spiegel dargestellt ist und dem, was dort reflektiert werden müsste, eine Unstimmigkeit. Die größte Unstimmigkeit zeigt sich in der Spiegelung der Frau. Um das Spiegelbild der Frau so zu sehen, wie sie im Spiegel dargestellt ist, müssten der Maler und der Betrachter, die ihm effektiv gegenüberstehen, seitlich von der Frau stehen, weiter rechts. Der Maler nimmt somit nacheinander oder besser gleichzeitig zwei miteinander nicht zu vereinbarende Positionen ein. Es gibt jedoch eine Lösung, die es erlauben würde, das Problem zu beheben; ein Fall ist denkbar, bei dem man der Frau direkt gegenübersteht und ihr Spiegelbild dennoch von der Seite sehen könnte. Der Spiegel müsste schräg stehen. Da aber der Spiegelrand parallel zum Bildrand verläuft, lässt sich die Hypothese eines diagonal stehenden Spiegels nicht aufrechterhalten. Es gibt somit für den Maler zwei Positionen.

Des Weiteren haben wir das Spiegelbild einer Person, die dabei ist, mit der Frau zu sprechen; man muss also jemanden voraussetzen, dessen Spiegelbild im Spiegel zu sehen ist. Wäre die Person tatsächlich der Frau so nahe, wie sie es im Spiegelbild ist, müsste es notwendigerweise auf ihrem Gesicht, ihrem weißen Hals so etwas wie einen Schatten geben. Dort ist aber nichts. Die Beleuchtung kommt direkt von vorn, trifft völlig ungehindert auf den ganzen Körper der Frau und die Marmortheke. Damit es ein Spiegelbild gibt, müsste jemand da sein, und damit es eine Beleuchtung wie diese gibt, dürfte niemand da sein. Das könnte der Blick des Malers sein, dessen Anwesenheit Manet im Spiegelbild und dessen Abwesenheit er in der Beleuchtung angezeigt hätte: Anwesenheit und Abwesenheit des Malers. Aber das gespiegelte Gesicht gleicht nicht dem des Malers und blickt zudem von oben auf die Barfrau und die Bar. Wenn es also der im Spiegel gespiegelte Blick des Malers wäre, dürfte er sie, wenn er gerade mit ihr spricht, nicht so sehen, wie wir sie sehen, in gleicher Augenhöhe, sondern von oben, und die Bar würde in einer ganz anderen Perspektive gesehen. In Wirklichkeit sind der Betrachter und der Maler in der gleichen Höhe wie die Kellnerin, vielleicht sogar etwas tiefer (daher der minimale Abstand, den es zwischen dem Rand des Marmors und dem Spiegelrand gibt). Wir haben es somit mit drei Systemen der Unvereinbarkeit zu tun:

1) Der Maler muss da und dort sein.
2) Es muss jemanden und niemanden geben.
3) Es gibt einen aufwärts und einen abwärts gerichteten Blick.

Diese dreifache Unmöglichkeit zu wissen, wo man stehen müsste, um zu sehen, was wir sehen, ist eines der grundlegenden Kennzeichen dieses Gemäldes und erklärt die Begeisterung und das Unbehagen, das man empfindet, wenn man es betrachtet.

Während die gesamte klassische Malerei durch ihr System von Linien und Perspektiven dem Betrachter und dem Maler einen genau festgelegten und unverrückbaren Ort zuweist, von dem aus die Szene gesehen wird, kann man hier trotz der außergewöhnlichen Nähe der Personen, und obwohl man den Eindruck hat, man könnte sie gewissermaßen berühren, nicht wissen, wo der Maler stehen müsste, um dieses Gemälde so zu malen, wie er es gemalt hat, und wo wir stehen müssten, um die Szene zu sehen.

Mit dieser Technik hat Manet die Eigenschaft des Gemäldes ins Spiel gebracht, kein normativer Raum zu sein, dessen Darstellung den Betrachter auf einen einzigen Punkt festlegt, von dem aus er betrachtet, sondern ein Raum, dem gegenüber man verschiedene Positionen einnehmen kann: Der Betrachter bewegt sich vor dem Gemälde, auf das das Licht direkt von vorne trifft. Die Vertikalen und die Horizontalen werden ständig verdoppelt, die Tiefendimension wird beseitigt; auf diese Weise fängt die Leinwand an, in ihrer Physis in Erscheinung zu treten und all ihre Eigenschaften in die Darstellungsweise einzubeziehen. Manet hat gewiss nicht die nichtrepräsentative Malerei erfunden, da alles bei ihm repräsentativ ist. Aber er hat in die Darstellung die materiellen Grundelemente der Leinwand einbezogen. Er war im Begriff, das Bild als Objekt, die Malerei als Objekt zu erfinden. Das war die grundlegende Bedingung dafür, dass man sich eines Tages ganz von der Repräsentation löste und die Fläche lediglich mit ihren Eigenschaften, ihren materiellen Eigenschaften spielen ließ.

*Übersetzt von Peter Geble*

*La musique aux Tuileries* (1862), 76 × 118 cm, National Gallery, London

*Le bal masqué à l'Opéra* (1873), 60 × 73 cm, National Gallery of Art, Washington

*L'exécution de Maximilien* (1867), 252 × 305 cm, Städtische Kunsthalle, Mannheim

*Port de Bordeaux* (1871), 63 × 100 cm, Privatsammlung, Zürich (Foto: akg-images/-Erich Lessing)

*Argenteuil* (1874), 149 × 115 cm, Musée des Beaux-Arts, Tournai (Belgien)

*Dans la serre* (1879), 115 × 150 cm, Staatliche Museen, Berlin

*Le serveuse de bocks* (1879), 77,5 × 65 cm, Musée d'Orsay, Paris

*Coin du Café-Concert* (1878), 98 × 79 cm, National Gallery, London (© The National Gallery, London 2012)

*Le gare Saint-Lazare* (1873), 93 × 114,5 cm, National Gallery of Art, Washington

*Le fifre* (1866) 160 × 98 cm, Musée d'Orsay, Paris

*Le déjeuner sur l'herbe* (1863), 208 × 264,5 cm, Musée d'Orsay, Paris

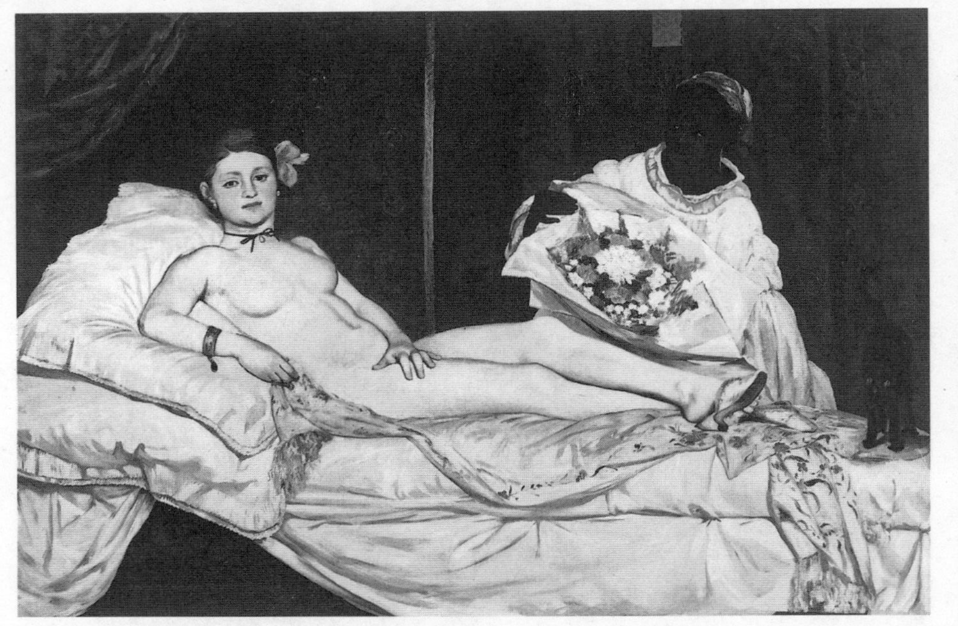

*Olympia* (1863), 130 × 264,5 cm, Musée d'Orsay, Paris

*Le balcon* (1868-1869), 168 × 123 cm, Musée d'Orsay, Paris

*Un bar aux Folies-Bergère* (1881), 130 × 96 cm, Courtauld Institute Galleries, London

# Die Kraft zu fliehen

»La force de fuir«, in: *Derrière le miroir*, Nr. 202: *Rebeyrolle*, März 1973, S. 1-8.

Sie sind eingetreten. Nun sind Sie von zehn Gemälden umringt, in einem Zimmer, dessen Fenster alle sorgfältig geschlossen wurden.

Sind Sie jetzt selbst im Gefängnis wie die Hunde, die Sie sehen und die sich erheben und gegen die Gitter schlagen?

Im Unterschied zu den *Vögeln*, die vom kubanischen Himmel gekommen sind, gehören die *Hunde* weder einer bestimmten Zeit noch einem bestimmten Ort an. Es handelt sich nicht um Gefängnisse in Spanien, Griechenland, der UdSSR, Brasilien oder Saigon, sondern um *das* Gefängnis. Das Gefängnis ist heute jedoch ein politischer Ort – Jackson hat dafür Zeugnis abgelegt –, d. h. ein Ort, an dem Kräfte geboren werden und sich manifestieren, ein Ort, an dem sich Geschichte vollzieht und aus dem die Zeit entspringt.

Die *Hunde* sind also keine Variation auf eine Form, auf Farben oder auf eine Bewegung, wie es die *Frösche* waren. Sie bilden eine unumkehrbare Reihe, einen unbeherrschbaren Ausbruch. Man soll nicht sagen: Eine Geschichte erscheint aufgrund einer Zusammenstellung von Gemälden, sondern vielmehr: Die zunächst zitternde Bewegung, die sich dann von einem Gemälde ablöst, überschreitet wirklich seine Grenzen, um sich dem folgenden Gemälde einzufügen, sich auf ihm fortzusetzen und alle Gemälde durch eine große Bewegung zu erschüttern, die ihnen schließlich entkommt und sie mit Ihnen zurücklässt. Die Reihe der Gemälde – anstatt zu erzählen, was geschah – vermittelt eine Kraft, deren Geschichte wie die Spur ihrer Flucht und ihrer Freiheit erzählt werden kann. Die Malerei hat zumindest das mit der Rede gemein: Wenn sie eine Kraft vermittelt, die Geschichte schafft, ist sie politisch.

Sehen Sie: Die Fenster sind weiß, solange das Eingesperrtsein währt. Weder Himmel noch Licht: Im Inneren lässt sich nichts erkennen; man wagt auch nicht, dort einzudringen. Anstatt etwas Äußeres zu sein, ist es ein reines Draußen, neutral, unzugänglich, gestaltlos. Diese weißen Quadrate deuten keinen Himmel und keine Erde an, die man von weitem sehen könnte. Sie stellen dar, dass man hier ist und nirgendwo anders. Die Fenster der klassischen Malerei gestatteten es, einen Innenraum in die Außenwelt zu verlegen. Diese Augen ohne Blick befestigen, vertäuen Schatten an Wänden, die nur eine Nachtseite haben. Zeichen nackter Ohnmacht.

Macht, eigensinnige und unbewegliche Macht, starre Macht. Von dieser Art ist das Holz bei Rebeyrolles Gemälden. Holz, das dem Gemälde übergestülpt ist, das auf es draufgeklebt ist mit einem der stärksten Kleber, die es überhaupt gibt (»man kann es nicht entfernen, ohne das Gemälde zu zerreißen«). Es ist zugleich im Gemälde und außerhalb seiner Oberfläche. Inmitten dieser Nächte ohne Stunden, in diesem richtungslosen Schatten sind die Leisten wie Nadeln, die jedoch das Oben und das Unten anzeigen: eine Standuhr des Vertikalen. Wenn die Hunde auf dem Boden liegen, sind die Leisten gerade. Es sind die unbeweglichen Wächter des *Kerkers*, die einzige Wache des schlafenden *Verurteilten*, die Spieße der *Folter*; wenn aber der Hund sich erhebt, dehnt sich das Holz und wird zu einem Riegel. Das ist der gewaltige Riegel des *Kerkers*; gegen ihn schlägt *der Wüterich*; gegen das Fenster der *Gefangenen* immer und immer wieder der horizontale Balken der Macht.

In der Welt der Gefängnisse wie in der Welt der Hunde (»liegend«, »aufrecht«) ist die Senkrechte keine Dimension des Raumes, sondern die Dimension der Macht.

Sie herrscht, erhebt sich, droht, erdrückt; darüber und darunter eine gewaltige Pyramide von Gebäuden; Befehle, die von oben nach unten gebellt werden. Sie verbietet dir, am Tag zu schlafen und in der Nacht aufzustehen; vor den Wärtern stehend, strammstehend vor dem Direktor; zusammengekrümmt unter den Schlägen in den Verließen, oder zur Ruhigstellung ans Bett gefesselt, weil du nicht vor den Gefängnisaufsehern schlafen gehen wolltest; und schließlich das sanfte Erhängen, weit und breit der einzige Ausweg, um dem Eingesperrtsein zu entkommen, die einzige Möglichkeit, im Stehen zu sterben.

Das Fenster und der Balken sind einander entgegengesetzt und machen gemeinsame Sache, wie die Macht und die Machtlosigkeit. Der Balken, der dem Gemälde äußerlich ist, der sich mit seiner elenden Starrheit auf es legt, durchdringt den Schatten und den Körper bis aufs Blut. Das mit den alleinigen Mitteln der Malerei dargestellte Fenster ist demgegenüber unfähig, sich auf irgendeinen Raum hin zu öffnen. Die Starre des einen betont und unterstreicht die Ohnmacht des anderen: Sie verflechten sich im Gitterwerk.

Und durch diese drei Elemente (Gitterwerk – Fenster – Balken) wird der Glanz dieser Malerei von der Ästhetik und den Mächten des Zauberhaften absichtlich auf die Politik herabgedrückt – der Kampf der Gewalten und der Macht.

Wenn die weiße Oberfläche des Fensters in einem intensiven Blau erleuchtet wird, ist der entscheidende Augenblick gekommen. Das Gemälde, auf dem diese Veränderung stattfindet, trägt den Titel *Drinnen*: weil dort die Teilhabe [»partage«] stattfindet und weil das Drinnen sich gegen seinen Willen zur Geburt eines Raumes zu öffnen beginnt. Die Mauer spaltet sich von oben bis unten: Man hat den Eindruck, als würde sie von einem großen blauen Schwert geteilt werden. Die Senkrechte, die zusammen mit dem Relief des Balkens die Macht anzeigte, erforscht jetzt eine Freiheit. Die senkrechten Balken, die das Gitterwerk halten, hindern die Mauer daneben nicht am Aufbrechen. Eine Schnauze und ein paar Pfoten bemühen sich, sie mit lebhafter Freude und wie elektrisiert zu öffnen. Im Kampf der Menschen geschah nie etwas Großes aufgrund eines Fensters, sondern alles immer durch den triumphierenden Einsturz der Mauern.

Das überflüssige Fenster ist übrigens auf dem folgenden Gemälde verschwunden (*Der Zaun*): gestützt auf den Mauerrücken, blickt der erhobene Hund, der jedoch schon ein wenig geduckt und sprungbereit ist, auf eine blaue, unendliche Oberfläche, von der ihn nur zwei aufgepflanzte Pflöcke und ein halb heruntergerissenes Gitterwerk trennen.

Ein Sprung, und die Oberfläche dreht sich. Innen Außen. Von einem Innen, das kein Außen hatte, zu einem Außen, das kein Innen mehr übrig lässt. Einstellung und Gegeneinstellung. Das weiße Fenster ist verdunkelt und das Blau, das man vor sich hatte, wird zu einer weißen Mauer, die man hinter sich lässt. Dieser Sprung, dieser Ausbruch einer Kraft (die auf keinem Gemälde dargestellt ist, die aber auf unaussprechliche Weise *zwischen* zwei Gemälden beim Aufleuchten ihrer Nähe herrscht) genügte, um alle Zeichen und alle Werte umzukehren.

Abschaffung der Senkrechten: Von nun an entweicht alles in flüchtigen Horizontalen. In *Die Schöne* (das »abstrakteste« Gemälde der Reihe, denn es ist reine Kraft, die Nacht, die aus der Nacht auftaucht und sich wie eine lebendige Form im Tageslicht abzeichnet) erscheint der ohnmächtige Balken jetzt als gezwungener Säulengang. Ein Tier, aus dem Dunkel hervorspringend, von dem es noch ganz erfüllt ist, flieht mit erigiertem Geschlecht, die Pfoten nach vorne werfend.

Das große Schlussgemälde entfaltet einen neuen Raum, der bisher in der ganzen Reihe fehlte, und löst ihn auf. Das ist das Bild der Transversalen. Es teilt sich zur Hälfte in die schwarze Festung der Vergangenheit und die Wirren der Farbe der Zukunft. Auf seiner ganzen Länge finden sich jedoch Spuren eines Galopp – ein »Steckbrief des Entflohenen«. Es hat den Anschein, dass die Wahrheit sanft näher kommt, gleichsam auf Taubenfüßen. Die Gewalt hinterlässt jedoch auf der Erde Abdrücke ihres Waltens.

Bei Rebeyrolle gab es drei große Folgen von Tieren: zuerst Forellen und Frösche; Vögel; und hier Hunde. Jede Folge entspricht nicht nur einer bestimmten Technik, sondern einem besonderen Akt des Malens. Die Frösche und die Forellen verflechten sich mit den Gräsern, mit den Kieseln, mit den Wirbeln des Baches. Die Bewegung wird durch wechselseitige Verschiebungen erzielt: Die Farben gleiten auf ihren ursprünglichen Formen und bilden etwas weiter neben ihnen schwebende und befreite Flecken. Die Formen verlagern sich unter den Farben und bringen zwischen zwei unbeweglichen Oberflächen die Andeutung einer Einstellung oder einer kraftvollen Geste hervor. So gibt es eine sprunghafte Bewegung im Grün, eine Behändigkeit in der Transparenz, eine heimliche Lebendigkeit durch Spiegelungen von Blau. Die Bodentiere, Tiere des Wassers, der Erde, des feuchten Bodens, die aus der Erde entstehen und sich wieder in sie auflösen (etwa wie die Ratten bei Aristoteles), die Frösche und die Forellen werden nur als mit ihr verbunden und auf ihr verstreut gemalt. Sie tragen die Welt, die sich ihnen entzieht, mit sich. Der Maler erfasst sie dort, wo sie sich verstecken, nur um sie zu befreien und sie in der Geste, die sie zeichnet, verschwinden zu lassen.

Der Vogel kommt wie die Macht von oben. Er stürzt sich auf die Kraft, die ihrerseits von unten kommt und die er *beherrschen* will. Aber in dem Augenblick, wo er sich dieser irdischen Kraft nähert, die lebendiger und brennender als die Sonne ist, löst er sich auf und fällt auseinandergerissen zu Boden. In der Folge *Guerilleros* baumeln die Vögel-Hubschrauber-Fallschirmspringer mit dem Kopf nach unten, schon vom Tod gezeichnet, den sie in einer letzten Entladung säen werden. Bei Bruegel fällt ein kleiner Ikarus, von der Sonne getroffen, vom Himmel: Das geschieht in der Gleichgültigkeit einer schwerfälligen und alltäglichen Landschaft. Der Vogel mit der grünen Mütze bei Rebeyrolle fällt mit riesigem Getöse, aus dem Schnabel, Krallen, Blut und Federn hervortreten. Er vermengt sich mit dem Soldaten, den er niederwirft, der ihn aber tötet. Rote Fäuste und Arme tauchen auf. Die Umrisse, von denen die Frösche und Forellen sich heimlich befreien, finden sich hier wieder, jedoch nur bruchstückhaft und am Rande eines Kampfes, in dem die Gewalt der Farbe die Formen erdrückt. Der Akt des Malens hat sich auf die Leinwand gestürzt, wo er sich noch lange austobt.

Die Hunde sind wie die Frösche Bodentiere. Sie sind aber Tiere von tobender Kraft. Die Form ist hier vollständig umgestaltet. Trotz der dunklen Farben und dem Ton-in-Ton zeichnen sich die Gestalten genau ab. Der Umriss entsteht jedoch nicht durch eine Linie, die den ganzen Körper begrenzt, sondern durch Tausende senkrechter Striche, Strohhalme, die ein allgemeines Aufsträuben bilden, eine dunkle elektrisierende Gegenwart in der Nacht. Es handelt sich weniger um eine Form als um eine Energie, weniger um eine Gegenwart als um eine Intensität, weniger um eine Bewegung und eine Haltung als um eine Erschütterung und ein Erzittern, das nur schwer zurückzuhalten ist. Da er der Sprache misstraute, fürchtete Spinoza, dass man im Wort Hund das »bellende Tier« und die »Himmelskonstellation« verwechsle. Rebeyrolles Hund ist zugleich entschieden ein bellendes Tier und eine irdische Konstellation.

Hier treffen sich das Malen der Form und die Ausbreitung der Kraft. Rebeyrolle hat das Mittel gefunden, um die Kraft des Malens in den Schwingungen der Malerei zu vermitteln. Die Form hat nicht mehr den Auftrag, in ihren Verzerrungen die Kraft darzustellen. Und diese muss nicht mehr die Form herumstoßen, um in Erscheinung zu treten. Dieselbe Kraft geht direkt vom Maler auf das Gemälde über und von einem Gemälde zum nächsten. Vom zitternden Niederwerfen und dem ertragenen Schmerz bis zur bebenden Hoffnung, zum Sprung, zur endlosen Flucht dieses Hundes, der, nachdem er sich ganz um Sie herumbewegt hat, Sie alleine in dem Gefängnis zurücklässt, in dem Sie sich nun befinden, verwirrt von dem Vorübergehen dieser Kraft, die sich jetzt schon in weiter Ferne von Ihnen befindet und von der Sie nur noch Spuren vor sich sehen – die Spuren des »Flüchtenden«.

*Übersetzt von Jürgen Schröder*

# (Über D. Byzantios)
# (Ausstellung)

Galerie Karl Flinker, Paris, 15. Februar 1974 (Ausstellung von D. Byzantios »30 Zeichnungen 1972-1973«).

Man könnte sich vorstellen, dass es so gewesen ist: zuerst Striche aufs Geratewohl, in alle Richtungen, entfesselte Energien. Große Kraftlinien könnten das Papier durchzogen haben, die nur ihrem eigenen Furor gehorchten. Der Stift des Zeichners, seine Feder wäre diesen Kraftlinien gefolgt. Dann, nach und nach, indem sich die Züge vermehren, dringlicher, dichter werden, sich hier und dort zusammenballen, hätten sich kleine Kraftfelder abgezeichnet: Wirbel, Knoten, Kämme, Umrisse. Zeichnungen, hervorgegangen aus Spänen. Und aus dieser Überraschung hätte sich hier und dort der Zufall einer Figur erhoben: getragen von dieser Masse zufälliger Ereignisse, von diesen Tausenden Kräften, die sich ineinanderschlingen, eine mondartige Silhouette, ein Profil, zerspringendes Glas, das glitzernde Rad eines Mopeds, ein Karnevalskostüm.

Das hier ist etwas ganz anderes. Der Zeichner hat zunächst mit aller Sorgfalt Bäume, Straßen, Autos, Passanten und, hinter Glas, Schaufensterpuppen zu Papier gebracht, die Passanten gleichen. Dann der eigentliche Beginn: Ein Regen von Strichen, weiträumig, gedrängt, prasselt auf die Zeichnung nieder; die Zeichnung wird vollkommen von ihnen durchdrungen, durchtränkt, bedeckt, verschlungen, sie verschwindet. Verschwindet? Nein. Das hier ist kein Spiel von Erscheinen und Verschwinden.

Die vorherigen Figuren bilden eine Stütze, eine gegenstrebige Stütze: ein wenig wie die Leinwand, glatt, monochrom, die der Maler zunächst grundiert; auf diese Oberfläche heftet sich dann das Gemälde, und gegen sie kämpft es. Hier kämpft die Zeichnung gegen eine Zeichnung. Sie fällt über jene Elemente her, in denen sie zugleich ihren Halt findet. Fechtkunst und Kunst der Strategie: sich auf den Gegner stützen; ruhen auf dem, was man angreift; Stand finden in dem, was man stürzen will.

Das ist keine Dämmerung, in der alles, fast alles, in seinem Schatten verschwindet. Es ist die Konfrontation zweier feindlicher Stämme. Diese Zeichnung auf der Zeichnung, gegen die Zeichnung, ist ein Turnier unterschiedlicher (durch die Linien erhaltener) Formen und unterschiedlicher (durch die Striche errichteter) Kräfte. Kampf von Zeichnungs-Linie und Zeichnungs-Strich. Auf der einen Seite – aber soll man »auf der einen Seite« sagen, da man doch schon mitten im Handgemenge ist? – die schon zuvor durch die lineare Zeichnung herausgeschnittenen Formen, und dann auf der anderen, mitgerissen von wer weiß welchem äußeren Sturm, pfeilartig zielende Striche, Kraftträger, dunkle Angreifer.

Traditionell ist die Linie die Einheit, die Kontinuität der Striche ihr Gesetz. Sie reduziert ihre Vielfalt, unterwirft ihre Gewalt. Sie weist ihnen einen festen Ort zu, schreibt ihnen eine Ordnung vor. Sie hindert sie daran zu vagabundieren. Auch wenn sie sich verbirgt, herrscht sie immer am Horizont des Strichs, der sich schließlich ihren stummen Forderungen beugt.

Hier treten die Zeichnungs-Linie und der Zeichnungs-Strich, voneinander unabhängig, gegeneinander an. Die Linie ist im Voraus und ein für alle Mal gegeben. Sie integriert sich in die Ausgangszwänge – das Papier, sein Format, seine Ränder, seine Konsistenz, seine Körnung. Sie ist das Gegebene. Sie ist es, die Zufall-Schicksal in Bezug auf das Nachfolgende ist: auf die offene Schlacht der Zeichnung.

Ein gefährliches Spiel, weil hier alles einen positiven Wert hat. Nichts wird annulliert, gelöscht. Keine traurigen Streichungen.

Wenn der Zeichner in großen Strichen die Schlacht gegen die lineare Zeichnung beginnt, werden alle Stöße verzeichnet. Einem ausgeführten Strich kann der Zeichner immer einen anderen zur Seite stellen, er kann ihn sperren, ihn verdoppeln, die Verflechtungen vervielfältigen. Die Regel seines Spieles untersagt ihm jedoch, zu dem zurückzukehren, was schon gemacht ist; die Rückkehr zu Punkt null ist ausgeschlossen. Der geführte Schlag bleibt geführt. Sicher, man darf sich des Radiergummis bedienen, aber diese Stöße mit dem Radiergummi werden ihrerseits geführt, um sichtbar zu sein: graue Verreibungen, leichte Striche, zermahlen, pulverisiert, vervielfältigt in einem Bündel kleiner, hohler und wahrnehmbarer Furchen. Alles ist Markierung. Nicht Zeichen von diesem oder jenem, sondern Markierung einer Vielfältigkeit von Ereignissen, von denen keines mehr ins Nichtsein zurückfallen kann. Eine Serie also ohne Rückkehr und ohne Korrektur; vielmehr Striche, die andere Striche überlagern, Stöße, die auf Stöße antworten. An der Oberfläche dieser Schlacht, in die wir tiefen Einblick erhalten, wird die Zeichnung Gemälde.

Das Paradox dieser dunklen Zeichnungen, dieser Gemälde ohne Farbe, in denen alle Elemente positive sind: Nichts lässt an das Clair-obscur denken. Das Schwarz ist hier nicht Nacht, sondern die Intensität eines Kampfes. Die Dunkelheit ist nicht Schatten, sondern der Ort, an dem die lebhaftesten Formen aufeinanderprallen. Die dunklen Massen lassen keine Zwischenräume; sie zeigen Ballungen, Konfrontationen, Mann gegen Mann an.

Das Schwarz leuchtet aus eigener Kraft; am schwärzesten ist es, wo die Kräfte ihre dichtesten Pfeile abschießen, und hier bricht aus der Dunkelheit selbst eine Klarheit hervor, die wie der Paroxysmus dieses Schwarz ist. Es braucht nicht von anderswoher durchdrungen und erleuchtet zu werden: Seine Intensität genügt ihm. Man ist hier weit vom Spiel von Tag und Nacht entfernt. Man befindet sich im dunklen und leuchtenden Ausbruch der Schlacht. Diese Striche sind metallisch wie das Blei, das sie gezogen hat.

Hier herrscht das Prinzip der endlosen Addition. Keine negative Größe. Aber auch keine Summe. Es gibt keinen Moment, in dem die Rechnung stimmt, in dem die Reihe gesättigt ist, in dem man nur noch einen einzigen Zug ziehen muss, um alles abzuschließen und die fertige Zeichnung zu haben. Tatsächlich könnte es, kann es hier immer noch einen weiteren Strich geben. Kein Gesetz, keine Weisung schreibt dem Zeichner vor: Hier und jetzt musst du aufhören, nicht einen Strich mehr. Es steht ihm jederzeit frei weiterzumachen; aber es besteht auch immer die Gefahr – und sie bestand von Anfang an –, dass dieser Strich ein Strich zu viel ist, dass er alles zum Einsturz bringt und die Zeichnung vernichtet. Jeder Stoß bringt die Gefahr mit sich, negativ zu sein, weil er ein Exzess sein kann; aber nach jedem Strich besteht auch die Gefahr, zu früh aufzuhören, eine Leere zu lassen, eine willkürliche Schranke errichtet zu haben, dem eine Grenze gezogen zu haben, was keine Grenze haben soll. Kein Exzess, aber immer an der Grenze, das ist die Gefahr.

Man kann sich die langsame, geduldige Fiebrigkeit vorstellen, die sich des Zeichners während des ganzes Kampfes der Linien und Striche bemächtigt. Schon der erste Strich kann zu viel sein und alles verderben. Aber bedenken Sie, wie sich diese Gefahr, die am Anfang nur eine einzige ist, vervielfacht, weil jeder neue Strich nach anderen ruft. Jeder von ihnen schafft Platz für Tausende neue Möglichkeiten. Und indem sie sich vervielfachen, nähern sie sich dem Exzess: Noch ein einziger Strich, und es ist zu viel, der Schaden lässt sich nicht mehr beheben, alles ist verschwunden. Denken Sie an die wahnsinnige Leidenschaft möglicher Striche, die sich andeuten, an das Verlangen, das Bedürfnis, weiterzumachen, an den Reiz des Zufalls, und denken Sie an die Beherrschung, die Zurückhaltung, das erforderliche Kalkül, an den extremen Vorbehalt auch, die man für dieses Spiel ohne Wiederkehr braucht.

Zwischen dieser Leidenschaft und dieser Zurückhaltung muss jeder Strich gezogen werden, als sei er der letzte. Und derjenige, dem keiner mehr nachfolgt, kann immer nur für einen Augenblick der letzte sein. Diesen Moment jedoch – der nicht mehr und nicht weniger der letzte ist als die anderen, aber derjenige Moment, der das Spiel zu seiner größten Intensität treibt – hat der Zeichner gewählt, mit allen seinen Risiken, seinen Gefahren, um sich von seiner Zeichnung abzuwenden und vor Ihnen die Schlacht in ihrem fortwährenden Ausbruch toben zu lassen. So kommen durch die Wirkung eines weißen Reliefs die Figuren auf Sie zu, die zunächst von schwarzen Linien ganz flach auf das weiße Papier gezeichnet worden sind.

*Übersetzt von Reiner Ansén*

# Die photogene Malerei
(Präsentation)

»La peinture photogénique«, in: *Le désir est partout. Fromanger*, Paris, Galerie Jeanne Bucher, Februar 1975, S. I-II.

Ingres: »In Ansehung dessen, dass die Photographie sich als eine Serie manueller Operationen wiedergeben lässt ...« Und wenn man sich nun gerade diese Serie ansehen würde und mit ihr die Serie der manuellen Operationen, welche die Malerei wiedergeben? Und wenn man sie aneinanderlegen würde? Und wenn man sie kombinieren, im Wechsel aufeinanderfolgen lassen oder es ermöglichen würde, dass sie sich überlagern, sich verflechten, dass sie einander auslöschen oder einander verstärken?

Nochmals Ingres: »Sie ist sehr schön, die Photographie, man darf es nur nicht sagen.« Indem die Malerei die Photographie verdeckt, indem sie sie auf triumphierende oder hinterlistige Weise besetzt, behauptet die Malerei nicht, das Photo sei schön. Sie macht es besser: Sie bringt den schönen Hermaphroditen aus Klischee und Leinwand, sie bringt das androgyne Bild hervor.

Man muss sich auf mehr als ein Jahrhundert beziehen. Da war um die Jahre 1860 bis 1880 die neue Begeisterung für Bilder; da war die Zeit ihrer raschen Zirkulation zwischen Apparat und Staffelei, zwischen Leinwand, Platte und – belichtetem [»impressionné«] oder bedrucktem [»imprimé«] – Papier; da war mit all den neu erworbenen Fähigkeiten die Freiheit der Übertragung, der Verschiebung, der Transformation, der Ähnlichkeiten und des Anscheins, der Reproduktion, der Verdoppelung und der Fälschung. Da war der noch ganz neuartige, aber geschickte, vergnügte und bedenkenlose Diebstahl von Bildern. Die Photographien stellten Pseudogemälde her; die Maler verwendeten Photos als Entwürfe. Damit wurde ein großer Spielraum eröffnet, in dem Techniker und Amateure, Künstler und Illusionisten ohne Sorge um ihre Identität lustvoll umhertollten. Die Liebe galt vielleicht weniger den Gemälden und den lichtempfindlichen Platten als vielmehr den Bildern selbst, ihrer Wanderung und ihrer Verkehrung [»perversion«], ihrer Verkleidung, ihrem verschleierten Unterschied. Zweifellos bewunderte man, dass die Bilder – Zeichnungen, Stiche, Photos oder Gemälde – so gut an die Dinge erinnern konnten; aber vor allem war man entzückt darüber, dass sie durch versteckte Verschiebungen einander täuschen konnten. Die Geburt des Realismus dürfte nicht von diesem großen Aufflug mannigfaltiger und sich ähnlicher Bilder zu trennen sein. Ein bestimmter, plötzlich von der Kunst des 19. Jahrhunderts geforderter geschärfter und ernüchterter Bezug auf das Wirkliche ist vielleicht durch den »Illustrationswahn« möglich gemacht, ausgeglichen und erleichtert worden. Die Treue zu den Dingen selbst war vielleicht Herausforderung und Gelegenheit zugleich für jene Gleitbewegungen von Bildern, deren unwahrnehmbar verschiedener und doch stets gleicher Reigen oberhalb von ihnen verlief.

Wie kann man zu dieser Verrücktheit und zu dieser ungewöhnlichen Freiheit zurückfinden, die zeitgleich mit der Geburt der Photographie aufkamen? Die Bilder durchliefen damals die Welt unter trügerischen Identitäten. Nichts widerstrebte ihnen mehr als in *einem* Gemälde, *einer* Photographie, *einem* Stich unter dem Signum *eines* Autors eingefangen mit sich identisch zu bleiben. Kein Träger, keine Sprache, keine feste Syntax vermochte sie zurückzuhalten; seit ihrer Geburt oder ihrem letzten Halt waren sie stets in der Lage, sich mittels neuer Übertragungstechniken davonzustehlen. Von diesen Wanderungen und Rückkehrbewegungen fühlte sich niemand gekränkt, mit Ausnahme vielleicht einiger eifersüchtiger Maler oder irgendeines verbitterten Kritikers (und selbstverständlich Baudelaire).

Einige Beispiele für diese Spiele des 19. Jahrhunderts: imaginäre Spiele – ich meine solche, die die Bilder herstellen, verwandeln und laufen lassen konnten: ausgeklügelte Spiele mitunter, doch oft auch volkstümliche.

Die Verstärkung, selbstverständlich, eines Porträts oder einer photographierten Landschaft durch einige Aquarell- oder Pastell-Elemente.

Das Malen von Dekors, Ruinen, Wäldern, von Efeu oder Bächen im Hintergrund photographierter Personen, wie Claudet dies seit 1841 und Mayall ein wenig später in den Daguerreotypien tat, die er im Crystal Palace ausstellte, um »Stimmung und Gefühl« zu illustrieren oder um den Beda Venerabilis[1] zu zeigen, wie er gerade ein angelsächsisches Kind segnet.

1 [Englischer Benediktinermönch, Kirchenlehrer und Heiliger, ca. 673 bis 735, verfasste eine »Historia ecclesiastica gentis Anglorum«, A. d. Ü.]

Die Nachstellung im Studio einer einem wirklichen Bild ziemlich ähnlichen oder dem Stil eines Malers recht nahen Szene, um glauben zu machen, dass diese photographierte Szene bloß die Photographie eines wirklichen oder möglichen Bildes sei. Reijlander hatte dies für Raffaels *Madonna* geleistet. Julia Margarets Cameron für Perugino, Richard Polack für Pieter de Hoogh, Paul Richier für Böcklin, Fred Boissonas für Rembrandt und Lejaren à Hiller für sämtliche *Kreuzabnahmen* der Welt.

Die Komposition eines Tableau vivant ausgehend von einem Buch, einem Gedicht oder einer Legende und dessen Photographie, um es zum Äquivalent eines Stichs als Buchillustration zu machen: Auf diese Weise photographierte William Lake Price *Don Quichotte* und *Robinson Crusoe*; J. M. Cameron antwortete auf Gustave Doré, indem sie Tennyson illustrierte und von König Arthur ein Klischee anfertigte.

Das Photographieren verschiedener Figuren auf getrennten Negativen und ihre Entwicklung mit dem Ziel, eine einzige Komposition daraus zu machen, wie Reijlander dies in sechs Wochen und mit dreißig Negativen für das gemacht hatte, was damals die größte Photographie der Welt war: *Die zwei Wege des Lebens* sollten auf Raffael und auf Couture zugleich, auf *Die Schule der Athener* und auf *Die Römer der Verfallszeit* antworten.

Die Bleistiftskizze zu einer Szene und die Nachstellung der verschiedenen Elemente in der Wirklichkeit, die dann nacheinander photographiert werden; danach schneidet man die Klischees mit der Schere aus, klebt sie an der entsprechenden Stelle in die Skizze und photographiert das Ganze aufs Neue. Das war die von Robinson über mehr als dreißig Jahre – in *Lady of Shalott* (1861) wie in *Dawn and Sunset* (1885) – verwandte Technik.

Die Bearbeitung des Negativs – und dies vor allem seit Rouillé-Ledevèze mit der Verwendung des Gummidrucks –, um wie Demachy in Frankreich, Emerson in England und Heinrich Kühn in Deutschland impressionistische Photogemälde zu erhalten.

Und zu all diesen Wundern aus ihrer Blütezeit musste man noch, seitdem es Trockenplatten und billige Apparate gab, die unzähligen Tricks der Amateure hinzuzählen: Photomontagen; Zeichnungen in Chinatinte, die die Umrisse und Schatten einer Photographie nachziehen und die man anschließend in einem Quecksilber-Chlorid-Bad zum Verschwinden bringt; die wie eine

Zeichnung verwandte Photographie, die man dann mit einem pastosen Farbauftrag bemalt oder mit einem Firnis bedeckt, wodurch man sie tönt, ohne damit die Formen des Abgebildeten zu verschlucken – man lässt die Schatten und Lichter unter der Transparenz extrem verdünnter Farben spielen; eine auf einem (durch ein Kadmiumchloridpräparat, durch Benzoeharz und Mastixtränen lichtempfindlich gemachten) Seidentuch oder auch auf einer mit Silbernitrat behandelten Eierschale entwickelte Photographie –, ein Verfahren, das die Handbücher sehr nachdrücklich demjenigen empfahlen, der eine Familienphotographie mit Abstufungen erhalten wollte; ein Abzug auf einem Lampenschirm, auf dem Lampenglas, auf Porzellan; photogene Zeichnungen in der Art von Fox Talbot oder von Bayard; Photomalerei, Photominiatur, Photogravur, photographische Keramik.

Nichtigkeiten, der schlechte Geschmack von Amateuren, Salon- oder Familienspiele? Ja und nein. So etwa zwischen 1860 und 1900 gab es eine für alle offene, gemeinschaftliche Praxis des Bildes an der gemeinsamen Grenze von Malerei und Photographie; die puritanischen Codes der Kunst haben diese im 20. Jahrhundert verleugnet.

Aber man hatte durchaus seinen Spaß mit all diesen bescheidenen Verfahren, die sich über die Kunst lustig machten. Überall und mit allen Mitteln der Wunsch nach dem Bild, die Lust am Bild. So schrieb der sicherlich größte von allen diesen Schmugglern, Robinson, in einem Moment der Freude: »Derzeit kann man sagen, dass alle diejenigen, die sich der Photographie widmen, keinen Wunsch mehr haben, welchen auch immer, ob nützlich oder flüchtig, der nicht befriedigt worden wäre.«[2] Die Festspiele sind vorbei. Die gesamten technischen Umfelder der Photographie, die die Amateure zu meistern und zu so vielen schmugglerischen Übergängen zu nutzen wussten, sind von den Technikern, den Labors und den Händlern annektiert worden; die einen »nehmen« das Photo »auf«, die anderen »liefern« es; niemand mehr da, um das Bild »zu befreien«. Diejenigen, die professionell mit der Photographie zu tun haben, haben sich auf die Nüchternheit einer »Kunst« zurückgezogen, die durch ihre internen Regeln vom Delikt des Kopierens abgehalten werden muss.

2 *Éléments de photographie artistique* (frz. Übers. 1898).

Die Malerei ihrerseits hat es unternommen, das Bild zu zerstören, freilich nicht, ohne zu behaupten, dass sie sich davon befreien würde. Und griesgrämige Diskurse haben uns gelehrt, dass man dem Kreis der Ähnlichkeiten den Ausschnitt des Zeichens, dem Lauf der Simulacra die Ordnung der Syntagmen, der verrückten Flucht des Imaginären das graue Reich des Symbolischen vorzuziehen habe. Man hat versucht, uns davon zu überzeugen, dass Bild, Schauspiel, Schein und Anschein weder theoretisch noch ästhetisch gut seien. Und dass es würdelos wäre, nicht gar alle diese Flausen zu verachten.

Der technischen Möglichkeit beraubt, Bilder anzufertigen; zur Ästhetik einer bildlosen Kunst gezwungen; der theoretischen Verpflichtung unterworfen, die Bilder zu disqualifizieren; angewiesen, die Bilder nur als eine Sprache zu lesen, so kam es, dass wir, an Händen und Füßen gefesselt, der Kraft anderer – politischer, kommerzieller – Bilder ausgeliefert wurden, über die wir keine Macht hatten.

Wie kann man zu dem einstigen Spiel zurückfinden? Wie kann man wieder lernen, nicht einfach nur die Bilder, die man uns aufzwingt, zu entschlüsseln oder zu verkehren, sondern andere Arten von Bildern anzufertigen? Nicht nur andere Filme oder bessere Photos zu machen, nicht einfach nur das Figurative in der Malerei wiederzufinden, sondern die Bilder in Umlauf zu bringen, sie übergehen zu lassen, sie zu verkleiden, sie zu verformen, sie bis zur Rotglut zu erhitzen, sie einzufrieren, sie vielfältig zu übersetzen? Die Langeweile der Schrift [»écriture«] auszutreiben, die Privilegien des Signifikanten aufzuheben, den Formalismus des Nicht-Bildes aufzukündigen, die Inhalte aufzutauen und in vollem Wissen und in voller Lust in, mit und entgegen den Mächten des Bildes zu spielen.

Die Liebe zu den Bildern haben uns die Pop-Art und der Hyperrealismus wieder beigebracht. Und das überhaupt nicht durch eine Rückkehr zur bildlichen Darstellung und überhaupt nicht durch eine Wiederentdeckung des Objekts mit seiner wirklichen Dichte, sondern durch ein Aufdocken auf die endlose Zirkulation der Bilder. Mit dem wiedergefundenen Gebrauch der Photographie wird nicht ein Star, ein Moped, ein Kaufhaus oder die Gestaltung eines Reifens wiedergegeben, sondern es wird deren Bild wiedergegeben und in einem Gemälde als Bild geltend gemacht.

Als Delacroix sich Alben mit Aktphotographien anlegte, als Degas Schnappschüsse verwendete und Aimé Morot Klischees von Pferden im Galopp, ging es für sie darum, das Objekt besser zu erkennen. Sie suchten nach einem angemesseneren, besser sitzenden, besser messbaren Zugriff darauf. Sie verlängerten damit die alten Techniken der Camera obscura und der Camera lucida.

Der Bezug des Malers zu dem, was er malte, fand darin seine Fortsetzung, seine Stütze und Absicherung. Die Leute von der Pop-Art und die vom Hyperrealismus malen Bilder. Sie integrieren die Bilder nicht in ihrer Maltechnik, sie setzen sie in ein großes Bilderbad hinein fort. Ihre Malerei wird zum Verbindungsglied in diesem endlosen Lauf. Sie malen Bilder in zweierlei Sinn. So wie es heißt: einen Baum malen, ein Gesicht malen, so verwenden sie ein Negativ, ein Diapositiv, ein entwickeltes Photo oder ein chinesisches Schattenspiel, darauf kommt es nicht an; sie suchen nicht hinter dem Bild nach dem, was es darstellt und was sie vielleicht niemals gesehen haben; sie fangen Bilder ein und nichts anderes. Aber sie malen auch Bilder, so wie man sagt, man malt ein Gemälde; denn das, was sie am Ende ihrer Arbeit hervorgebracht haben, ist nicht ein ausgehend von einer Photographie geschaffenes Gemälde noch eine zum Gemälde umgeschminkte Photographie, sondern ein Bild, das auf dem Weg erfasst wird, der es von der Photographie zum Gemälde führt.

Wohl besser als die Spiele von einst – sie blieben ein wenig undurchsichtig, rochen mitunter nach Betrug und beteten die Heuchelei an – lebt die neue Malerei mit großer Freude in der Bewegung der Bilder auf, die sie selbst in Gang setzt. Fromanger jedoch geht seinerseits weiter, und er geht schneller voran.

Seine Arbeitsmethode ist bezeichnend. Als Erstes, kein Photo aufzunehmen, das auf Gemälde »macht«. Sondern ein »beliebiges« Photo; nachdem er lange Pressebilder benutzt hatte, lässt Fromanger jetzt Photos auf der Straße aufnehmen, Zufallsphotos, ins Blaue hinein geschossene Photos, Photos, die mit nichts eine Verbindung haben, die weder Zentren noch bevorzugte Objekte haben. Und die also von nichts Äußerem beherrscht werden. Bilder, die wie ein Film von der anonymen Bewegung dessen, was geschieht, abgezogen werden. Man findet also bei Fromanger nicht diese gemäldehafte Bildkomposition oder diese virtuelle Präsenz des Gemäldes, die häufig die Photographien gestalten, derer sich Estes oder

Cottingham bedienen. Seine Bilder sind jungfräulich frei von jeder Komplizenschaft mit dem zukünftigen Gemälde. Danach schließt er sich über Stunden mit dem auf eine Leinwand projizierten Diapositiv in der Dunkelheit ein: Er betrachtet, er schaut. Was sucht er? Nicht so sehr das, was in dem Moment hatte geschehen können, in dem das Photo aufgenommen wurde; sondern das Ereignis, das stattfindet und das über das Bild, ja eben aufgrund des Bildes unaufhörlich weiter stattfindet; das Ereignis, das über Blicke, die sich überkreuzen, durch die Invasion eines Körpers durch eine Landschaft hindurch längs einer Kraftlinie zwischen einem Handschuh und einem Schraubenbolzen in eine Hand übergeht, die eine Hand voll Geldscheine ergreift. Immer jedenfalls ein einzigartiges Ereignis, nämlich das des Bildes, und das macht es mehr als bei Salt oder Goings absolut einzigartig: reproduzierbar, unersetzlich und zufallsbedingt.

Dieses dem Bild innerliche Ereignis bringt Fromangers Arbeit zur Existenz. Die Mehrzahl der Maler, die auf Diapositive zurückgreifen, bedienen sich ihrer, so wie Guardi, Canaletto und so viele weitere sich der Camera obscura bedienten: um das auf die Leinwand projizierte Bild mit dem Bleistift nachzuzeichnen und so eine vollkommen exakte Skizze zu erhalten; um also eine Form einzufangen. Fromanger dagegen umgeht das Zwischenglied der Zeichnung. Er bringt die Malerei direkt auf der Projektionsleinwand an, ohne der Farbe eine andere Stütze als einen Schatten zu geben – jene zerbrechliche umrisslose Zeichnung, die unmittelbar bereit ist zu verschwinden. Und die Farben stellen mit ihren Unterschieden (die warmen und die kalten Farben; diejenigen, die verbrennen, und diejenigen, die einfrieren; diejenigen, die vorspringen, und diejenigen, die zurückweichen; diejenigen, die sich bewegen, und diejenigen, die stagnieren) Abstände, Spannungen, Zentren der Anziehung und der Abstoßung, hohe und tiefe Regionen und Potenzialunterschiede her. Was ist ihre Rolle, wenn sie ohne das Zwischenglied der Zeichnung und der Form auf dem Photo angebracht werden? Auf dem Photo-Ereignis ein Gemälde-Ereignis zu erschaffen. Ein Ereignis entstehen zu lassen, welches das andere überträgt und verherrlicht, welches sich mit ihm kombiniert und welches für alle diejenigen, die kommen, um es zu betrachten, und für jeden einzelnen Blick, der auf ihm ruht, Anlass zu einer unbegrenzten Serie neuer Durchgänge ist. Durch den Kurzschluss von

Photo und Farbe nicht die gefälschte Identität der früheren Photo-Malerei, sondern einen Brennpunkt für funkenförmig entspringende Myriaden von Bildern zu erschaffen.

Revoltierende Häftlinge auf einem Dach: ein überall reproduziertes Pressephoto. Aber wer hat denn wirklich gesehen, was darauf geschieht? Welcher Kommentar hat je das einzigartige und mannigfaltige Ereignis freigesetzt, das darin umläuft? Indem Fromanger ein Streumuster mehrfarbiger Flecken auf das Photo wirft, deren Platzierung und Farbwerte im Verhältnis zur Leinwand nicht kalkuliert sind, holt er daraus unzählbare Feste hervor.

Er sagt es selbst: Der intensivste und beunruhigendste Moment ist für ihn der Augenblick, in dem er nach getaner Arbeit die Projektionslampe ausknipst, das gerade bemalte Photo verschwinden und die Leinwand »ganz allein« da sein lässt. Ein entscheidender Moment, in dem der Strom unterbrochen ist und allein die Malerei mit den ihr eigenen Mächten das Ereignis geschehen und das Bild existieren lassen darf. Ihr und ihren Farben stehen von nun an die Mächte der Elektrizität zu; ihr gebührt die Verantwortung für all die Feste, die sie entzünden wird. Innerhalb der Bewegung, durch die der Maler seinem gemalten Bild seinen photographierten Träger nimmt, rinnt ihm das Ereignis durch die Hände, verbrennt garbenartig, erlangt seine unendliche Geschwindigkeit, schließt sich augenblicklich mit den Punkten und den Zeiten zusammen und vervielfältigt sie, lässt ein Volk von Gesten und Blicken entstehen, reißt zwischen ihnen tausend mögliche Wege auf – und bewirkt genau, dass seine aus der Nacht tretende Malerei nie mehr »ganz allein« sein wird. Eine von Tausenden gegenwärtigen und zukünftigen Außenwelten bevölkerte Malerei.

Fromangers Gemälde fangen keine Bilder ein; sie fixieren sie nicht; sie lassen sie passieren. Sie führen sie, sie ziehen sie an, sie öffnen ihnen Übergänge, verkürzen ihnen die Wege und erlauben ihnen so, einige Stufen zu überspringen, und halten sie bei jedem Wind in Schwung. Die in jedem Gemälde gegenwärtige Serie Photo-Diapositiv-Projektion-Malerei hat die Funktion, den Transit eines Bildes zu sichern. Jedes Gemälde ist ein Übergang; ein Schnappschuss, der, statt durch die Photographie der Bewegung der Sache entnommen zu sein, durch seine sukzessiven Träger hindurch die Bewegung des Bildes animiert, konzentriert und intensiviert. Die Malerei als Bilderschleuder. Eine Schleuder, die mit der Zeit immer schneller wird. Fromanger braucht nun keine Absteckungen oder Markierungen mehr, an denen er bis jetzt festgehalten hatte. Im *Boulevard des Italiens*, in *Le Peintre et le Modèle*, in *Annoncez la couleur* malte er Straßen – Geburtsort der Bilder und selbst Bilder. In *Le Désir est partout* sind die Bilder wohl in ihrer Mehrheit auf der Straße aufgenommen und mitunter durch einen Straßennamen benannt worden. Doch wird die Straße nicht im Bild wiedergegeben. Nicht, dass sie abwesend ist. Sondern weil sie gewissermaßen in die Technik des Malers integriert ist. Der Maler, sein Blick, der Photograph, der ihn begleitet, sein Apparat, das Klischee, das sie aufgenommen haben, die Leinwand, all das stellt eine Art lange, sowohl bevölkerte als auch schnelle Straße dar, auf der die Bilder voranstürmen und bis zu uns hinabstürzen. Die Gemälde brauchen die Straße nicht mehr darzustellen; sie sind Straßen, Bahnen, Wege über die Kontinente hinweg bis in das Herz Chinas oder Afrikas.

Mannigfaltige Straßen, unzählbare Ereignisse, verschiedene Bilder, die sich aus ein und demselben Photo davonstehlen. In den vorhergehenden Ausstellungen baute Fromanger seine Serien ausgehend von unterschiedlichen, aber nach ähnlichen technischen Verfahren behandelten Photos auf: wie die Bilder ein und desselben Spaziergangs. Hier nun hat man erstmals eine von ein und demselben Photo ausgehend zusammengestellte Serie: das Photo von dem schwarzen Straßenkehrer an der Öffnung seines Müllbehälters (und das selbst nur ein kleines, der Ecke eines viel größeren Klischees entnommenes Bild war); dieser schwarze runde Kopf, dieser Blick, dieser diagonal gerichtete Besenstiel, der grobe darübergelegte Handschuh, das Metall des Müllbehälters, die Eisenbeschläge an der Öffnung, und die Schnappschussbeziehung aller dieser Elemente machten bereits Ereignis; doch die Malerei mittels jedes Mal verschiedener und sich fast nie wiederholender Verfahren entdeckt und befreit darüber hinaus eine ganze Serie von in der Ferne verborgenen Ereignissen: der Regen im Wald, der Dorfplatz, die Wüste, das emsige Treiben eines Volkes. Bilder, die der Betrachter nicht sieht, kommen aus der Tiefe des Raumes, und angetrieben von einer dunklen Kraft gelingt es ihnen, einem einzigen Photo zu entspringen, um in verschiedene Gemälde auseinanderzustreben, von denen jedes seinerseits der Anlass zu einer neuen Serie, einer neuen Verstreuung von Ereignissen sein könnte.

Tiefe der Photographie, der die Malerei unbekannte Geheimnisse entreißt? Nein, das nicht, sondern eine Öffnung der Photographie durch die Malerei, die durch sie unbegrenzte Bilder aufruft und vorüberziehen lässt.

In diesem endlosen buschförmigen Wachsen braucht sich der Künstler nicht mehr selbst als ein grauer Schatten in seinem Gemälde darzustellen. Einst diente diese finstere Anwesenheit des Malers (der sich auf die Straße begibt, sich seitlich zwischen dem projizierten Diapositiv und dem Schirm, auf dem er malt, aufstellt, um schließlich auf der Leinwand zu verbleiben) gewissermaßen als Verbindungsglied, als Anheftungspunkt der Photographie auf der Leinwand. Nunmehr (neue Schmucklosigkeit, neue Leichtigkeit, neue Beschleunigung) wird das Bild von einem Feuerwerker vorangetrieben, von dem man nicht einmal mehr den Schatten sieht. Es kommt auf kurzem Wege, losgeschleudert von seinem Ursprungsort – dem Gebirge, dem Meer, China – bis vor unsere Tür – und mit verschieden gestalteten Bildeinstellungen, in denen der Maler keinen Platz mehr hat (extreme Großaufnahme auf das Schloss einer Gefängnispforte, auf eine Hand voll Banknoten zwischen der groben Hand eines Fleischers und der eines kleinen Mädchens; die ungeheure Gebirgslandschaft, maßlos im Verhältnis zu den winzig kleinen Gestalten, die sich darin befinden und die gerade einmal durch Farbpunkte noch angezeigt werden können).

Autonomer Auftrieb des Bildes, das bis hin zu uns denselben Bahnen des Begehrens folgend zirkuliert wie die Personen, die darin zu sehen sind, die am Rande des Meeres verweilen, einem Kind mit Maschinenpistole zuschauen oder sich ihre Gedanken über eine Herde Elefanten machen.

Wir treten jetzt aus dieser langen Periode heraus, in der die Malerei sich als Malerei unaufhörlich kleiner gemacht hat, um sich als Kunst zu »purifizieren« und ins Äußerste zu steigern. Vielleicht macht sie sich mit der neuen »photogenen« Malerei am Ende lustig über diesen Teil ihrer selbst, der nach der intransitiven Gebärde, dem reinen Zeichen, der »Spur« forschte. Hier nun diejenige, die es akzeptiert, zum Durchgangsort, zum unendlichen Übergang, zur bevölkerten und vorüberziehenden Malerei zu werden. Und indem sie sich nun eben da so vielen Ereignissen öffnet, denen sie wieder Auftrieb gibt, fügt sie sich sämtlichen Techniken des Bildes ein; sie knüpft wieder an die Verwandtschaft mit ihnen an, um sich über sie zu verzweigen, um sie zu erweitern, zu übersetzen, um sie zu beunruhigen oder vom Wege abkommen zu lassen. Um sie herum zeichnet sich ein offenes Feld ab, auf dem die Maler nicht mehr allein sein können und die souveräne Malerei nicht mehr einzigartig; dort finden sie die Masse all der Amateure, Feuerwerker, Manipulatoren, Schmuggler, Diebe und Plünderer von Bildern wieder; und sie werden in der Lage sein, über den alten Baudelaire zu lachen und seine Verachtung des Ästheten in Lust zu verwandeln: »Von dem Moment an«, sagte er anlässlich der Erfindung der Photographie, »stürzte sich die dreckige Masse wie ein einziger Narziss darauf, um ihr triviales Bild auf dem Metall zu schauen. Ein Wahn, ein außerordentlicher Fanatismus bemächtigte sich all dieser neuen Anbeter der Sonne.« Fromanger dürfte demnach für uns einer dieser Sonnenhersteller sein.

Von nun an »alles malen« können? Ja. Aber vielleicht liegt auch darin noch eine Bejahung und ein Wille des Malers. Also sollte man eher sagen: dass folglich alle Welt ins Spiel der Zeichen eintritt und damit zu spielen beginnt.

Zwei Gemälde beschließen die heutige Ausstellung. Zwei Brennpunkte von Wünschen. In Versailles: Leuchter, Licht, Glanz, Verstellung, Widerschein, Spiegel; an diesem hohen Ort, an dem die Formen im Prunk der Macht ritualisiert werden mussten, zerfällt alles eben aus dem Glanz des Gepränges heraus, und das Bild setzt ein Aufflattern von Farben frei. Königliche Feuerwerke, Händel gerät in den Regen; die Bar an den Folies-Royales, Manets Spiegel zerbirst; der verkleidete Prinz, der Kurtisan ist eine Kurtisane. Der größte Dichter der Welt hält den Gottesdienst ab, und die durch die Etikette geregelten Bilder flüchten im Galopp und lassen nur das Ereignis ihres Durchgangs, die lärmende Schar der anderswo hingegangenen Farben hinter sich.

Am anderen Ende der Steppen, in Hu-Xian, bemüht sich der Bauer-Maler-Amateur. Weder Spiegel noch Leuchter. Sein Fenster führt auf keine Landschaft hinaus, sondern auf vier gleichmäßige Farbflächen, die sich in dem Licht, in dem er badet, verändern. Vom Hof zur Disziplin, vom größten Dichter der Welt zum siebenhundertmillionsten gelehrigen Amateur entweicht eine Mannigfaltigkeit von Bildern, und das ist der Kurzschluss der Malerei.

*Übersetzt von Hans-Dieter Gondek*

# Präsentation

Paris, Galerie Bastida-Navazo, April 1977. Präsentation einer Ausstellung des Malers Maxime Defert.

Unglückselige dritte Dimension, gedehnt von den Malern, zerrieben von den Kommentatoren.

Man muss sich schon sehr sicher sein und eine in sich ruhende Gewissheit haben, um erneut in der Tiefe des Bildes die Suche nach dem Ende des Raumes aufzunehmen. Sie sind mehr als einer, die das heute tun, in Frankreich und in den Vereinigten Staaten (ich denke an Ron Davis), als ob die vor einigen Jahren durch den Hyper- oder Neorealismus sorgsam wiederhergestellte Perspektive sich auf einen Schlag entvölkert hätte und davon nur noch die Fluchtlinien übrig bleiben. Eher Leere des Raumes als Tiefe der Dinge. Für viele jedoch erfolgt diese Erschließung von den zwei Dimensionen her, die stets durch das Rechteck der Leinwand auferlegt werden: Wenn die Horizontale und die Vertikale, der Boden und der Himmel, das Schwere und das Leichte vorgegeben sind, wie soll man darin der Flucht unendlichen Lauf lassen?

Maxime Defert geht anders damit um: Diese Oberfläche, auf der ich male, tun wir so, als ob sie nicht existierte; behandeln wir diese »Tatsache der Bilder«, an die sich seit Manet so viele Maler gebunden haben, mit leichtfertigster Gleichgültigkeit. Tun wir so, als ob es weder ein Oben noch ein Unten noch Ränder gäbe. Weder Träger noch Oberfläche. Und treten wir ohne Umschweife in diese Dimension ein, die nur dadurch die dritte ist, dass sie den anderen beiden unterworfen ist. Befreit für sich selbst ist sie zugleich die einzige und die andere – diejenige, in der die beiden ersten uns lokal in starren Blöcken zurückerstattet werden, die einander durchdringen oder einander anstoßen.

Zu diesem Unterfangen ist Maxime Defert in Etappen gelangt. Seine ersten bei Templon ausgestellten Gemälde ließen das Relief schwingen; die aus den Jahren um 1972 erreichten durch Vervielfachung reiner Figuren eine unendliche Flucht in der Horizontale; in jüngsten Zeiten waren aus den Fugen geratene Elemente scheinbar im Fallen begriffen, wenn auch in einem stets zurückgehaltenen und letztlich bewegungslosen Fall. Seine heutigen Bilder akzeptieren keines dieser Merkmale mehr. Sie haben nicht einmal mehr große nächtliche Strände nötig, um die Leere zu bedeuten. Ohne Halt und ohne Orientierung ist die dritte Dimension für die darin auftauchenden Figuren Matrix und Abgrund zugleich. Diese Hervorbringung-Verschlingung der Linien, Ebenen und Räume durch die bloße Stärke der »anderen« Dimension ist das, was Daniel Nemitz mit einem Wort, das im Gedächtnis zu behalten ist (und das es war), die »phantastische Geometrie« genannt hat.

Also weder oben noch unten, weder Schwere noch Überstürzung, weder Leichtigkeit noch Aufstieg, sondern reine Bewegungen. Auch wenn es noch zu früh ist, von Bewegungen zu sprechen, denn man kann nicht wissen, ob diese Massen, diese Kuben, diese Parallelepipeden sich verschieben, noch ob sie sich im Verhältnis untereinander verschieben. Man weiß nicht mehr, ob sie aus der Tiefe der Gemälde wie von einem Vulkanausbruch herausbefördert auftauchen oder ob sie durch die Wirkung einer Anziehung dahinein umkippen. Weiß man selbst, ob es sich bewegt? Man ist in der Ordnung der bloßen Geschwindigkeit. Und so als wolle man das alles abschaffen, was als Merkzeichen dienen konnte, ist das Licht, das in der Mitte eines jeden Bildes entsteht, weder Quelle noch Herd; es ist eher die Wirkung der Geschwindigkeit, das Kielwasser dieser kometenhaften Figuren, die Weißglut ihres schwindelerregenden Erscheinens. Die endlose Beschleunigung dieser dunklen Massen lässt eine gleichermaßen flüchtige Glut über ihre Ränder hervorquellen.

*Übersetzt von Hans-Dieter Gondek*

# Denken, Fühlen

»La pensée, l'émotion«, in: D. Michals, *Photographies de 1958 à 1982*, Paris, Musée d'Art moderne de la ville de Paris, 1982, S. III-VII.

Ich weiß, man sollte nicht erzählen, was auf einer Fotografie zu sehen ist. Natürlich ist es das Zeichen, das hier Probleme bereitet, denn entweder erzählt die Fotografie gar nichts, so dass der Bericht sie in unangemessener Weise verändert, oder sie erzählt etwas, und dann braucht sie uns nicht. Dennoch wecken die Fotos von Duane Michals in mir das indiskrete Bedürfnis, darüber zu erzählen, wie man ja gelegentlich auch das Bedürfnis hat, über andere Dinge zu erzählen, die das gar nicht zulassen: über Lust, über eine Begegnung, die keine Zukunft hat, über eine unvernünftige Angst auf einer vertrauten Straße, über die Empfindung einer seltsamen Präsenz, an die kaum jemand glaubt und noch weniger der Mensch, dem man davon erzählt.

Ich kann nicht über die Fotos von Duane Michals sprechen, über ihre Technik und Darstellungsweise. Sie ziehen mich als Erfahrungen an. Als Erfahrungen, die nur er gemacht hat, die sich aber auch mir mitteilen – und ich glaube, jedem, der sie betrachtet. Sie lösen Freude, Unruhe, Sichtweisen, Empfindungen aus, die ich bereits erlebt habe oder eines Tages erleben möchte, und ich frage mich immer, ob es seine oder meine Erfahrungen sind, obwohl ich natürlich weiß, dass ich sie Duane Michals verdanke. »Ich bin mein Geschenk an euch«, sagt er.

Er bestätigt und fördert im Übrigen solch eine Kreuzung der Erfahrung, indem er der Fotografie ihre unmögliche Aufgabe zuweist: »Alles ist Gegenstand der Fotografie, vor allem die schwierigen Dinge des Lebens: Sorgen, die großen Ängste der Kindheit, Begehren, Alpträume. Die Dinge, die man nicht sehen kann, sind besonders bedeutungsschwer. Man kann sie nicht fotografieren, sondern nur suggerieren.« »Den Versuch machen, eine wahre Empfindung in meinen eigenen Worten auszudrücken.« Ich liebe die Formen von Arbeit, die nicht wie ein Werk voranschreiten, sondern sich öffnen, weil sie Erfahrungen sind: Magritte, Bob Wilson, *Unter dem Vulkan*, *Der Tod der Maria Malibran* und natürlich H. G.[1]

1 [Initialen des Romanciers Hervé Guibert. Der Fotografiekritiker von *Le Monde*,

*»Die Menschen glauben an die Realität von Fotografien, aber nicht an die Realität von Gemälden. Das ist ein Vorteil für die Fotografen. Dumm ist nur, dass die Fotografen selbst an die Realität von Fotografien glauben.«*

Ein junger Mann, Roy Headwell, sitzt an einem Tisch, beugt sich langsam nach vorn und legt schließlich den Kopf auf die Tischplatte. Er ist eingeschlafen, eine ruhige Skulptur. So weit die Fotografie. Ein wenig weiter, auf demselben Tisch, halben Wegs zwischen dem blonden Haar des Schlafenden und unserem Blick, sehen wir sorgfältig geformtes Gebäck: Vorsprünge, Winkel, mehrere helle Flächen; der formbare Teig leuchtet wie Kieselsteine. In diesen intensiv realen Figuren konzentriert sich der ganze malerische Teil der Fotografie. Schwer zu sagen, ob diese »Plätzchen« die Botschaft des Träumenden oder das unbezweifelbare Objekt unserer Wahrnehmung sind.

Denken wir an eine andere, ältere Fassung dieses Themas. Kein Gemälde, sondern zwei Fotos, die sich aufeinander beziehen und beide den Titel *Narziss* tragen. Auf dem ersten beugt sich ein junger Mann über eine große leuchtende Fläche, in der sich sein schönes Gesicht spiegelt. Auf dem zweiten vollführt Duane Michals selbst mit der Lässigkeit des nahenden Alters die auf dem ersten Foto begonnene Gebärde und legt den Kopf auf denselben Tisch. Wange an Wange mit seinem Spiegelbild, betrachtet er sich nicht, aber er kann den Reflex des Gesichts des jungen Mannes sehen, der in der spiegelnden Fläche des Lacks gefangen bleibt (oder er könnte ihn sehen, wenn er die Augen geöffnet hätte). Das Gemälde stellt sich vor die geschlossenen Augen des Schlafs; die Fotografie öffnet sich den ungewissen Bildern des nahezu Unsichtbaren.

In der nun gut hundertjährigen Geschichte des Verhältnisses zwischen Malerei und Fotografie war es Tradition, von der Fotografie die lebendige Form der Wirklichkeit zu verlangen und von der Malerei den Gesang oder Glanz oder Traum, die sich dahinter verbergen mochten. Duane Michals verkehrt dieses Verhältnis in dem

selbst Fotograf und Bewunderer von Duane Michals, hatte M. Foucault um eine Einleitung für die Retrospektive im Musée d'Art moderne de la ville de Paris gebeten. Der hatte dem Wunsch entsprochen, obwohl er selbst keine sonderliche Vorliebe für erzählerische Fotografien hatte.]

Spiel mit der Malerei, das er in den letzten Jahren begonnen hat. Dem Foto, dem Fotografieren, der sorgfältig komponierten Szene, die er fotografiert, dem komplizierten Ritual, das solch eine Szene zu fotografieren erlaubt, verleiht er die Kraft des Traumes und die Erfindungsgabe des Denkens. Aus diesen Fotos, die wie ein an den Hyperrealismus gerichtetes Lachen gemalt sind, spricht eine Ironie gegenüber jeglichem Versuch, die dem Auge des Fotografen dargebotene Realität bis hin zur Weißglut der Malerei zu führen. Als wäre nicht das Foto schuld daran, dass ihm die Realität entgeht, während in der Malerei kein anderes Geheimnis steckte als die Fähigkeit, das Bild zu malen. In den *Zwei Porträts der Esta Greenfield* zeigt uns das Gemälde das Gesicht von vorn, während das Foto eine Frau von hinten zeigt, deren unsichtbarer Blick sich durch ein Fenster in irgendeiner Landschaft verliert. Und dann noch ein Blumenstrauß in einer Vase, das denkbar banalste Gemälde. Fehlte nur noch das Tischchen, auf dem er stünde. Doch die Vase schwimmt im ungewissen Raum einer fotografischen Komposition, in der das transparente Profil eines leicht lächelnden jungen Mannes schwebt, der die roten Rosen heimlich eingefangen zu haben scheint, um sie sich über das Ohr zu stecken. Doch rechts im Hintergrund erscheint, teilweise von zwei Lichtschirmen versteckt, das Gesicht desselben *John Shea*, der uns von vorn anschaut, während wir ihn im Profil betrachten. In *Sanzari und der Schuh* findet sich die gegenteilige Anordnung: Von irgendwoher gekommen, schiebt sich die große fotografische Fläche eines Gesichts mit spitzer Nase, Brille und lachenden Augen zwischen uns und das Gemälde eines Schuhs, dessen gelber Reflex sich nach den Gesetzen einer äußerst unwahrscheinlichen Physik auf die Wange der fotografierten Person legt.

Die Realität erfassen, aus dem vollen Leben schöpfen, Bewegung einfangen – in Duane Michals' Augen ist all das nur eine Falle für die Fotografie: eine falsche Aufgabenstellung, ein unbeholfener Wunsch, eine Selbsttäuschung. »Fotobücher haben oft Titel wie: ›Das Auge des Fotografen‹ oder ›Der unbestechliche Blick‹ oder ›Zeigen, was ist‹, als hätten Fotografen außer Augen nichts im Kopf.« Mit der Metapher des Blicks erfasst man seit langem schon die Praxis des Fotografen und macht es ihm zum Gesetz, Auge zu sein, ein makelloses, gebieterisches Auge, das den anderen vorschreibt, was sie zu sehen haben. Duane Michals gibt sich alle Mühe, von dieser gewichtigen Ethik des Blicks loszukommen –

darin liegt seine tolldreiste, verrückte, burleske Seite. Er versucht, die, wie man sagen könnte, »Augenfunktion« der Fotografie aufzuheben. Daraus ergibt sich eine Reihe mehr oder weniger komplexer Spiele, in denen das Objektiv das Sichtbare immer wieder entkommen lässt, während das Unsichtbare in ungehöriger Weise auftaucht, vorübergeht und seine Spuren auf dem Film zurücklässt.

Das einfachste unter diesen Spielen besteht darin, das Verschwinden selbst zu fotografieren und in seinem Ablauf darzustellen: *Der Mann, der in den Himmel geht* taucht zunächst kaum sichtbar als ein schwarzer Schatten auf, in dem sich nur der Umriss einer Schulter abzeichnet; dann erscheint einen Augenblick lang seine Nacktheit, verschwindet aber wieder, während er eine Treppe hinaufsteigt, doch diesmal in einem strahlenden Licht, das seine Form verschluckt wie der von einem Verschwundenen bewohnte Nimbus. Der umgekehrte Weg besteht darin, das Unsichtbare zu fotografieren: Ektoplasmen; Silhouetten aus dem Jenseits, die uns streifen; Engel, die ihre Flügel ablegen, um eine Frau zu besitzen; Seelen in Gestalt durchsichtiger Körper, die sich langsam von sterbenden Schläfern lösen. All die Figuren, die durch Duane Michals' Fotos geistern, haben nichts mit Glauben zu tun, sondern mit Ironie: Wer hat denn da geglaubt, Fotografie zeigte das Sichtbare? Manche Kompositionen verbinden das Verschwinden des Sichtbaren mit dem Erscheinen des Unsichtbaren. In *Lebendig und tot* öffnet ein Mann eine Tür und verschwindet in einem Flur, aus dem er auf dem nächsten Foto in Gestalt seines nun durchsichtigen Doppelgängers wieder auftaucht.

Es gibt noch viele weitere Verfahren, das Sichtbare nicht zu sehen und mehr als das zu sehen. Durch Mehrfachbelichtung erscheint dasselbe Gesicht mehrfach auf demselben Film, wie das von *Jeff Greenfield*, dessen Gesicht, jeweils aus verschiedenen Winkeln aufgenommen, wir in dreifacher Überlagerung sehen. Die verwackelten Figuren, die durch die Bewegung des Modells oder des Papiers bei der Herstellung des Abzugs entstehen, sorgen dafür, dass Präsenz und Form sich – wie bei Bacon – voneinander lösen. Die Form wird verzerrt, ausgelöscht, unkenntlich gemacht, doch die Präsenz intensiviert sich, weil alle Linien und klaren Züge ausgelöscht werden, die es dem Blick ermöglichten, die Figur zu fixieren: Aus dem ausgelöschten Sichtbaren tritt die ungreifbare Präsenz hervor.

Duane Michals hat Magritte getroffen, und bewundert ihn. Man findet viele »Magritte'sche« Verfahren bei ihm, das heißt solche, die das genaue Gegenteil zu den von Bacon benutzten Verfahren bilden und darin bestehen, eine Form zunächst in höchster Vollendung herauszuarbeiten und zu polieren, um sie dann von jeglicher Realität zu entleeren und durch Veränderung des Kontextes aus dem Feld, in dem man sie gewöhnlich sieht, herauszulösen. Der Sessel in *Alices Spiegel*, der von einer scheinbar bis zur Decke reichenden Brille wie von einer riesigen Krabbe bedroht wird, erinnert an die Haarbürste und das Stück Seife, die bei Magritte einen Spiegelschrank, in dem sich ein abwesender Himmel spiegelt, in den Hintergrund drängen. Und als wollte er zeigen, falls das denn nötig sein sollte, dass hier der Realität keinerlei Abbruch getan wurde, demonstrieren die nachfolgenden Fotos, »woher sie kommen«: Der Sessel und die überdimensionale Brille waren nur ein Bild in einem kleinen runden Spiegel, der sich in einem weiteren, rechteckigen Spiegel spiegelte, und all das sieht man in einem winzigen dritten Spiegel, der in einer Handfläche lag. Die Hand schließt sich, zerdrückt den dritten Spiegel, bringt das Spiegelbild samt dem Spiegelbild des Spiegelbilds zum Verschwinden, so dass am Ende nur Splitter leeren Glases zurückbleiben.

Seit langem schon versieht Duane Michals seine Fotos mit einem langen Schweif aus Worten: aus Worten und Sätzen, die er von Hand direkt auf den Abzug schreibt. Als zöge er sie tropfnass aus einem Bad voller Zeichen.

Gewöhnlich dienen solche über oder unter dem Foto platzierten Worte als Erklärung oder Hinweis. Sie sollen sagen, was auf dem Bild ist, als müsste man befürchten, dass es selbst dies nicht ausreichend zeigte. Oder sie geben einen Hinweis auf die Realität, in der das Bild aufgenommen worden ist (über den Ort, die Zeit, die Szene, den Menschen), als müsste das Foto seine Herkunft belegen. Duane Michals' Texte haben eine ganz andere Funktion. Sie sollen das Bild nicht fixieren und vertäuen, sondern unsichtbaren Winden aussetzen. Statt eines Ankers ein ganzes Takelwerk, mit dem es auf Reisen gehen kann. Duane Michals möchte die Bilder mit seinen Texten von allem befreien, was er für »erstickend« hält. Sie sollen dafür sorgen, dass die Bilder im Denken zirkulieren – in seinem eigenen Denken und von seinem in das Denken anderer.

»Ich setze schwarze Zeichen auf weißes Papier«, sagt er und fügt sogleich hinzu: »Diese Zeichen sind meine Gedanken.« Doch mit dieser Aussage macht Duane Michals sich lustig, denn sein Spiel ist weitaus komplizierter. Die Texte sind so beschaffen, dass man nicht recht weiß, woher sie kommen. Sagen sie, was Duane Michals im Sinn hatte, als er die Fotografie in Gedanken komponierte? Oder was er dachte, als er die Aufnahme machte? Oder welche Gedanken ihm nachträglich kamen, später oder sehr viel später, als er sich das Foto eines Tages wieder einmal anschaute wie bei *Der Brief meines Vaters*? Und auch wenn Duane Michals sich weigert, das »Geheimnis« seiner Figuren zu lüften und bis zum Grund ihrer Seele vorzudringen, sagt er doch oft, was sie nach seiner Vorstellung denken oder denken könnten (*Schwarz ist gemein*) oder was sie denken, ohne sich dessen bewusst zu sein, oder was sie jetzt noch nicht wissen, aber eines Tages wissen werden (*Das gefangene Kind*). Wessen Gedanken umrahmen das Foto mit dem Titel *Manche Wörter müssen gesagt werden*? Wer sagt diese Worte? Wer sagt, sie müssten gesagt werden?

In *Hommage an Cavafy* sieht man zwei junge Männer, die einander sehr ähnlich sehen. Sie sind Zwillinge. Wir sehen sie einander zugewandt im Profil vor einer leprösen Wand. Der eine sitzt mit verschränkten Armen auf einem Stuhl, weit zurückgelehnt, die Beine auseinander gestellt, zwischen den Lippen eine Zigarette. Der andere tritt mit einem großen Schritt aus dem Dunkeln hervor und beugt sich über seinen Bruder; aus seinem Feuerzeug schießt eine Flamme hervor, die bereits die Spitze der Zigarette berührt. Man kann sich kaum eine größere Nähe vorstellen, eine positivere Kommunikation von größerer Lesbarkeit für jemanden, der es gewohnt ist, Begehren zu entschlüsseln. Aber was sagt der Text unter der Fotografie? »Schon ihm die Zigarette anzuzünden war ein großes Vergnügen.« Mit einem Male scheint das Bild vom Gewicht der Realität entlastet, das die Worte gleichsam aufgesogen haben. Jegliche Wechselseitigkeit verschwindet, die Komplementarität bricht auseinander. Es bleibt nur die solitäre, geheime Empfindung einer flüchtigen Lust, die im Körper des einen brennt, während der andere – unbeweglich, mit verschränkten Armen, die Augen fest auf die Hand gerichtet, die sich seinem Gesicht nähert – nicht weiß oder nicht wissen will. Jedenfalls soweit er weiß. Doch die Lust des einen und die Unwissenheit des anderen existieren vielleicht nur im Denken des Fotografen, den diese Lust bewegt, von der man auf der anderen Seite dieser so leichten Unwissenheit gar nichts weiß.

Solche vermischten und konfus geteilten Gedanken, solch eine obskure Zirkulation bietet Duane Michals dem Betrachter seiner Fotografien an; er lädt ihn ein, die unbestimmte Rolle eines Lesers oder Betrachters zu übernehmen, und legt ihm Gedanken oder Gefühle nahe (denn die Gefühle bewegen die Seele und verbreiten sich spontan von Seele zu Seele). »Der Anblick solcher Worte auf einer Seite gefällt mir. Sie gleichen einer unentschlossenen Spur, die ich hinter mir zurückgelassen habe und die nun beweist, dass ich dort war.«

Seit langem schon bedienen Fotografen sich der Kunst der Bilderserie: entweder um eine Geschichte zu erzählen, wie Robinson *Rotkäppchen* erzählt hat, oder um die Zeit in möglichst kurze Abschnitte zu zerlegen, wie Muybridge es getan hat, oder auch um alle Ansichten eines Objekts zu zeigen, bis hin zu dessen völliger Auflösung.

Die Fotoserien von Duane Michals folgen einer ganz anderen Ökonomie. Statt sich einem Ereignis oder einer Szene oder einer Gebärde gleichsam aus Ungeschicklichkeit oder Unvermögen Schritt für Schritt zu nähern, um sie zu erfassen, lassen seine Serien sie entkommen. Langsam öffnet sich eine Tür, die Frau auf der Couch ist überrascht. Sie dreht sich leicht zur Tür und springt dann hastig auf in einer Schreckbewegung, die ihr Bild verwischt. Hinter der Tür ist nichts. In *Heftige Aktion* taucht hinter einem nackten Mann ein nur schwer erkennbarer Schatten auf. Es ist ein anderer Mann, der sich ihm nähert und den Arm hebt. Leider sorgt die heftige Bewegung dafür, dass man den Schlag kaum sehen kann. Aber auch das Bild des ersten Mannes verschwimmt und verschwindet. Die Bilderfolge geht dem Ereignis aus dem Weg, das sie doch eigentlich einfangen sollte.

Eine Ironie der Reihenfolge. Duane Michals' Fotoserien steuern nicht direkt aufs Ziel zu, sondern springen, biegen ab, machen Umwege, verhindern jeden Zusammenhang, lassen mit ihren Brüchen der formlosen Kontinuität der Empfindungen und Gefühle ihren Lauf. Die Hand eines jungen Mannes gleitet in die pelzbesetzte Öffnung eines Handschuhs. Dann ist er in einem Autobus, in dem nun eine junge Frau, die dort sitzt und aufmerksam die Zeitung liest, diesen Handschuh trägt. Dann ist die junge Frau nackt, und die nun wieder mit Handschuh bekleidete Hand des jungen Mannes streichelt ihre Brust. Schließlich ist er allein im Bus und atmet den Duft des zurückgelassenen Handschuhs ein.

Ironie des Nebenher, wenn die Fotoserie den möglichen Gegenstand einer Erzählung streift, aber nur nebensächliche Elemente, mehrdeutige Figuren und unscharfe Eindrücke aufgreift. Die Folge sammelt gleichsam den disparaten Überschuss des Abenteuers, hütet sich aber, das Abenteuer selbst jemals zu zeigen. Nicht dass man nur schwer erahnen könnte, was da in *Der schwere Fehler* geschehen ist, doch die Fotoserie hat davon nur ein paar Bruchstücke zurückbehalten: einen jungen Mann, der nackt vor einer Wand steht und dann von zwei Männern weggetragen wird, als wäre er eine Wachspuppe; ein Paar Schuhe; das Gefühl, das man bei der Berührung von Leder empfindet; Angst auf einem Kopfkisten; Lust zu laufen; und das Bild der Schuhe über einer endlosen Landschaft mit Fluss und Stadt.

Und auch eine Ironie der Zeit, wenn etwa die Folge vorzeitig abbricht (*Ein paar Augenblicke vor dem Verbrechen*). Eine Fotoserie vergisst aufzuhören, verschlingt die Gegenwart, eilt durch die Zukunft und überschreitet sogar die Grenze des Todes. In der Sammlung *Veränderungen* bleibt die erste Folge in der Schwebe an der Grenze der Kindheit, doch in der letzten nimmt Duane Michals sein eigenes Alter vorweg: Vom Alter gebeugt, zerbrechlich, in Schuhen daherschlürfend, die er nicht hat zubinden können, wird er von einem jungen Mann gestützt und aufmerksam zu einem Stuhl geführt, auf dem er sich unendlich mühsam niederlässt und wo er sitzen bleiben wird, schräg, regungslos und bereit, sich auf den Boden gleiten zu lassen.

Duane Michals arbeitet nicht deshalb so oft mit Fotoserien, weil er darin eine Form sähe, durch die er den Augenblickscharakter der Fotografie mit dem kontinuierlichen Fluss der Zeit versöhnen könnte, um eine Geschichte zu erzählen. Vielmehr will er im Medium der Fotografie zeigen, dass Zeit und Erfahrung zwar eng miteinander verbunden sein mögen, aber doch nicht aus derselben Welt sind. Die Zeit mag Veränderungen, Alter und Tod bringen, doch Denken und Fühlen sind stärker als sie. Nur sie vermögen ihre unsichtbaren Falten zu sehen und sichtbar zu machen.

»Der alte Mann fotografiert den jungen Mann«, so lautet der Text, der das letzte Bild der *Hommage an Cavafy* begleitet. Der junge Mann, mit nacktem Oberkörper und Bluejeans, ist nur von hinten zu sehen. Er sitzt mit der Nase an der Wand. Dennoch sieht man sein verlorenes Profil. Offenbar hat ein Geräusch oder ein Geschehen da draußen seine Aufmerksamkeit auf sich gezogen. Er dreht den Kopf zur Seite und schaut durch das Fenster hinaus. Man kann sich aber auch vorstellen, dass er sich langweilt und im Licht eines endlosen Nachmittags vor sich hin träumt. Der alte Mann im Vordergrund, der Fotograf, ist Duane Michals. Er ist im Vollprofil zu sehen und sitzt wie der andere auf einem niedrigen Stuhl. Er blickt schräg vor sich auf den Boden, jedenfalls nicht in Richtung des jungen Mannes. Die reglos auf seinem Knie liegende Hand zeichnet sich im Licht deutlich ab. Auf der Diagonalen, die für eine scharfe Trennung der beiden Figuren sorgt, sehen wir auf einem Stativ mitten in der Komposition das schwarze Rechteck eines Fotoapparats.

*Übersetzt von Michael Bischoff*

# Kino

# Die Heterotopien

Radiovortrag: France Culture, 7. Dezember 1966. Im Original zuerst als CD: INA, mémoire vive – Michel Foucault, *Utopies et hétérotopies*, Paris 2004.

Es gibt also Länder ohne Ort und Geschichten ohne Chronologie. Es gibt Städte, Planeten, Kontinente, Universen, die man auf keiner Karte und auch nirgendwo am Himmel finden könnte, und zwar einfach deshalb, weil sie keinem Raum angehören. Diese Städte, Kontinente und Planeten sind natürlich, wie man so sagt, im Kopf der Menschen entstanden oder eigentlich im Zwischenraum zwischen ihren Worten, in den Tiefenschichten ihrer Erzählungen oder auch am ortlosen Ort ihrer Träume, in der Leere ihrer Herzen, kurz gesagt, in den angenehmen Gefilden der Utopien. Dennoch glaube ich, dass es – in allen Gesellschaften – Utopien gibt, die einen genau bestimmbaren, realen, auf der Karte zu findenden Ort besitzen und auch eine genau bestimmbare Zeit, die sich nach dem alltäglichen Kalender festlegen und messen lässt. Wahrscheinlich schneidet jede menschliche Gruppe aus dem Raum, den sie besetzt hält, in dem sie wirklich lebt und arbeitet, utopische Orte aus und aus der Zeit, in der sie ihre Aktivitäten entwickelt, uchronische Augenblicke.

Damit möchte ich Folgendes sagen. Wir leben nicht in einem leeren, neutralen Raum. Wir leben, wir sterben und wir lieben nicht auf einem rechteckigen Blatt Papier. Wir leben, wir sterben und wir lieben in einem gegliederten, vielfach unterteilten Raum mit hellen und dunklen Bereichen, mit unterschiedlichen Ebenen, Stufen, Vertiefungen und Vorsprüngen, mit harten und mit weichen, leicht zu durchdringenden, porösen Gebieten. Es gibt Durchgangszonen wie Straßen, Eisenbahnzüge oder Untergrundbahnen. Es gibt offene Ruheplätze wie Cafés, Kinos, Strände oder Hotels. Und es gibt schließlich geschlossene Bereiche der Ruhe und des Zuhause. Unter all diesen verschiedenen Orten gibt es nun solche, die vollkommen anders sind als die übrigen. Orte, die sich allen anderen widersetzen und sie in gewisser Weise sogar auslöschen, ersetzen, neutralisieren oder reinigen sollen. Es sind gleichsam Gegenräume. Die Kinder kennen solche Gegenräume, solche lokalisierten Utopien, sehr genau. Das ist natürlich der Garten. Das ist der Dachboden oder eher noch das Indianerzelt auf dem Dachboden. Und das ist – am Donnerstagnachmittag – das Ehebett der Eltern. Auf diesem Bett entdeckt man das Meer, weil man zwischen den Decken schwimmen kann. Aber das Bett ist auch der Himmel, weil man auf den Federn springen kann. Es ist der Wald, weil man sich darin versteckt. Es ist die Nacht, weil man unter den Laken zum Geist wird. Und es ist schließlich die Lust, denn wenn die Eltern zurückkommen, wird man bestraft werden.

Diese Gegenräume haben eigentlich nicht allein die Kinder erfunden, denn ich glaube, Kinder erfinden nie etwas. Vielmehr haben die Erwachsenen die Kinder erfunden und ihnen ihre wunderbaren Geheimnisse ins Ohr geflüstert, und dann wundern diese Erwachsenen sich, wenn die Kinder sie herausposaunen. Die erwachsene Gesellschaft hat lange vor den Kindern ihre eigenen Gegenräume erfunden, diese lokalisierten Orte, diese realen Orte jenseits aller Orte. Zum Beispiel Gärten, Friedhöfe, Irrenanstalten, Bordelle, Gefängnisse, die Dörfer des Club Méditerranée und viele andere.

Ich träume nun von einer Wissenschaft – und ich sage ausdrücklich Wissenschaft –, deren Gegenstand diese verschiedenen Räume wären, diese anderen Orte, diese mythischen oder realen Negationen des Raumes, in dem wir leben. Diese Wissenschaft erforschte nicht die Utopien, denn wir sollten diese Bezeichnung nur Dingen vorbehalten, die tatsächlich keinen Ort haben, sondern die Heterotopien, die vollkommen anderen Räume. Und ganz folgerichtig hieße und heißt die Wissenschaft Heterotopologie. Diese gerade in der Entstehung begriffene Wissenschaft möchte ich hier in ihren allerersten Umrissen skizzieren.

Erster Grundsatz: Es gibt wahrscheinlich keine Gesellschaft, die sich nicht ihre Heterotopie oder ihre Heterotopien schüfe. Hier handelt es sich ohne Zweifel um eine Konstante aller menschlichen Gruppen. Aber in Wirklichkeit können die Heterotopien äußerst vielfältige Formen annehmen und tun dies auch. Wahrscheinlich gibt es auf der ganzen Erde und in der ganzen Weltgeschichte keine einzige Heterotopie, die konstant geblieben wäre. Man könnte die Gesellschaften möglicherweise nach den Heterotopien einteilen, die sie bevorzugen und die sie hervorbringen. So besitzen die so genannten primitiven Gesellschaften privilegierte oder heilige oder verbotene Orte, wie man sie übrigens auch noch bei uns finden kann. Doch diese privilegierten oder heiligen Orte sind in der Regel Menschen vorbehalten, die sich in einer biologischen Krisensituation befinden. So gibt es spezielle Häuser für Jugendliche in der Pubertät, für Frauen während der Regelblutung oder auch für Frauen während der Niederkunft. In unserer Gesellschaft sind solche Heterotopien für Menschen in biologischen Krisensituationen kaum noch zu finden. Aber noch im 19. Jahrhundert übernahmen gesonderte Schulen für Jungen und auch der Militärdienst diese Aufgabe. Die ersten Äußerungen männlicher Sexualität sollten nicht in der Familie, sondern anderswo erfolgen. Und ich frage mich, ob nicht für junge Frauen die Hochzeitsreise als Heterotopie und zugleich auch als Heterochronie diente. Die Defloration der jungen Frau sollte nicht in ihrem Geburtshaus geschehen, sondern gleichsam in einem Nirgendwo.

Doch solche biologischen Heterotopien, solche Krisenheterotopien sind nach und nach verschwunden und durch Abweichungsheterotopien ersetzt worden. Das heißt, die Orte, welche die Gesellschaft an ihren Rändern unterhält, an den leeren Stränden, die sie umgeben, sind eher für Menschen gedacht, die sich im Hinblick auf den Durchschnitt oder die geforderte Norm abweichend verhalten. Man denke etwa an Sanatorien, an psychiatrische Anstalten und sicher auch an Gefängnisse. Und auch die Altersheime wären hier zu nennen, denn in einer so beschäftigten Gesellschaft wie der unsrigen ist Nichtstun fast schon abweichendes Verhalten. Eine Abweichung, die als biologisch bedingt gelten muss, wenn sie dem Alter geschuldet ist, und dann ist sie tatsächlich eine Konstante, zumindest für alle, die nicht den Anstand besitzen, in den ersten drei Wochen nach der Pensionierung an einem Herzinfarkt zu sterben.

Zweiter Grundsatz der heterotopologischen Wissenschaft: Im Laufe ihrer Geschichte kann jede Gesellschaft ohne weiteres bereits geschaffene Heterotopien wieder auflösen und zum Verschwinden bringen oder neue Heterotopien schaffen. So bemüht man sich seit gut zwei Jahrzehnten in den meisten europäischen Ländern, die Bordelle abzuschaffen, bekanntlich mit mäßigem Erfolg, denn das Telefon hat an die Stelle der alten Bordelle ein weitaus feineres Netz treten lassen. Umgekehrt hat der Friedhof, der nach unserem heutigen Empfinden das offenkundigste Beispiel einer Heterotopie darstellt (der Friedhof ist der absolut andere Ort), diese Rolle in der westlichen Kultur keineswegs immer schon gespielt. Bis ins 18. Jahrhundert hinein bildete er das Herz der Stadt und lag mitten im Stadtzentrum, gleich neben der Kirche. Aber man maß ihm keinerlei feierliche Bedeutung bei. Abgesehen von einigen wenigen, war es das gemeinsame Schicksal der Toten, ohne Rücksicht auf die einzelne Leiche in ein Massengrab geworfen zu werden. Seltsamerweise begann man genau zu der Zeit, als unsere Kultur atheistisch oder zumindest atheistischer wurde, also Ende des 18. Jahrhunderts, den Knochen individuelle Bedeutung einzuräumen. Nun hatte jeder Anrecht auf seine eigene kleine Kiste und seine ganz persönliche Verwesung. Andererseits schaffte man all diese Skelette, all die kleinen Kisten, die Särge und Gräber, die Friedhöfe aus dem Weg. Man brachte sie aus der Stadt heraus, verlegte sie an den Rand der Stadt, als handelte es sich um ein Zentrum und zugleich um einen Ansteckungsherd, an dem man sich gleichsam mit dem Tod infizieren konnte. Aber das alles geschah erst im 19. Jahrhundert und auch dort erst während des Zweiten Kaiserreichs. Erst unter Napoléon III. wurden die großen Pariser Friedhöfe an den Stadtrand verlegt. Hier wären auch die Friedhöfe für Opfer der Tuberkulose zu nennen – gewissermaßen eine überdeterminierte Heterotopie. Ich denke etwa an den wunderschönen Friedhof von Menton, in dem die großen Tuberkulosekranken beerdigt wurden, die Ende des 19. Jahrhunderts an die Côte d'Azur kamen, um dort zu sterben und begraben zu werden – eine weitere Heterotopie.

In aller Regel bringen Heterotopien an ein und demselben Ort mehrere Räume zusammen, die eigentlich unvereinbar sind. So bringt das Theater auf dem Rechteck der Bühne nacheinander eine ganze Reihe von Orten zur Darstellung, die sich gänzlich fremd sind. Und das Kino ist ein großer rechteckiger Saal, an dessen Ende man auf eine zweidimensionale Leinwand einen dreidimensionalen Raum projiziert. Aber das älteste Beispiel einer Heterotopie dürfte der Garten sein, eine jahrtausendealte Schöpfung, die im Orient ohne Zweifel magische Bedeutung besaß. Der traditionelle Garten der Perser war ein Rechteck, das in vier Teile unterteilt war – für die vier Elemente, aus denen die Welt bestand. In der Mitte, am Kreuzungspunkt der vier Teile, befand sich ein heiliger Raum: ein Springbrunnen oder ein Tempel. Um diesen Mittelpunkt herum war die Pflanzenwelt angeordnet, die gesamte Vegetation der Welt, beispielhaft und vollkommen. Bedenkt man nun, dass die Orientteppiche ursprünglich Abbildungen von Gärten waren – also buchstäblich »Wintergärten« –, wird auch die Bedeutung der legendären fliegenden Teppiche verständlich, der Teppiche, die durch die Welt flogen. Der Garten ist ein Teppich, auf dem die ganze Welt zu symbolischer Vollkommenheit gelangt, und zugleich ist er ein Garten, der sich durch den Raum bewegen kann. War es ein Park oder ein Teppich, den der Erzähler von Tausendundeine Nacht beschrieb? Wir sehen, dass alle Schönheit der Welt in diesem Spiegel versammelt ist. Der Garten ist seit der frühesten Antike ein Ort der Utopie. Wenn man den Eindruck hat, Romane ließen sich leicht in Gärten ansiedeln, so liegt das daran, dass der Roman zweifellos aus der Institution der Gärten entstanden ist. Das Schreiben von Romanen ist eine gärtnerische Tätigkeit.

Es zeigt sich, dass Heterotopien oft in Verbindung mit besonderen zeitlichen Brüchen stehen. Sie sind, wenn man so will, mit den Heterochronien verwandt. So ist der Friedhof der Ort einer Zeit, die nicht mehr fließt. Ganz allgemein kann man sagen, in einer Gesellschaft wie der unsrigen gibt es Heterotopien, die man insofern als Heterotopien der Zeit bezeichnen kann, als sie Dinge bis ins Unendliche ansammeln, zum Beispiel Museen und Bibliotheken. Im 17. und 18. Jahrhundert waren Museen und Bibliotheken ganz eigentümliche Einrichtungen, weil sie Ausdruck des jeweiligen Geschmacks waren. Die Idee, alles zu sammeln und damit gleichsam die Zeit anzuhalten oder sie vielmehr bis ins Unendliche in einem besonderen Raum zu deponieren; die Idee, das allgemeine Archiv einer Kultur zu schaffen; der Wunsch, alle Zeiten, alle Epochen, alle Formen und Geschmacksrichtungen an einem Ort einzuschließen; die Idee, einen Raum aller Zeiten zu schaffen, als könnte dieser Raum selbst endgültig außerhalb der Zeit stehen, diese Idee ist ein ganz und gar moderner Gedanke. Museum und Bibliothek sind eigentümliche Heterotopien unserer Kultur.

Umgekehrt gibt es Heterotopien, die nicht im Modus der Ewigkeit, sondern in dem des Festes mit der Zeit verbunden sind: nicht ewigkeitsorientierte, sondern zeitweilige Heterotopien. Dazu gehört ganz sicher das Theater, aber auch der Jahrmarkt, dieser wunderbare leere Platz am Rande der Stadt und zuweilen auch in deren Zentrum, der sich ein- oder zweimal im Jahr mit Buden, Ständen, den unterschiedlichsten Gegenständen, mit Faustkämpfern, Schlangenfrauen und Wahrsagerinnen füllt. Eine jüngere Erscheinung in der Geschichte unserer Kultur sind die Feriendörfer. Ich denke da vor allem an die wunderbaren polynesischen Dörfer an den Küsten des Mittelmeers, die den Bewohnern unserer Städte drei kurze Wochen ständiger ursprünglicher Nacktheit bieten. Die Strohhütten von Djerba etwa haben eine gewisse Verwandtschaft mit Bibliotheken und Museen, da es sich um Ewigkeitsheterotopien handelt – man lädt die Menschen ein, an die älteste Tradition der Menschheit anzuknüpfen –, und zugleich sind sie die Negation jeder Bibliothek und jedes Museums, denn es geht nicht darum, auf diesem Wege Zeit anzusammeln, sondern im Gegenteil, sie auszulöschen, um zur Nacktheit und Unschuld des Sündenfalls zurückzukehren. Es gibt oder vielmehr gab unter diesen Heterotopien des Fests, diesen zeitweiligen Heterotopien, auch das allabendliche Fest in den Freudenhäusern, das um sechs Uhr abends begann, wie in *Die Dirne Elisa* geschildert.

Andere Heterotopien sind nicht mit dem Fest verbunden, sondern mit dem Übergang, der Verwandlung, den Mühen der Fortpflanzung. Im 19. Jahrhundert waren das etwa die Gymnasien und Kasernen, die aus Kindern Erwachsene, aus Dörflern Staatsbürger, aus Naiven aufgeklärte Menschen machen sollten. Und heute wäre vor allem das Gefängnis zu nennen.

Als fünften und letzten Grundsatz der Heterotopologie möchte ich die Tatsache anführen, dass Heterotopien stets ein System der Öffnung und Abschließung besitzen, welches sie von der Umgebung isoliert. Einen heterotopen Ort betritt man nicht wie eine Mühle. Entweder wird man dazu gezwungen (das gilt natürlich für das Gefängnis), oder man muss Eingangs- und Reinigungsrituale absolvieren. Es gibt sogar Heterotopien, die ganz der Reinigung dienen, einer halb religiösen, halb hygienischen Reinigung wie im Fall des muslimischen Hammam oder einer scheinbar ausschließlich hygienischen Reinigung wie im Fall der skandinavischen Sauna, die jedoch gleichfalls mit allerlei religiösen und naturistischen Bedeutungen aufgeladen ist.

Andere Heterotopien sind gegen die Außenwelt vollkommen abgeschlossen, aber zugleich auch völlig offen. Jeder hat Zutritt, doch wenn man eingetreten ist, stellt man fest, dass man einer Illusion aufgesessen und in Wirklichkeit nirgendwo eingetreten ist. Die Heterotopie ist ein offener Ort, der uns jedoch immer nur draußen lässt. So gab es im 18. Jahrhundert in südamerikanischen Häusern neben oder eigentlich vor der Eingangstür eine kleine Kammer, die direkt von außen erreichbar und für durchreisende Besucher bestimmt war. Das heißt, jeder konnte zu jeder Tages- oder Nachtzeit in diese Kammer kommen, dort schlafen und tun, was ihm beliebte, und am Morgen wieder abreisen, ohne von irgendjemandem gesehen oder erkannt zu werden. Doch da es von dieser Kammer keinen Zugang zum eigentlichen Haus gab, konnte der dort empfangene Gast nicht in das Heim der Familie eindringen. Die Kammer war eine gänzlich äußere Heterotopie. Man könnte sie mit den amerikanischen Motels vergleichen, in die man mit dem Auto und mit seiner Geliebten fährt. Sie bieten ungesetzlicher Sexualität besten Unterschlupf, sorgen aber zugleich dafür, dass man sie im Geheimen und abseits praktizieren kann, ohne deshalb im Freien bleiben zu müssen.

Schließlich gibt es noch Heterotopien, die offen zu sein scheinen, aber zu denen nur bereits Eingeweihte Zutritt haben. Man meint, Zugang zum Einfachsten und Offensten zu finden, doch in Wirklichkeit ist man mitten im Geheimnis. So zumindest betrat einst Aragon Freudenhäuser: »Noch heute trete ich nicht ohne eine gewisse schülerhafte Emotion über diese Schwellen besonderer Erregbarkeit. Dort folge ich dem großen abstrakten Begehren, das sich zuweilen in einigen Figuren abzeichnet, welche ich einst geliebt habe. Eine gewisse Inbrunst entfaltet sich. Keinen Augenblick denke ich an die soziale Seite der Orte. Den Ausdruck *maison de tolérance* [Freudenhaus] kann man unmöglich ernsthaft aussprechen.«

Hier stoßen wir zweifellos auf das eigentliche Wesen der Heterotopien. Sie stellen alle anderen Räume in Frage, und zwar auf zweierlei Weise: entweder wie in den Freudenhäusern, von denen Aragon sprach, indem sie eine Illusion schaffen, welche die gesamte übrige Realität als Illusion entlarvt, oder indem sie ganz real einen anderen realen Raum schaffen, der im Gegensatz zur wirren Unordnung unseres Raumes eine vollkommene Ordnung aufweist. Diese Funktion hatten zumindest dem Plan nach zu bestimmten Zeiten, vor allem im 18. Jahrhundert, die Kolonien. Natürlich brachten die Kolonien großen wirtschaftlichen Nutzen, doch man verband auch imaginäre Werte mit ihnen, und ohne Zweifel verdankten diese Werte sich dem Ansehen der Heterotopien. So versuchten die puritanischen Gemeinschaften Englands im 17. und 18. Jahrhundert, in Amerika absolut vollkommene Gesellschaften zu gründen. Und noch Ende des 19. bis Anfang des 20. Jahrhunderts träumten Lyautey und seine Nachfolger in den französischen Kolonien von militärischen, hierarchisch geordneten Gesellschaften. Das außergewöhnlichste Beispiel ist der Versuch, den die Jesuiten in Paraguay unternahmen. Sie gründeten dort eine großartige Kolonie, in der das ganze Leben reglementiert war. Es herrschte ein vollkommener Kommunismus, Boden und Vieh gehörten allen gemeinsam. Nur einen kleinen Garten durfte jede Familie besitzen. Die Häuser standen an zwei Straßen, die einander in rechtem Winkel kreuzten. An der Stirnseite des Dorfplatzes stand die Kirche, an der einen Längsseite die Schule, an der anderen das Gefängnis. Die Jesuiten reglementierten das Leben der Kolonisten von abends bis morgens und von morgens bis abends peinlich genau. Um fünf Uhr morgens weckte die Glocke das Dorf. Sie markierte den Beginn der Arbeit, mittags rief sie die Männer und Frauen, die auf den Feldern arbeiteten, ins Dorf zurück. Um sechs Uhr aß man gemeinsam zu Abend. Und um Mitternacht läutete man die so genannte »Eheglocke«, denn da die Jesuiten wünschten, dass die Kolonisten sich fortpflanzten, ließen sie um Mitternacht leise die Glocke ertönen, damit die Bevölkerung wuchs. Das tat sie denn auch. Von 130 000 Indios in der Anfangszeit der Jesuitenkolonie wuchs sie bis Mitte des 18. Jahrhunderts auf 400 000. Hier haben wir ein Beispiel für eine vollkommen in sich geschlossene Gesellschaft, die keinerlei Verbindung zur übrigen Welt hatte außer dem Handel und den beträchtlichen Gewinnen der Societas Jesu.

In der Kolonie haben wir eine Heterotopie, die gleichsam naiv genug ist, eine Illusion verwirklichen zu wollen. Im Freudenhaus haben wir dagegen eine Heterotopie, die subtil und geschickt genug ist, die Wirklichkeit allein durch die Kraft der Illusion zerstreuen zu wollen. Und bedenkt man, dass Schiffe, die großen Schiffe des 19. Jahrhunderts, ein Stück schwimmender Raum sind, Orte ohne Ort, ganz auf sich selbst angewiesen, in sich geschlossen und zugleich dem endlosen Meer ausgeliefert, die von Hafen zu Hafen, von Wache zu Wache, von Freudenhaus zu Freudenhaus bis in die Kolonien fahren, um das Kostbarste zu holen, was die eben beschriebenen Gärten zu bieten haben, dann wird deutlich, warum das Schiff für unsere Zivilisation zumindest seit dem 16. Jahrhundert nicht nur das wichtigste Instrument zur wirtschaftlichen Entwicklung gewesen ist, sondern auch das größte Reservoir für die Fantasie. Das Schiff ist die Heterotopie *par excellence*. Zivilisationen, die keine Schiffe besitzen, sind wie Kinder, deren Eltern kein Ehebett haben, auf dem sie spielen können. Dann versiegen ihre Träume. An die Stelle des Abenteuers tritt dort die Bespitzelung und an die Stelle der glanzvollen Freibeuter die hässliche Polizei.

*Übersetzt von Michael Bischoff*

# Anti-Retro

»Anti-Rétro« (Gespräche mit Pascal Bonitzer und S. Toubian), in: *Cahiers du cinéma*, Nr. 251-252, Juli/August, S. 6-15.

– *Gehen wir vom journalistischen Phänomen der Retro-Mode aus. Man kann sich ganz einfach die Frage stellen: »Weshalb sind Filme wie* Lacombe Lucien[1] *oder* Portier de Nuit[2] *heute möglich?« Weshalb lösen sie ein so großes Echo aus? Unseres Erachtens muss man diese Frage auf drei Ebenen beantworten:*

*1) Die politische Lage: Giscard d'Estaing ist gewählt worden. Er hat eine neue Art von Verhältnis zur Politik, zur Geschichte, zum politischen Apparat geschaffen, die sehr deutlich – und für jedermann sichtbar – den Tod des Gaullismus erkennen lässt. Insoweit der Gaullismus eng an die Zeit der Résistance gebunden ist, muss man also sehen, wie sich diese Lage in den Filmen ausdrückt, die gedreht werden.*

*2) Inwiefern lässt sich hier eine Gegenbewegung der bürgerlichen Ideologie über die Breschen des – starren, ökonomistischen, mechanistischen, wie man will – orthodoxen Marxismus hinaus ausmachen, der lange Zeit das einzige Interpretationsraster für die sozialen Erscheinungen geboten hat?*

*3) Und schließlich, wie stellt sich das Problem in Bezug auf die Militanten, insoweit sie Zuschauer und manchmal auch Produzenten von Filmen sind?*

*Mit Marcel Ophuls' Film Le Chagrin et la Pitié[3] sind etliche Schleusen geöffnet worden. Etwas, das bis dahin völlig verdrängt, mit Verbot belegt war, bricht sich plötzlich Bahn. Warum?*

– Ich denke, das kommt daher, dass die Geschichte des Krieges und all dessen, was sich um den Krieg herum abgespielt hat, niemals anderswo als in den ganz offiziellen Geschichten wirklich aufgezeichnet worden ist. Diese offiziellen Geschichten hatten im Wesentlichen den Gaullismus zum Mittelpunkt, der einerseits die einzige Art war, auf die man diese Geschichte überhaupt in Begriffen eines ehrenhaften Nationalismus schreiben konnte, und

1 [Von L. Malle, 1974.]

2 [Von L. Cavani, 1973. Dt. Verleihtitel: *Der Nachtportier*.]

3 [1969. Dt. Verleihtitel: *Das Haus nebenan – Chronik einer französischen Stadt im Kriege*.]

der andererseits die einzige Möglichkeit bot, den Großen Mann, den Mann der Rechten, den Mann der alten Nationalismen des 19. Jahrhunderts als geschichtliche Persönlichkeit ins Spiel zu bringen.

Frankreich erhielt durch de Gaulle schließlich eine Rechtfertigung, und andererseits sah sich die Rechte, deren Verhalten im Augenblick des Krieges bekannt ist, durch de Gaulle gereinigt und heiliggesprochen. Mit einem Mal fanden sich die Rechte und Frankreich durch diese Weise, Geschichte zu machen, versöhnt, wobei nicht zu vergessen ist, dass der Nationalismus das Entstehungsklima der Geschichte des 19. Jahrhunderts und vor allem ihrer Lehre gewesen ist.

Was nie beschrieben wurde, ist aber, was sich in den Tiefen des Landes selbst seit 1936, ja schon seit Ende des Ersten Weltkrieges bis zur Befreiung abgespielt hat.

– *Was somit seit* Le Chagrin et la Pitié *stattfindet, ist eine Rückkehr der Wahrheit in die Geschichte. Die Frage ist nun, ob das auch wirklich die Wahrheit ist.*

– Man muss hier die Tatsache hinzunehmen, dass das Ende des Gaullismus den Schlussstrich unter die Rechtfertigung der Rechten durch diese Persönlichkeit und diese Episode zieht. Die alte Pétain'sche Rechte, die alte kollaboratistische, Mauras'sche und reaktionäre Rechte, die sich, so gut es ging, hinter de Gaulle versteckte, sieht sich nun berechtigt, ihre eigene Geschichte neu zu schreiben. Diese alte Rechte, die seit Tardieu historisch und politisch disqualifiziert war, kehrt nun in den Vordergrund zurück. Sie hat Giscard ausdrücklich unterstützt. Sie braucht keine Masken mehr, und folglich kann sie sich nun ihre eigene Geschichte schreiben. Und unter den Faktoren für die heutige Zustimmung der Hälfte der Franzosen für Giscard (mit einer Stimmenmehrheit von 200 000), darf man Filme wie die, über die wir sprechen, nicht außer Acht lassen, ganz gleich, welche Absichten ihre Regisseure mit ihnen verfolgt haben. Allein die Tatsache, dass all das gezeigt werden konnte, hat eine gewisse Neugruppierung der Rechten ermöglicht. Und zugleich hat gerade umgekehrt die Auslöschung der Trennlinie zwischen nationalistischer und kollaboratistischer Rechter diese Filme erst möglich gemacht. Beides hängt untrennbar zusammen.

– *Diese Geschichte wird nun zugleich im Kino und im Fernsehen umgeschrieben, in Sendungen wie »Dossiers de l'écran« (wo zweimal in zwei Monaten als Thema »Die Franzosen während der Besatzung« gewählt wurde). Und diese Umschreibung der Geschichte vollzieht sich andererseits mit Hilfe von Regisseuren, die mehr oder minder als links gelten. Hier liegt ein Problem, auf das man näher eingehen müsste.*

– Ich glaube nicht, dass die Dinge so einfach liegen. Was ich gerade gesagt habe, ist sehr schematisch. Nehmen wir das noch einmal auf.

Es gibt eine regelrechte Schlacht. Und worum geht es dabei? Um das, was man im Großen und Ganzen das *populäre Gedächtnis* nennen könnte. Es ist absolut richtig, dass die Leute, ich meine die Leute, die kein Anrecht haben, sich schriftlich zu äußern, selber ihre Bücher zu schreiben, ihre Geschichtsschreibung selber zu redigieren, sehr wohl ihre eigene Art haben, Geschichte aufzuzeichnen, sich ihrer zu erinnern, sie zu leben und sie zu gebrauchen. Diese populäre Geschichte war bis zu einem gewissen Punkt noch im 19. Jahrhundert lebendiger, klarer formuliert, als es beispielsweise eine ganze Tradition von Kämpfen gab, die mündlich oder in Texten, Liedern usw. überliefert wurde.

Dann wurde eine ganze Reihe von Apparaten in Stellung gebracht (die »populäre Literatur«, die Trivialliteratur, aber auch die professionelle Lehrtätigkeit), um diese Bewegung des populären Gedächtnisses zu blockieren, und man kann sagen, dieses Unternehmen war recht erfolgreich. Das historische Wissen, das die Arbeiterklasse von sich selbst besitzt, wird immer schmaler. Denkt man etwa daran, was die Arbeiter Ende des 19. Jahrhunderts alles über ihre eigene Geschichte wussten, was bis zum Ersten Weltkrieg gewerkschaftliche Tradition – im starken Sinne dieses Begriffs – gewesen ist, dann war das trotz allem großartig. Dieses Wissen schrumpft unaufhörlich. Es schrumpft, aber es verschwindet nicht ganz und gar.

Heute genügt die Trivialliteratur nicht mehr. Es gibt wirksamere Mittel, wie Fernsehen und Kino. Und ich glaube, das ist eine Art und Weise, das populäre Gedächtnis, das existiert, aber keine Artikulationsmittel besitzt, *neu zu codieren*. Man zeigt den Leuten nun nicht, was sie gewesen sind, sondern was sie als ihre Vergangenheit im Gedächtnis behalten sollen.

Da das Gedächtnis noch immer ein wichtiger Kampffaktor ist (und die Kämpfe entwickeln sich ja im Raum eines dynamischen

Geschichtsbewusstseins), gilt Folgendes: Hat man das Gedächtnis der Leute in der Hand, dann hat man auch ihre Entwicklung in der Hand. Und ihre Erfahrung, ihr Wissen über die vergangenen Kämpfe. Man soll gar nicht mehr wissen, was das ist, die *Résistance …*

Etwa so muss man, glaube ich, diese Filme verstehen. Das Thema ist, grob gesagt, dass es im 20. Jahrhundert keinen Kampf des Volkes gegeben hat. Diese Behauptung wurde nacheinander in zwei Formen vorgebracht. Einmal hat man nach dem Krieg schlicht und einfach gesagt: »Das 20. Jahrhundert, welch ein Jahrhundert der Helden! Churchill, de Gaulle, diese Kerle, die sich mit dem Fallschirm absetzen ließen, und dann die Jagdstaffeln!« usw. Damit hat man bloß auf andere Weise gesagt: »Einen populären Kampf hat es nicht gegeben, der wahre Kampf ist dieser.« Aber man behauptete noch nicht ganz unumwunden, dass es keinen populären Kampf gegeben habe.

Die andere Form, jüngeren Datums, skeptischer oder zynischer, wie man will, besteht darin, schlicht und einfach zu behaupten: »Schauen Sie sich doch an, was wirklich geschehen ist! Wo haben Sie denn Kämpfe gesehen? Wo haben Sie Aufstände beobachtet, wo haben Sie beobachtet, dass die Leute zu den Waffen griffen?«

– *Es gibt eine Art Gerücht, das sich seit* Le Chagrin et la Pitié *verbreitet hat, nämlich: Das französische Volk als Ganzes hat keinen Widerstand geleistet, es hat sogar die Kollaboration, die Deutschen akzeptiert, es hat alles geschluckt. Was soll das letzten Endes heißen? Tatsächlich scheint der Kampf des Volkes oder vielmehr die* Erinnerung *an diesen Kampf auf dem Spiel zu stehen.*

– Genau. Man muss dieses Gedächtnis in Besitz nehmen, ihm Vorschriften machen, es regieren, ihm sagen, woran es sich erinnern soll. Und wenn man diese Filme sieht, dann lernt man, woran man sich erinnern soll: »Glaubt nicht alles, was man euch anderswo erzählt hat. Es gibt keine Helden. Und wenn es keine Helden gibt, dann, weil es keine Schlachten gegeben hat.« Daher eine gewisse Zweideutigkeit. Einerseits »gibt es keine Helden« – das ist tatsächlich die Demontage einer ganzen Heldenmythologie à la Burt Lancaster. Damit sagt man: »Der Krieg war etwas anderes!« Daher der erste Eindruck einer Befreiung von historischer Tünche: Man wird uns endlich sagen, weshalb wir nicht gehalten sind, uns mit de Gaulle oder mit den Angehörigen der Jagdstaffel Normandie-Niemen etc. zu identifizieren. Unter dem Satz »Es gab keine Helden« verbirgt sich ein anderer, der die wirkliche Botschaft enthält: »Es hat keinen Kampf gegeben.« Darin besteht die ganze Operation.

– *Es gibt noch ein anderes Phänomen, das erklärt, weshalb diese Filme so gut laufen. Man bedient sich des Ressentiments derer, die tatsächlich gegen diejenigen gekämpft haben, die nicht gekämpft haben. Zum Beispiel die Leute, die in der Résistance waren und die in* Le Chagrin et la Pitié *die passiven Bürger einer Stadt im Zentrum Frankreichs sehen und diese Passivität anerkennen. Und hier gewinnt dann das Ressentiment die Oberhand. Sie vergessen, dass sie, die Angehörigen der Résistance, es waren, die gekämpft haben.*

– Das politisch bedeutsame Phänomen ist in meinen Augen nicht dieser oder jener Film, sondern das Phänomen der Serie, das Netz, das diese Filme geschaffen haben und in dem sie, ganz ohne Wortspiel gesagt,[4] einen Platz einnehmen. Wichtig ist, anders gesagt, die Frage: »Kann man überhaupt einen *positiven* Film über die Kämpfe der Résistance machen?« Und siehe da, man merkt, dass das nicht geht. Man hat den Eindruck, das macht den Leuten Spaß oder anders würde man diesen Film ganz einfach gar nicht sehen.

Ich mag *Le Chagrin et la Pitié* sehr, für mich ist das keine schlechte Aktion, diesen Film gemacht zu haben. Vielleicht täusche ich mich, aber das ist nicht wichtig. Wichtig ist, dass diese Serie von Filmen ganz genau der Unmöglichkeit entspricht – und jeder Einzelne von ihnen akzentuiert diese Unmöglichkeit –, einen Film über die tatsächlichen Kämpfe zu machen, die in Frankreich um Krieg und Widerstand möglich gewesen waren.

– *Ja. Das hält man uns als Allererstes entgegen, wenn man einen Film wie den von Malle angreift. Die Antwort ist immer: »Was hätten Sie denn getan?« Und es stimmt, man kann nichts darauf erwidern. So langsam bräuchte man hier, sagen wir, eine linke Sichtweise, aber es ist wahr, dass sie nicht* fest gefügt *existiert.*

*Dafür stellt sich erneut das Problem: »Wie soll man einen positiven Helden, einen neuen Typus von Helden schaffen?«*

– Es geht nicht um den Helden, das Problem ist der Kampf. Kann man einen Kampffilm machen ohne die herkömmlichen Verfahren der Heroisierung? Man stößt hier auf ein altes Problem: Wie

4 [Foucaults Anspielung bezieht sich auf »réseau de résistance«, wörtl. »Widerstandsnetz«, Bezeichnung für die Organisation der Widerstandsgruppen, der Résistance, im besetzten Frankreich, A. d. Ü.]

kommt die Geschichte zu dem Diskurs, den sie führt, und wie kann sie reklamieren, was geschehen ist, wenn nicht über das Verfahren der Episierung, indem sie sich also selbst als Geschichte von Helden wiedererzählt. So wurde auch die Geschichte der Französischen Revolution geschrieben. Das Kino ist genauso vorgegangen. Man kann dem jederzeit das ironische Gegenstück vorhalten: »Nein, sehen Sie, es gibt keine Helden. Wir sind alle Schweine« usw.

– *Kommen wir auf die Retro-Mode zurück. Aus ihrer eigenen Sicht hat die Bourgeoisie ihr Interesse ziemlich gut auf eine geschichtliche Periode (die vierziger Jahre) gerichtet, an der zugleich ihr schwacher und ihr starker Punkt deutlich wird. Denn einerseits lässt sie sich gerade hier am leichtesten demaskieren (sie war es, die den Boden für den Nazismus oder für die Kollaboration bereitet hat), und andererseits versucht sie heute gerade hier, ihre geschichtliche Haltung auf die zynischste Weise zu rechtfertigen. Das Problem ist Folgendes: Wie können wir ebendiesen Geschichtsabschnitt positiver fassen? Wir, das heißt die Generation der Kämpfe von 1968 oder etwa bei LIP.*[5]

*Muss man genau hier ansetzen, um auf die eine oder andere Weise eine mögliche ideologische Hegemonie denken zu können? Denn es stimmt ja, dass die Bourgeoisie in Bezug auf dieses Thema (ihre jüngste Vergangenheit) zugleich offensiv und defensiv ist. Strategisch defensiv, taktisch offensiv, da sie ihren starken Punkt gefunden hat, den Punkt, von dem aus sie die Karten am besten durcheinanderbringen kann. Aber wir, sollen wir einfach – und das ist defensiv – die Wahrheit über die Geschichte wiederherstellen? Können wir nicht den Punkt finden, der hier ideologisch eine Bresche schlagen würde? Ist das automatisch die Résistance? Warum nicht 1789 oder 1968?*

– Was die Filme zum gleichen Gegenstand angeht, frage ich mich, ob man nicht etwas ganz anderes tun kann. Und wenn ich »Gegenstand« sage, dann meine ich nicht, dass man Kämpfe zeigt oder dass man zeigt, dass es keine gegeben hat. Ich möchte sagen, dass es historisch wahr ist, dass es unter den französischen Massen im Augenblick des Krieges eine Verweigerung des Krieges gegeben hat. Aber woher kam diese Verweigerung? Von einer ganzen Reihe von Episoden, über die niemand spricht, die Rechte nicht, weil sie sie

5 [Bezieht sich wahrscheinlich auf die Besetzung der Uhrenfabrik LIP in Besançon durch die Arbeiter, die sich gegen fordistische Produktionsmethoden wandten. Das »Modell LIP« wurde seinerzeit von enthusiastischen Zeitgenossen als epochemachend gefeiert, A. d. Ü.]

verbergen will, die Linke nicht, weil sie nicht durch all das kompromittiert werden will, was der »nationalen Ehre« widerspricht.

Am Ersten Weltkrieg haben nun einmal 7,8 Millionen Burschen teilgenommen. Vier Jahre lang haben sie ein grauenhaftes Leben geführt, sie haben um sich herum Millionen und Abermillionen sterben sehen. Was haben sie im Jahr 1920 vor sich gesehen? Die Rechte an der Macht, totale wirtschaftliche Ausbeutung und schließlich eine Wirtschaftskrise und die Arbeitslosigkeit von 1932. Diese Leute, die man in den Schützengräben zusammengepfercht hatte, wie sollten die in den beiden Jahrzehnten 1920-30 und 1930-40 noch den Krieg lieben? Bei den Deutschen hat die Niederlage das Nationalgefühl entfacht, so dass der Wunsch nach Rache schließlich stärker wurde als dieser Widerwillen. Aber man schlägt sich schließlich nicht gern in den Kriegen des Bürgertums, mit diesen Offizieren, um dieser Kriegsvorteile willen. Ich glaube, das war in der Arbeiterklasse eine tiefreichende Erscheinung. Und wenn diese Kerle 1940 ihre Räder in die Gräben schmissen und sagten: »Ich geh nach Hause«, dann kann man nicht einfach sagen: »Das sind Tölpel!«, und verbergen kann man es auch nicht. Man muss das in der ganzen Serie, von der wir sprachen, austauschen. Dieses Nicht-Gebundensein an nationale Interessen, daran muss man immer wieder erinnern. Und was sich während der Résistance abgespielt hat, ist genau das Gegenteil dessen, was man uns vorführt; d. h., die Repolitisierung, der Geschmack am Kämpfen sind in der Arbeiterklasse erst Schritt für Schritt wiedergekommen. Das hat nach dem Aufstieg des Nazismus, nach dem Krieg in Spanien ganz langsam begonnen. Die Filme zeigen aber genau das Umgekehrte, dass die Leute nämlich nach dem großen Traum von 1939, der 1940 im Zusammenbruch gemündet ist, aufgegeben haben. Es hat diesen Prozess sehr wohl gegeben, aber im Inneren eines anderen Prozesses von beträchtlich größerer Reichweite, der seinerseits in die gegenteilige Richtung verlief und ausgehend vom Widerwillen gegen den Krieg unter der Okkupation das Bewusstsein dafür schärfte, dass man kämpfen musste. Zum Thema »Es gab keine Helden, es gab nur Tölpel« muss man sich fragen, woher diese Behauptung kommt und wo sie ihre Wurzeln hat. Hat man denn je Filme über Meutereien gemacht?

– *Ja. Es hat den Film von Kubrick gegeben* (Paths of Glory),[6] *der in Frankreich verboten wurde.*

6 [1958, dt. Verleihtitel: *Wege zum Ruhm.*]

– Ich glaube, dieses Nicht-Gebundensein an die Maßregeln der nationalen und bewaffneten Kämpfe hat einen positiven politischen Sinn. Man könnte hier das historische Thema der Familie von Lacombe Lucien aufnehmen und es nach Ypern und Douaumont versetzen …

– *Womit sich das Problem des populären Gedächtnisses stellt, einer ihm eigenen Zeitlichkeit, die weit entfernt wäre von dieser oder jener Übernahme der zentralen Macht oder von diesem oder jenem punktuellen Krieg …*

– Das war immer das Ziel der gelehrten Geschichtsschreibung. Sie wollte den Leuten beibringen, dass sie sich umbringen ließen und dass das großes Heldentum war. Betrachten wir bloß, was man inzwischen mit Napoléon und den napoleonischen Kriegen angestellt hat …

– *Bestimmte Filme, unter ihnen die von Malle und von Cavani, beteiligen sich nicht mehr an einem historischen Diskurs oder am Diskurs des Kampfes in Bezug auf die Phänomene Nazismus und Faschismus, sondern greifen stattdessen einen anderen Diskurs auf, im Allgemeinen einen Geschlechterdiskurs. Was hat es mit diesem Diskurs auf sich?*

– Sie machen also in dieser Hinsicht keinen grundsätzlichen Unterschied zwischen *Lacombe Lucien* und *Portier de Nuit*? Mir jedenfalls scheint, dass der Aspekt der Erotik, der Leidenschaft in *Lacombe Lucien* eine sehr leicht erkennbare Funktion hat. Er soll mit dem Anti-Helden versöhnen und zeigen, dass er so sehr »anti« gar nicht ist.

Wenn für ihn tatsächlich alle Machtbeziehungen verfälscht und verdreht sind und wenn er sie ins Leere laufen lässt, stellt sich hingegen in dem Moment, da man glaubt, er lasse auch alle erotischen Beziehungen ins Leere laufen, heraus, dass es da einen wahren Bezug gibt, und er liebt das Mädchen wirklich. Auf der einen Seite gibt es die Machtmaschine, die Lucien immer weiter mitreißt, von einem gebrochenen Rad bis zu etwas ganz Irrsinnigem. Und auf der anderen Seite gibt es die Liebesmaschine, die etwas Gelenktes, etwas Falsches hat, die aber tatsächlich in einem anderen Sinne funktioniert und am Ende aus Lucien wieder den hübschen Jungen macht, der mit einem Mädchen auf dem Lande lebt.

Wir haben hier also eine Art deutlicher Antithese zwischen Macht und Liebe. In *Portier de Nuit* ist das sehr wichtige Problem

– allgemein und der aktuellen Lage der Dinge entsprechend – das der *Liebe zur Macht*.

Die Macht hat eine erotische Seite. Hier stellt sich ein historisches Problem: Wie kommt es, dass der Nazismus, der von ganz erbärmlichen, schäbigen, puritanischen Wichten vom Schlage alter viktorianischer Jungfern oder bestenfalls von Lüstlingen repräsentiert wurde, jetzt und überhaupt, in Frankreich, in Deutschland, in den Vereinigten Staaten, in der gesamten pornographischen Literatur der Welt, zum absoluten Bezugspunkt des Erotischen werden konnte? Das gesamte erotische Imaginäre der Schunderzeugnisse steht derzeit unter dem Zeichen des Nazismus. Daraus ergibt sich ein tief greifendes Problem: Wie soll man die Macht lieben? Keiner liebt mehr die Macht. Diese Sorte affektiver, erotischer Bindung, dieses Begehren nach der Macht, der Macht, die über einen ausgeübt wird, existiert nicht mehr. Die Monarchie und ihre Rituale waren dafür geschaffen, diese Art des erotischen Bezugs zur Macht hervorzurufen. Die großen stalinistischen, auch hitlerschen Apparate dienten ebenfalls diesem Zweck. Aber all das ist in sich zusammengefallen, und es liegt auf der Hand, dass man Breschnew nicht lieben kann, und Pompidou oder Nixon auch nicht. Man könnte notfalls de Gaulle oder Kennedy oder Churchill lieben. Aber was geschieht denn wirklich? Sind wir nicht Zeugen einer beginnenden Re-Erotisierung der Macht bis ins lächerliche und erbärmliche Extrem? Die Pornoshops betreiben sie mit Nazi-Insignien, die man jetzt in den Vereinigten Staaten wiederfindet, und begegnet man ihr (in weit erträglicherer, aber nichtsdestoweniger lächerlicher Form) nicht auch in den Attitüden von Giscard d'Estaing, wenn er sagt: »Wir werden in voller Montur durch die Straßen defilieren und den Leuten die Hände schütteln, und die Kleinen werden einen halben Tag frei bekommen«? Ganz gewiss hat Giscard einen Teil seines Wahlkampfes nicht bloß auf seine physische Präsenz abgestellt, sondern auch auf eine gewisse Erotisierung seiner Persönlichkeit, seiner Eleganz.

– *So hat er sich auf dem Wahlplakat in Szene gesetzt, wo man seine Tochter sieht, die sich ihm zuwendet.*

– So ist es. Er blickt auf Frankreich, während sie auf ihn blickt. So gibt man der Macht ihre Verführungskraft zurück.

– *Das ist uns im Wahlkampf aufgefallen, besonders bei der großen Fernsehdebatte zwischen Giscard und Mitterand; die beiden haben sich überhaupt nicht auf demselben Terrain bewegt. Mitterand erschien als Politiker des alten Schlages von der alten Linken. Er versuchte, den Leuten Ideen zu verkaufen, die selber schon etwas unzeitgemäß und altmodisch wirkten, und er tat das mit großer Noblesse. Giscard dagegen verkaufte die Idee der Macht, genau so, wie ein Werbemann einen Käse verkauft.*

– Bis vor kurzem musste man sich noch dafür entschuldigen, an der Macht zu sein. Die Macht musste ihre Erscheinung abmildern und durfte sich nicht als Macht zeigen. Bis zu einem gewissen Grad war das die Funktionsweise demokratischer Republiken, in denen das Problem darin bestand, die Macht hinter den Kulissen wirken zu lassen, sie unsichtbar zu machen, damit man sie nicht in dem greifbar vor sich hatte, was sie tat, und nicht dort, wo sie war.

Jetzt versteckt sich die Macht nicht mehr (und dabei hat de Gaulle eine wichtige Rolle gespielt); sie ist stolz darauf, da zu sein, und mehr noch, sie sagt: »Liebt mich, weil ich die Macht bin.«

– *Vielleicht ist es an der Zeit, über eine gewisse Unfähigkeit des marxistischen* Diskurses *zu sprechen, so, wie er seit langem läuft, über den Faschismus Rechenschaft abzulegen. Sagen wir, dass der Marxismus historisch das Phänomen des Nazismus ökonomistisch, deterministisch erklärt und dabei völlig beiseitegelassen hat, was vielleicht die spezifische Ideologie des Nazismus sein könnte. Man könnte sich also fragen, wie jemand wie Malle, der ziemlich gut Bescheid weiß, was sich in der Linken abspielt, von dieser Schwäche profitieren, in diese Bresche springen kann.*

– Der Marxismus hat den Nazismus und den Faschismus definiert als »offene terroristische Diktatur der reaktionärsten Fraktion der Bourgeoisie«. Dieser Definition fehlt nun beinahe alles. Insbesondere fehlt die Tatsache, dass Nazismus und Faschismus überhaupt nur insoweit möglich waren, als von einem verhältnismäßig wichtigen Teil der Massen bestimmte staatliche Repressionsfunktionen, Kontrollfunktionen und polizeiliche Funktionen gegenüber dem anderen Teil und auf eigene Verantwortung übernommen wurden. Hier liegt, denke ich, ein wichtiger Aspekt des Nazismus, nämlich sein tief greifendes Eindringen ins Innere der Massen und die Tatsache, dass ein Teil der Macht tatsächlich an eine gewisse Randgruppe der Massen delegiert wurde. Hier ist das Wort »Diktatur« zugleich prinzipiell zutreffend und relativ unzutreffend. Wenn man daran denkt, welche Macht unter dem Naziregime ein Einzelner als

Mitglied der SS oder nach seinem Parteieintritt anhäufen konnte! Man konnte tatsächlich seinen Nachbarn umbringen, sich seine Frau nehmen, sein Haus! In dieser Hinsicht ist *Lacombe Lucien* interessant, denn diese Seite wird hier sehr gut gezeigt. Tatsache ist, dass man entgegen der landläufigen Auffassung von der Diktatur als Macht einer Einzelperson sagen kann, dass in einem Regime wie diesem der verächtlichste, aber in gewissem Sinne auch berauschendste Teil der Macht auf eine beträchtliche Zahl von Leuten verteilt war. Der SS hatte man die Macht zu morden, zu schänden gegeben …

– *An diesem Punkt versagt der orthodoxe Marxismus. Denn hier steht ein Diskurs über das Begehren an.*

– Über das Begehren und die Macht …

– *Hier sind auch Filme wie* Lacombe Lucien *und* Portier de Nuit *verhältnismäßig »stark«. Sie können einen Diskurs über das Begehren und die Macht führen, der kohärent zu sein scheint …*

– An *Portier de Nuit* ist interessant zu sehen, wie im Nazismus die Macht eines Einzelnen von den Leuten übernommen und ins Werk gesetzt wurde. Diese Sorte Scheingerichte, die sich dort konstituierten, das ist sehr fesselnd. Denn einerseits hatte das Züge einer psychotherapeutischen Gruppe, während sich faktisch die Machtstruktur einer Geheimgesellschaft herausbildete. Im Grunde hat sich eine SS-Zelle wieder gebildet, die sich selbst eine richterliche Gewalt verleiht, die anders als die zentrale Macht ist und in Gegensatz zu ihr steht. Man muss sich über die Art und Weise klar werden, wie die Macht im Kern der Bevölkerung selbst gestreut, eingesetzt wurde; man muss sich über diese ungeheuerliche Streuung der Macht klar werden, die der Nazismus in einer Gesellschaft wie der deutschen betrieben hat. Es ist falsch zu sagen, der Nazismus sei die Macht der Großindustriellen unter anderer Form gewesen. Das war nicht die verstärkte Macht des großen Führungsstabes, das war sie zwar auch, aber nur auf einer bestimmten Ebene.

– *Hier liegt wirklich eine interessante Seite des Films. Sehr kritikwürdig schien uns jedoch, dass der Film sagen zu wollen scheint: »Wenn Sie ein klassischer SS-Mann sind, dann funktionieren Sie auf genau diese Weise hier. Haben Sie aber zudem noch eine gewisse ›Vorstellung von Verausgabung‹, dann entsteht daraus ein ungeheures erotisches Abenteuer.« Der Film hält damit an der Verführung fest.*

– Ja, an diesem Punkt kommt er mit *Lacombe Lucien* überein. Der

Faschismus hat den Leuten nie auch nur ein Pfund Butter gegeben, er hat ihnen nie etwas anderes als die Macht gegeben. Aber dennoch muss man sich fragen, ob dieses Regime wirklich nichts anderes als eine blutige Diktatur war, woher es kommt, dass noch am 3. Mai 1945 Deutsche bis zum letzten Blutstropfen kämpfen wollten; man muss sich die Frage stellen, ob es hier nicht noch eine andere Art Bindung dieser Leute an die Macht gegeben hat. Natürlich darf man die ausgeübten Zwänge nicht vergessen, die Denunziationen …

– *Aber wenn es Druck und Denunziationen gegeben hat, dann weil es Leute gab, die denunzierten. Wie sind sie da hineingeraten? Wie konnten sie sich durch diese Umverteilung der Macht, aus der sie Nutzen zogen, derart hinters Licht führen lassen?*

– In *Lacombe Lucien* wie in *Portier de nuit* wird dieses Mehr an Macht, das man ihnen überlässt, in Liebe zurückverwandelt. Das ist am Ende von *Portier de nuit* sehr deutlich, wo um Max herum in dessen Zimmer eine Art kleines Konzentrationslager entsteht, in dem er verhungert. Nun, hier hat die Liebe die Macht, die Über-Macht verwandelt in die völlige Abwesenheit von Macht. In einem bestimmten Sinne gibt es hier beinahe die gleiche Versöhnung wie in *Lacombe Lucien*, wo die Liebe jene extreme Macht verwandelt, durch die er in der Falle einer ländlichen Ärmlichkeit gefangen worden ist, fern von dem Hotel, das die Gestapo kontrolliert, und fern auch von dem Gehöft, wo man den Schweinen die Kehle durchschneidet.

– *Damit hätten wir den Anfang einer Lösung für das Problem gewonnen, das Sie zu Beginn des Gesprächs aufgeworfen haben: Warum wird ausgerechnet der Nazismus, ein puritanisches, repressives System, heute erotisiert? Wir hätten es dann mit einer Art Verschiebung zu tun: Ein zentrales Problem, dem man sich nicht stellen will, das Problem der Macht, wird ganz und gar auf das Sexuelle verschoben und so umgangen, so dass diese Erotisierung tatsächlich eine Verschiebung, eine Verdrängung wäre …*

– Dieses Problem ist wirklich sehr schwierig, und es ist vielleicht noch gar nicht richtig untersucht worden, nicht einmal von Reich. Was macht die Macht begehrenswert, und weshalb wird sie auch tatsächlich begehrt? Man kann sehr gut sehen, wie sich die Verfahren dieser Erotisierung übertragen, wie sie an Zugkraft gewinnen etc. Damit die Erotisierung aber greift, muss die Bindung an die

Macht, die Annahme der Macht durch diejenigen, auf die sie ausgeübt wird, schon erotisch geprägt sein.

– *Was die Sache noch schwieriger macht, ist, dass die Repräsentation der Macht nur selten erotisch ist. De Gaulle oder Hitler waren nicht besonders verführerisch.*

– Ja, und ich frage mich, ob man in den marxistischen Analysen nicht ein wenig auf den abstrakten Charakter des Begriffs der Freiheit hereinfällt. In einem Regime wie dem Naziregime hat man ganz bestimmt keine Freiheit. Aber keine Freiheit haben heißt nicht, keine Macht zu haben.

– *Im Kino und im Fernsehen, im Fernsehen, das ganz und gar durch die Macht kontrolliert wird, konzentriert sich am nachdrücklichsten der Diskurs der Geschichte; und das impliziert eine politische Verantwortung. Uns scheint, dass sich diese Einsicht immer weiter durchsetzt. Im Kino spricht man seit einigen Jahren immer öfter von Geschichte, Politik, Kampf …*

– Es gibt eine Schlacht um die Geschichte, um die Geschichte, die sich heute abspielt und die sehr interessant ist. Der Wille ist da, das »populäre Gedächtnis«, wie ich es genannt habe, zu verschlüsseln, zu bändigen und den Leuten zudem ein Interpretationsraster für die Gegenwart anzubieten, aufzuzwingen. Die populären Kämpfe waren bis 1968 Folklore. Für gewisse Leute gehörten sie nicht einmal in ihre unmittelbare Vorstellung von der Gegenwart. Nach 1968 stießen alle Volksbewegungen, ob in Südamerika oder in Afrika, auf ein Echo, auf Resonanz. Man kann daher diese Trennung, diesen geographischen *Cordon sanitaire* nicht mehr aufrechterhalten. Die populären Kämpfe sind zwar in unserem System kein aktuelles Thema, aber doch Möglichkeiten geworden. Also muss man hier wieder eine Distanz herstellen. Und wie? Indem man sie nicht direkt interpretiert, denn damit setzt man sich sämtlichen Dementis aus, sondern stattdessen eine geschichtliche Deutung der vergangenen Volksaufstände vorschlägt, die sich bei uns selber ereignet haben, um dann zu zeigen, dass es sie in Wirklichkeit überhaupt nicht gegeben hat! Vor 1968 hieß das: »Dazu wird es nicht kommen, das geschieht anderswo«; und heute heißt es: »Dazu wird es nicht kommen, denn dazu ist es noch nie gekommen! Selbst wenn wir uns die Résistance ansehen, von der man so lange geträumt hat, sehen wir ein Weilchen hin … Nichts. Leer, nur hohles Getöne!« Anders gesagt: »Chile? Nur keine Sorge, das ist das Gleiche; die chilenischen Bauern pfeifen drauf. Genau wie in Frankreich: Was einige Wirrköpfe anstellen mögen, reicht nicht in die wirklichen Tiefen.«

*– Für uns ist für die Reaktion darauf wichtig, dass man sich nicht damit zufriedengibt, die Wahrheit wiederherzustellen und zum Beispiel zur Partisanengruppe zu sagen: »Nein, ich war dabei, so war das nicht!« Um den ideologischen Kampf auf einem Gebiet wie diesem wirksam führen zu können, wo diese Filme uns in ihn hineinziehen, braucht man unseres Erachtens ein umfassenderes Bezugssystem mit positiven Bezügen. Für viele Leute besteht dieses Bezugssystem beispielsweise in der Wiederaneignung der »Geschichte Frankreichs«. Aus dieser Sicht hat man mit großer Aufmerksamkeit* Der Fall Rivière *gelesen, denn man hat sich klargemacht, wie nützlich dieses Buch paradoxerweise ist, um zum Beispiel Lacombe Lucien zu verstehen, man hat sich klargemacht, dass der Vergleich durchaus produktiv ist. Es gibt da beispielsweise einen bedeutsamen Unterschied, der darin liegt, dass Pierre Rivière ein Mann war, der schrieb, der einen Mord begeht und ein ganz außerordentliches Gedächtnis hat. Malle seinerseits behandelt seinen Helden als zurückgeblieben, als jemanden, der durch die Geschichte, durch den Krieg, durch die Kollaboration geht, ohne aus irgendetwas Kapital zu schlagen. Hier kann das Thema Gedächtnis, populäre Erinnerung, uns zu trennen helfen zwischen jemandem wie Pierre Rivière, der das Wort ergreift, das er nicht hat, und der erst töten muss, um dieses Recht zu haben, und der von Malle und Modiano geschaffenen Figur, die eben dadurch, dass sie keinerlei Kapital aus dem schlägt, was ihr widerfährt, den Beweis dafür ableitet, dass es nichts gibt, was die Mühe des Erinnerns lohnt. Schade, dass du* Der Mut des Volkes[7] *nicht gesehen hast. Das ist ein bolivianischer Film, der ganz ausdrücklich als Beweisstück gedreht wurde. In diesem Film, der in der ganzen Welt gezeigt wird (wegen des herrschenden Regimes aber nicht in Bolivien), spielen die Akteure des wirklichen Dramas ihre eigene Geschichte (einen Minenarbeiterstreik, der blutig niedergeschlagen wird), sie nehmen ihre Darstellung selbst in die Hand, damit niemand sie vergisst.*

*Es ist interessant zu sehen, wie der ganze Film auf minimaler Ebene als potenzielles Archiv funktioniert und wie man sich aus der Perspektive des Kampfes dieser Idee bemächtigen kann, wie man ein fortge-*

7 [*El Coraje del pueblo* von J. Sanjines, über die Kämpfe der Zinnminenarbeiter von 1967, 1971, italienisch-bolivianische Koproduktion.]

*schritteneres Stadium erreichen kann, weil die Leute ihren Film wie einen Argumentationsgang anlegen. Und man kann das auf zwei völlig verschiedene Weisen denken. Einerseits so, dass der Film die Macht in Szene setzt, andererseits so, dass er die Opfer dieser Macht darstellt, die ausgebeuteten Klassen, die ganz ohne Zugriff auf den Produktions- und Vertriebsapparat des Films mit sehr geringen technischen Mitteln ihre eigene Darstellung in die Hand nehmen und Zeugnis für ihre Geschichte ablegen. Ein wenig so, wie Pierre Rivière Zeugnis abgelegt hat, d.h. zu schreiben begann im Bewusstsein, dass sein Text früher oder später erscheinen würde und dass alle Welt wissen sollte, was er zu sagen hatte.*

*An* Der Mut des Volkes *ist wichtig, dass diese Forderung tatsächlich vom Volk ausging. Der Regisseur ging von einer Untersuchung aus und folgte von da aus dieser Forderung. Die Leute, die dieses Ereignis selbst durchlebt haben, verlangten, dass man sich daran erinnere.*

– Das Volk bildet seine eigenen Archive.

– *Der Unterschied zwischen Pierre Rivière und Lacombe Lucien liegt darin, dass Pierre Rivière alles tut, damit man nach seinem Tod über seine Geschichte diskutieren kann. Dagegen ist Lacombe, auch wenn er eine wirkliche Person ist oder wirklich existiert haben könnte, nur Objekt des Diskurses eines anderen zu anderen Zwecken als den seinen.*

*Was im Kino derzeit gut läuft, ist zweierlei. Einerseits wichtige geschichtliche Dokumente. Sie spielen zum Beispiel in* Ein Leben lang[8] *eine sehr wichtige Rolle. Auch in den Filmen von Marcel Ophuls oder von Harris und Sédouy*[9] *ist die Tatsache bewegend, dass man Duclos 1936, 1939 tatsächlich im Widerstand sieht. Auf der anderen Seite gibt es die fiktiven Figuren, an denen sich in einem gegebenen geschichtlichen Augenblick in höchster Verdichtung die gesellschaftlichen Bezüge, die Bezüge zur Geschichte zeigen. Deshalb läuft Lacombe Lucien so erfolgreich. Lacombe ist ein Franzose unter der Besatzung, ein Kerl mit konkreten Beziehungen zum Nazismus, zum Land, zur örtlichen Macht etc. Und diese Art, die Geschichte zu personifizieren, sie in einer Figur oder einer Gruppe von Figuren zu verkörpern, in denen sich in einem bestimmten Moment ein privilegierter Bezug zur Macht verdichtet, dürfen wir nicht ignorieren.*

*In der Geschichte der Arbeiterbewegung gibt es einen Haufen Gestalten, die man gar nicht kennt; es gibt jede Menge Helden der Ar-*

8 [Von G. Ucicky, 1940.]

9 [*Français si vous saviez*, 1972.]

*beitergeschichte, die vollständig verdrängt wurden. Und hier geht es, denke ich, wirklich um etwas. Der Marxismus braucht keine Filme über Lenin mehr zu machen, die hat es schon haufenweise gegeben.*

– Das ist wichtig, was du sagst. Es trifft auf viele heutige Marxisten zu. Das ist die Ignoranz gegenüber der Geschichte. Alle diese Leute, die andauernd davon reden, dass man die Geschichte nicht versteht, sind bloß dazu fähig, Texte zu kommentieren: Was hat Marx gesagt? Hat Marx das wirklich gesagt? Doch was ist der Marxismus schließlich, wenn nicht eine andere Art und Weise, die Geschichte selbst zu analysieren? Meines Erachtens denkt die Linke in Frankreich nicht geschichtlich. Das hat sie früher einmal getan. Man kann sagen, dass Michelet im 19. Jahrhundert in einem bestimmten Moment für die Linke stand. Dann war da Jaurès, und dann ist daraus eine Art historische Tradition der sozialdemokratischen Linken geworden (Marthiez etc.). Heute ist das nur noch ein Rinnsal. Hier hätte sich eine großartige Bewegung entwickeln können, welche die Schriftsteller, die Filmemacher einbezogen hätte. Immerhin hat es Aragon und *Les cloches de Bâle*[10] gegeben, einen großen historischen Roman. Aber das ist nicht viel im Verhältnis zu dem, was in einer Gesellschaft möglich wäre, von der man trotz allem sagen kann, dass ihre Intellektuellen mehr oder minder vom Marxismus geprägt sind.

– *In dieser Hinsicht bringt das Kino etwas Neues: die »direkt« angegangene Geschichte … Welche Beziehung hat man in Amerika zur Geschichte, wenn man Abend für Abend beim Essen im Fernsehen dem Vietnamkrieg zusieht?*

– Wenn man jeden Abend die Bilder des Krieges sieht, dann wird der Krieg etwas ganz Erträgliches. Das heißt, er wird langweilig, und man möchte eigentlich viel lieber etwas anderes sehen. Wenn man ihn aber langweilig findet, erträgt man ihn. Man schaut nicht mal mehr hin. Was also tun, um aus diesen so abgefilmten Nachrichten wieder eine wichtige geschichtliche Gegenwart zu machen?

– *Du hast Les Camisards*[11] *gesehen?*

– Ja, ich mochte den Film sehr. Geschichtlich ist er vorbildlich. Er ist schön, er ist intelligent, und man versteht durch ihn eine ganze Menge.

– *Ich denke, in diese Richtung müsste man gehen, um Filme zu ma-*

10 [Paris, Denoël 1934; dt. *Die Glocken von Basel*, Moskau 1936 (München 1979).]
11 [Film von René Allio, 1971.]

*chen. Um auf die Filme zurückzukommen, über die wir zu Beginn sprachen, da muss man auf das Problem der Verwirrung der extremen Linken angesichts gewisser Aspekte, besonders des sexuellen, in* Lacombe Lucien *oder* Portier de nuit *kommen. Wie kann diese Verwirrung der Rechten nützen? …*

– Was die extreme Linke angeht, wie du sie nennst, bin ich in großer Verlegenheit. Ich bin mir nicht sicher, ob sie noch existiert. Dennoch hat das, was die extreme Linke seit 1968 getan hat, enorme Ergebnisse erbracht, die man festhalten muss: negative auf der einen, positive auf der anderen Seite. Es stimmt, dass diese extreme Linke eine ganze Menge wichtiger Ideen verbreitet hat: die Sexualität, die Frauen, die Homosexualität, die Psychiatrie, den Wohnungsbau, die Medizin. Sie hat auch Aktionsarten verbreitet, die wichtig bleiben. Die extreme Linke ist wichtig gewesen sowohl im Hinblick auf die Aktionsformen wie im Hinblick auf die Themen. Aber es gibt, was gewisse stalinistische, terroristische, organisatorische Praktiken angeht, auch eine negative Bilanz. Auch ihr Unverständnis gegenüber bestimmten umfassenden und tiefreichenden Prozessen, die sich in den 13 Millionen Wählerstimmen für Mitterand niedergeschlagen haben und die man immer mit dem Vorwand beiseitegeschoben hat, das sei bloß eine Sache der Berufspolitik, der Parteipolitik. Man hat eine ganze Menge Aspekte vernachlässigt, vor allem, dass der Wunsch, die Rechte zu besiegen, schon seit einer Reihe von Jahren, von Monaten, für die Massen ein außerordentlich wichtiger politischer Faktor gewesen ist. Die extreme Linke hat diesen Wunsch nicht verspürt, weil sie eine falsche Definition der Massen hat, eine falsche Vorstellung davon, was den Wunsch zum Siegen ausmacht. Wegen des Risikos, das ein nicht anerkannter Sieg mit sich bringt, zieht sie es vor, das Risiko des Sieges gar nicht erst einzugehen. Von der Niederlage jedenfalls wird sie sich nicht mehr erholen. Ich persönlich bin mir da nicht so sicher.

*Übersetzt von Reiner Ansén*

# Über Marguerite Duras

»A propos de Marguerite Duras« (Gespräch mit H. Cixous), in: *Cahiers Renaud-Barrault*, Nr. 89, Oktober 1975, S. 8-22.

*M. Foucault:* Seit heute Morgen bin ich etwas beunruhigt über die Vorstellung, über Marguerite Duras zu sprechen. Das, was ich von ihr gelesen habe, und die Filme von ihr, die ich gesehen habe, hinterlassen bei mir stets einen sehr starken Eindruck. Die Präsenz des Werkes von Marguerite Duras bleibt sehr intensiv, so weit meine Lektüren auch zurückliegen mögen; und dann, siehe da, in dem Moment, da ich darüber sprechen will, habe ich den Eindruck, dass mir alles entgleitet. Eine Art nackter Gewalt, bei der man ins Rutschen kommt und mit den Händen keinen Halt findet. Die Präsenz dieser Kraft, diese bewegliche und glatte Kraft, diese zugleich flüchtige Präsenz, das hindert mich, darüber zu sprechen, und bindet mich zweifellos an sie.

*H. Cixous:* Ich hatte gerade ein bisschen dasselbe Gefühl. Ich hatte mir sämtliche Texte von Marguerite Duras, die ich mehrfach gelesen habe und von denen ich mir naiverweise sagte, ich kenne sie gut, aufs Neue vorgenommen. Nun kann man aber Marguerite Duras nicht kennen, man kann sie nicht fassen. Ich sage mir, ich kenne das, ich habe es gelesen, und werde gewahr, dass ich es nicht »behalten« [»retenu«] habe. Das ist es vielleicht: Es gibt einen Duras-Effekt, und dieser Duras-Effekt bewirkt, dass etwas abläuft, das sehr mächtig ist. Vielleicht ist ihr Text so gemacht, damit es so abläuft, damit es nicht behalten wird, wie ihre Personen, die stets außerhalb ihrer selbst ablaufen. Was ich »behalte«, ist folglich genau dieser Eindruck. Das war eine Lehre für mich. Sie hat mir etwas gelehrt, das beinahe über den Text hinausgeht, auch wenn es ein Schrifteffekt ist, der ein gewisses Geständnis betrifft.

Ich hatte mir die Frage gestellt, was für ein Geheimnis das umgibt, was in ihrem Text die Bindung erzeugt: Es gibt Stellen in diesen Texten, die berühren und die sich für mich auf jeden Fall mit *Verführung* verbinden, es bindet dich sehr stark, es ergreift dich, es reißt dich mit. Mir ist zum Beispiel aus einem Buch ein Bild zurückgeblieben: Es handelt sich um *Moderato canta-*

*bile,*[1] das Bild des Ausschnitts der Bluse einer Frau. Ich habe eine Brust projiziert – aber ich weiß nicht, ob man sie sehen konnte –, aus der eine Blume hervorkommt. Mein ganzer Blick pfropft sich darauf auf, und du triffst die Frau, und du bist durch diese Blume und diese Brust an sie gefesselt [»retenu«]. Und ich sagte mir: Dieses ganze Buch wird letztlich so geschrieben sein, als ob es zu diesem ergreifenden Bild hinführen müsste. Und folglich führt uns der Raum des Buches, das zugleich die Wüste ist, das Sand ist, das Strand ist, und das zerfallenes Leben ist, zu etwas ganz Kleinem, das zugleich beträchtlich aufgewertet wird, das als dieses körperlich oder leiblich blitzartig vorgebracht wird. Was Marguerite Duras erfindet, ist das, was ich »Kunst der Armut« nennen werde. Es gibt in dem Maße, wie man in ihrem Werk weiter vorangeht, Schritt für Schritt eine solche Arbeit des Verzichts auf Reichtümer und Monumente, und ich glaube, sie ist sich dessen bewusst, das heißt, dass sie immer mehr abstreift, immer weniger Dekor, Mobiliar und Objekte einsetzt, und das dann schließlich so arm ist, dass am Ende sich etwas einschreibt und bleibt und daraufhin all das zusammenzieht, versammelt, was nicht sterben will. Es ist, als ob alle unsere Wünsche auf etwas ganz Kleinem neue Besetzungen eingingen, das so groß wird wie die Liebe. Ich kann nicht sagen, wie das Universum, aber wie die Liebe. Und diese Liebe, dieses Nichts ist alles. Du glaubst nicht, dass es so funktioniert?

*M. Foucault:* Doch. Ich glaube, dass du ganz und gar Recht hast. Und die Analyse, die du da vorträgst, ist sehr schön. Man erkennt recht gut, was ein Werk wie dieses getragen hat, von Blanchot aus, der, denke ich, für sie sehr wichtig gewesen ist, und durch Beckett hindurch. Diese Kunst der Armut, oder was man auch nennen könnte: Gedächtnis ohne Erinnerung. Der Diskurs steht bei Blanchot wie bei Duras ganz in der Dimension des Gedächtnisses, eines Gedächtnisses, das ganz von jeder Erinnerung gereinigt wurde, das nur mehr eine Art Nebel ist, der ständig auf Gedächtnishaftes verweist, ein Gedächtnis, das sich auf Gedächtnishaftes bezieht, und jedes Gedächtnis löscht dabei jede Erinnerung aus, und das endlos.

Wie hat nun ein Werk wie dieses sich urplötzlich ins Kino einschreiben, ein cinematographisches Werk hervorbringen können, das, wie ich glaube, ebenso bedeutend ist wie das literarische Werk?

1 [Duras, M., *Moderato cantabile*, Paris 1958; dt. *Moderato cantabile*, Frankfurt am Main 1959.]

Und wie hat es mit Bildern und Gestalten zu dieser Kunst der Armut, zu diesem Gedächtnis ohne Erinnerungen, zu dieser Art Draußen gelangen können, das sich letztlich in der Tat bloß in einer Geste, einem Blick kristallisiert?

*H. Cixous:* Ich denke, dass die andere, von ihr freigesetzte Stärke ihr Verhältnis zum Blick ist. Genau das hatte mich zunächst in meiner Lektüre innehalten lassen. Anfangs ist mir die Lektüre von Marguerite Duras nicht leichtgefallen. Ich habe beim Lesen einen Widerstand entwickelt, weil mir die Position missfiel, in die sie mich versetzte. Denn die Position einzunehmen, in die sie die Leute hineinzieht, »versetzt«, dazu kann ich mich nicht ohne eine gewisse Unlust entschließen. Ich musste das erst durchbrechen. Ich glaube, es ist das Verhältnis zum Blick. Du sagtest: Gedächtnis ohne Erinnerungen. Das ist es. Die Arbeit, die sie leistet, ist eine Arbeit am Verlust; als ob der Verlust unabschließbar wäre; es ist äußerst paradox. Als ob der Verlust niemals genug verloren sei, du hast immer noch zu verlieren. Es geht immer in diese Richtung.

Nun, ihr Gedächtnis ohne Erinnerungen, ja, das ist, als ob das Gedächtnis es nicht schaffen würde, sich zu zeigen, als ob die Vergangenheit so sehr Vergangenheit wäre, dass, damit es Erinnerung gibt, man in die Vergangenheit gehen müsse. Vergangenheit *sein* müsse. Die Vergangenheit kehrt nicht zurück. Das ist etwas Ungeheures, das ist unmöglich zu denken, und doch, glaube ich, ist es das. Und was gibt es [»ça donne«] in dem Bild? Es gibt einen Blick [»regard«] von äußerster Intensität, weil es nicht gelingt zu er-blicken/be-wahren [»re-garder«]. Es ist ein Blick, der es nicht schafft zu wahren [»garder«]. Du hast überall diese »erblickten« [»regardés«] Personen, auch das war eines der Dinge, die mich störten, bevor es mir gelang zu akzeptieren, was sie verlangt: nämlich die äußerste Passivität. Diese Personen folgen aufeinander mit dem Blick, der auf den anderen folgt und der ein Verlangen ist, das nichts verlangt. Sie hat sehr schöne Formulierungen, die stets passive Formulierungen sind: Jemand wird erblickt. »Sie« wird erblickt, sie weiß nicht, dass sie erblickt wird. Einerseits kommt der Blick über ein Subjekt, das den Blick nicht empfängt, das selbst solchermaßen bilderlos ist, dass es nichts hat, womit es einen Blick zurückgeben kann. Und andererseits ist derjenige, der erblickt, gleichermaßen jemand, der so arm und so beschnitten ist; er möchte einfangen können, wie man das mit dem Blick tut, er möchte fesseln. Immer gleich, das ist der Sand, der verrinnt …

*M. Foucault:* Würdest du sagen, dass er in den Filmen und in den Büchern in derselben Weise verrinnt? In den Büchern gibt es eine ständige Annullierung, sobald etwas wie eine Anwesenheit sich abzuzeichnen beginnt; die Anwesenheit verbirgt sich hinter ihren eigenen Gesten, ihren eigenen Blicken, und sie löst sich auf; es bleibt nur mehr eine Art Glanz zurück, der auf einen anderen Glanz verweist, und der geringste Appell an die Erinnerung ist annulliert worden. Doch dann in den Filmen gibt es im Gegenteil, wie mir scheint, dieses plötzliche Auftauchen. Ein Auftauchen, ohne dass es je irgendeine Anwesenheit gäbe, sondern es ist das Auftauchen einer Geste, das Auftauchen eines Auges, es ist eine Person, die dem Nebel entsteigt; ich denke an Francis Bacon. Es scheint mir, dass ihre Filme Bacon ein wenig verwandt sind, so wie ihre Romane Blanchot: auf der einen Seite die Annullierung, auf der anderen das Auftauchen.

*H. Cixous:* Im Übrigen geht das zusammen. Was die Filme angeht, so habe ich nur zwei davon gesehen. Ich habe *Détruire dit-elle*[2] und *India Song*[3] gesehen, die sehr unterschiedlich sind.

*M. Foucault:* Erzähl mir von *India Song*. Ich habe ihn nicht gesehen.

*H. Cixous:* Ich habe diesen Film sehr gemocht, und doch spüre ich, dass er durch mich hindurchgegangen ist. Was ist mir von *India Song* geblieben? *India Song* ist ein Film, der eine ganz einzigartige Dimension hat, sogar für Marguerite Duras, weil es ein Film ist, in dem es ein absolut intensives Genießen gibt. Marguerite Duras hat einen für jedes menschliche Wesen sagenhaften Coup hinbekommen, sie hat nämlich in Szene gesetzt, was ich für ihr Grundphantasma halte. Sie hat sich selbst das zu sehen gegeben, was sie stets erblickt [»regardé«] hat, ohne es wahren [»garder«] zu können. Es gibt eine Sache, von der nicht gesprochen wurde und die mir sehr wichtig ist, und das ist, dass alles, was Marguerite Duras schreibt, und das so sehr Knappheit, das so sehr eben Verlust ist, gleichzeitig auf phantastische Weise erotisch ist, weil Marguerite Duras jemand ist, der fasziniert ist. Ich muss unweigerlich »sie« sagen, weil sie es ist, die so weit geht. Die Faszination, das passt mit der Armut

2 [1969.]

3 [1975.]

zusammen. Sie ist fasziniert, sie ist gleichsam von etwas, in jemand absolut Rätselhaftem gefangen, und das wirkt sich so aus, dass der ganze Rest der Welt zu Staub zerfällt. Nichts bleibt mehr übrig.

Es könnte eine religiöse Faszination sein; im Übrigen gibt es eine religiöse Dimension bei ihr; nur entdeckt man das, was sie fasziniert, nach und nach, ich glaube, dass sie selbst es entdeckt oder entdecken lässt, es ist eine Mischung aus einer Erotik, die an den Leib der Frau rührt – es geht wirklich über das, was es an Umwerfendem und Schönem in etwas gibt, was Frau ist und was sich nicht definieren lässt –, und dann dem Tod. Und es verschmilzt. Es geht also von neuem verloren. Als ob der Tod das Leben, die Schönheit mit der schrecklichen Zärtlichkeit der Liebe einhüllen würde. Als ob der Tod das Leben *liebte*.

*India Song* ist, als ob sie sich sehen würde, wie man sich hingibt, das ist, als ob sie sich »sie« endlich sehen ließe, diejenige, die sie immer fasziniert hat. Und das ist eine Art sehr schwarze Sonne: In der Mitte gibt es die berühmte Dame, die all die Begierden in all den Büchern um sich zusammenzieht. Von Text zu Text bricht das ein, gibt es einen Abgrund. Es ist ein Frauenkörper, der sich nicht selbst kennt, aber etwas im Schwarzen weiß, der das Schwarze kennt, der den Tod kennt. Sie ist da, sie ist verleiblicht, und aufs Neue gibt es diese Sonne verkehrt herum, denn all die Strahlen, welches männliche Strahlen sind, kommen und pfropfen sich auf diesen Abgrund auf, der sie ist, und strahlen auf sie hin. Selbstverständlich verschiebt der Film die Wirkung der Bücher, denn es gibt Gesichter darin. Du kannst sie nicht nicht sehen. Während sie in den Büchern stets als nicht sichtbar, als bereits verstreut angezeigt werden.

*M. Foucault:* Ja, das ist es. Obgleich die Sichtbarkeit der Filme nicht wirklich die einer Anwesenheit ist. Ich weiß nicht, ob Lonsdale in diesem Film mitspielt. Ich stelle mir das vor, denn er ist so richtig ein Schauspieler für Marguerite Duras. Er hat eine Art nebulöse Dichte. Man weiß nicht, was für eine Gestalt er hat. Man weiß nicht, was für ein Gesicht er hat. Hat Lonsdale eine Nase, hat Lonsdale ein Kinn? Hat er ein Lächeln? Von all dem weiß ich, streng genommen, nichts. Er ist dicht und massiv wie ein gestaltloser Nebel, und dann kommen aus ihm diese verschiedenen Arten eines Dröhnens hervor, die von man weiß nicht woher kommen und die seine Stimme sind, oder auch seine Gesten, die nirgendwo festgemacht sind, die die Leinwand durchqueren und die bis hin zu euch gelangen. Eine Art dritte Dimension, in der es nur noch die dritte Dimension geben würde und nicht die beiden anderen, um sie zu stützen, so dass es immer vorne ist, immer zwischen der Leinwand und euch und niemals weder auf noch in der Leinwand. Das ist Lonsdale. Mir scheint, Lonsdale bildet absolut eine Einheit mit dem Text von Duras oder eher noch mit dieser Mischung von Text und Bild.

*H. Cixous:* Er ist in Wirklichkeit (er) selbst in personam/niemand [»lui-même (en) personne«]. Er ist die Ungewissheit in personam, zumindest das Ungewisse in personam. Die Ungewissheit, das ist bereits zu viel gesagt. Und in der Tat ist er da. Er ist bewundernswert als Verlorener, so wie er verloren ist.

*M. Foucault:* Er ist Watte und Blei zugleich.

*H. Cixous:* Und er hat seine Stimme. Und er ist stimmbegabt. Das ist sehr wichtig, das ist, als ob es eine Akzentverschiebung gäbe. Was in dem Buch Blick ist, immer abgeschnittener Blick, ein Blick, der nicht ankommt, ist im Film Stimme, denn schließlich ist *India Song* ein *song*, Gesang.

Wenn man *India Song* sieht, sagt man sich, dass das Visuelle, das sehr schön, sehr erotisch ist, zugleich sehr verschwommen ist, und gerade das ist vollkommen verführerisch, denn es ist da, ohne da zu sein, es ist völlig eingerollt in ein Webmuster permanenter Stimme.

Sie hat die Stimmen bewundernswert ausgearbeitet, und es sind diese berühmten umherirrenden Stimmen, diese Stimmen, die ohne Körper sind. Es gibt Körper ohne Stimmen und Stimmen ohne Körper. Die Stimmen sind wie Vögel, die so beständig rundherum auftauchen, die sehr schön sind, sehr gut ausgebildet, es sind sehr sanfte Stimmen, Stimmen von Frauen wie ein Chor, aber wie ein Antichor, das heißt es sind Stimmen, die umherschwirren, die von anderswoher kommen, und dieses Anderswoher ist offenkundig die Zeit. Eine Zeit jedoch, die nicht wiederherstellbar ist, so dass sich, wenn man nicht sehr aufmerksam ist, jenes Phänomen einer Verwirrung *innerhalb* der Stimme einstellt: Da sie jetzt widerhallt, erscheint sie als gegenwärtig, und in Wirklichkeit ist sie eine Stimme der Vergangenheit, das heißt eine erzählende, eine zurückholende Stimme. Die Stimmen nehmen auf, was du siehst, und schicken es in eine Vergangenheit zurück, die selbst unbestimmt bleibt.

*M. Foucault:* Darin findet man etwas wieder, das in Duras' Romanen sehr stark war, und zwar das, was man traditionell den Dialog nennt. In den Romanen von Marguerite Duras haben sie überhaupt nicht dieselbe Position, dieselbe Statur und dieselbe Art Einfügung wie in einem traditionellen Roman, denn der Dialog wird nicht in einen Handlungsverlauf einbegriffen, er kommt nicht und unterbricht die Erzählung, er ist in einer stets sehr ungewissen Position, durchquert die Erzählung, dementiert die Erzählung, kommt von diesseits oder jenseits. Er ist absolut nicht auf einer Höhe mit dem Text und bringt im Umfeld von allem, was nicht in Dialogform steht und was scheinbar von der Autorin gesagt wird, einen Effekt von Nebel und Unschlüssigkeit hervor.

*H. Cixous:* Das stimmt ganz genau. Das rührt von den Einsätzen oder Affekten ihrer Texte her, denn was letztlich durch all diese Texte hindurch seufzend und sehnsüchtig ausgestoßen wird, ist, dass man spricht *ausgehend von* … Dieses Problem der Zeit, des Gedächtnisses, der Vergangenheit usw., und dann *ausgehend von einer* absolut unendlichen, furchtbaren *Verzweiflung*, die zugleich eine abgeschnittene Verzweiflung ist, das heißt eine Verzweiflung, die sich nicht einmal mehr Verzweiflung nennen kann, denn dann wäre sie bereits dabei, wieder vereinnahmt zu werden, gäbe es bereits eine Trauerarbeit. Es gibt nicht einmal mehr die Möglichkeit oder den Willen zur Trauerarbeit. Also anstelle der Dialoge, die man in irgendeinem beliebigen Roman finden würde, gibt es Austausch. Das ist im Übrigen die Liebe: dass es ihnen trotz allem gelingt, irgendwo Austausch durchzuführen. Und diesen Austausch vollziehen sie wieder und wieder ausgehend von ihrem gemeinsamen Grund aus Unglück. Und dann stets von ihrem Verhältnis zum Tod ausgehend, der sie, könnte man sagen, ruft. In fast allen Texten, denn immerhin gibt es einen, der sich dem entzieht. Ich bringe das auf eine etwas abenteuerliche Art vor: Mir scheint, es gibt einen Text, der nicht zu dem Strand der Endlosigkeit hinführt, auf dem die ganze Welt zugrunde geht, und das ist *Détruire dit-elle*. Darin gibt es im Gegenteil gleichsam eine Art Fröhlichkeit, die sich befreit, eine Fröhlichkeit auf einem Boden von Gewalt, gewiss, aber zwischen den drei seltsamen Wesen, die sich die ganze Zeit über oberhalb der anderen halten, die aktiv sind, während die anderen passiv oder überwältigt sind, das heißt zwischen der Dreieinigkeit, die Stein und Thor und Alissa darstellen, gibt es etwas, das kommuniziert, das die ganze Zeit zirkuliert und das triumphiert. Es gibt Lachen, und das endet mit der Phrase »dit-elle«, »sagt sie«, das endet mit Lachen und Musik.

*M. Foucault:* Du hast den Eindruck, dass das etwas Einzigartiges im Werk von Marguerite Duras ist.

Diese Art Lachen, man kann nicht von Fröhlichkeit sprechen, wie kann man diese Art umlaufendes Perlen bezeichnen? Weil du gerade von Austausch sprachst, bei dem Wort »Austausch« bin ich ein ganz klein bisschen zusammengefahren, denn es gibt keine Gegenseitigkeit, es zirkuliert. Es ist eher eine Art »Taler, Taler, du musst wandern«,[4] aber ein Spiel, bei dem das zu erratende Objekt ebenfalls seine Autonomie hätte, man reicht es freiwillig an den anderen weiter und der andere nimmt es an, er ist durchaus verpflichtet, es anzunehmen, aber es geschieht auch, dass im Spiel von Marguerite Duras das zu erratende Objekt spontan von einer Hand in die andere springt, ohne dass weder die eine noch die andere dafür die Verantwortung trügen. Auf jeden Fall zirkuliert es. Es gibt Tricks des zu erratenden Objekts, und es gibt Tricks der Leute mit dem zu erratenden Objekt. Es gibt eine fortwährende Ironie, etwas Komisches, das auf dem Grunde dessen, was du, wie ich glaube, zu Recht Verzweiflung nennst, dennoch die Texte, das sich wiederholende Lächeln und die Gesten funkeln lässt; es spiegelt ein bisschen wie ein Meer.

*H. Cixous:* Das könnte man von *Détruire dit-elle* sagen, in dem es eine furchtbare Ironie gibt. Die anderen lese ich nicht mit einem Gefühl des Komischen, aber vielleicht verfehle ich auch etwas dabei. Ich lese sie wie eine Art Gesang der Melancholie, Gesang des Todes. Wenn es Komisches gibt, dann in *Episoden*, aber das sind Seitenstränge. Alles das, was das Soziale ist, alles das, was das Soziokulturelle ist, diese außerordentlichen Szenen, die wirklich »skizziert« sind, Botschaft, Cocktailempfänge, was du in drei Signifikanten hast, das ist Talmi … Aber was mit den Wesen geschieht, mit dem, was von diesen Wesen bleibt, darin sehe ich nichts Komisches. Ich sehe darin etwas, das nicht verschlossen ist, ich sehe darin eine Art unendlicher Freigebigkeit. Unendlich, weil auf der Stufe der Armut die ganze Welt empfangen wird, alles, was alles verloren

4 [Spiel, bei dem ein Gegenstand von Hand zu Hand gereicht wird und geraten werden muss, in welcher Hand er sich befindet, A. d. Ü.]

hat, wird empfangen. Das verschließt sich nicht, das öffnet sich ins Unendliche, aber ins Unendliche des Schmerzes.

*M. Foucault:* »Komisch«, du weißt, bei diesem Wort habe ich gezögert. Ich will es nicht verteidigen. Es ist für mich weder unvereinbar mit »Schmerz«, wirklich nicht, noch gar mit der Geschichte, und schließlich gewiss nicht mit »Leiden«. Es gibt Komisches im Schmerz, Komisches im Leiden, Komisches im Tod. Komisch, du weißt, im Sinne von etwas Seltsamem, Lebhaftem, Unfassbarem. »Das ist komisch«, beunruhigend.

*H. Cixous:* Es ist deine Empfindsamkeit, die das wahrnimmt, ich nehme es als Grauen wahr. Vielleicht, weil ich mich von den Texten von Marguerite Duras zutiefst bedroht fühle. »Ich will das nicht«, sage ich mir. Ich will nicht, dass es Leute gibt wie die da. Was für mich damit bezeichnet wird, ist Ohnmacht. Eine Ohnmacht, die nur dadurch wieder gutgemacht wird – auch wenn es gar nicht um Wiedergutmachung geht –, die mir persönlich nur dadurch erträglich gemacht wird, dass sie demütig ist, dass sie zugleich eine Menge außerordentlicher Liebe entfaltet. Das ist das Schöne.

Du sagtest gerade, das Wort »Austausch« sei nicht treffend, das stimmt. Es ist, dass sie sich, in der Armut der Sprache zumal, *berühren*. Wer? Sie? Diese menschlichen Wesen, diese Umherirrenden, die sich durch ein sehr weites Land hindurch berühren. Sich liebkosen, sich streicheln. Das ist umwerfend. Das liebe ich an ihr, dass dieses Berührungsverhältnis die ganze Zeit da ist.

Und das genau sehe ich in *India Song*. Anne-Marie Stretter, ich glaube mich zu erinnern, dass sie Klavier spielte, als sie jung war, zumindest machte sie Musik. Und dann tut sie das nicht mehr und ist zugleich von diesen Männern umgeben, ich weiß nicht mehr, wie viele es sind. Es sind immerhin mehrere. Und alle stürzen sich in sie hinein, die kein tödlicher Schlund ist, weil sie nichts Böses will, weil sie nicht zugreift. Und zugleich ruft sie, ohne zu rufen, weil sie [»elle«] genau diejenige ist, die auf alles verzichtet hat, während sie [»eux«] noch nicht auf alles verzichtet haben, denn sie [»eux«] wollen: *sie* [»*elle*«], sie hängen an ihr und sie hängt an nichts. Und durch sie rühren sie an das Nichts. Was ich meine, worin das offen ist, das, was abläuft, und was das bedeutet, ist, dass sie *jemand* ist, *der nicht mehr Musik macht*, das heißt, die sich selbst nicht mehr gibt, was die Musik dir gibt, die sich selbst nicht mehr das Vergnügen der Musik gibt, die sich nicht mehr die Stimme gibt. *Sie ist still geworden*, und weil sie still geworden ist, ist sie jemand, dem es gelingt, die anderen zu hören. Es gibt in ihr den Raum, die Öffnung, die bewirkt, dass sie die anderen vernehmen kann, sei es, wenn sie schweigen, sei es, wenn sie schreien, wie der schreiende Vizekonsul. Es gibt welche, die schreien, und es gibt welche, die nichts sagen. Sie vernimmt die Rede, sie vernimmt das Begehren der anderen, sie vernimmt das Unglück der anderen. Und das ist schließlich ihre Kraft zur Liebe.

Sie hat ein Hören (offenkundig nicht das Hören der Psychoanalyse, nicht das Hören, das eine Mauer bildet und das dich zurückschickt und du vernimmst dich. Man hört dir nicht zu, du vernimmst dich. Vielleicht sage ich auch etwas Falsches).

Sie ist wie das Meer, in dem sie anschließend verlorengehen wird, das Unendliche. Man wirft etwas. Sie fängt es auf. Ihr Körper ist wie die Schwelle zum Unendlichen, man fühlt, dass dieses Etwas empfangen wurde, weil es einen Leib durchdringt, den man berühren kann, und anschließend geht das ins Unendliche. Das genau ist die Verzweiflung: Du gehst durch die Liebe hindurch und stürzt in den Tod. Marguerite Duras ist jemand, der ein Unbewusstes von einer extremen Kraft hat. Eine »Blinde«. Das hat mich immer sehr fasziniert, ich vertraue dem, was ich sehe. Ich vertraue Marguerite Duras, wie sie sich mir darstellt. Sie »sieht« nichts, und im Übrigen, wenn sie die Gesichter nicht sieht, so ist das, glaube ich, wirklich so, weil sie nicht sieht und es zugleich jemanden in ihr gibt, der sieht. Man muss sehen, wie sie sieht. Ich schaffe es nicht, bei Duras nach bewusst und unbewusst aufzuteilen. Ich weiß nicht, wo das geschieht. Ich bewundere bei ihr gerade die Tatsache, dass sie letztlich so blind ist, dass alles stets jäh entdeckt wird. Plötzlich *sieht* sie, obwohl alles doch da gewesen ist. Und dieses »plötzlich« erlaubt ihr zu schreiben.

*M. Foucault:* Erscheint etwas in ihren Büchern, weil sie es gesehen hat, oder weil sie es berührt? Ich glaube, das ist unentscheidbar. Und damit ist ihr gelungen, eine Art nachgelagerte Ebene zwischen dem Sichtbaren und dem Taktilen zu bestimmen, die ziemlich verblüffend ist.

*H. Cixous:* Ich glaube, dass das da geschieht, wo es gerade zerschnitten wird. Weil es stets zerschnitten wird. Und der Schnitt des Blicks ist die Ebene, wenn du willst, auf der der Blick in der Tat durch das Berühren unterbrochen wird.

*M. Foucault:* Gerade sagtest du, dass sie im Grunde blind sei, ich glaube, das ist zutiefst wahr. Sie ist blind, nahezu im technischen Sinne des Begriffs, das heißt, dass das Berühren sich wirklich in eine Art mögliche Sichtbarkeit einschreibt, oder aber dass ihre Blickmöglichkeiten das Berühren sind. Und ein Blinder, ich möchte nicht behaupten, dass er den Blick durch das Berühren ersetzt, aber er sieht mit seinem Berühren, und das, was er berührt, bringt Sichtbares hervor. Und ich frage mich, ob nicht genau diese tiefe Blindheit in dem am Werk ist, was sie macht.

*H. Cixous:* Und das wirklich das Unberechenbare an ihr ist.

*M. Foucault:* Das stimmt auch vielleicht mit dem überein, was man über das Äußere sagen kann. Es ist wahr, dass man weder den Personen noch gar dem, was sich unter ihnen ereignet, je innerlich ist, und doch gibt es ihnen gegenüber immer ein anderes Äußeres. Die Bettlerin zum Beispiel. Wer sind diese Schreie, wer sind diese Dinge, die durchgehen und von denen sehr deutlich angezeigt wird, dass sie Äußeres sind, und die dadurch eine gewisse Wirkung auf die Personen haben? Es ist auch das, was zwischen ihnen abläuft. So dass es drei Äußere gibt: das, in dem man sich befindet; das, welches als der Ort der Romanfiguren bestimmt wird; und dann dieses dritte Äußere, nebst ihrer Interferenz. Nun ist der Blinde derjenige, der stets allem äußerlich ist. Er hat nicht die Augen geschlossen; im Gegenteil, er ist derjenige, der kein Inneres hat.

*H. Cixous:* Und dann da, wo es wieder eintritt und wo dennoch ein Anfang ist – weil sie das gewissermaßen auf erstaunliche Weise meistert, auf eine Weise, deren Quelle man absolut nicht kennen kann. Worin besteht die Meisterschaft? – es, es tritt durch die Stimme wieder ein. Das heißt, dass da, wo man vernimmt, und sie hat ein Gehör, auch wenn ihr Blick abgeschnitten ist, sie hat ein Gehör, nun, genau da tritt es wieder ein, das heißt, dass das, was draußen ist, wieder eintritt, die Stimme ist eben das, was eindringt.

*Übersetzt von Hans-Dieter Gondek*

# Die Verrückten spielen

»Faire les fous«, in: *Le Monde*, Nr. 9559, 16. Oktober 1975, S. 17. (Über den Film von R. Féret, *Histoire de Paul*, 1975.)

Ich habe *Histoire de Paul* gesehen und ich habe mir die Augen gerieben. Ich erkannte, an ihrem Gesicht, professionelle Schauspieler. Und doch war der Film, den ich sah, nicht »wie« die Irrenanstalt, er war die Irrenanstalt. Ich habe mich gefragt, ob die Schauspieler nicht mehrere Wochen oder Monate in einem psychiatrischen Krankenhaus verbracht hätten, unter die Kranken gemischt, und studiert hätten, was geschah, die Gesten ausgespäht, an den Türen gelauscht und alle diese echolosen Dialoge aufgezeichnet hätten. René Féret hat das Umgekehrte getan. Er hat professionelle Schauspieler in das leere Skelett einer Irrenanstalt versetzt: Er hat sie zwischen diesen Mauern, diesen Türen, diesen Eisenbetten, diesen Gemeinschaftsräumen und diesen Pingpongtischen verteilt; er hat sie die säkularen Gesten des Spitals wiederholen lassen, er hat mit ihnen die alte, sichtbare oder geheime, Hierarchie des Irrenhauses wiederhergestellt. Kurz, er hat die Maschinerie der Irrenanstalt in Gang gebracht und von seinen Schauspielern nur verlangt, dass sie darin ihre Falllinie, ihr eigenes Gefälle finden müssten. Eine erstaunliche Erfahrung über die bildsame Kraft und die bildsamen Effekte der Irrenanstalt: In dem Gewächshaus, in das man sie gesteckt hatte, und ohne dass man ihnen eine andere Spielregel als die Form der psychiatrischen Macht gab, wurden sie spontan zur Fauna und Flora der Irrenanstalt. Eine zugleich befremdliche und vertraute Vegetation: der stoßartig Lachende, der verängstigte Fragende, der Gebetebrummler, der Geheilte des Monats, der jeden Monat zurückkommt … Jeder auf seiner Linie überkreuzen sie einander unaufhörlich, doch wie die Bänder der Autobahnen, die an den Eingängen der Städte Blumen formen, trifft man sich niemals. Das sind jene großen Rituale der Irrenanstalt, die Féret und seine Schauspieler geschafft haben wiederzuentdecken – Mahlzeit, Kartenspiele, Pingpong – und in denen sich Erwiderungen, Gesten, Nahrung, Platten, Bälle, Würfel, Fragen, Klagen und Grimassen mit der Schnelligkeit und Genauigkeit des Blitzes überkreuzen und in denen dennoch »nichts klappt«. Kurzum, das Antitheater. Es brauchte das Talent dieser Menschen (die alle oder fast alle vom Theater kommen), es brauchte aber auch die unausweichliche Kraft der Irrenanstalt, damit sie wirklich und willentlich »die Verrückten spielen« konnten, weitestmöglich vom Theater entfernt.

*

Paul kommt in die Irrenanstalt. Weder verrückt noch vernünftig, weder krank noch bei guter Gesundheit, weder gezwungen noch freiwillig, weder ängstlich noch aggressiv. Leer, entleert, »apathisch«, gleichgültig und unendlich gespannt, wie man es nur auf der Schwelle einer Initiation sein kann: aufgenommen, morgen, in die große Ordnung der Unvernunft. Die lange Einstellung der initialen Entkleidung ist fast unerträglich in ihrer Indiskretion. Der Verrückte des Mittelalters war an seinen Schellen und an seinen Lumpen zu erkennen, der des 19. an seinen Wahnerscheinungen und an seinen Schreien; in unseren Tagen tritt man durch eine schweigend vollzogene, folgsame und vollständige Entblößung in den Wahnsinn ein. Paul (gespielt von Paul Allio) ist die Überschneidungsstelle sämtlicher Bestürzungen: die seine angesichts dieser erstarrten Masken des Wahnsinns, die sich um ihn drehen, die ihm ein Zeichen machen und von denen eine unter ihnen – welche? Wahl, Zufall, Schicksal – wohl eines Tages die seine werden muss; die Bestürzung der Verrückten, die ihn anblicken, gattungsloser Körper, unklassifiziert krank, Kompagnon ohne Name, ohne Diagnose, ohne Rolle und ohne Beschäftigung, die sie im Netz ihres eigenen Wahnsinns einfangen und den Ärzten als endlich der pathologischen Taufe würdig darbieten müssen; Bestürzung auch, die ihm durch den Blick der Wärter und die Worte der Ärzte, die von ihm und über ihn sprechen, ohne sich an ihn zu wenden, und durch die Medikamente, die man ihn einzunehmen zwingt, in die Venen gespritzt wird, und unsere Bestürzung, wenn wir sehen, wie der Wahnsinn in der Dichte eines sich nicht regenden Körpers und durch die Züge eines Gesichts, das systematisch »ausdruckslos« bleibt, hervorquillt: Paul Allios Leistung ist erstaunlich. Am Ende scheint er sich aufzulösen und die Herrschaft über jenes Wasser zu ergreifen, das seine Träume heimsucht, in denen er einst sich vielleicht hatte ertränken wollen und das jetzt mit seiner Ruhe das große psychiatrische Aquarium ausfüllt.

Es gibt eine Sanftheit der Irrenanstalt (zumindest seit den Neuroleptika), die durchfurcht ist von Gewalt, zuweilen mitgerissen von Wirbelstürmen und durchzogen von Blitzen. Der Gipfel dieser Sanftheit und ihr Symbol ist die Nahrung. Die Irrenanstalt ist vielleicht immer noch Einsperrung und Ausschließung; aber sie ist jetzt überdies Nahrungsaufnahme. Als ob sich zu den alten traditionellen Gesetzen des Spitals: »Du darfst dich nicht rühren, du darfst nicht schreien« dieses hier hinzugesellt hätte: »Du musst schlucken.« Du musst deine Medikamente schlucken, du musst deine Mahlzeiten schlucken, du musst unsere Pflegemaßnahmen, unsere Versprechungen und unsere Drohungen schlucken, du musst den Besuch deiner Eltern schlucken, du musst die Proviantpäckchen schlucken, die deine Mutter jede Woche in ihrer Einkaufstasche vergräbt und dir mitfühlend als rituelle Opfergabe für »ihren« Kranken mitbringt und die du vor ihr verzehren musst, zu ihrem allergrößten Vergnügen, in der Kommunion dieser Krankheit, welche euer beider Krankheit ist, welche eure intensivste Beziehung ist und in die sie, die Arme, ihre ganze Liebe für dich hineingelegt hat. Die Leute der Irrenanstalt sind heute nicht mehr Ausgehungerte hinter Gitterstäben: Sie sind der Nahrungsaufnahme geweiht. Pauls Geschichte ist eine Geschichte des Absorbierens, des offenen und wieder verschlossenen Mundes, der eingenommenen und verweigerten Mahlzeiten, des Lärms von Tellern und Gläsern. Die Funktion der Nahrung im heutigen Krankenhaus ist nicht, René Féret hat das richtig erkannt, die Heilung zu ermöglichen: sondern, gehorsam geschluckt, lässt sie zwischen dem Wahnsinn, von dem man nichts mehr will, und der Heilung, die man kaum mehr erwartet, die kostbare Gestalt des »guten Kranken« erscheinen: Derjenige, der gut isst, ist im System der Irrenanstalt der »Dauerinsasse«, mit dem alle Welt zufrieden ist. Der wesentliche Teil der Initiation ins Krankenhaus ist die Essprobe. Der Film kulminiert in einem außerordentlichen »Crêpes-Schlucken«, einer Verdauungsheldentat, durch die Paul am Ende der Rituale zur Befriedigung aller – Eltern, Wärter, vor allem der anderen Kranken – zu »einem« der Geisteskranken wird. Schluckend geschluckt, die Geschichte von Paul, die Geschichte von Jonas.

*

Es hat *Family Life* gegeben, hier ist nun *Hospital Life*. Doch lässt mich der Film von René Féret in seiner sehr großen Schönheit und

Strenge vor allem an jene Narrenfeste denken, wie sie noch vor wenigen Jahren in bestimmten Krankenhäusern in Deutschland und in der Schweiz existierten: Am Tag des Karnevals verkleideten sich die Irren und veranstalteten einen Maskenzug auf den Straßen: verschämte und ein wenig verschreckte Neugier bei den Zuschauern: der einzige Tag, an dem man den Irren erlaubte, hinauszugehen, um zu lachen und um verrückt zu spielen. René Féret hat in seinem Filmexperiment das Fest umgedreht: Er hat die Nicht-Irren in die Narrenkiste gesteckt und hat ihnen gesagt: Lassen Sie sich gehen, spielen Sie die Verrückten, so weit, wie Sie sich durch die Kraft der Dinge und die Logik der Internierung dabei getrieben fühlen. Und herausgekommen ist in eben seiner Wirklichkeit die steife, repetitive und rituelle Form des Wahnsinns: der Wahnsinn, diese am strengsten geregelte Sache der Welt.

*Übersetzt von Hans-Dieter Gondek*

# Über »Histoire de Paul«

»Sur *Histoire de Paul*« (Gespräch mit R. Féret), in: *Cahiers du cinéma*, Nr. 262-263, Januar 1976, S. 63-65.

*M. Foucault:* Als ich Ihren Film sah, rieb ich mir die Augen. Ich rieb mir die Augen, weil ich professionelle Schauspieler erkannte; was ich nun aber in dem Film sah, ich kann nicht sagen, es wäre so wie das Irrenhaus; es war das Irrenhaus. Ich habe mich gefragt, ob Sie nicht mit Ihren Schauspielern mehrere Wochen oder mehrere Monate in einem Irrenhaus verbracht haben müssen, um zu studieren, was dort geschieht, um die Gesten zu beobachten und den Dialogen zuzuhören. Sie haben mir erklärt, dass nichts dergleichen geschehen sei, dass Sie Ihre Schauspieler alles in allem einer Art Linie, Leitfaden, ihrer eigenen Neigung, die Sie in ihnen erkannten, folgen ließen; und indem Sie mit ihnen entlang dieser ihnen eigenen Linie arbeiteten, ist es Ihnen gelungen, aus ihnen diese Charaktere herauszuholen, wie sie typisch zum Irrenhaus gehören. So ist das doch in etwa abgelaufen?

*R. Féret:* Es war nicht erforderlich, dass die Schauspieler in psychiatrischen Krankenhäusern längere Besuchsaufenthalte durchführten, denn schon beginnend mit der Konzeption, noch vor der Realisierung des Films, auf der Stufe der Abfassung des Drehbuchs, konnte das bereits zusammengestellte Team sich auf wirkliche Erfahrungen von Leuten stützen, die als Kranke in Irrenhäusern waren. Von Anfang an wollten wir einen Film aus der Sicht der Gruppe der Irren machen. Ausgehend vom Studium dieser wirklichen Erfahrungen haben wir uns unsere Gedanken über die Institution Irrenhaus gemacht, und die Schauspieler haben unmittelbar daran mitgewirkt. Ich habe von der intimen Kenntnis her, die ich von ihnen hatte, für sie geschrieben. Während der vierzehntägigen Proben haben sie sich in die dem Irrenhausmilieu eigenen Räumlichkeiten, Kostüme und Ausstattungen eingelebt, und mithilfe eines Tonbandgeräts konnten wir die Themen, die wir ausgearbeitet hatten, überprüfen, anreichern und entwickeln. Die Schauspieler haben die Bedingungen eines Irrenhauses gelebt.

*M. Foucault:* Sie haben Schauspieler genommen, Sie haben sie in einen Raum, mitten in ein System der Koexistenz gestellt, mit

Kleidungen, wie man sie im Irrenhaus trägt, und haben sie ihrem jeweiligen Faden folgen lassen; man nimmt Geisteskranke, man kleidet sie entsprechend, man verteilt sie, wie Sie es getan haben, man lässt sie ihrer jeweiligen Linie folgen, und man hat dasselbe. Es gibt einen dem Irrenhausraum, den Mauern, der Koexistenz, der Hierarchie des Irrenhauses eigenen Effekt, und Sie legen sie frei, Sie lassen sie auf dieselbe Weise hervortreten bei jemandem, der ein Kranker ist, bei jemandem, der sich in einem furchtbaren Angstzustand befindet, oder bei jemandem, der schließlich nur seinen Beruf als Schauspieler ausübt, um seinen Lebensunterhalt zu verdienen. Nun, darin liegt eine erstaunliche Erfahrung, was die Kraft und die plastischen Effekte der Macht des Irrenhauses angeht. Die Verhaltensweisen dieser so sehr typisierten und so sehr stereotypisierten Charaktere sind weder im eigentlichen Sinne Symptome noch Krankheiten, sie sind die Vegetation und die Fauna des Irrenhauses: der Lacher mit seinem sardonischen Lachen, seiner Aufgeregtheit, mal gutes Kind, mal von Angst erfüllt; der verängstigte Frager; der, der sein Gebet verrichtet, all diese Leute da, jeder davon ist auf seiner eigenen Linie; die Linien überschneiden sich nicht wirklich; das ist in etwa so wie bei den Autobahnen, von denen jede, wenn man sie von oben betrachtet, scheinbar die andere schneidet, doch tatsächlich darüber oder darunter langgeht, so dass es niemals zu einem Zusammenstoß kommt; jeder befindet sich folglich auf seinem Band, das die anderen überkreuzt, aber niemals mit ihnen zusammenstößt; doch wenn man diese einsamen Linien in ihrer Schein-Überkreuzung zusammennimmt, dann bilden sie »Szenen« aus, die nicht wirklich zur Ordnung der Kommunikation, sondern zu der der Nebeneinanderstellung und der Einsamkeit zu zählen sind: Pingpong-Partien, Kartenspiele, Mahlzeiten. Mit dem Problem der Ärzte werden Sie es mit Kritikern zu tun bekommen, weil die Ärzte Karikaturen sind; es sind sogar die einzigen Charaktere, die karikiert werden (die Pfleger werden es nicht); grotesk, der lärmende Aufzug durch den Irrenhaussaal, die Befragungen, die gar keine Antwort haben wollen; das ist nicht die Wirklichkeit der medizinischen Praxis in den Irrenhäusern.

*R. Féret:* Wir haben auf der Stufe der Vorbereitung des Films viel über die Rolle der Ärzte gesprochen, und in der Tat sind einige Ärzte, die sich den Film ansehen, nicht immer glücklich damit. Der Unterschied zwischen der Behandlung der Pfleger und der der

Ärzte rührt daher, dass die Pfleger und die Kranken zwei Gruppen sind, die ein wenig miteinander kokettieren, zweifellos, weil sie einen viel engeren Umgang untereinander haben und weil sie, jedenfalls im Film, derselben sozialen Klasse angehören. Für die Ärzte ist das anders, und das umso mehr, als wir sie aus der Sicht der Kranken gezeigt haben, in welcher Rolle sie ihnen gegenüber mit ihrer Macht, ihrem Wissen, ihren hereinplatzenden Visiten auftauchten. Gegenüber der objektiven Wirklichkeit der Praxis der Ärzte haben wir die subjektive Wahrnehmung entwickelt, die die Kranken von ihnen haben.

*M. Foucault:* Kurz gesagt, Sie wollten zeigen, dass es ausreicht, dass die Macht des Arztes in einer homöopathischen Dosis verabreicht wird, dass es ausreicht, dass der Arzt vorbeikommt, eine Frage stellt, eine Anordnung gibt, um das System auszukristallisieren; das ist der kleine Schlussstein, und alles hält zusammen. Die Ärzte werden gewissermaßen von unten her gesehen, aus jener Froschperspektive, von der Nietzsche sprach, und die die Welt von unten nach oben beschaut, und es ist also diese zugleich unzugängliche, flüchtige oder rätselhafte Gestalt mit ungeheuer großen Füßen und Händen, mit einem mikroskopisch kleinen Kopf, mit Lautsprecherstimme, allmächtig und zugleich stets ausgetilgt, durch all seine Wirkungen im Irrenhaus präsent und dann doch stets abwesend.

*R. Féret:* Einige Leute werfen mir Folgendes vor: Sie begnügen sich damit zu beschreiben, doch wenn Sie beschreiben, dann scheinen Sie keine Position zu ergreifen, Sie zeigen weder die Ursachen noch die Lösungen, Sie machen nichts anderes als die Effekte zu beschreiben. Sie haben folglich keine konstruktive Einstellung gegenüber diesem Problem.

*M. Foucault:* Wie Sie wissen, gehe ich davon aus, dass das Beschreiben bereits etwas Wichtiges ist. Und dann haben Sie ja mehr getan. Sie erinnern sich an jene Experimente, die in Kalifornien durchgeführt wurden, in deren Verlauf eine bestimmte Anzahl von Studenten, die als geistig gesund galten, mit einer falschen ärztlichen Diagnose in eine bestimmte Anzahl von Krankenhäusern geschickt wurden, und das Problem war herauszufinden, wie viel Zeit es brauchte, bis sie als Nicht-Kranke erkannt werden würden. Von den Kranken wurden sie unmittelbar erkannt, vom medizinischen Personal nach einigen Wochen. Ich glaube, Sie haben geistig gesunde Leute genommen, haben um sie herum ein Irrenhausmilieu nachgebildet und haben gezeigt, was darin geschieht. Gerade deshalb, insofern es ein Experiment ist, würde ich sagen, dass es in hohem Maße konstruktiv ist; weil man von da aus eine ganze Reihe von Mechanismen und Effekten begreifen kann, die für die Internierung im Irrenhaus eigentümlich sind. Ein Experiment wie dieses hier über die wirklichen Effekte der Fiktion Irrenhaus ist niemals gemacht worden.

*R. Féret:* In die Mitte dieses »objektiven« Experiments wollte ich das subjektive Experiment von Paul stellen; und dies, um dem Zuschauer zu erlauben, selbst ins Irrenhaus einzutreten.

*M. Foucault:* Die Figur ist nur ein leeres weißes Blatt. Sie hat verschiedene Kreise, die über ihren Kopf hinweggehen. Unmittelbar um sie herum, um ihr Bett herum, ist der Kreis der Kranken; ein wenig oberhalb davon und aufrecht ist der Kreis der Pfleger, und dann gleichsam da hindurchgehend, wie auf Wolken schwebend, die Ärzte. Nun, davon, was ihn ins Irrenhaus gebracht hat, weiß man streng genommen überhaupt nichts, außer der Wasserfläche, die mehrere Male wiederkehrt und die, denke ich, den Selbstmord bezeichnet, den er begehen musste oder den er begehen wollte; sie soll, denke ich, auch den insulären Charakter des Irrenhauses bezeichnen; das Wasser ist durchschritten worden, er befindet sich jetzt inmitten dieses Wassers, und jedes Mal, wenn er im Schlaf, im Traum das Irrenhaus verlässt, findet er dieses Wasser, das ihn trennt, und das ist das Merkzeichen seiner Subjektivität und des perspektivischen Charakters des Films.

*R. Féret:* Die Wasserflächen haben die Bedeutungen, die Sie ihnen beimessen, sie sind zudem die Probleme von Paul, die innerhalb des Irrenhauses niemals in Angriff genommen werden. Sie tauchen in den Krisenmomenten auf, und der Film endet in einer langen Wasserfläche, die nichts darüber sagen will, die nichts mehr darüber sagen kann an einem Ort, an dem die Probleme von Paul in keiner Weise in Angriff genommen, verstanden und gelöst werden können.

*M. Foucault:* Das Irrenhaus ist selbst von der Beschaffenheit des Wassers: des Wassers, das schlafen macht, und des Wassers, das schläft. Seit den Neuroleptika gibt es eine Sanftheit des Irrenhauses; ich kann nicht behaupten, dass es nicht doch noch Gewalthandlungen gibt, Sie haben ja im Übrigen auch einige gezeigt: Inmitten dieses gedämpften Klimas, in dieser Art Trägheit des Sturms kommt es in bestimmten Momenten zur Auslösung von Blitz, Donner und hartem Kampf; und doch gibt es eine große Sanftheit des Irrenhauses, und der Gipfel dieser Sanftheit ist die Nahrung; das Irrenhaus war in der traditionellen Mythologie ein Milieu gewaltsamer Repression und war zugleich ein Milieu des physischen Elends, des Mangels, des Fehlens, des Hungers, der Magerkeit usw., Ausgehungerte hinter Käfiggittern; Pauls Mutter kommt und bringt ihm etwas zu essen, und überhaupt kommen alle Leute mit Einkaufstaschen voll mit Orangen, Kuchen und Schokoladen und bringen etwas zu essen, so als wollten sie die Einsperrung und die damit verbundenen Mängel kompensieren. Doch machen sie damit nur doppelten Gebrauch davon, sie reproduzieren im Namen des Draußen die Forderungen des Drinnen, denn alles im Irrenhaus, und das haben Sie meinem Eindruck nach sehr gut gezeigt, alles im Irrenhaus dreht sich letztlich um das Insichaufnehmen. Man muss die Nahrung in sich aufnehmen und die Medikamente; der gute Kranke ist der, der isst.

*R. Féret:* Pauls Integration ins Irrenhaus lässt sich vom Anfang bis zum Ende an der Nahrungsaufnahme ablesen: Anfangs verweigert Paul jede Nahrungsaufnahme; er wird daraufhin bestraft und von den Kranken selbst in den Saal derjenigen Kranken verwiesen, die »Probleme machen«. In diesem Saal nötigen die Kranken Paul buchstäblich, die Nahrung hinunterzuschlingen; Paul ist gezwungen zu akzeptieren und kehrt in den ersten Saal zurück. Er wird schließlich akzeptiert, denn er akzeptiert es, Nahrung zu sich zu nehmen. Er beginnt nun, sich in die Institution zu integrieren.

*M. Foucault:* Die sehr schöne Szene mit den Crêpes stellt für mich die große Wende dar; in diesem Moment akzeptiert Paul sowohl die Nahrung, die von seiner Mutter kommt, als auch die, die man ihm im Krankenhaus gibt; als Folge davon akzeptiert er es, dass er von seiner Familie ins Krankenhaus geschickt wurde, und er akzeptiert es, im Krankenhaus ein guter Kranker zu sein; das Krankenhaus funktioniert wie ein ungeheuer großer Verdauungsapparat, in dessen Inneren die Leute verdauen; es ist ein großer Nahrungskanal, es ist der Wal des Jonas. Das Medikament, das man ihn einnehmen lässt, ist in einem Belohnung, Gewährleistung und jene Mischung aus Lust und Pflicht: Die Kranken kommen, klumpen sich, wenn die Medikamente ankommen, um den Tisch herum zusammen; und ein Kranker sagt sogar: »Und ich, wie kommt es, dass ich heute nur noch eins bekomme, ich hatte gestern zwei, warum bekomme ich nur noch eins?«

Die große Schönheit Ihres Films, in dem jede Geste durch ihre Konzentration aufs Wesentliche zu ihrem Maximum an Intensität getrieben wird, wird auch durch diese furchtbare Ironie, diese Ironie von allen und jedem – von den Kranken, den Pflegern, mit Ausnahme vielleicht der Ärzte – gegenüber diesem Wahnsinn, in dem sie ihre Beschäftigung haben, unterstützt.

*R. Féret:* Warum sollte der Humor auch nicht seinen Platz haben in einem Sujet wie diesem hier, und warum sollten wir daraus kein Schauspiel machen, wo doch die Arbeit der Schauspieler eines der wesentlichen Elemente daran ist? Manchmal lacht man, es läuft einem aber auch kalt den Rücken runter, hoffe ich, und dann spricht man darüber und denkt vielleicht darüber nach. Der Humor der Irren, die Ironie der Irren, all dies existiert, und die Schauspieler haben es mit ihrem eigenen Humor, ihrer eigenen Ironie in Angriff genommen.

*M. Foucault:* Man könnte meinen, es sei in etwa die Kehrseite jener Irrenfeste, die es in bestimmten psychiatrischen Krankenhäusern in der Schweiz und, ich glaube, in einigen Gegenden Deutschlands gab: Am Karnevalstag verkleideten sich die Irren und gingen in die Stadt; selbstverständlich nicht diejenigen, die in einer schwierigen Verfassung waren; sie veranstalteten einen Karneval, an dem die Bevölkerung zugleich mit Distanz und Schrecken teilnahm, und es war schließlich auch ganz schön bitter, dass der einzige Tag, an dem es ihnen gestattet war, in der Masse rauszugehen, der Tag war, an dem sie sich verkleiden und buchstäblich auf irre machen mussten, so wie die Nicht-Irren auf irre machen. Sie haben mit den Schauspielern ein gegenteiliges Experiment veranstaltet: »Sie sind keine Irren, nun gut! Spielen Sie Irre und machen Sie auf irre! …«

*R. Féret:* »… Doch aufgepasst! Spielen Sie die Irren innerhalb der Regeln des Irrenhauses, um so dessen Wirkungen besser aufzuzeigen …«

*M. Foucault:* Genau so, und »Machen Sie auf Wahnsinn innerhalb der Regeln, so wie er gespielt wird und so wie Sie ihn spielen würden, wenn Sie innerhalb des Irrenhauses wären.« Nun, genau das hat diesen Anteil Posse hereingebracht, der der Wirklichkeit des Irrenhauses überhaupt nicht widerspricht, und man spürt, dass die

Schauspieler, ich könnte nicht sagen, dass sie sich amüsieren, wenn sie spielen, aber sie lassen eine Intensität, eine Würde in der Lust erkennen, die durch den ganzen Film hindurch sehr gut spürbar ist.

*Übersetzt von Hans-Dieter Gondek*

# Sade, Offizier des Geschlechts

»Sade, sergent du sexe« (Gespräch mit G. Dupont), in: *Cinématographe* Nr. 16, Dezember 1975-Januar 1976, S. 3-5.

– *Sind Sie, wenn Sie ins Kino gehen, überrascht vom Sadismus einiger neuerer Filme, ob sie nun in einem Krankenhaus spielen oder wie im letzten Pasolini*[1] *in einem Scheingefängnis?*
– Ich war überrascht – zumindest bis in die letzte Zeit – vom Fehlen eines Sadismus und vom Fehlen Sades. Beides ist im Übrigen nicht dasselbe. Es kann Sade ohne Sadismus und Sadismus ohne Sade geben. Doch lassen wir das heiklere Problem des Sadismus beiseite und beschränken wir uns auf Sade. Ich glaube, es gibt nichts, was gegen das Kino allergischer wäre als das Sade'sche Werk. Unter den zahllosen Gründen dafür möchte ich als Erstes nennen: Die peinliche Genauigkeit, das Rituelle und die streng zeremonielle Form, die sämtliche Szenen bei Sade annehmen, schließen all das aus, was zusätzliches Spiel der Kamera sein könnte. Die geringste Hinzufügung, die geringste Unterdrückung, das kleinste Ornament sind unerträglich. Kein offenes Phantasma, sondern eine mit Bedacht programmierte Reglementierung. Sobald etwas fehlt oder als Überblendung hinzukommt, ist alles verpfuscht. Kein Platz für ein Bild. Die Leerstellen dürfen nur durch die Begierden und die Körper ausgefüllt werden.
– *Im ersten Teil von Jodorowskys* El Topo *gibt es eine blutrünstige Orgie, eine recht eindeutige Zerteilung eines Körpers. Macht sich der Sadismus im Kino nicht zunächst einmal daran fest, wie man die Schauspieler und ihre Körper behandelt? Wird nicht besonders die Frau im Kino als Anhängsel eines männlichen Körpers (schlecht) behandelt?*
– Die Art und Weise, wie man den Körper im zeitgenössischen Kino zu behandeln hat, ist eine sehr neue Sache. Schauen Sie sich die Küsse, die Gesichter, die Lippen, die Wangen, die Lider und die Zähne in einem Film wie *Der Tod der Maria Malibran* von Werner Schröter an. Das Sadismus zu nennen, scheint mir völlig falsch zu sein, außer man geht den Umweg über eine vage Psychoanalyse, in

1 [*Salò o le centoventi giornate di Sodoma (Salo ou les Cent Vingt Journées de Sodome)*, 1975; dt. Verleihtitel: *Die 120 Tage von Sodom.*]

der es um das Partialobjekt, den zerstückelten Körper und die Vagina dentata geht. Man muss auf einen Freudianismus von ziemlich mieser Qualität zurückgehen, um diese Art, die Körper und ihre Wunder zum Singen zu bringen, auf Sadismus herunterzudrücken. Aus einem Gesicht, einem Wangenknochen, aus Lippen und aus einem Ausdruck der Augen das zu machen, was Schröter daraus macht, hat nichts mit Sadismus zu tun. Es handelt sich um ein Übersetzen, um ein Sprießenlassen des Körpers, um eine gewissermaßen autonome Übersteigerung seiner minderen Partien, der minderen Möglichkeiten eines Teilstücks des Körpers. Es gibt darin eine Anarchisierung des Körpers, in der die Hierarchien, die Lokalisierungen und die Benennungen und das Organische daran, wenn Sie so wollen, in Auflösung begriffen sind. Wogegen im Sadismus gerade das Organ als solches das Objekt des verbissenen Zugriffs ist. Du hast ein sehendes Auge, ich reiße es dir heraus. Du hast eine Zunge, die ich fest zwischen meinen Lippen habe, und ich beiße zu, ich werde sie dir abschneiden. Mit diesen Augen wirst du nicht mehr sehen können, mit dieser Zunge wirst du nicht mehr essen oder sprechen können. Der Körper ist bei Sade noch stark organisch, verankert in dieser Hierarchie, mit dem Unterschied selbstverständlich, dass sich die Hierarchie nicht wie in der alten Fabel vom Kopf, sondern vom Geschlecht her organisiert.

Die Art und Weise, wie man in bestimmten zeitgenössischen Filmen den Körper sich selbst entkommen lässt, ist dagegen von einem ganz anderen Typ. Es geht gerade darum, dieses Organische abzulegen: Es ist keine Zunge mehr, sondern etwas ganz anderes als eine Zunge, die aus einem Mund herauskommt, es ist nicht das Organ des geschändeten und zur Lust eines anderen bestimmten Mundes. Es ist ein »unnennbares«, »unbrauchbares« Ding außerhalb sämtlicher Programme des Begehrens; es ist der durch die Lust vollkommen formbar gemachte Körper: etwas, das sich öffnet, das sich spannt, das zuckt, das schlägt, das klafft. Die Art und Weise, wie sich in *Der Tod der Maria Malibran* die beiden Frauen küssen, was ist das? Dünen, eine Karawane in der Wüste, eine gefräßige, sich vorschiebende Blume, Kiefer von Insekten, eine Furche auf Höhe der Grasnarbe. All das ist Antisadismus. Für die grausame Wissenschaft des Begehrens lässt sich mit diesen ungestalten Pseudopodien, welches die langsamen Bewegungen von Lust-Schmerz sind, nichts anfangen.

– *Haben Sie in New York diese so genannten Snuff-Movies (in amerikanischer Umgangssprache heißt to snuff töten) gesehen, in denen eine Frau in Stücke geschnitten wird?*

– Nein, aber es scheint so, glaube ich, dass die Frau wirklich lebendig zerschnitten wird.

– *Es ist rein visuell, ohne ein Wort. Ein kaltes Medium, im Verhältnis zum Kino, dem warmen Medium. Keine Literatur mehr mit dem Körper als Sujet: Es ist allein ein im Sterben begriffener Körper.*

– Das ist kein Kino mehr. Das ist ein Bestandteil erotischer Privatzirkel und wird nur gemacht, um das Begehren zu entfachen. Es geht nur noch ums *turned on*, wie die Amerikaner sagen, mit dieser eigenen Qualität des Entfachens, die man den Bildern verdankt, die aber nicht geringer ist als die, die man der Wirklichkeit verdankt – nur anders.

– *Ist nicht die Kamera die Herrin, die den Körper des Schauspielers wie ein Opfer behandelt? Ich denke daran, wie Marilyn Monroe in* Some like it hot *Tony Curtis wiederholt vor die Füße fällt. Die Schauspielerin hat das sicherlich als eine sadistische Sequenz erleben müssen.*

– Das Verhältnis zwischen Schauspieler und Kamera, von dem Sie mit Bezug auf diesen Film sprechen, scheint mir noch sehr traditionell zu sein. Man findet es im Theater: der Schauspieler, der das Opfer des Helden auf sich nimmt und es bis in seinen eigenen Körper hinein vollzieht. Was mir an dem Kino, von dem ich sprach, neu zu sein scheint, ist diese Entdeckung-Erkundung des Körpers, die von der Kamera her geschieht. Ich stelle mir vor, dass in diesen Filmen das Aufnehmen von einer großen Intensität ist. Es handelt sich um eine ebenso kalkulierte wie aleatorische Begegnung zwischen den Körpern und der Kamera, die etwas entdeckt, die einen Winkel, einen Raum, eine Krümmung hervortreten lässt und die einer Spur, einer Linie und unter Umständen einer Falte folgt. Und dann desorganisiert sich der Körper plötzlich, wird zu einer Landschaft, einer Karawane, einem Sturm, einem Sandgebirge usw. Das ist das Gegenteil des Sadismus, der die Einheit auseinanderschnitt. Bei Schröter zerlegt die Kamera den Körper nicht für das Begehren in seine Einzelheiten, sondern lässt ihn wie Teig aufgehen und daraus Bilder entstehen, welches Bilder der Lust und Bilder für die Lust sind. An dem stets unvorhergesehenen Begegnungspunkt der Kamera (und ihrer Lust) mit dem Körper (und dem Pulsieren seiner eigenen Lust) entstehen diese Bilder, Lüste mit mehrfachen Eingängen.

Der Sadismus war anatomisch kenntnisreich, und wenn er wütete, dann innerhalb eines sehr allgemein verständlichen Anatomiehandbuchs. Kein organischer Wahnsinn bei Sade. Sade, diesen peinlich genauen Anatomen, in präzise Bilder umschreiben wollen funktioniert nicht. Entweder geht Sade unter oder man macht Papas Kino daraus.

– *Papas Kino im Wortsinn, denn in jüngster Zeit hat man die Tendenz, im Namen einer Retro-Welle Faschismus und Sadismus zu verknüpfen. So Liliana Cavani in* Nachtportier *und Pasolini in* Salo. *Nun ist diese Darstellung aber nicht die Geschichte. Man staffiert die Körper mit alten Kostümen aus, die die Epoche repräsentieren. Man möchte uns glauben machen, dass die Ausgeburten Himmlers dem Herzog, dem Bischof und dem Präsidenten aus Sades Text entsprechen.*

– Das ist ein totaler historischer Irrtum. Der Nationalsozialismus ist nicht von den großen verrückten Erotikern des 20. Jahrhunderts, sondern von den schaurigsten, ödesten und abscheulichsten Kleinbürgern erfunden worden, die man sich vorstellen kann. Himmler war irgendwie Landwirt und er hat eine Krankenschwester geheiratet. Man muss begreifen, dass die Konzentrationslager der gemeinsamen Phantasie einer Krankenhausschwester und eines Hühnerzüchters entsprungen sind. Krankenhaus plus Hühnerhof: Da haben wir das Phantasma, das hinter den Konzentrationslagern lag. Man hat darin Millionen von Menschen getötet, also sage ich das nicht, um die Schändlichkeit zu verringern, die auch weiterhin auf diesem Unternehmen lasten muss, sondern um sie aller erotischen Werte zu entzaubern, die man ihm hat auferlegen wollen.

Die Nazis waren Putzfrauen im schlechten Sinne des Wortes. Sie werkelten mit Wischtüchern und Besen, wollten die Gesellschaft von all dem reinigen, was sie für Jauche, Dreck und Abfall hielten: Syphilitiker, Homosexuelle, Juden, solche unreinen Blutes, Schwarze und Verrückte. Es ist der scheußliche kleinbürgerliche Traum von der rassischen Reinheit, der sich unter dem Nazitraum erstreckte. Eros? Fehlanzeige.

Es ist trotzdem nicht unmöglich, dass es innerhalb dieser Struktur an einigen Orten im körperlichen Aufeinanderstoßen zwischen Henker und Gepeinigtem zu erotischen Beziehungen gekommen sein mag. Aber das war zufällig.

Es stellt sich vielmehr das Problem, warum wir uns heute ausmalen, wir könnten durch den Nationalsozialismus Zugang zu bestimmten erotischen Phantasmen erhalten. Warum diese Stiefel, diese Schirmmützen, diese Feldzeichen, für die man sich vielfach begeistert, und vor allem in den Vereinigten Staaten? Führt uns nicht das Unvermögen, in dem wir uns befinden, diese große Verzauberung des desorganisierten Körpers zu leben, auf einen peinlich genauen, disziplinarischen und anatomischen Sadismus zurück? Ist das einzige Vokabular, das wir besitzen, um diese große Lust des im Ausbruch begriffenen Körpers umzuschreiben, jene triste Fabel einer gerade zurückliegenden politischen Apokalypse? Können wir die Intensität der Gegenwart nur als Ende der Welt in einem Konzentrationslager denken? Sehen Sie nur, wie armselig unser Schatz an Bildern ist! Und wie dringend es ist, einen neuen aufzubauen, anstatt mit den Trauerklößen über die »Entfremdung« zu jammern und das »Spektakel« zu schmähen.

– *Sade wird von den Regisseuren so ein wenig als Kammerzofe, Nachtportier und Fensterputzer gesehen. So sieht man am Ende des Films von Pasolini die Martern durch ein Fensterglas hindurch. Der Fensterputzer sieht durch das Glas, was sich in einem fernen, mittelalterlichen Hof ereignet.*

– Sie wissen, ich bin nicht für die absolute Sakralisierung Sades. Nach allem wäre ich so weit bereit zuzugeben, dass Sade die einer Disziplingesellschaft eigene Erotik formuliert habe: eine reglementierte, anatomische, hierarchisierte Gesellschaft mit ihrer sorgsam verteilten Zeit, ihren erfassten Räumen, ihren Gehorsamkeiten und ihren Überwachungen.

Es gilt, dort und aus Sades Erotik herauszukommen. Man muss mit dem Körper, mit seinen Elementen, seinen Oberflächen, seinen Binnenräumen und seinen Dichten eine nichtdisziplinäre Erotik erfinden: die des Körpers im flüchtigen und diffusen Zustand, mit seinen Zufallsbegegnungen und Lüsten ohne Kalkül. Es nervt mich, dass in den neueren Filmen eine gewisse Anzahl von Elementen verwendet wird, die durch das Thema des Nationalsozialismus eine Erotik disziplinären Typs wieder beleben. Vielleicht ist es die von Sade gewesen. Umso schlechter dann für die literarische Sakralisierung Sades, umso schlechter für Sade: Er geht uns auf die Nerven, er ist ein Disziplinmann, ein Offizier des Geschlechts, ein Buchhalter der Ärsche und ihrer Äquivalente.

*Übersetzt von Hans-Dieter Gondek*

# Gespräch mit Michel Foucault

»Entretien avec Michel Foucault: *Moi Pierre Rivière*« (Gespräch mit P. Kané), in: *Cahiers du cinéma*, Nr. 271, November 1976, S. 52-53 (Transkription eines Gesprächs mit P. Kané aus einem von Letzterem gedrehten Kurzfilm über den Film von R. Allio, *Moi, Pierre Rivière, ayant égorgé ma mère, ma sóur et mon frère*, 1976).

– *Wenn Sie möchten, können wir als Erstes darüber sprechen, welchen Nutzen für Sie die Veröffentlichung des Dossiers über Pierre Rivière hatte, und vor allem, welchen Nutzen Sie darin sehen, dass es heute, zumindest teilweise, in einem Film wiederaufgenommen wird.*

– Für mich war es ein Buch, das eine Falle war. Sie kennen die Weitschweifigkeit, mit der in diesem Moment über Delinquenten, über ihre Psychologie, ihr Unbewusstes, ihre Triebe, ihre Begierden usw. gesprochen wird. Der Diskurs der Psychiater, der Psychologen und der Kriminologen ist, was das Phänomen der Delinquenz betrifft, nicht zu stoppen. Nun ist dies allerdings ein Diskurs, der jetzt fast einhundertundfünfzig Jahre alt ist – er geht auf die 1830er Jahre zurück. Man hatte damals einen großartigen Fall: einen dreifachen Mord im Jahre 1836, und zu diesem Mord hatte man nicht nur sämtliche Beweisstücke, sondern auch ein absolut einmaliges Zeugnis: das des Verbechers selbst, der einen Bericht von mehr als einhundert beschriebenen Seiten hinterließ. Nun, dieses Buch zu veröffentlichen, war für mich eine Art, diesen Herren »Psy« im Allgemeinen (Psychiatern, Psychoanalytikern, Psychologen ...) zu sagen: Seht her, euch gibt es seit einhundertundfünfzig Jahren, und hier habt ihr einen Fall, der in das Jahr eurer Entstehung fällt. Was habt ihr dazu zu sagen? Werdet ihr besser gerüstet sein, um darüber zu sprechen, als eure Kollegen aus dem 19. Jahrhundert?

Nun, ich kann sagen, dass ich in einem gewissen Sinne gewonnen habe; ich habe gewonnen oder ich habe verloren, ich weiß es nicht, denn mein heimlicher Wunsch war selbstverständlich, zu hören, wie über diese Affäre Rivière die Kriminologen, Psychologen und Psychiater ihre gewöhnliche und langweilige Rede halten. Nun hat es sie aber buchstäblich zum Schweigen gebracht: Nicht einen gab es, der das Wort ergriffen und gesagt hätte: »Seht her, das, was Rivière in Wirklichkeit war, ich kann Ihnen jetzt das sagen, was man im 19. Jahrhundert nicht sagen konnte« (mit Ausnahme einer Blöden, einer Psychoanalytikerin, die behauptete, Rivière wäre die genaue Illustration der Paranoia bei Lacan …). Und bis auf diese eine Ausnahme hat niemand darüber gesprochen. Und eben insofern glaube ich, dass die Psychiater von heute nur die Verlegenheit jener aus dem 19. Jahrhundert fortgesetzt haben, dass sie gezeigt haben, dass sie nichts darüber hinaus dazu zu sagen hatten. Aber ich muss trotzdem die Vorsicht und die Klugheit begrüßen, mit der sie darauf verzichtet haben, Rivière in ihren eigenen Diskurs einzubetten. Also, Wette gewonnen oder verloren, wie Sie möchten …

– *Es ist aber auch, allgemeiner gesprochen, schwierig, über das Ereignis im eigentlichen Sinne, über seinen zentralen Punkt, den Mord, und auch über die Person, die ihn ausheckt, zu sprechen.*

– Ja, weil ich glaube, dass die Art und Weise, wie Rivière selbst über seine eigene Tat gesprochen hat, so überragend ist, oder jedenfalls in einem solchen Maße allen möglichen Zugriffen entgeht, dass man von ebendiesem Kern, diesem Verbrechen, dieser Tat nur das wird sagen können, was demgegenüber nicht unendlich zurückbleibt. Dennoch hat man da ein Phänomen, für das ich nichts Gleichwertiges weder in der Geschichte der Verbrechen noch in der Diskursgeschichte erkennen kann: nämlich ein Verbrechen, das von einem dermaßen starken, dermaßen befremdlichen Diskurs begleitet wird, dass das Verbrechen am Ende gar nicht mehr existiert, dass es eben aufgrund dieses Diskurses, der darüber von demjenigen stammt, der es begangen hat, verschwindet.

– *Nun, welchen Platz würden Sie der Unmöglichkeit dieses Diskurses gegenüber einnehmen?*

– Ich habe nichts über Rivières Verbrechen selbst gesagt, und, noch einmal, ich glaube, dass niemand etwas darüber sagen kann. Nein, ich glaube, dass man ihn mit Lacenaire vergleichen muss, der sein direkter Zeitgenosse war und der selbst einen ganzen Haufen kleiner, hässlicher, im Allgemeinen misslungener und ganz und gar nicht ruhmreicher Verbrechen begangen hat, der es aber durch einen im Übrigen äußerst intelligenten Diskurs geschafft hat, diese Verbrechen als wahrhafte Kunstwerke und den Verbrecher, das heißt ihn, Lacenaire, als den eigentlichen Künstler des Verbrechens existieren zu lassen. Das ist ein weiteres Glanzstück, wenn Sie so wollen: Er hat es geschafft, letztlich hässlichen und würdelosen Taten für Jahrzehnte, ja für mehr als ein Jahrhundert eine intensive

Realität zu verleihen. Auf der Ebene des Verbrechens war er wahrlich ein ziemlich armseliger Typ, aber der Glanz und die Intelligenz seines Diskurses haben all dem Bestand verliehen. Rivière dagegen ist etwas ganz anderes: ein wahrlich außergewöhnliches Verbrechen, das aber durch einen dermaßen noch außergewöhnlicheren Diskurs hochgepuscht wurde, dass am Ende das Verbrechen gar nicht mehr da war, und ich glaube im Übrigen, dass genau das in der Vorstellung seiner Richter ablief.

– *Doch sind Sie dann mit dem Entwurf des Films von R. Allio einverstanden, der eher auf die Idee einer bäuerlichen Wortergreifung ausgerichtet ist? Oder hatten Sie ebenfalls zuvor daran gedacht?*

– Nein, es ist das Verdienst von Allio, daran gedacht zu haben, aber ich habe das voll und ganz unterschrieben, denn ich glaube, dass man, wenn man dieses Verbrechen von außen her mit Schauspielern rekonstruiert, als ob es ein Ereignis war, und nichts anderes als das Ereignis eines Verbrechens, das Wesentliche verfehlt. Man musste sich zum einen innerhalb des Diskurses von Rivière einrichten, der Film musste der Film über den Bericht und nicht der Film über das Verbrechen sein, und zum anderen musste dieser Diskurs eines kleinen Bauern aus der Normandie der Jahre um 1835 innerhalb dessen begriffen werden, was der Diskurs des Bauerntums aus ebenjener Zeit sein konnte. Nun, was ist dieser Diskursform am nächsten, wenn nicht genau das, was gegenwärtig mit ebendieser Stimme von den Bauern aus derselben Gegend gesagt wird, und letztlich sind es über einhundertundfünfzig Jahre hinweg dieselben Stimmen, dieselben Akzente, dieselben ungelenken und rauhen Reden, die fast unverstellt dieselbe Sache erzählen. Dadurch, dass Allio sich entschieden hat, das Gedenken an diese Tat an denselben Orten und beinahe mit denselben Gestalten, die seit einhundertundfünfzig Jahren so sind, durchzuführen; es sind dieselben Bauern, die am selben Ort dieselbe Tat aufs Neue vollziehen. Es war schwierig, den ganzen Apparat des Kinos, den ganzen filmischen Apparat auf eine solch schmale Basis zu beschränken, und das, das ist wirklich außergewöhnlich, ziemlich einmalig, glaube ich, in der Geschichte des Kinos. Wichtig an dem Film von Allio ist auch, dass er den Bauern ihre Tragödie gibt. Im Grunde war vielleicht der Hunger die Tragödie des Bauern bis zum Ende des 18. Jahrhunderts. Doch vom 19. Jahrhundert an und vielleicht noch heute war es wie jede große Tragödie die Tragödie des Gesetzes, des Gesetzes und der Erde. Die griechische Tragödie ist die

Tragödie, die die Geburt des Gesetzes und die tödlichen Auswirkungen des Gesetzes auf die Menschen erzählt. Die Affäre Rivière ereignet sich im Jahre 1836, das heißt etwa zwanzig Jahre nachdem der Code civil zur Anwendung gebracht wurde: Dem alltäglichen Leben des Bauern ist ein neues Gesetz auferlegt worden, und er müht sich in diesem neuen rechtlichen Universum ab. Das ganze Drama Rivières ist ein Drama des Rechts, ein Drama des Code, des Gesetzes, der Erde, der Ehe, der Güter ... Nun, die bäuerliche Welt bewegt sich immer innerhalb genau dieser Tragödie. Und das Wichtige dabei ist somit, dass man die Bauern unserer Zeit dieses alte Drama spielen lässt, welches zugleich das Drama ihres Lebens ist: ganz so wie auch die griechischen Bürger die Darstellung ihres eigenen Gemeinwesens auf ihrem Theater zu sehen bekamen.

– *Welche Rolle kann es Ihrer Ansicht nach haben, dass die Bauern aus der Normandie von heute dank dem Film dieses Ereignis, diese Epoche in der Erinnerung behalten können?*

– Sie wissen, Literatur über die Bauern gibt es viel; aber eine bäuerliche Literatur, eine bäuerliche Ausdrucksweise, da gibt es nicht viel. Nun hat man da einen im Jahre 1835 von einem Bauern in seiner ihm eigenen Sprache geschriebenen Text, das heißt den Text eines recht gut alphabetisierten Bauern. Und siehe da, daraus ergibt sich für die Bauern unserer Zeit die Möglichkeit, selbst mit ihren eigenen Mitteln dieses Drama zu spielen, welches im Grunde das ihrer kaum vergangenen Generation war. Und wenn man sich die Art und Weise anschaut, wie Allio seine Schauspieler arbeiten lässt, dann haben Sie sicherlich bemerken können, dass er zum einen sehr nahe an ihnen dran war, dass er ihnen viele Erklärungen gab und sie so enorm stützte, dass er ihnen aber andererseits viel Raum ließ, damit es eben ihre Sprache, ihre Sprechweise und ihre Gesten sind. Und wenn Sie so wollen, glaube ich, dass es politisch wichtig ist, den Bauern die Möglichkeit zu geben, diesen bäuerlichen Text zu spielen. Daher auch die Bedeutung der Schauspieler, die von außerhalb kommen, um die Welt des Gesetzes, die Juristen, die Anwälte darzustellen ... all diese Leute, die Leute aus der Stadt sind und die im Grunde dieser sehr direkten Verbindung zwischen dem Bauern des 19. Jahrhunderts und dem des 20. Jahrhunderts äußerlich sind, dieser Verbindung, die Allio herzustellen vermocht hat und die er, bis zu einem bestimmten Punkt, diese bäuerlichen Schauspieler begreifen ließ.

– *Doch liegt darin nicht eine Gefahr, dass sie das Wort nur dank einer so ungeheuerlichen Geschichte ergreifen?*

– Das war zu befürchten, und als Allio begann, mit ihnen über die Möglichkeit zu sprechen, den Film zu machen, hat er es anfangs kaum gewagt, ihnen wirklich zu sagen, worum es dabei ging. Und als er es ihnen sagte, war er sehr überrascht, als er sah, dass sie es sehr gut aufnahmen und dass das Verbrechen ihnen kein Problem bereitete. Im Gegenteil, anstatt zu einem Hemmnis zu werden, war es eine Art Ort, an dem sie einander begegnen, miteinander sprechen und einen ganzen Haufen Dinge, welche die ihres alltäglichen Lebens waren, in die Wege leiten konnten. In Wirklichkeit hat dieses Verbrechen sie nicht etwa blockiert, sondern vielmehr befreit. Und wenn man von ihnen verlangt hätte, etwas zu spielen, das näher an ihrem alltäglichen Leben, an ihrer Aktualität gewesen wäre, so hätten sie sich vielleicht mehr in der Darstellung, mehr im Theater gefühlt, als indem sie dieses derartig ferne und ein wenig mythische Verbrechen spielten, unter dessen Dach sie mit Leib und Seele mit ihrer eigenen Wirklichkeit dabei sein konnten.

– *Ich dachte eher an eine etwas missliche Symmetrie: Es ist zur Zeit sehr in Mode, Filme über die Schändlichkeiten, die Ungeheuerlichkeiten der Bourgeoisie zu machen. Liefe man damit nicht Gefahr, in die Falle der unverhohlenen Gewaltsamkeiten des Bauerntums zu geraten?*

– Und letztlich an diese Tradition einer scheußlichen Darstellung der bäuerlichen Welt wie bei Balzac, Zola anzuschließen … Ich glaube nicht. Vielleicht gerade deshalb, weil diese Gewaltsamkeit darin niemals auf plastische, theatralische Weise gegenwärtig ist. Was es gibt, sind Intensitäten, ein tiefes Grollen, heimliche Dinge, sind dichtes Dunkel, Wiederholungen, kaum gesagte Dinge, die Gewaltsamkeit aber ist nicht da … Es gibt diese Art Lyrik der Gewalt und der bäuerlichen Niedertracht, die Sie augenscheinlich fürchten. Im Übrigen ist das zwar so im Film von Allio, aber es ist auch so in den Dokumenten, in der Geschichte. Sicher, es gibt da einige frenetische Szenen, das Prügeln von Kindern, die von den Eltern ausgeschimpft werden, doch letztlich kommen diese Szenen nicht sehr häufig vor, und vor allem kommt durch sie hindurch eine sehr, sehr große Feinheit und Genauigkeit von Gefühlen vor, Subtilität gar noch in der Boshaftigkeit, und öfters ein Feingefühl. Und all das verleiht diesen Gestalten mitnichten die Allüre jener rohen Tiere in entfesselter Wildheit, wie man sie auf dem Niveau einer bestimmten Literatur über das Bauerntum vorfinden kann. Die ganze Welt ist schrecklich intelligent darin, schrecklich fein und bis zu einem gewissen Maße schrecklich reserviert …

*Übersetzt von Hans-Dieter Gondek*

# Warum das Verbrechen von Pierre Rivière?

»Pourquoi le crime de Pierre Rivière?« (Gespräch mit F. Châtelet), in: *Parispoche*, 10.-16. November 1976, S. 5-7 (über den Film *Moi, Pierre Rivière, ayant égorgé ma mère, ma sœur et mon frère*, von R. Allio, 1976).

– *Michel Foucault, Sie waren an dem Dossier über Pierre Rivière beteiligt: Was denken Sie über den Film von René Allio? Wie haben Sie die Übertragung dieser Figuren, die Sie von den Texten her nach und nach erscheinen sahen, in Bilder aufgenommen?*

– Ich war in keiner Weise an der Herstellung des Filmes beteiligt. Das heißt nicht, dass ich mein Einverständnis damit aufkündigen möchte, im Gegenteil, aber mein Spiel bei der Veröffentlichung des Textes war es, wem auch immer, der willens war, Ärzten, Psychiatern, Psychoanalytikern, Kommentatoren, Cineasten, Menschen vom Theater ... zu sagen: »Macht damit, was ihr wollt.« René Allio hat etwas Gutes, etwas Großes daraus gemacht. Die Tatsache, dass er dies an genau den Plätzen und durch Amateurschauspieler, durch Bauern, die denen aus der Zeit jener Geschichte absolut ähnlich waren, ich würde sagen, beinahe durch dieselben Gestalten spielen ließ, all das ist wichtig. Der Film hat die Geschichte nicht von dem entfernt, was sie war. Er hat es im Gegenteil ermöglicht, dass die Geschichte an ihren Ausgangspunkt zurückkehrt. Wir kennen diese Geschichte, weil Rivière, ein so genannter Analphabet, sie aufgeschrieben hat. Die Art und Weise, wie Allio die *Off*-Stimme eingesetzt hat, mit der er wollte, dass nichts im Film gesagt wird, was nicht im Bericht steht (es gibt also keinen eigentlichen Filmdialog), ist, glaube ich, sehr neuartig.

– *Ist nicht die Mutter zu sehr präsent?*

– Die Mutter ist in einem bestimmten Sinn im Film wie in der Geschichte und in Rivières Bericht die absolut rätselhafte Gestalt. Es ist das, was man nicht versteht, da ja zugleich um sie herum alles entstanden ist, sei es, weil Rivière etwas anderes phantasiert hat, sei es, weil sie wirklich das war, was Rivière gesagt hat. Man weiß darüber nichts, das ist das Rätsel.

– *Es gibt eine Gestalt in dem Text, die mir, seitdem ich Ihr Dossier gelesen hatte, noch rätselhafter erschienen war, und die ich mir nicht vorzustellen vermochte: Das war der Vater. Nun, das hat Allio wunderbar gelöst. Der Vater ist genau so da gewesen, wie ich ihn mir wünschte. Ich vermochte es nicht, ihn mir vorzustellen, aber ich hatte einen bestimmten Wunsch, und im Film sah ich dann diesen zugleich peinlich genauen, unerträglich, was das Erbe betraf, und in derselben Zeit ungemein anrührenden Mann.*

– Aber ist das nicht eines der intensivsten Dinge, die es in diesem Dossier gibt? So viele Dinge über Leute zu wissen, die letztlich nichts gewesen sind, die keine Spur in der Geschichte hinterlassen haben, so viele Dinge über ihr Leben, ihre Probleme, ihre Leiden, auch ihre Sexualität zu wissen, ist sehr beeindruckend. Je mehr man weiß, desto weniger versteht man letztlich. Am Ende sind es kleine, intensiv aufeinanderstoßende Lebensbruchstücke. Diese Gestalten da, je mehr man sie sieht, desto weniger versteht man sie. Je mehr sie erhellt werden, desto dunkler werden sie.

– *Das ist es, das Wunder, das der Film schafft. Nämlich eine Geschichte in der Gegenwart über Leute zu machen, die bisher niemals das Wort hatten. Das ist die Geschichte, die wir, wir Philosophen, uns immer wünschen. Wenn man wüsste, wie die Leute lebten, wie die einfachen Leute zu der Zeit waren, dann wüsste man vielleicht besser darüber Bescheid. Mich hat eine Sache überrascht, die im Übrigen auch im Dossier vorkam, aber die Allios Film mir viel deutlicher gemacht hat; dass nämlich letztlich dieser arme Rivière, um ein Intellektueller zu werden – schließlich gehört er ja zu dieser Klasse von Landbauern, zu den kleinen Leuten –, seiner Mutter, seinem Bruder und seiner Schwester die Kehle durchschneiden muss. Uns und unseren Gegenstücken aus jener Zeit genügte, um Intellektuelle zu werden, sagen wir, eine kleine Entscheidung, der Griff zu Papier und Feder. Er dagegen muss eine Sense nehmen, um zu einem Intellektuellen zu werden, und es ist diese Geste, die er vollzieht, diese rituelle Geste, dieser wirkliche Mord, den er vollzieht, wir dagegen, wir bleiben oft auf der Ebene des symbolischen Mordes stehen, was in einem gewissen Sinne auch so viel besser für uns ist. Er dagegen muss zu einer Sense greifen, um das Recht zu haben zu schreiben, um eine Geschichte zu erzählen zu haben, um aus dem Gewöhnlichen herauszutreten.*

– Ja, aber es lässt sich auch das Gegenteil behaupten. Damit es überhaupt zum Mord kommt, musste er bereits die Entscheidung getroffen haben zu schreiben, denn in seinem Vorhaben ging es zuerst darum, den zukünftigen Mord zu schreiben, und dann, nachdem die Erzählung einmal feststand, ans Töten zu gehen. Man hat da eine Art Knoten zwischen dem Schreiben und dem Mord, der entscheidend ist.

– *In Wirklichkeit ist der Film eine politische Stellungnahme zu zwei Welten: der ländlichen Welt und der Welt der Stadt. Es gibt eine sehr anrührende, sehr bewegende Szene, als er sich stellen will und die Gendarmen sowie die Person in Zivil, die einen Richter darstellt, ihn zurückdrängen, ihn abweisen. Er hat dort nicht seinen Platz. Sein Platz ist auf den Feldern, nicht in den Städten.*

– Er ist gleichsam unsichtbar geworden, und er kommt an mit seinem Mord und seiner Erzählung, wo doch niemand ihn sieht. Das Kuriose an dieser Unsichtbarkeit der Gestalt ist, dass er unsichtbar ist für die Leute aus der Stadt, dass aber umgekehrt die Leute vom Land ihn erkennen, aber nicht das Verbrechen sehen. Sie sagen zu ihm: »Hau ab, die Gendarmen sind hinter dir her.«

*Übersetzt von Hans-Dieter Gondek*

# Die Rückkehr des Pierre Rivière

»Le retour de Pierre Rivière« (Gespräch mit G. Gauthier), in: *La Revue du cinéma*, Nr. 312, Dezember 1976, S. 37-42 (über den Film *Moi, Pierre Rivière, ayant égorgé ma mère, ma sœur et mon frère*, von R. Allio, 1976).

– *Sie, der Sie Pierre Rivière entdeckt haben, haben Sie ihn in René Allios Film wiedererkannt?*

– Ich möchte sagen, dass es nicht darum ging, ihn wiederzuerkennen. Er ist da, das ist alles ... Was mich an den Rivière-Dokumenten interessiert hatte, war die Tatsache, dass er eben schon sehr kurze Zeit nach der Affäre und trotz der relativen Nachwirkung des Verbrechens vollständig in Vergessenheit geraten war. Obwohl sich die großen Ärzte jener Zeit für seinen Fall interessiert hatten, war er aus der medizinischen Jurisprudenz vollständig verschwunden. Niemand mehr hatte darüber gesprochen: Er hatte den Ärzten jener Zeit ein Rätsel gestellt, das keiner unter ihnen zu lösen vermocht hatte, und so traf es sich, dass die vollständigen Beweisstücke und, was noch besser war, der vollständige Bericht von Rivière selbst zur Verfügung standen. Die Veröffentlichung des Buches bedeutete die Neustellung der Frage Rivière, ihr Wiederaufwerfen nach einhundertundfünfzig Jahren Psychiatrie, der Entdeckung der Psychoanalyse, der allgemeinen Verbreitung der Strafmedizin, der Kriminologie, bedeutete, den Leuten von jetzt zu sagen: Hier, da ist er wieder, was habt ihr dazu zu sagen? Meines Erachtens ist Allios Film genau diese Frage, jedoch mit mehr Dringlichkeit gestellt, als das Buch das tun konnte, denn mit diesem außergewöhnlichen Schauspieler, Claude Hébert, hatte er zwar nicht Pierre Rivière wiedergefunden, aber doch jemanden, der der bestmögliche Träger war, um die Frage wieder aufzuwerfen: Wer ist Pierre Rivière?

– *Das historische Kino hat gewöhnlich eher die Neigung zu antworten, als Fragen zu stellen. Erwartet der Zuschauer nicht, dass man ihm eher sagen würde: Hier ist er, der wahre Pierre Rivière?*

– Ich denke nicht, dass der Film für sich den Anspruch erhebt, wahr zu sein. Der Film sagt nicht: Hier ist der Pierre Rivière. Die historische Stärke von Allios Unternehmen ist die, dass es nicht darum ging, die Affäre Rivière zu rekonstruieren. Es ging darum, die Dokumente zu nehmen, den Bericht zu nehmen, zu nehmen, was von jemandem, der Pierre Rivière hieß, von seiner Familie, von Nachbarn und von Richtern wirklich gesagt worden ist, und sich zu fragen, wie man in unserer jetzigen Zeit diese Reden, diese Fragen und diese Gesten wieder in den Mund, in den Körper und in das Gebaren von Leuten versetzen kann, die selbst keine professionellen Schauspieler sind, die Bauern aus derselben Gegend sind, die von gleicher Statur wie die aus der Affäre von 1836 sind. Und damit wirft man die Frage wieder auf, in größter Nähe zu dem Ort, an dem sie gestellt worden war. Das Wichtige ist, dass die Leute aus der Region, in der gedreht wurde, an der Herstellung des Filmes beteiligt waren, dass sie zu den verschiedenen Charakteren und den verschiedenen Episoden Stellung genommen haben, dass sie das gespielt haben und dass sie durch ihr Spiel die Frage neu gestellt haben.

– *Könnte man nicht* Les Camisards[1] *und dann Pierre Rivière als eine Art Beschreibung des »Geschichte-Schreibens« nehmen ... vorausgesetzt, Allio schreibt wirklich Geschichte?*

– Schreibt Allio Geschichte? Ich glaube nicht. Geschichte zu schreiben ist eine gelehrte, notwendigerweise mehr oder weniger akademische oder universitäre Tätigkeit. Umgekehrt, Geschichte geschehen zu lassen oder ein Verhältnis zur Geschichte zu haben oder Bereiche unseres Gedächtnisses oder unseres Vergessens zu intensivieren, das ist das, was Allio macht, was das Kino machen kann. Man könnte versuchen zu erkennen, wie die Filme von Allio Geschichte geschehen lassen, wie zum Beispiel die Stimme von Jean Cavalier in *Les Camisards* tatsächlich in der gegenwärtigen Zeit reaktiviert werden kann und sich unter Verwendung exakt derselben Worte direkt an die Leute unserer Zeit, nach 1968, wenden kann. Allio lässt nicht sehen, was geschehen ist, er reaktualisiert keine Ereignisse, sei es auf imaginäre Weise, sei es im Modus der behutsamen Rekonstruktion. Es gibt ein gewisses Segment unserer Geschichte, welches ist, was es ist; wenn man es aufnimmt, wenn man die Teile entnimmt, daraus einen Film macht und die Worte in den Mund von Filmcharakteren legt, was kommt dabei heraus?

– *Es gibt in den zwei historischen Filmen von Allio wenigstens zwei Bezugsebenen: die literarische der Manuskripte und die visuelle der realistischen Bildtradition. Trägt dieser Doppelbezug dazu bei, Geschichte besser geschehen zu lassen?*

1 [Film von R. Allio, 1971.]

– Die beiden Ebenen würden sich in die Quere kommen, wenn er eine Rekonstruktion durchführen wollte. Sie kommen sich aber insofern nicht in die Quere, wie er diese Elemente, die unsere Geschichte ausmachen, zum einen zusammenholt und zum anderen geschehen lässt, und wie es in der Tat die Malerei, das heißt das Repräsentationssystem der volkstümlichen Bauerndarstellung, gibt, zu finden etwa bei Millet, ein bestimmter vollkommen äußerlicher Blick, der die Bauern von oben herab erfasst, ihnen gewiss nicht ihre Intensität nimmt, sie aber auf eine gewisse Weise einfriert. Genau diesen Blick gibt es, er ist beinahe zeitgleich mit der Affäre Rivière entstanden; es gibt die Art und Weise, wie zu jener Zeit solche Leute wie die Ärzte und die Richter sich über diese bäuerliche Welt mit ihrem Durcheinander und ihren Leiden auslassen. Das alles muss sich ineinanderfügen, zum Teil überdecken und Teile zum Vorschein kommen lassen, damit diese selbe Frage gestellt bleibt. Es gibt in Allios Filmen eher ein Moment von ewiger Gegenwart als von historischer Wiederholung. Es ist die ewige Gegenwart des eigentlich Flüchtigsten, nämlich des Alltäglichen. Es gibt bei Allio das umfassende Problem des Alltäglichen, wobei es von der Brecht'schen Dramaturgie bis hin zu dem, was er jetzt zu leisten versucht und was sehr weit von Brecht entfernt ist, dennoch ein gemeinsames Element gibt: Was ist diese starke, dramatische Bedeutung des Alltäglichen, und auf welche Weise ist sie unterhalb der endlosen Flucht dieser Mikro-Ereignisse, die es selbst nicht verdienen, berichtet zu werden, und die gleichsam aus jedem Gedächtnis herausfallen, durchgehend gegenwärtig? Und doch gibt es sehr wohl eine bestimmte Ebene, auf der es eingeschrieben wird, und letztlich gibt es keinerlei Ereignis, das sich tief in unseren ländlichen Regionen zugetragen hat und das sich nicht irgendwie noch immer in die Körper der Bewohner der Städte des 20. Jahrhunderts einschreibt. Es gibt ein kleines Element von volkstümlicher Bauerndarstellung, ein kleines Drama aus Feld, Wald und Stall, das irgendwo eingeschrieben ist, das auf eine bestimmte Weise unsere Körper geprägt hat und sie auf infinitesimale Weise nach wie vor prägt.

– *Denken Sie, dass eine so außergewöhnliche Gestalt wie Pierre Rivière es ermöglicht hat, die sich unterhalb der Geschichte erstreckenden Kräfte, die Brecht die »dunklen Kräfte« genannt hat, zum Vorschein zu bringen?*

– In einem bestimmten Sinne ist es Pierre Rivière gelungen, sämtliche Apparate kurzzuschließen und in die Falle zu locken, in denen man versucht hat, ihn zu erfassen. Mehr noch, es hat eine doppelte Falle gegeben: Auf der einen Seite hat er es geschafft, sich allem zu entziehen – denn am Ende wusste weder die Justiz noch die Medizin, was mit ihm zu machen war, und sein Bericht, der alles vorausgesehen hatte, entgeht sämtlichen Kategorisierungen und sämtlichen möglichen Fallen, und wenn man ihn fragt, warum er seinen kleinen Bruder getötet hat, antwortet er: »Um in den Augen aller und insbesondere in denen meines Vaters so verabscheuungswürdig zu werden, dass mein Vater nicht unglücklich sein kann, wenn ich zum Tode verurteilt werde«; auf der anderen Seite führte diese gewaltige Falle, die er allen gestellt hatte und die verhinderte, dass man seiner von außen her habhaft werden konnte, zu seiner Verurteilung und schließlich, obgleich er doch begnadigt wurde, zu seinem Tod. Angesichts eines so wunderbar klarsichtigen Vorhabens und vor allem angesichts eines so bewundernswerten Textes haben einige Ärzte, mit Sicherheit die Geschworen und auch die Richter geurteilt: »Dies kann kein Wahnsinniger sein, man kann nicht davon absehen, ihn zu verurteilen, so wunderbar hellsichtig, stark und intelligent, wie er ist.« Er ist sämtlichen Fallen entgangen, indem er sämtlichen Fallen Fallen stellte, und ist selbst in die Falle gegangen. Dabei baut Allios Film durch das Spiel, das er zwischen dem Text, dem Memoire – dieser *Off*-Stimme – und dem aufzieht, was man sieht, diese doppelte Falle sehr schön nach. Einerseits schließt eine Art Stimme alles Übrige ein, folglich ist der gesamte Film der Stimme Rivières innerlich, und Rivière ist nicht allein im Film präsent, sondern wickelt ihn wie eine Art Außenhaut ein, er sucht die äußeren Grenzen des Films heim; andererseits stellt er dadurch, dass er die dokumentarischen Stimmen von Journalisten, Richtern und Ärzten intervenieren lässt, die Bewegung wieder her, durch die Rivière dennoch durch den Diskurs, den man über seinen eigenen Diskurs hielt, in die Falle gegangen ist.

– *Allio zitiert gern, wenn es um seinen Film geht, eine von Ihnen stammende Formulierung, nämlich: »Das winzige Körnchen der Geschichte.« Hat nicht mit einem solchen überwältigenden Erfolg das Körnchen mit Verzögerung aufgehört, winzig zu sein?*

– Das ist *Blow Up*,[2] wenn Sie so möchten, eine Art Aufbruchsphä-

2 [Film von M. Antonioni, 1967 (Foucault und Antonioni hatten über ihre jeweiligen Arbeitsmethoden diskutiert).]

nomen, das in allen Unternehmungen dieser Art ebenso wie im alltäglichen Leben zustande kommt. Wenn Sie Ihre Zeitung aufschlagen, dann lesen Sie zum Beispiel, dass ein Mann seine Frau im Anschluss an einen Streit getötet hat: Das ist ganz einfach das alltägliche Leben, das, zu einem bestimmten Zeitpunkt im Anschluss an einen Unfall, eine Abweichung, einen kleinen Exzess, zu etwas Ungeheuerlichem geworden ist, das gleich anschließend wie ein Luftballon verschwinden wird. Das ist die Affäre Rivière, und das zeigt auch der Film: ein alltägliches Leben, ein Streit um ein Feld, um Möbel, um Klamotten. Das eben ist das Unbewusste der Geschichte, und das ist nicht irgendeine Art großartige Kraft, Lebens- oder Todestrieb. Unser geschichtliches Unbewusstes ist aus diesen Millionen, diesen Milliarden kleiner Ereignisse gemacht, die jedes so klein, wie es ist, wie Regentropfen unseren Körper, unsere Art zu denken ausfurchen, und dann will es der Zufall, dass eines dieser Mikroereignisse Spuren hinterlassen hat und dass daraus eine Art Monument, ein Buch, ein Film werden kann.

– *Der Zufall allein?*

– Der Zufall, verstanden als eine Art aleatorischer Dreh, der es ausmacht, dass unter so vielen Dokumenten diese da aufbewahrt werden, unter so vielen Verbrechen einige bis in das Bewusstsein der Leute gelangt sind, aus so vielen Geschehnissen, Streitereien, Wutanfällen, Hassausbrüchen schließlich ein Verbrechen hervorgeht. Letztlich gibt es ein Gewirr von derart komplizierten Gründen, dass es summa summarum sehr wohl einem aleatorischen Phänomen zu verdanken ist, dass aus dieser Familie Rivière mit ihren alltäglichen Konflikten einhundertundfünfzig Jahre danach ein Film hervorgegangen ist, den zehn- und aberzehntausende von Leuten sehen werden. Ein Zufall [»*aléa*«], der mich sehr fasziniert.

– *Dennoch wird gern angenommen, dass es eine gewisse Verständlichkeit der Geschichte gibt, dass sie nicht per Zufall ihre Wahl trifft.*

– Man kann sicherlich analysieren, warum man sich zu einem bestimmten Zeitpunkt für diese Art Verbrechen interessiert hat, warum die Probleme Wahnsinn und Kriminalität zu beharrenden Fragen in unserer Kultur geworden sind und warum ein Bauerndrama sich uns aufdrängt. Dieser Teil Zufall verleiht jenen Ereignissen freilich eine ästhetische Intensität. Probleme wie diese da hat es zu jener Zeit zu tausenden gegeben. Warum ist dieses hier Anlass zu einem Mord gewesen, warum hat dieser Mord zu jener Zeit eine so große Nachwirkung gehabt, warum ist er anschließend vergessen, vollständig vergessen worden, warum ist ein Individuum wie ich, das den Staub liebt, eines Tages auf diesen Text gestoßen? Und das, das kann ich Ihnen sagen, ich kann Ihnen sagen, wie ich auf diesen Text gestoßen bin. Ich habe systematisch sämtliche rechtsmedizinischen Gutachten, die sich auf kriminelle Taten bezogen, für die erste Hälfte des 19. Jahrhunderts zusammentragen lassen. Ich glaubte, ich würde einige Dutzend Dokumente finden, ich bin auf hunderte gestoßen. In meiner Verzweiflung angesichts dieses Stapels an Dokumenten habe ich ganz einfach das umfangreichste genommen. Und dann … bin ich nicht auf ein ärztliches Attest gestoßen, sondern bin auf diese außergewöhnliche Sprache gestoßen, die nicht die eines Arztes war. Ich habe das selbstverständlich denselben Abend gelesen, und ich war verblüfft. Vielleicht, wenn ich es nicht gewesen wäre, wäre es ein anderer gewesen, denn man begann sich gerade für Geschichten dieser Art zu interessieren, aber Sie sehen trotzdem richtig, dass es eine ganze Reihe wunderbarer Zufälle gegeben hat. Die Geschichte hätte mit Sicherheit nicht eine solche Nachwirkung gehabt, wenn nicht einer der Ärzte aus der Gegend, der Vastel hieß, in Schüler-Lehrer-Beziehungen zu den großen Pariser Psychiatern gestanden hätte. Es brauchte wahrlich eine Reihe solcher kleiner Drehs wie diesen. Es gibt wohl im Großen und Ganzen eine Verstehbarkeit, aber der faktische Weg von Pierre Rivière, von seiner Mutter, von seinem Vater bis hin zu uns besteht aus einer bestimmten Anzahl von Zufällen, die der Rückkehr Rivières eine große Intensität verleihen.

– *Allio stellt oft die kleine Geschichte der großen Geschichte, das heißt das alltägliche Leben den Ausnahmeereignissen gegenüber. Doch wenn man sich für die kleine Geschichte interessiert, hat man durchaus den Eindruck, dass daraus die große gemacht wird. Letztlich zählt Pierre Rivière heute mehr als viele seiner einst berühmten Zeitgenossen von 1836.*

– Richtig. Das ist eines der interessanten Dinge, die derzeit geschehen: Eines der Geschichtsbücher, das in den letzten Monaten den größten Erfolg hatte, ist das Buch von Le Roy Ladurie über Montaillou,[3] dessen Gestalten jetzt in der französischen Geschichtsschreibung mit beinahe genauso großer Intensität anwesend sind

3 [Le Roy Ladurie, E., *Montaillou, village occitan: de 1294 à 1324*, Paris 1975; dt.: *Montaillou. Ein Dorf vor dem Inquisitor 1294 bis 1324*, Frankfurt 1980, Berlin 1993.]

wie Mirabeau oder La Fayette. Von jetzt an interessiert man sich für das Alltägliche. Eigentlich interessieren sich die Historiker seit sehr langer Zeit für das Alltägliche, für die Geschichte der Empfindsamkeit, der Gefühle, für die Geschichte einer materiellen Kultur, die an die Organisation des Lebens aller Tage rührt, allerdings in relativ allgemeiner Terminologie. Seit einigen Jahren wird nun wieder dafür gesorgt, dass aus diesem etwas zu allgemeinen Alltäglichen – das Wohnen, die Eltern-Kinder-Beziehungen – Monographien über die anonymsten Leute auftauchen. Ein Individuum wird zu einer Art geschichtlicher Gestalt. Das ist neu, und Allios Film fällt voll und ganz in die Strömung.

– *Man hat oft über Allio gesagt, er interessiere sich für Gestalten, die in Veränderung begriffen seien, und was Pierre Rivière angeht, ist das recht eindeutig so. Lassen sich an dem Film auch Anzeichen für einen historischen Wechsel, für eine Epoche erkennen, die im Begriff ist, sich zu transformieren?*

– Was sich in der Epoche Rivières im Bauernstand ereignete, der von den alten, sehr überlebten Formen des Feudalwesens umrahmt wurde, das war nach 1789 und nach dem Kaiserreich das Erscheinen eines neuen Rechtssystems. Der Code civil hielt Einzug auf dem Lande, mit einem sehr neuartigen Verhältnis zum Eigentum, zu den gerichtlichen Instanzen, zum Gesetz, ein zugleich gestörtes Verhältnis – die Texte waren nicht sehr gut bekannt – und sehr intensives und sehr von Gier bestimmtes Verhältnis, denn letztlich ging es in allen diesen Auseinandersetzungen um Vermögen, Reichtum, Eigentum und die elementaren Lebensbedingungen. Ein Rechtsproblem also. Wenn man sich in Erinnerung ruft, dass alle klassischen Tragödien Tragödien des Rechts sind (die griechischen Tragödien sind immer Tragödien des Rechts), so kann man sagen, dass sich daran, dicht auf Bodenhöhe einer ländlichen, urtümlich engstirnigen Geschichte, zumindest in ihren Anfängen ein Verhältnis erkennen lässt, das die eigentliche Intensität des Tragischen hat: das Verhältnis des Gesetzes zu den Menschen.

– *Ist das nicht auch eine Epoche, in der jene Erfassungs- und Überwachungsbeziehungen eingerichtet wurden, die Sie an anderer Stelle beschrieben haben?*

– Ja, gewiss. Doch in der Affäre Rivière ist das nicht direkt zu spüren. Diese Überwachungssysteme, die durch die Polizei, die Justiz, die Medizin usw. bereitgestellt wurden – und die zugleich Systeme zur Analyse, zum Verstehen, zum Verstehbarmachen der Leute und ihrer Verhaltensweisen sind –, haben die ländlichen Regionen noch nicht durchdrungen, sind noch weit davon entfernt, und es ist sehr schwer zu analysieren. Es ist in dem Film sehr interessant zu sehen, wie der Untersuchungsrichter die Fragen stellt und wie die Leute antworten, mal vollkommen daneben, mal indem sie bloß die Frage des Untersuchungsrichters wiederholen, weil sie die Rolle nicht spielen können, die zu spielen man ihnen anschließend beibringen wird und die darin besteht, über den Verbrecher eine gewisse Anzahl psychologisch versierter Urteile zu fällen.

– *Wechseln wir mit Rivières rastlosem Umherwandern nicht das Register?*

– Was mir gut gefällt am Aufbau des Films, ist, dass das Umherirren ans Ende, nach der Verurteilung, zurückversetzt wird. Es gibt ein scheinbares Ende des Films, und sobald Rivière verurteilt ist, setzt der Film wieder mit diesem Umherirren ein, das der Verhaftung voranging. Der Film führt damit eine Dimension ein, die dafür sorgt, dass Rivière nicht in der medizinisch-gerichtlichen Falle gefangen ist, die es geschafft hat, ihn zu verurteilen; er geht weg, er flieht, er entkommt dem allem, und er wird zu dieser schwebenden Gestalt, außerhalb der Gerechtigkeit, außerhalb des Verbrechens und außerhalb der Gesellschaft, die da ist, rennend und schwebend zugleich. Es gibt da gleichsam einen scheinbaren Fehler im Aufbau, der es in Wirklichkeit Rivière erlaubt, aus der Geschichte, aus der Wirklichkeit herauszuspringen.

– *Trotz seines Rufes, konkret zu sein – gelingt nicht dem Kino das traumhafte Umherirren besser als das Heraufbeschwören der Geschichte?*

– Man kann dem Kino nicht die Frage nach dem Wissen stellen, es stünde ganz und gar auf verlorenem Posten. Man kann ihm andere Fragen stellen. Das Kino gestattet es, einen Bezug zur Geschichte zu haben, einen Anwesenheits-, einen Wirkungsmodus der Geschichte einzurichten, der sich sehr stark von dem unterscheidet, den man durch das Geschriebene erhalten kann. Nehmen Sie zum Beispiel den Film von Moatti, *Le Pain noir*.[4] Diesen Erfolg und diese Bedeutung hat er insofern erreicht, als er stärker als ein Roman Bezug zu einer Geschichte hatte, die im Übrigen einem jeden ein

4 [1974.]

wenig im Gedächtnis steckte, nämlich das Leben der Großmutter. Unsere Großmütter haben durch diese Geschichte gelebt, und sie ist nicht Teil von dem, was wir wissen, sondern Teil von unserem Körper, unserer Art zu handeln, zu tun, zu denken, zu träumen, und plötzlich haben sich diese kleinen rätselhaften Edelsteine, die in uns waren, vom Sand befreit. Man hat in einer kleinen Stadt der Normandie – das war nach dem Erscheinen des Buches, ich habe es also nicht darin aufnehmen können – eine alte Dame von fünfundachtzig Jahren gefunden, die in demselben Dorf geboren wurde, in dem das Verbrechen begangen worden war, und die sich erinnerte, dass man ihr, als sie Kind war, mit Pierre Rivière gedroht hatte. Da hat man eine Art direkter Fortsetzung, und sie hatte tatsächlich davon sprechen hören. Für die anderen handelt es sich um eine andere Art Gedächtnis, aber es existiert.

– Pierre Rivière *ist dennoch ein Film, der sich auf ein Buch stützt, oder besser, der den Umweg über ein Buch genommen hat, um zu den Quellen zu gehen?*

– Was mich im Gegenteil überrascht, das ist, dass der Film selbstverständlich die Dokumente des Buches verwendet hat – aber dazu waren die Dokumente ja auch da –, aber deshalb noch lange nicht der Film zum Buch ist; er ist etwas ganz anderes. Wir wollten in dem Buch die Frage von Rivière wiederaufwerfen, indem wir all das versammelten, was über Rivière zu jener Zeit und danach gesagt worden war. Das Liedchen zum Beispiel gab es danach: Im Allgemeinen legten die Drucker von fliegenden Blättern, wenn gerade ein Verbrechen begangen worden war, in aller Hast Geschichten wieder auf, die mit einem anderen Verbrechen zu tun hatten. Diese Lieder wurden anfangs wirklich gesungen, doch im 19. Jahrhundert war dies nur noch eine ein wenig entleerte Form und auch eine Rechtfertigung für die Veröffentlichung dieser fliegenden Blätter, die bei der Regierung schlecht angesehen waren, weil man darin auch politische Texte einschmuggelte. Man machte das wett, indem man wie etwa bei den Skandalblättern am Ende ein kleines moralisches Liedchen einschob. Indem wir das alles zusammengetragen haben, haben wir dennoch ein gelehrtes Buch geschaffen, und zwar ein Buch, das wir an die Psychiater, an die Psychoanalytiker, an alle diejenigen richteten, die sich für diese Probleme interessieren, doch in Frankreich zumindest gibt es nicht einen, der die Art Herausforderung aufgenommen hat, die die Affäre Pierre Rivière darstellte.

Die Münder blieben verschlossen, was zumindest beweist, dass sie sich ihrer Grenzen bewusst sind. Umgekehrt hat es eine Explosion auf der Ebene Theater, Kino gegeben.

– *Sie haben sich mit ihrer Mitteilung an die Wissenschaftswelt gewandt, der wirkliche Empfänger aber war die Welt der Künstler. Man kann sich fragen, warum?*

– Diese Art großer Einschnitt, den es zwischen Wissen und Kunst gab, ist trotzdem im Verschwinden begriffen. Es ist viel von einer Disqualifizierung des Wissens die Rede gewesen; ich würde sagen, es ist ganz im Gegenteil eine Requalifizierung des Wissens gewesen. Disqualifiziert wurden eben nur einige verknöcherte und langweilige Wissensformen, denn derzeit gibt es eine wahre Wissbegier. Ich bin folglich nicht erstaunt, dass ein gelehrtes Buch auf diese Weise in Umlauf kommt, denn es werden viele Fragen an die institutionellen Wissensinhaber gestellt, die sie nicht zu beantworten vermögen, die aber zugleich eine Vielzahl von Leuten betreffen und berühren. Von welcher Art das generelle Verhältnis dieser Leute, sagen wir, zum Wahnsinn ist, ist äußerst wichtig, selbst für die besagten wissenschaftlichen Diskurse. Hinter dem psychiatrischen Wissen über die Geisteskrankheit, so wie es seit 1830 ausgebildet wurde, gab es als dessen Träger und ständige Versorgung eine Art Wahrnehmung des Wahnsinns. Seit etwa fünfzehn Jahren hat sich dieses Verhältnis zum Wahnsinn bei den Leuten verändert, noch bevor es sich bei einer gewissen Anzahl von Psychiatern veränderte, und dies aus Gründen, bei denen die Wissenschaft kaum eine Rolle spielt. Der wissenschaftliche Diskurs über den Wahnsinn wird nun gewiss nicht mehr derselbe sein können, und genau insofern wird, selbst wenn kein Psychiater die Affäre Rivière jemals wieder aufgreift, die Tatsache, dass sie mit einer solchen Intensität aufgenommen wurde, die Mediziner dazu nötigen, daran zu denken. Sicherlich denken sie bereits daran, sogar ohne dass sie es wissen, wenn sie jemandem gegenüberstehen, der ein Verbrechen begangen hat. Das Rätsel Rivière ist gewiss nicht verloren, doch die Tatsache, dass es ein Rätsel bleibt, ist weder nichtig noch wirkungslos.

– *Verspüren Sie nicht jedes Mal, wenn Rivière wieder lebendig wird, im Theater oder im Kino, eine gewisse Beunruhigung?*

– Wir, die Leute, die wie ich selbst an diesem Dossier gearbeitet haben, wir haben es uns zur Regel gemacht, dass dieser Text uns nicht gehören würde, dass die Arbeit, die wir gemacht haben, zugleich unser Vergnügen und eine Art obskurer Pflicht war, aber dass wir in die Verwendung der Dokumente nicht einzugreifen haben. Als Allio zu mir kam, um mit mir darüber zu sprechen, war ich angenehm überrascht, denn mir schien, dass unter den Leuten, die das Problem der Geschichte und des Kinos stellten, Allio mit *Les Camisards* immerhin eine der besten Sachen dieser letzten Jahre gemacht hatte. Jetzt, da der Film fertig vorliegt, tue ich mich schwer, darüber zu sprechen, weil ich nicht glaube, dass ich ihn richtig zu sehen vermag; ich kann machen, was ich will, ich sehe ihn dennoch durch das Buch, durch die Dokumente hindurch, ich habe also eine vollkommen verfälschte Wahrnehmung. Andererseits bin ich Zeuge bei der Erarbeitung des Films gewesen, und es war das erste Mal, das ich einen Film so aus der Nähe sah, so dass das für mich eine wirkliche Initiation gewesen ist. Ich sehe jetzt das Filmergebnis sowohl durch diese Herstellung als auch durch dieses Buch hindurch, und meine Wahrnehmung ist etwas unstet, nicht dass ich an der Qualität des Films zweifle, aber ich würde nur zu gern, und wäre es nur für einige Minuten, in die Haut von jemandem schlüpfen, der das Buch nicht gelesen hätte, der nichts von der Geschichte kennen würde und der plötzlich diese fremden Stimmen, diese Schauspieler hören würde, die keine sind …

*Übersetzt von Hans-Dieter Gondek*

# Der Diskurs darf nicht gehalten werden für …

»Le discours ne doit pas être pris comme …«, in: *La Voix de son maître*, 1976, S. 9-10 (ein maschinegeschriebener Text über *La Voix de son maître*, ein Filmprojekt von G. Mordillat und N. Philibert, Mitarbeiter von R. Allio bei *Moi, Pierre Rivière …*).

*La Voix de son maître* verweist auf die Vorstellung, dass der Diskurs nicht für die Gesamtheit der Dinge gehalten werden darf, die man sagt, und auch nicht für die Art und Weise, wie man sie sagt. Der Diskurs ist ganz genauso in dem, was man nicht sagt oder was sich in Gesten, Haltungen, Seinsweisen, Verhaltensschemata und Gestaltungen von Räumen ausprägt. Der Diskurs ist die Gesamtheit erzwungener und erzwingender Bedeutungen, die die gesellschaftlichen Verhältnisse durchziehen.

Die politische Analyse des Diskurses ist vor allem, und das bis heute, in Form von Dualismen betrieben worden: Gegensatz zwischen einem herrschenden Diskurs und einem beherrschten Diskurs, und zwischen ihnen die Klassenschranke sowie Mechanismen, für die Repression, Ausschließung und Verdrängung Modell gestanden haben.

Hier nun geht es darum, den Diskurs als ein strategisches Feld auszuweisen, auf dem die Elemente, die Taktiken und die Waffen unaufhörlich von einem Lager ins andere wechseln, sich zwischen den Gegnern austauschen und sich gegen diejenigen selbst wenden, die sie verwenden. Entsprechend seiner Allgemeinheit kann der Diskurs sowohl zu einem Ort als auch zu einem Instrument der Konfrontation werden.

Was den Unterschied ausmacht und die Schlacht der Diskurse bezeichnet, ist die Position, die von jedem der Gegner eingenommen wird: das, was es ihm ermöglicht, mit herrschaftlichen Wirkungen einen Diskurs zu verwenden, der von allen akzeptiert wird und der nach allen Seiten weiter übermittelt wird. Nicht weil man auf verschiedene Weise denkt oder weil man einander widersprechende Thesen vertritt, stehen die Diskurse gegeneinander. Sondern zunächst einmal, weil der Diskurs eine Waffe der Macht, der Kontrolle, der Unterwerfung, der Qualifizierung und Disqualifizierung ist, ist er das, worum ein grundsätzlicher Kampf geführt wird.

Diskurs als Schlacht und nicht Diskurs als Widerspiegelung. Genauer, es gilt, am Diskurs Funktionen erkennbar zu machen, die nicht einfach nur die des Ausdrucks (eines bereits konstituierten und stabilisierten Kräfteverhältnisses) oder der Reproduktion (eines zuvor existierenden gesellschaftlichen Systems) sind. Der Diskurs – die bloße Tatsache, dass man spricht, Worte verwendet, die Worte der anderen gebraucht (bereit, sie zu retournieren), Worte, die die anderen verstehen und akzeptieren (und eventuell ihrerseits retournieren) –, dieses Faktum ist in sich selbst eine Kraft. Der Diskurs ist für das Kräfteverhältnis nicht nur eine Einschreibungsfläche, sondern ein Operator.

*Übersetzt von Hans-Dieter Gondek*

# Die grauen Morgen der Toleranz

»Les matins gris de la tolérance«, in: *Le Monde*, Nr. 9998, 23. März 1997, S. 24 (über den Film von P. P. Pasolini, *Comizi d'amore*, 1963 produziert, 1965 in Italien herausgekommen).

Woher kommen die Kinder? Vom Storch, aus einer Blume, vom lieben Gott, vom Onkel aus Kalabrien. Doch schauen Sie sich das Gesicht dieser Bengel an: Sie tun nichts, um den Eindruck zu erwecken, sie glaubten das, was sie sagen. Sie lachen dabei oder schweigen, ihre Stimme kommt von fern, die Blicke wandern von rechts nach links, und die Antworten auf diese Erwachsenenfragen haben eine perfide Gescheitheit; sie behaupten das Recht, für sich zu behalten, was man gern flüsternd äußert. Mit dem Storch macht man sich über die Erwachsenen lustig, zahlt man ihnen mit gleicher falscher Münze heim; er ist das ironische, ungeduldige Zeichen dafür, dass die Frage nicht weiter vordringen darf, dass die Erwachsenen indiskret sind, dass sie keinen Zutritt zu der Runde haben, und dass das Kind sich das »Übrige« selbst erzählen wird.

So beginnt der Film von Pasolini.

*Erhebung über die Sexualität* ist eine recht merkwürdige Übersetzung für *Comizi d'amore*: Komitien, Versammlung oder vielleicht Form der Liebe. Es ist das tausendjährige Spiel des »Gastmahls«, doch unter freiem Himmel an den Stränden und auf den Brücken, an den Straßenecken, mit Kindern, die Ball spielen, jungen Burschen, die trainieren, badenden Mädchen, die sich langweilen, Prostituierten in Trauben auf dem Boulevard oder Arbeitern nach der Fabrik. Dem Beichtstuhl sehr fern, aber ebenso auch einer Erhebung, bei der man unter gewahrter Diskretion die geheimsten Dinge erfragt: Es sind *Straßengespräche über die Liebe*. Schließlich ist die Straße die spontanste Form des Zusammenlebens im Mittelmeerraum.

Der umherziehenden oder sich in der Sonne aalenden Gruppe hält Pasolini wie im Vorübergehen das Mikro hin: Beiläufig stellt er eine Frage nach der »Liebe«, nach diesem schwankenden Bereich, in dem der Sex, das Paar, die Lust, die Familie, die Verlobung und ihre Gebräuche, die Prostitution und ihre Tarife sich überkreuzen. Irgendeiner entschließt sich, antwortet ein wenig zögerlich, versichert sich und spricht für die anderen; sie kommen näher, pflichten bei oder murren, Hände auf den Schultern, Gesicht gegen Gesicht; Lachen, Zärtlichkeit, etwas Unruhe läuft rasch zwischen diesen Körpern um, die zusammenstehen und sich streifen. Und die von sich aus mit umso größerer Zurückhaltung und Distanz sprechen, je lebhafter und wärmer ihr Kontakt ist: Die Erwachsenen stellen sich nebeneinander auf und reden ausgiebig, die Jugendlichen reden kurz und haken sich unter. Pasolini als Interviewer bleibt undeutlich: Pasolini als Cineast schaut mit allen seinen Ohren.

Das Dokument ist unschätzbar, wenn man sich mehr für diese Dinge, die gesagt werden, als für das Mysterium, das nicht gesagt wird, interessiert. Nach der so langen Herrschaft dessen, was man (ziemlich übereilt) die christliche Moral nennt, konnte man in diesem Italien der frühen sechziger Jahre ein gewisses Brodeln des Sexuellen erwarten. Ganz und gar nicht. Beharrlich werden die Antworten in einer rechtlichen Terminologie gegeben: für oder gegen die Scheidung, für oder gegen die Vorherrschaft des Mannes, für oder gegen die Pflicht zur Jungfräulichkeit für die Mädchen, für oder gegen die Verdammung der Homosexuellen. Als ob die italienische Gesellschaft jener Zeit zwischen den Geheimnissen der Buße und den Vorschriften des Gesetzes noch keine Stimme für dieses öffentliche Geständnis des Sexes gefunden hätte, das unsere Medien heute verbreiten.

»Sie sprechen nicht darüber? Das ist so, weil sie Angst davor haben«, erklärt Musatti, ein banaler Psychoanalytiker, den Pasolini von Zeit zu Zeit ebenso wie Moravia zu der in Gang befindlichen Erhebung befragt. Doch Pasolini glaubt offensichtlich nicht daran. Was den ganzen Film durchzieht, ist, glaube ich, nicht die Heimsuchung durch den Sex, sondern eine Art historischer Vorahnung, eine Art unbestimmtes, vorauslaufendes Zurückweichen vor einer neuen Ordnung, die damals in Italien entsteht, die Ordnung der Toleranz. Und da werden auch die Einschnitte in dieser Masse sichtbar, die sich dennoch darin einig ist, von Recht zu sprechen, wenn man sie nach der Liebe fragt. Einschnitte zwischen Männern und Frauen, Bauern und Städtern, Reichen und Armen? Ja, selbstverständlich, doch vor allem zwischen den Jungen und den anderen. Letztere fürchten eine Ordnung, die all die schmerzhaften und subtilen Anpassungen umstürzen wird, die das Ökosystem des Sexes gesichert hatten (mit dem Verbot der Scheidung, das auf ungleiche Weise den Mann und die Frau festhält; mit dem geschlossenen Haus, das als Komplementärgestalt zur Familie dient; mit dem Preis der Jungfräulichkeit und den Kosten der Heirat). Die Jugendlichen gehen diesen Wechsel auf eine deutlich andere Weise an; nicht mit Freudenschreien, sondern mit einer Mischung aus Ernst und Misstrauen, denn sie wissen ihn an ökonomische Transformationen gebunden, die sehr damit drohen, die Ungleichheiten des Alters, des Vermögens und der Stellung fortzuschreiben. Im Grunde verzaubern die grauen Morgende der Toleranz niemanden, und keiner hat es mit der Feier des Sexes eilig. Mit Resignation oder Zorn beunruhigen sich die Alten: Was wird mit *dem* Recht sein? Und die Jugendlichen werden beharrlich antworten: Was wird mit *den* Rechten, mit *unseren* Rechten sein?

Dieser fünfzehn Jahre alte Film kann als Merkzeichen dienen. Ein Jahr nach *Mamma Roma* setzt Pasolini fort, was in seinen Filmen die große Saga der Jugendlichen werden wird, jener Jugendlichen, in denen er keineswegs Heranwachsende für Psychologen sah, sondern die derzeitige Form einer »Jugend«, die unsere Gesellschaften seit Rom und Griechenland niemals zu integrieren vermochten, die sie gefürchtet oder zurückgewiesen haben, die zu unterwerfen ihnen niemals gelungen ist, außer indem sie sie von Zeit zu Zeit in den Krieg schickten, um sie töten zu lassen.

Und dann war 1963 noch jene Epoche, in der Italien mit viel Lärm in jene Bewegung von Expansion-Konsum-Toleranz eintreten sollte, deren Bilanz Pasolini zehn Jahre später in den *Korsarenschriften* ziehen sollte. Die Gewalt des Buches entspricht der Unruhe des Films.

1963 war auch die Epoche, in der ein wenig überall in Europa und in den Vereinigten Staaten jene Wiederinfragestellung der vielfältigen Formen der Macht begann, von der die Weisen uns sagen, dass sie »in Mode« ist. Nun ja! Es mag sein; die »Mode« läuft Gefahr, noch einige Zeit getragen zu werden, wie in diesen Tagen in Bologna.

*Übersetzt von Hans-Dieter Gondek*

# Die vier apokalyptischen Reiter und das alltägliche Gewürm

»Les quatres chevaliers de l'Apocalypse et les vermisseaux quotidiens«, Gespräch mit B. Sobel, in: *Cahiers du cinéma*, Nr. 6, hors série: *Syberberg*, Februar 1980, S. 95-96. (Über den Film *Hitler, ein Film aus Deutschland*, von H. J. Syberberg, 1977.)

Die Ästhetik von *Hitler, ein Film aus Deutschland*, wurde nicht besonders gut aufgenommen, weil man sie in der Bundesrepublik und in den Vereinigten Staaten als zu gefällig einstufte. Das Gespräch mit dem Theaterregisseur Bernard Sobel gehört zu einer Reihe von Beiträgen, in denen Susan Sontag, Heiner Müller, Douglas Sirk und Francis Coppola den Film verteidigten. Foucault war mit Syberbergs gesamtem filmischen Schaffen vertraut.

*B. Sobel:* Als ich den Film zum ersten Mal in Deutschland sah, war ich verzaubert, wie man von einer Hexe verzaubert wird. Ich war berührt, weil ich Deutschland und seine Kultur ein wenig kannte. Und ich war beunruhigt. Ich dachte, dieser Film hat etwas Perverses. Tatsächlich erregt der Film überall ein gewisses Misstrauen. Wie haben Sie reagiert? Haben Sie sich gesagt: »Ja, das musste man machen«?

*M. Foucault:* Nein, denn es gibt nicht nur *eine* Sache, die man im Blick auf das Geschehen von 1930 bis 1945 tun muss, sondern tausenderlei Dinge und letztlich unendlich viele. Der Mantel des Schweigens, in den man den Nazismus nach 1945 aus politischen Gründen gehüllt hat, ist so beschaffen, dass man gar nicht umhinkann, die Frage zu stellen: »Was ist daraus in den Köpfen der Deutschen geworden? Was ist daraus in ihren Herzen geworden? Was ist daraus in ihrem Körper geworden?« Schließlich musste irgendetwas daraus werden, und man beobachtete mit einer gewissen Besorgnis, was da wohl am anderen Ende des Tunnels herauskommen mochte. In Gestalt welchen Mythos, welcher Geschichte, welcher Wunde mochte das hervorkommen? Syberbergs Film ist ein schönes Monstrum. Ich sage »schön«, weil mich das am meisten erstaunt hat – und vielleicht meinen Sie das, wenn Sie vom perversen Charakter des Films sprechen. Ich will nicht über die Ästhetik des Films sprechen, denn davon verstehe ich nichts. Es ist dem Film gelungen, eine gewisse Schönheit dieser Geschichte sichtbar zu machen, ohne deren schmutzige, niederträchtige, alltäglich widerwärtige Seiten auch nur im Geringsten zu verbergen. Darin erfasst der Film vielleicht das eigentlich behexende Moment des Nazismus, seine schillernde Mittelmäßigkeit, die ohne Zweifel das verführerische Moment des Nazismus darstellte.

*B. Sobel:* Als ich den Film sah, hatte ich auch ein befremdliches Gefühl. Mir wurde plötzlich klar, inwiefern die jungen Menschen den Nazismus als Utopie, als reale Utopie erlebt haben. Ich finde es sehr wichtig, dass Syberberg nicht urteilt und verurteilt, sondern sichtbar macht, dass ein Mensch, der nach den klassischen Normen als »normal« galt, dennoch ein Nazi gewesen sein konnte.

*M. Foucault:* Simone Veil hat zu dem Film über Braun, der kürzlich im Fernsehen gezeigt worden ist, gesagt, er »banalisiert den Schrecken«. Das ist vollkommen richtig, und genau deshalb war der Film über Eva Braun, der von Franzosen gemacht worden ist, ganz und gar verblüffend. Syberbergs Film macht genau das Gegenteil, dort wird das Niederträchtige banal. In der Banalität einer bestimmten Denk- und Lebensweise, einer Reihe alltäglicher Träume des Europäers der dreißiger Jahre, lässt er eine potenzielle Niedertracht aufscheinen. In diesem Sinne ist Syberbergs Film das genaue Gegenteil der von Simone Veil zu Recht kritisierten Filme. Ich wünschte mir, man könnte einmal den Film über Eva Braun zwischen bestimmte Teile des Films von Syberberg einschieben. Er scheint mit einer alten, schicklichen, netten und langweiligen Postkarte einer bürgerlich ehrbaren europäischen Familie aus dem Urlaub irgendwann in den dreißiger Jahren gemacht zu sein. Das Besondere an Syberbergs Film ist gerade die Aussage, dass der Schrecken banal ist, dass Banalität stets Dimensionen des Schreckens in sich birgt, dass zwischen Schrecken und Banalität ein direktes Wechselverhältnis besteht. Die tragische Literatur und die Philosophie werfen das Problem auf, welchen Status man den vier apokalyptischen Reitern geben soll. Sind sie prunkvolle schwarze Heroen, die auf das Ende der Welt warten, um hereinzubrechen? Und in welcher Form, mit welchem Gesicht werden sie hereinbrechen? Als Pest, als die großen Massaker des Krieges, als Hungersnot? Oder sind sie vier kleine Würmer, die wir alle im Gehirn, tief im Kopf und tief im Herzen tragen?

Das ist, wie ich glaube, die Stärke des Films von Syberberg. Er macht sehr wohl deutlich, dass wir es damals in Europa, in der Zeit von 1930 bis 1945, mit den vier apokalyptischen Reitern zu tun hatten, aber dann zeigt er auch die gleichsam biologische Verwandtschaft dieser vier Reiter mit dem alltäglichen Gewürm.

*Übersetzt von Michael Bischoff*

# Gespräch mit Werner Schroeter

»Conversation avec Werner Schroeter« (Gespräch mit G. Courant und W. Schroeter am 3. Dezember 1981), in: G. Courant, *Werner Schroeter*, Paris 1982, S. 39-47.

Als Werner Schroeters Film *Der Tod der Maria Malibran* 1971 herauskam, schrieb M. Foucault einen Text (siehe oben Nr. 164), in dem der Filmemacher die präziseste und zutreffendste Analyse seiner Arbeit aus dieser Zeit erblickte. M. Foucault und W. Schroeter kannten sich nicht. Sie trafen sich erstmals im Dezember 1981.

*M. Foucault:* Als ich *Der Tod der Maria Maliban* und *Willow Springs*[1] sah, beeindruckte mich am stärksten, dass es keine Filme über die Liebe, sondern über die Leidenschaft sind.

*W. Schroeter:* Die Grundidee in *Willow Springs* war eine obsessive Abhängigkeit zwischen vier Personen, die alle nicht genau wussten, warum diese Abhängigkeit bestand. Ila von Hasperg zum Beispiel, die in dem Film die Rolle des Hausmädchens und der Köchin spielt, weiß nicht, warum sie in solcher Abhängigkeit zu Magdalena steht. Ich sehe darin eine Obsession.

*M. Foucault:* Ich glaube, bis auf die Bezeichnung sprechen wir hier von derselben Sache. Zunächst einmal kann man nicht sagen, dass die Frauen einander liebten. Auch in *Maria Malibran* kann man nicht von Liebe sprechen. Was ist Leidenschaft? Es ist ein Zustand, etwas, das dich überkommt, das sich deiner bemächtigt, das dich festhält, das keine Pause kennt und keinen Ursprung hat. Tatsächlich weiß man nicht, woher das kommt. Die Leidenschaft ist einfach da. Es ist ein Zustand, der sich ständig verändert, aber keinem bestimmten Ziel zustrebt. Es gibt starke Momente und schwache Momente, und es gibt Augenblicke, in denen sie zur Weißglut gelangt. Es treibt dahin. Es schaukelt. Ein instabiler Augenblick, der aus dunklen Gründen weitergeht, vielleicht aus Trägheit. Es sucht letztlich, sich zu erhalten und zu verschwinden. Die Leidenschaft tut alles, um fortzubestehen, und zugleich zerstört sie sich selbst. In der Leidenschaft sind wir nicht blind. In leidenschaftlichen Augenblicken sind wir nur nicht mehr wir

1 [1973.]

selbst. Es hat keinen Sinn mehr, wir selbst zu sein. Man sieht die Dinge ganz anders.

In der Leidenschaft gibt es auch eine gewisse Lust am Leiden, die ganz anders geartet ist, als wir sie etwa im Begehren oder im so genannten Sadismus oder Masochismus finden. Ich kann keinerlei sadistische oder masochistische Beziehung zwischen diesen Frauen erkennen, aber es gibt da einen Zustand, in dem Schmerz und Lust vollkommen unlösbar miteinander verbunden sind. Es handelt sich nicht um zwei Qualitäten, die sich vermischten, sondern um eine einzige Qualität. Jede dieser Frauen empfindet einen sehr großen Schmerz. Aber man kann nicht sagen, sie fügten einander diesen Schmerz zu. Es sind drei Formen eines permanenten Schmerzes, der dennoch ganz und gar gewollt ist, denn es gibt keine unabweisbare Notwendigkeit, dass sie dort zusammen sind.

Diese Frauen haben sich in einem Leidenszustand aneinandergekettet, der sie eint und aus dem sie sich nicht lösen können, obwohl sie alles tun, um sich daraus zu befreien. Das alles ist ganz anders als in der Liebe. Dort gibt es jemanden, der gewissermaßen der Träger dieser Liebe ist, während die Leidenschaft zwischen den Partnern zirkuliert.

*W. Schroeter:* Liebe ist nicht so aktiv wie Leidenschaft.

*M. Foucault:* Leidenschaft ist ein Mischzustand zwischen verschiedenen Partnern.

*W. Schroeter:* Liebe ist ein Zustand der Gnade, der Distanz. In einem Gespräch hat Ingrid Caven vor ein paar Tagen gesagt, Liebe sei ein egoistisches Gefühl, weil es den Partner gar nicht berücksichtigt.

*M. Foucault:* Man kann durchaus lieben, ohne dass der andere ebenfalls liebt. Das ist eine einsame Sache. Deshalb gibt es in der Liebe immer so viele Forderungen an den anderen. Darin liegt ihre Schwäche, denn sie verlangt ständig etwas vom anderen, während die Leidenschaft zwischen zwei oder drei Menschen eine intensive Kommunikation ermöglicht.

*W. Schroeter:* In der Leidenschaft liegt eine große kommunikative Kraft, während Liebe ein Zustand der Isolation ist. Ich finde es sehr deprimierend, zu wissen, dass Liebe eine innere Schöpfung und Erfindung ist.

*M. Foucault:* Aus Liebe kann Leidenschaft werden, also der Zustand, von dem wir gerade gesprochen haben.

*W. Schroeter:* Also auch dieses Leid.

*M. Foucault:* Dieser Zustand wechselseitigen Leidens ist nichts anderes als Kommunikation. Ich glaube, genau das geschieht zwischen diesen Frauen. Ihr Gesicht und ihr Leib sind nicht von Begehren, sondern von Leidenschaft gezeichnet.

*W. Schroeter:* In einer Diskussion hat mir jemand vor ein paar Jahren einmal gesagt, *Willow Springs* ähnele dem *Missverständnis* von Albert Camus.

*M. Foucault:* Ich habe damals tatsächlich angenommen, Ihr Film basiere auf dem Buch[2] von Camus. Es ist die alte Geschichte der todbringenden Herberge, die sich in vielen Werken der europäischen Literatur findet. Die Herberge wird von einer Frau geführt, die alle Reisenden, die sich in ihr »Revier« verirren, umbringt. Camus hat diese Geschichte in seinem Roman verarbeitet.

*W. Schroeter:* Ich kannte die Geschichte nicht, als ich *Willow Springs* drehte. Als ich später dann Camus' Buch las, wurde mir klar, dass mich an dieser Geschichte vor allem die Beziehung zwischen Mutter und Sohn interessierte. Die Herberge wird von der Mutter und der Schwester geführt, die auf den Sohn warten. Als der Sohn zurückkehrt, bringen Mutter und Schwester ihn um, weil sie ihn nicht erkennen.

Die Idee zu *Willow Springs* geht auf Christine Kaufmann zurück, die mit mir an der Inszenierung der *Emilia Galotti* von Gotthold Ephraim Lessing gearbeitet hatte. Eines Tages kam ihr Ex-Ehemann Tony Curtis und holte ihre beiden Kinder ab, für die sie fünf Jahre das Sorgerecht gehabt hatte. Damals hatte ich dem Deutschen Fernsehen einen Film mit dem Titel *Der Tod der Marilyn Monroe* vorgeschlagen. Ich fuhr zusammen mit Christine Kaufmann, Magdalena Montezuma und Ila von Hasperg nach Amerika, weil Christine und ich hofften, die Kinder zurückholen zu können. Es war mein erster Besuch in Los Angeles und Kalifornien. Die Idee zu *Willow Springs* entstand bei den Kontakten mit den Anwälten und bei der Erkundung der Gegend. In Deutschland meinten manche darin eine Kritik am homosexuellen Terror zu erkennen. Am Ende fanden wir uns in derselben Situation wieder wie die Protagonisten des Films. Wir wohnten in einem kleinen Hotel, zehn

2 [Aus »dem Roman« in der Druckvorlage korrigiert nach der französischen Ausgabe (*Dits et écrits* IV, S. 252) – A. d. Hg.]

Kilometer von Willow Springs entfernt, und wir waren vollkommen abgeschlossen.

*M. Foucault:* Aus welchem Grund leben die Frauen zusammen?

*W. Schroeter:* Erst einmal will ich sagen, dass wir zusammen waren. *Willow Springs* ist Ausdruck der Situation, in der wir lebten und die ich mit diesen drei Frauen erlebte, denn ich arbeitete mit Magdalena, Ila und Christine schon mehrere Jahre zusammen. Ila trug immer auf eine poetische Weise ihre Hässlichkeit zur Schau, Christine war von eisiger Schönheit und freundlich, die dritte, Magdalena, war sehr depressiv und sehr dominant. Diese Situation stellte sich in einem sehr unschönen politischen Raum ein, an einem Ort, an dem Faschisten lebten. Das Dorf stand ganz unter dem Einfluss eines amerikanischen Nazis. Ein erschreckender Ort …

Neigen Sie eher zur Leidenschaft oder zur Liebe?

*M. Foucault:* Zur Leidenschaft.

*W. Schroeter:* Der Konflikt zwischen Liebe und Leidenschaft ist Gegenstand all meiner Theaterstücke. Die Liebe ist eine verlorene Kraft, die sich sofort verlieren muss, weil sie niemals erwidert wird. Es ist immer Leid, der totale Nihilismus, wie Leben und Tod. Die Autoren, die ich liebe, haben sich alle selbst umgebracht: Kleist, Hölderlin – das ist einer, den ich zu verstehen glaube, aber außerhalb des Kontexts der Literatur …

Seit meiner Kindheit weiß ich, dass ich arbeiten muss, nicht weil man mir gesagt hat, das sei unerlässlich – ich war immer zu anarchistisch und turbulent, um das zu glauben –, sondern weil ich wusste, dass es im Leben so wenig Möglichkeiten zum Kommunizieren gibt und dass man deshalb die Arbeit nutzen muss, um sich auszudrücken. Tatsächlich heißt Arbeiten Schaffen. Ich habe eine sehr kreative Hure gekannt, die mit ihren Kunden einen sehr kreativen und künstlerischen Umgang pflegte. Das ist mein Traum. Wenn ich diesen Zustand der Leidenschaft nicht erreiche, arbeite ich …

Wie leben Sie?

*M. Foucault:* Sehr brav.

*W. Schroeter:* Können Sie mir von Ihrer Leidenschaft erzählen?

*M. Foucault:* Ich lebe seit achtzehn Jahren in einem Zustand der Leidenschaft gegenüber jemandem oder zu jemandem. Vielleicht ist aus dieser Leidenschaft irgendwann einmal Liebe geworden. In

Wirklichkeit handelt es sich um einen Zustand der Leidenschaft zwischen uns beiden, einen permanenten Zustand, der keinen anderen Grund hat aufzuhören als sich selbst und in dem ich vollkommen aufgehe, der mich durchdringt. Ich glaube, nichts, gar nichts in dieser Welt könnte mich aufhalten, wenn es darum geht, zu ihm zu gehen und mit ihm zu sprechen.

*W. Schroeter:* Welchen Unterschied sehen Sie zwischen der Leidenschaft von Frauen und der von Männern?

*M. Foucault:* Ich neige zu der Auffassung, dass man nicht wissen kann, ob das bei Homosexuellen stärker ist, in diesen Zuständen undurchsichtiger Kommunikation, die ja die Leidenschaft darstellt, wenn man nicht weiß, was die Lust des anderen ist, was der andere ist und was sich bei ihm abspielt.

*W. Schroeter:* Ich habe meine Leidenschaft in Italien. Man kann diese Leidenschaft nicht ausschließlich sexuell beschreiben. Es ist ein Mann, der seine Freunde und seine Liebhaber hat. Und ich glaube, er empfindet auch Leidenschaft für mich. Das wäre zu schön, um wahr zu sein. Ich sage schon seit meiner Kindheit: Für mich ist es besser, homosexuell zu sein, weil es schön ist.

*M. Foucault:* Ein objektiver Beweis dafür, dass Homosexualität interessanter ist als Heterosexualität, liegt darin, dass man viele Heterosexuelle kennt, die homosexuell werden möchten, aber kaum Homosexuelle, die wirklich heterosexuell werden wollten. Es ist wie bei dem Wunsch, von Ostdeutschland nach Westdeutschland zu gehen. Wir können eine Frau lieben und vielleicht sogar ein intensiveres Verhältnis zu ihr haben als zu einem Mann, und trotzdem werden wir nie den Wunsch haben, heterosexuell zu werden.

*W. Schroeter:* Mein sehr guter Freund Rosa von Praunheim, der viele Filme über die Homosexualität gemacht hat, sagte mir einmal: »Du bist feige und unerträglich«, weil ich mich weigerte, eine Petition gegen die Unterdrückung der Homosexuellen zu unterzeichnen. Im Rahmen einer von der Illustrierten *Stern* lancierten Kampagne sollten Homosexuelle sich zu ihrer Homosexualität bekennen. Ich sagte ihm: »Ich will eure Petition ja gerne unterzeichnen, aber ich kann nichts gegen die Unterdrückung der Homosexuellen schreiben, weil ich in meinem ganzen Leben noch nicht unter meiner Homosexualität gelitten habe.« Die Frauen hatten mich immer schon gern, aber sie schenkten mir noch größere Aufmerksamkeit, wenn sie wussten, dass ich homosexuell bin.

Vielleicht habe ich *Willow Springs* aus Schuldgefühl gedreht, weil ich beim Film und am Theater viel mit Frauen zusammengearbeitet habe. Ich sehe durchaus den Unterschied zwischen meiner Leidenschaft für eine Frau wie Magdalena Montezuma, mit der mich bis ans Ende meiner Tage eine sehr tiefe Freundschaft verbinden wird, und der Leidenschaft für meinen italienischen Freund. Psychologisch gesehen – und ich betone, dass ich von Psychologie nichts verstehe – ist es bei den Männern vielleicht Angst und bei den Frauen Schuldgefühl. Meine Motivation ist sehr seltsam. Ich kann sie nicht beschreiben. Bei meinem Film *Der Tag der Idioten*[3] arbeitete ich in Prag mit dreißig Frauen zusammen, darunter waren alle, mit denen ich seit dreizehn Jahren zusammenarbeitete.

*M. Foucault:* Und Sie können nicht sagen, warum?

*W. Schroeter:* Nein.

*M. Foucault:* Das Erstaunlichste an Ihrem Film ist die Tatsache, dass man nicht weiß, was zwischen diesen Frauen vor sich geht und welcher Art diese kleinen Welten sind, und dennoch herrscht zugleich so etwas wie Klarheit und Evidenz.

*W. Schroeter:* Ich kann den Grund für meine Gefühle nicht beschreiben. Wenn ich zum Beispiel diesen italienischen Freund wiedersehe, gerate ich in einen Zustand der Leidenschaft.

*M. Foucault:* Ich möchte Ihnen ein Beispiel nennen. Wenn ich einen Film von Bergman sehe, der ja auch von den Frauen und der Liebe zwischen Frauen besessen ist, dann langweile ich mich. Bergman langweilt mich, weil er wissen möchte, was zwischen den Frauen geschieht. Bei Ihnen gibt es dagegen eine unmittelbare Evidenz, die nicht zu sagen versucht, was da vor sich geht, sondern sogar erlaubt, sich die Frage gar nicht zu stellen. Ihre Art, den psychologischen Film hinter sich zu lassen, erscheint mir fruchtbar. Man sieht Körper, Gesichter, Lippen, Augen. Und Sie verleihen ihnen eine leidenschaftliche Evidenz.

*W. Schroeter:* Psychologie interessiert mich nicht. Ich glaube nicht daran.

*M. Foucault:* Ich möchte auf das zurückkommen, was Sie eben über Kreativität gesagt haben. Man verliert sich in seinem Leben, in dem, was man schreibt, in dem Film, den man gerade dreht, wenn man nach der Identität einer Sache fragt. Dann ist die Sache

3 [1981.]

»verpfuscht«, weil man sich auf Klassifikationen einlässt. Es geht darum, etwas hervorzubringen, das zwischen den Ideen geschieht und das man nicht benennen kann. Man muss vielmehr ständig versuchen, ihm eine Farbe, eine Form, eine Intensität zu geben, die niemals sagt, was sie ist. Das ist Lebenskunst. Lebenskunst heißt, die Psychologie zu töten und aus sich heraus wie auch zusammen mit anderen Individualitäten, Wesen, Beziehungen, Qualitäten hervorzubringen, die keinen Namen haben. Wenn man das nicht schafft, lohnt dieses Leben nicht gelebt zu werden. Ich mache da keinen Unterschied zwischen Menschen, die ihr Dasein zu einem Werk machen, und solchen, die in ihrem Dasein ein Werk schaffen. Das Dasein kann ein vollkommenes und sublimes Werk sein. Die Griechen wussten das, während wir es vollkommen vergessen haben, vor allem seit der Renaissance.

*W. Schroeter:* Das ist das System des psychologischen Terrors. Das Kino besteht nur aus psychologischen Dramen, aus Filmen über psychologischen Terror ...

Ich habe keine Angst vor dem Tod. Es ist vielleicht arrogant, so etwas zu sagen, aber das ist die Wahrheit. (Vor zehn Jahren hatte ich Angst vor dem Tod.) Dem Tod gefasst ins Auge zu blicken ist ein anarchistisches Gefühl, das eine Gefahr für die bestehende Gesellschaft darstellt. Die Gesellschaft spielt mit Schrecken und Angst.

*M. Foucault:* Seit einiger Zeit beschäftigt mich auch, wie schwer es ist, sich mit dem Selbstmord auseinanderzusetzen. Wir brauchen uns nur vor Augen zu führen, wie wenig Mittel uns dafür zur Verfügung stehen, und die sind alle abstoßend: Gas ist gefährlich für die Nachbarn; Aufhängen ist sehr unangenehm für die Frau, die am nächsten Morgen die Leiche findet; aus dem Fenster springen verschmutzt das Trottoir. Außerdem gilt der Selbstmord in der Gesellschaft als etwas äußerst Negatives. Man sagt nicht nur, es sei nicht gut, Selbstmord zu begehen, man sagt auch, wenn jemand Selbstmord begangen hat, müsse es ihm sehr schlecht gegangen sein.

*W. Schroeter:* Was Sie da sagen, ist sehr seltsam, denn kürzlich hatte ich mit Alberte Barsacq, der Kostümbildnerin meiner Filme und Theaterstücke, eine Diskussion über zwei Freunde, die vor kurzem Selbstmord begangen haben.

Ich verstehe nicht, dass jemand, der sehr deprimiert ist, die Kraft zum Selbstmord findet. Ich könnte mich nur in einem Zustand der

Gnade, einem Zustand extremer Lust umbringen, aber niemals in einem Zustand der Depression.

*G. Courant:* Als Jean Eustache Selbstmord beging, waren viele sehr erstaunt, weil es ihm in den Tagen davor besser gegangen war.

*M. Foucault:* Ich bin mir sicher, dass Jean Eustache Selbstmord begangen hat, als er in Form war. Die Leute verstehen das nicht, weil es ihm gut ging. So etwas darf man einfach nicht zugeben. Ich bin Anhänger eines wahrhaften Kulturkampfes, in dem man den Menschen wieder beibrächte, dass es nichts Schöneres gibt als den Selbstmord und folglich auch nichts, über das man mit größerer Aufmerksamkeit nachdenken sollte. Man müsste sein Leben lang an seinem Selbstmord arbeiten.

*W. Schroeter:* Kennen Sie Améry, den deutschen Schriftsteller, der vor ein paar Jahren ein Buch über den Selbstmord geschrieben hat und darin ganz ähnliche Vorstellungen entwickelt wie Sie? Er hat sich später umgebracht.

Wir leben in einem System, das auf dem Schuldgefühl basiert. Denken Sie etwa an Krankheit. Ich habe in Afrika und in Indien gelebt, wo die Menschen keine Scheu haben, der Gesellschaft ihren Zustand zu zeigen. Selbst Leprakranke können sich zeigen. In unserer westlichen Gesellschaft müssen Kranke dagegen Angst haben, sie müssen sich verstecken und können nicht mehr leben. Es wäre doch lächerlich, wenn Krankheit nicht Teil des Lebens wäre. Ich habe ein vollkommen schizoides Verhältnis zur Psychologie. Wenn ich mein Feuerzeug und eine Zigarette nehme, ist das banal. Entscheidend ist, das zu tun. Das gibt mir meine Würde. Dass meine Mutter vielleicht zu viel geraucht hat, als ich fünf Jahre alt war, interessiert mich nicht, wenn es um die Kenntnis meiner eigenen Persönlichkeit geht.

*M. Foucault:* Das ist eine der großen Wahlmöglichkeiten, die wir heute gegenüber unseren westlichen Gesellschaften haben. Seit dem 20. Jahrhundert wissen wir, dass man selbst nichts tun kann, wenn man nichts über sich selbst weiß. Die Wahrheit über sich selbst ist eine Voraussetzung für das Dasein, aber es gibt auch Gesellschaften, in denen man sich durchaus vorstellen kann, dass man die Frage, was man ist, gar nicht erst zu klären versucht, weil sie sinnlos ist. Entscheidend ist die Kunst, mit der man die Wahrheit über sich selbst einsetzt, um das zu tun, was man tut, und das zu sein, was man ist. Eine Kunst seiner selbst, die das genaue Gegenteil des eigenen Selbst wäre. Das eigene Sein zu einem Kunstwerk machen, das ist wirklich der Mühe wert.

*W. Schroeter:* Ich erinnere mich an einen Satz aus *Les Mots et les Choses*, der mir sehr gut gefallen hat: »Wenn diese Dispositionen verschwänden …, kann man sehr wohl wetten, dass der Mensch verschwindet wie am Meeresufer ein Gesicht im Sand.«[4] Ich habe mich noch niemals mit jemandem zerstritten. Ich begreife nicht, wie man das System der bürgerlichen Psychologie akzeptieren kann, das die Menschen immer nur gegeneinander ausspielt. Ich kann mich gut mit jemandem streiten und am nächsten Tag wieder ganz normale Beziehungen zu ihm aufnehmen. (Ich spreche hier nicht von Liebesbeziehungen oder von einem leidenschaftlichen Verhältnis.) Ich bin jeden Tag ein anderer. Die Psychologie ist für mich ein Mysterium. Freud hat ein sehr gefährliches System geschaffen, das über unseren Köpfen schwebt und in der ganzen westlichen Gesellschaft anwendbar ist.

Ich möchte ein Beispiel für ein harmloses Tun nennen, das mir aufschlussreich erscheint und nach Freud'schem Muster ganz falsch interpretiert würde.

Als ich nach den Dreharbeiten für *Willow Springs* aus Amerika zurückkam, war ich sehr müde und meine Mutter wollte mich baden, weil ihr das Freude machte. Während ich badete, pinkelte ich in die Wanne. Stellen Sie sich die Situation vor: eine sechzigjährige Mutter und ihr siebenundzwanzigjähriger Sohn. Ich habe sehr gelacht. (Ich pinkle sowieso immer in die Wanne.) Warum hätte ich nicht pinkeln sollen? Das ist das Einzige, was man dazu sagen kann. Es ist eine brüderliche Beziehung, die nichts mit Inzest zu tun hat, denn ich habe nie erotische Fantasien hinsichtlich meiner Mutter gehabt. Sie ist für mich wie ein Kumpel. Ich sehe darin kein Problem, sofern man die Dinge nicht in den Rahmen der bürgerlichen Psychologie stellt …

Novalis hat ein Gedicht geschrieben, das ich sehr bewundere: die *Hymnen an die Nacht*. Er erklärt darin, warum er die Nacht dem Tag vorzieht. Das ist deutsche Romantik …

Als ich vor drei Jahren in Kassel den *Lohengrin* inszenierte, wurde ich gefragt: »Welche Vorstellung verbinden Sie mit Ihrer Insze-

4 [Letzter Absatz von *Les Mots et les Choses*; dt. *Die Ordnung der Dinge*, Frankfurt am Main 1974, S. 462.]

nierung?« Ich erwiderte damals nur, die Musik des *Lohengrin* sei äußerst schön, es sei eine romantische Musik, die man forcieren könne, weil Wagner bereits das Bewusstsein des Industriezeitalters besessen habe. Ich sagte, ich würde ihnen nicht die Freude machen, den kleinen Teufel zu spielen, der Wagners Musik und Wagners Werk denunziert, denn seine Musik ist in meinen Augen so überladen mit den unterschiedlichsten Interpretationen vor allem ideologischer Art, dass ich mich dazu entschlossen hatte, sie auf ziemlich kindliche Weise in einer sehr primitiven Inszenierung nach Art eines Marionettentheaters aufzuführen. Der Himmel über einer goldenen Pyramide war mit leuchtenden Sternen übersät, und die Kostüme glitzerten. Ich arbeitete fast ausschließlich mit dem Dirigenten, damit die Musik so schön wie möglich wurde. Meine Freunde von der extremen Linken in Berlin sagten: »Wie kann man Wagner nur so inszenieren?« Ich antwortete ihnen: »Ich weigere mich, es so zu machen wie Patrice Chéreau, der im *Ring des Nibelungen* Abendkleider und Maschinen aus der Industrie einsetzt, um Wagner zu denunzieren und zu jemandem zu machen, der das Dritte Reich vorausgesehen hat.«

*M. Foucault:* Ich glaube nicht, dass Chéreau das gewollt hat, was Sie sagen. An Chéreaus Inszenierung fand ich stark, dass sie nicht deshalb etwas Denunzierendes an sich hat, weil sie industrielle Bilder einsetzt. Wenn man zeigt, dass es Elemente dieser Realität bei Wagner gibt, dann ist das keine simplifizierende und denunziatorische Kritik nach dem Muster: »Seht her, Wagners Realität ist die bürgerliche Gesellschaft.«

*W. Schroeter:* Ich arbeite immer mit dem Ambiente. Das Theater in Kassel, in dem ich das Stück inszeniert habe, besitzt ein gutes musikalisches Ambiente. Ich habe mich bei meiner Inszenierung im Wesentlichen an den vorhandenen Schauspielern und Sängern orientiert. Wenn ich eine so füllige Sängerin habe wie die Sopranistin, die dort die Elsa gesungen hat, versuche ich nicht, sie durch eine dunkle Silhouette und ein weißes Kleid zu verstecken. Als Elsa im ersten Akt beschuldigt wird, Godefroi ermordet zu haben, und sie von ihren Visionen erzählt, zeige ich diese Visionen in meiner Inszenierung als kollektive Visionen, als wäre Elsa mit ihren Visionen Teil eines verliebten, der Leidenschaft verfallenen Kollektivs. Wenn Lohengrin sich am Ende als Mann zu erkennen gibt, erkennt man, dass er ein reales Wesen ist und dass es sich nicht um eine kollektive Vision handelt. In diesem Augenblick tötet Elsa sich selbst, und Ortrud, die für die alte Kultur steht, triumphiert. Für mich ist Ortrud die positive leidenschaftliche Frau des Stücks.

Diese Musik muss man auf naive Art »angehen«. Es hat mir sehr gut gefallen, wie Boulez Wagner dirigiert, aber ich sehe seine Musik ganz anders.

Die Interpreten haben wirklich Angst, dem Genie nicht gerecht zu werden, und am Ende verpfuschen sie alles. Wagner war ein Mensch wie alle anderen, natürlich mit viel Talent und einer großen Idee. Man darf nicht vor Respekt erstarren, obwohl man natürlich die Qualität des Werkes respektieren muss, nicht aber das Genie, das dahintersteht. Die Musik des *Lohengrin* ist sehr musikalisch wie die Wiener Musik. Das habe ich in meiner Inszenierung zu zeigen versucht, denn ich mag weder Luxus noch Bayreuth.

*M. Foucault:* Als Sie *Maria Malibran* drehten, dachten Sie da zunächst an die Musik?

*W. Schroeter:* Ich dachte vor allen Dingen an Selbstmord, an die Menschen, die ich liebte, und an alle, denen ich leidenschaftlich zugetan war wie Maria Callas, in die ich immer noch sehr verliebt war. *Der Tod der Maria Malibran* verdankt seine Entstehung außerdem der Lektüre eines Buchs über Maria Malibran, eines Textes über den Tod von Janis Joplin und eines Textes über den Tod von Jimi Hendrix, die ich beide sehr bewunderte.

Maria Callas war die erotische Fantasie meiner Kindheit. Schon mit vierzehn Jahren stellte ich mir in meinen erotischen Träumen vor, dass sie pinkelte und ich ihr dabei zusah. Das blieb aber immer außerhalb des Bildes von Maria Callas, der Achtung und Freundschaft, die ich für sie empfand. Sie ist die erotische Frau schlechthin. Maria Callas war eine totale Leidenschaft. Seltsamerweise hat sie mir nie Angst gemacht. Ich erinnere mich an ein Gespräch, das ich 1976 in Paris mit ihr führte und in dem sie mir sagte, sie kenne nur Leute, die Angst vor ihr hätten. Ich habe ihr gesagt: »Wie ist es möglich, Angst vor Ihnen zu haben?« Sie war außergewöhnlich nett und freundlich, sie war ein kleines griechisch-amerikanisches Mädchen. Auch mit fünfzig war sie das noch. Ich habe Sie gefragt: »Möchten Sie, dass *France-Soir* einen Artikel bringt: Maria Callas sucht einen Mann?« Sie hat sehr gelacht. »Sie werden sehen, es kämen Hunderte.« Die Leute hatten solche Angst vor ihr, dass sie nicht wagten, sie zu besuchen. Sie lebte ein sehr einsames Leben.

Das war sehr schade, denn außer ihrem Genie besaß sie auch eine wunderbare Wärme und Freundlichkeit …

Eines fasziniert mich. Ich finde das unglaublich. In den zwölf Jahren, die ich nun schon mit demselben Dutzend Menschen zusammenarbeite, gibt es innerhalb dieser Gruppe praktisch kein Interesse zwischen den Beteiligten. Es gibt kein tiefes Interesse zwischen Magdalena Montezuma und Christine Kaufmann, zwischen Christine und Ingrid Caven usw. Es gibt ein vitales Interesse zwischen Magdalena und Ingrid, die einander sehr lieben und bewundern, aber das ist eine Ausnahme. Wenn der Regisseur nicht zwischen ihnen steht, gibt es keine sonderlich vitale Kommunikation.

*Übersetzt von Michael Bischoff*

# Information

# Ist der Mensch tot?

»L'homme est-il mort?« (Gespräch mit C. Bonnefoy), *Arts et Loisirs* 38, 15.-21. Juni 1966, S. 8 f.

*[...wir baten Michel Foucault, zunächst einmal Stellung und Bedeutung des Humanismus in unserer Kultur zu definieren.]*

– Die meisten glauben, der Humanismus sei ein sehr alter Begriff, der schon bei Montaigne oder noch früher zu finden sei. Aber im *Littré* kommt das Wort »Humanismus« gar nicht vor. Der Versuchung solch einer retrospektiven Täuschung erliegen wir nur allzu oft; man stellt sich vor, der Humanismus sei von jeher die große Konstante der abendländischen Kultur. Von den anderen Kulturen, denen des Ostens oder des Islam zum Beispiel, unterscheide sich unsere Kultur vor allem durch den Humanismus. Und man ist bewegt, wenn man Spuren dieses Humanismus bei einem chinesischen oder arabischen Autor entdeckt, weil man das Gefühl hat, mit der Universalität der menschlichen Gattung zu kommunizieren.

In Wirklichkeit gibt es den Humanismus in anderen Kulturen gar nicht, und selbst in unserer Kultur ist er wahrscheinlich nur ein Trugbild.

In der höheren Schule lernen wir, das 16. Jahrhundert sei das Zeitalter des Humanismus gewesen, die französische Klassik habe die großen Themen der menschlichen Natur herausgearbeitet, das 18. Jahrhundert habe die positiven Wissenschaften geschaffen; Biologie, Psychologie und Soziologie schließlich hätten die positive, wissenschaftliche, rationale Erkenntnis des Menschen ermöglicht. Wir stellen uns vor, der Humanismus sei die große Triebfeder unserer geschichtlichen Entwicklung gewesen und stelle zugleich deren Belohnung und Krönung dar, er sei gleichsam Anfang und Ende dieser Entwicklung. Wir sind entzückt von dem Gedanken, dass unsere heutige Kultur sich um das Humane zu sorgen vermag. Und wenn wir von der Barbarei unserer Zeit sprechen, so ist es, weil die Maschinen oder manche Institutionen uns unmenschlich erscheinen.

Aber all das ist eine Täuschung. Erstens stammt die humanistische Bewegung vom Ende des 19. Jahrhunderts. Zweitens erkennt man, wenn man sich die Kulturen des 16., 17. und 18. Jahrhunderts etwas genauer ansieht, dass der Mensch darin buchstäblich keine Rolle spielt. Die Kultur befasste sich damals mit Gott, mit der Welt, mit der Ähnlichkeit zwischen den Dingen, mit den Gesetzen des Raumes und sicher auch mit Leidenschaften, der Einbildungskraft und mit dem Leib. Aber der Mensch als solcher kam darin nicht vor.

In *Les Mots et les Choses* [dt. *Die Ordnung der Dinge*] habe ich aufzeigen wollen, aus welchen Teilen der Mensch Ende des 18. und Anfang des 19. Jahrhunderts zusammengefügt worden ist. Ich habe die Modernität dieser Figur zu zeigen versucht, und am wichtigsten erschien mir Folgendes: Der Gedanke einer wissenschaftlichen Erkenntnis des Menschen geht nicht auf ein moralisches Interesse am Menschen zurück, sondern umgekehrt, weil man den Menschen zum möglichen Objekt wissenschaftlicher Erkenntnis gemacht hat, entwickelten sich all die moralischen Themen des heutigen Humanismus, die wir in den weichen Marxismen finden, bei Saint-Exupéry und Camus oder bei Teilhard de Chardin, kurz: bei all den blassen Gestalten unserer Kultur.

– *Sie sprechen von weichen Humanismen. Aber was sagen Sie zu gewissen Formen eines ernster zu nehmenden Humanismus, etwa zum Humanismus Sartres?*

– Lässt man die leichten Formen des Humanismus beiseite, für die Teilhard und Camus stehen, stellt Sartre ein ganz anderes Problem dar. Grob gesagt, verfolgen Humanismus, Anthropologie und dialektisches Denken gemeinsame Interessen. Die analytische Vernunft unserer Zeit, die mit Russell entstanden und bei Lévi-Strauss und den Linguisten zu finden ist, ignoriert dagegen den Menschen. Diese analytische Vernunft ist nicht mit dem Humanismus vereinbar, während die Dialektik ihn möglicherweise erfordert.

Sie erfordert ihn aus mehreren Gründen: weil sie eine Philosophie der Geschichte ist, weil sie eine Philosophie der menschlichen Praxis ist, weil sie eine Philosophie der Entfremdung und der Versöhnung ist. Aus all diesen Gründen und weil sie letztlich immer noch eine Philosophie der Rückkehr zu sich selbst ist, verspricht die Dialektik dem Menschen in gewisser Weise, ein authentischer, wahrer Mensch zu werden. Sie verspricht dem Menschen den Menschen, und insofern lässt sie sich nicht von einer humanistischen Moral trennen. In diesem Sinne sind die Hauptverantwortlichen für den heutigen Humanismus ohne Zweifel Hegel und Marx.

Mir scheint nun, dass Sartre mit der *Kritik der dialektischen Vernunft* in gewisser Weise einen Endpunkt gesetzt und jene Episode unserer Kultur, die mit Hegel beginnt, zum Abschluss gebracht hat. Er hat sich nach Kräften bemüht, die heutige Kultur, also die Errungenschaften der Psychoanalyse, der politischen Ökonomie, der Geschichtswissenschaft und der Soziologie in die Dialektik zu integrieren. Bezeichnend ist nun aber, dass es ihm unmöglich war, die Dinge aufzunehmen, die mit der analytischen Vernunft zusammenhängen und einen wesentlichen Teil unserer heutigen Kultur ausmachen: Logik, Informationstheorie, Linguistik und Formalismus. Die *Critique de la raison dialectique* ist der großartige, pathetische Versuch eines Menschen des 19. Jahrhunderts, das 20. Jahrhundert zu denken. In diesem Sinne ist Sartre der letzte Hegelianer, und ich würde sogar sagen: der letzte Marxist.

– *Dem Humanismus wird also eine nichtdialektische Kultur folgen. Wie stellen Sie sich diese Kultur vor, und was kann man bereits jetzt darüber sagen?*

– Die in Entstehung begriffene nichtdialektische Kultur steckt noch in den Kinderschuhen, und zwar aus mehreren Gründen. Zunächst einmal ist sie spontan in ganz verschiedenen Gebieten entstanden. Sie hat keinen privilegierten Ort. Außerdem hat sie sich nicht von Anfang an als vollständiger Umsturz präsentiert. Sie entstand, als Nietzsche zeigte, dass der Tod Gottes den Menschen nicht hervortreten, sondern verschwinden lässt; dass zwischen dem Menschen und Gott eigenartige Verwandtschaftsbeziehungen bestehen, dass sie nämlich Zwillingsbrüder, sich aber zugleich auch Vater und Sohn sind, so dass mit dem Tode Gottes auch der Mensch verschwinden musste und nur der hässliche Zwerg zurückblieb.

Sie erscheint auch bei Heidegger, als er versucht, das Grundverhältnis des Seins in einer Rückwendung zu den griechischen Ursprüngen zu erfassen. Sie erscheint bei Russell, als er die Philosophie einer logischen Kritik unterzieht; bei Wittgenstein, als er das Verhältnis zwischen Logik und Sprache untersucht; sie erscheint bei Sprachwissenschaftlern und bei Soziologen wie Lévi-Strauss.

Kurz gesagt, für uns heute bieten die Äußerungsformen der analytischen Vernunft noch ein zerstreutes Bild. Und daraus resultiert eine gefährliche Versuchung, die schlichte Rückkehr ins 18. Jahrhundert nämlich; und wie groß diese Versuchung ist, zeigt das gegenwärtige Interesse am 18. Jahrhundert. Doch solch eine Rückkehr ist nicht möglich. Wir werden die *Encyclopédie* oder Condillacs *Traité des sensations*[1] nicht noch einmal machen.

– *Wie können wir dieser Versuchung widerstehen?*

– Wir müssen versuchen, die eigentümliche, absolut heutige Form dieses nichtdialektischen Denkens zu entdecken. Die analytische Vernunft des 18. Jahrhunderts war im Wesentlichen durch ihren Bezug auf die Natur gekennzeichnet; die analytische Vernunft des 19. Jahrhunderts entwickelte sich hauptsächlich im Bezug auf die Existenz, das heißt im Bezug auf das Problem des Verhältnisses zwischen Individuum und Gesellschaft, Bewusstsein und Geschichte, Praxis und Leben, Sinn und Unsinn, lebender und toter Materie. Mir scheint, das nichtdialektische Denken, das gegenwärtig entsteht, bringt weder die Natur noch die Existenz ins Spiel, sondern die Frage, was Wissen ist. Ihr eigentümliches Objekt wird das Wissen sein, und damit wird dieses Wissen von nachgeordnetem Rang in Bezug auf das gesamte, allgemeine Netz unserer Erkenntnisse sein.

Es wird nach dem möglichen Verhältnis zwischen den verschiedenen Wissensbereichen, aber auch zwischen Wissen und Nichtwissen fragen müssen.

Dabei handelt es sich nicht um ein enzyklopädisches Unternehmen. Erstens sammelte die *Encyclopédie* Wissen und stellte es nebeneinander. Das heutige Denken muss Isomorphismen zwischen den Erkenntnissen definieren. Zweitens hatte die *Encyclopédie* die Aufgabe, das Nichtwissen zugunsten des Wissens und der Aufklärung zurückzudrängen. Wir dagegen müssen das fortdauernde Verhältnis zwischen Nichtwissen und Wissen positiv begreifen, denn sie unterdrücken einander nicht; sie stehen vielmehr in einer ständigen Wechselbeziehung, lehnen sich aneinander an, und jedes lässt sich nur durch das andere begreifen. Deshalb erlebt die Philosophie heute gleichsam eine Krise der Strenge.

Es ist weniger verführerisch, vom Wissen und seinen Isomorphismen zu sprechen als von der Existenz und ihrer Bestimmung; weniger tröstlich, von den Beziehungen zwischen Wissen und Nichtwissen zu reden als von der Versöhnung des Menschen mit sich selbst in einer vollkommenen Aufklärung. Aber letztlich ist es nicht Aufgabe der Philosophie, das menschliche Dasein zu erleichtern und dem Menschen so etwas wie Glück zu versprechen.

1 Condillac, E. de, *Traité des sensations*, 1754; dt. *Abhandlung über die Empfindungen*, Hamburg 1983.

– *Sie sprechen auch über Literatur. In* Les Mots et les Choses *skizzieren Sie am Rande der Archäologie der Humanwissenschaften, aber doch in der gleichen Gedankenbewegung vor allem mit Blick auf* Don Quichotte *und Sade einen neuen Ansatz zur Literaturgeschichte. Wie müsste dieser Ansatz aussehen?*
– Die Literatur gehört in denselben Bereich wie alle übrigen kulturellen Formen und alle sonstigen Äußerungen des Denkens einer Zeit. Das ist bekannt, aber meist bringt man diese Einsicht zum Ausdruck, indem man von Einflüssen, kollektiven Mentalitäten usw. spricht. Ich denke nun, selbst die Art, wie man die Sprache in einer Kultur zu einer bestimmten Zeit benutzt, ist eng mit allen übrigen Formen des Denkens verbunden.

Man kann sehr gut die klassische Literatur, die Leibniz'sche Philosophie, die Linné'sche Naturgeschichte und die Logik von Port-Royal als einen Zusammenhang begreifen. Und mir scheint, die heutige Literatur ist in gleicher Weise Teil jenes nichtdialektischen Denkens, das die Philosophie kennzeichnet.
– *Wie das?*
– Angefangen bei *Igitur*,[2] zeigt Mallarmés Erfahrung (und Mallarmé war ein Zeitgenosse Nietzsches) sehr deutlich, dass sich das eigentümliche, autonome Spiel der Sprache genau dort befindet, wo der Mensch verschwunden ist. Seither können wir sagen, die Literatur sei der Ort, an dem der Mensch fortwährend zugunsten der Sprache verschwindet. Wo »es spricht«, kann der Mensch nicht sein.

Von diesem Verschwinden des Menschen zugunsten der Sprache zeugen so unterschiedliche Werke wie die von Robbe-Grillet und Malcolm Lowry, Borges und Blanchot. Die gesamte Literatur steht letztlich im selben Verhältnis zur Sprache wie das Denken zum Wissen. Die Sprache bringt das ungewusste Wissen der Literatur zum Ausdruck.
– *Ihr Buch* Les Mots et les Choses *beginnt mit einer Beschreibung der* Hoffräulein *von Velázquez, die als vollkommenes Beispiel für die Idee der Repräsentation im klassischen Zeitalter erscheinen. Wenn Sie ein Bild unserer Zeit auswählen müssten, um das nichtdialektische Denken in ähnlicher Weise zu illustrieren, auf welches Bild fiele dann Ihre Wahl?*

2 Mallarmé, S., *Igitur*, Paris 1925; dt. »Igitur«, in: *Sämtliche Gedichte*, Heidelberg 1957.

– Ich denke, die Malerei Paul Klees repräsentiert für unser Jahrhundert am besten, was Velázquez im Verhältnis zu seiner Zeit darstellt. Klee lässt in der sichtbaren Form alle Gesten, Handlungen, Graphismen, Spuren, Linien, Flächen erscheinen, die konstitutiv für die Malerei sein können, und macht so aus dem Akt des Malens das ausgebreitete, leuchtende Wissen der Malerei als solcher.

Seine Malerei ist kein *Art brut*, sondern eine Malerei, die wieder Besitz vom Wissen um ihre grundlegendsten Elemente ergriffen hat. Genau diese scheinbar einfachsten, spontansten Elemente, selbst jene, die nicht erscheinen und niemals erscheinen sollten, macht Klee auf dem Bild sichtbar. Die *Hoffräulein* stellten sämtliche Darstellungselemente dar: den Maler, die Modelle, den Pinsel, die Leinwand, das Spiegelbild; sie zerlegten das Bild in all jene Elemente, die es zu einer Darstellung machten.

Klees Bilder zerlegen die Malerei gleichfalls in ihre Elemente und fügen sie zusammen; diese Elemente mögen zwar einfach sein, aber sie basieren auf dem ganzen Wissen der Malerei und sind davon durchdrungen.

*Übersetzt von Michael Bischoff*

# Botschaft oder Rauschen?

»Message ou bruit?«, *Concours médical*, 88. Jahrgang, Oktober 1966, S. 6285 f. (Kolloquium über das Wesen des medizinischen Denkens.)

Bei der Einordnung der Medizin in das Spektrum der übrigen Wissensformen bediente man sich bisher gern linearer Schemata. Über dem Körper die Seele, unterhalb des Organismus die Gewebe. Auf der einen Seite knüpfte die Medizin daher an Psychologie, Psychopathologie usw. an, auf der anderen an die Physiologie. In den Debatten, die ich gelesen habe, kommen nun neue diagonale oder laterale Verwandtschaftsbeziehungen zum Vorschein. In der Medizin stellen sich ähnliche Probleme, wie man sie auch anderswo antreffen kann, insbesondere in Fachgebieten, die sich entweder direkt mit der Sprache befassen oder mit Gebilden, die wie Sprache funktionieren. Diese Fachgebiete stehen zwar gewiss nicht in einer »Objektbeziehung« zur Medizin, aber möglicherweise ist ihnen die Medizin, als Komplex aus Theorie und Praxis verstanden, strukturell analog.

Seit Balint heißt es immer wieder, der Kranke sende eine »Botschaft« oder »Botschaften« aus, die der Arzt höre und interpretiere. Daraus lassen sich allerlei segensreiche Humanismen zum fragwürdigen Thema des Arzt-Patienten-Verhältnisses ableiten.

Wenn es eine »Botschaft« geben soll, müssen mehrere Bedingungen erfüllt sein:

– Zunächst einmal muss es ein Rauschen geben (im Fall der Medizin ist dieses Grundrauschen das »Nichtschweigen der Organe«);
– dieses Rauschen muss aus verschiedenen diskontinuierlichen, das heißt nach sicheren Kriterien gegeneinander abgrenzbaren Elementen »bestehen« oder zumindest deren »Träger« sein;
– diese Elemente müssen in eindeutiger Weise mit anderen Elementen verknüpft sein, die deren Bedeutung darstellen (in der Medizin können diese Elemente die »Krankheit«, die »Prognose« oder die »therapeutische Indikation« sein);
– und schließlich müssen diese Elemente nach bestimmten Regelmäßigkeiten miteinander verknüpft sein. Nun sendet aber die Krankheit keine »Botschaft« aus, denn Botschaften basieren auf einem »Code«, der nach den oben beschriebenen Regeln ge-

schaffen ist. In der Natur gibt es keine Codes, so denaturiert sie auch sein mag. Die Krankheit erzeugt allenfalls ein Rauschen, und das ist bereits viel. Alles Übrige tut die Medizin hinzu, und sie tut in Wirklichkeit sehr viel mehr, als sie selbst glaubt.

Diese Operationen könnte man auf drei Ebenen analysieren.

## Die Konstitution eines Codes

Seit anderthalb Jahrhunderten (und gewiss nicht seit dem armen Hippokrates) hat die klinische Erfahrung in dem von der Krankheit erzeugten Rauschen eine gewisse Zahl von Merkmalen isoliert, die es gestatten, diejenigen Elemente zu definieren, die Teil einer »Krankheitsbotschaft« sein könnten. Sie hat also diverse Formen von Rauschen ausgeblendet, die als nicht einschlägig gelten;

– Merkmale definiert, die es gestatten, die Elemente der Botschaft zu erkennen und zu individualisieren;
– Substitutionsregeln aufgestellt, mit deren Hilfe es möglich ist, die Botschaft zu »übersetzen«.

Natürlich ist dieser Code in ständiger Veränderung begriffen:

– Wenn die Substitutionsregeln sich ändern, spricht man von einem Fortschritt der »medizinischen Kenntnisse«;
– wenn die Prinzipien sich ändern, nach denen die Elemente der Botschaft individualisiert werden, sagt man, die »Beobachtungsmethoden« seien perfektioniert worden;
– wenn man beginnt, Elemente einer Botschaft zu definieren, wo zuvor nur Rauschen war, hat die Medizin sich neue Teilgebiete zugelegt.

Veränderungen der ersten Art kommen häufig vor, solche der zweiten Art selten und die der dritten Art nur in Ausnahmefällen. Freud hat dafür gesorgt, dass sprachliche Äußerungen von Kranken, in denen man bis dahin nur Rauschen erblickt hatte, als etwas gelten, das als Botschaft behandelt werden muss. Seither verstehen auch andere Formen von Medizin (die selbstverständlich mit anderen Codes arbeiten) sprachliche Äußerungen von Kranken als Botschaften.

Das heißt, es gibt nicht zwei verschiedene Arten von Botschaften, sondern

– ein Rauschen, in dem man heute weit mehr Elemente einer Botschaft erkennt als früher (ein ganzer Bereich des Rauschens, der früher ausgeblendet wurde, beginnt zu sprechen);

– aber dieser Sieg über das Rauschen konnte noch nicht und wird vielleicht niemals durch einen einheitlichen Code gesichert werden. Vielleicht wird man weitere Siege erringen, aber dies aufgrund eines neuen Codes usw. Da die Krankheit nichts zu sagen hat, gibt es keinen Grund, dass ein einziger Code diesem ganzen Rauschen Information aufprägte. Diese erste theoretische Operation ist – seit dem Beginn des 19. Jahrhunderts – von der gesamten Medizin, als Wissenskorpus wie auch als Institution, vollzogen worden. Ihre Regeln lernen die Medizinstudenten an der Universität und in der Klinik.

## Die Aufnahme der Botschaft

In der Praxis hat der Arzt es gewiss nicht mit einem Kranken zu tun, aber auch nicht mit einem Leidenden und Gott sei Dank erst recht nicht mit einem »menschlichen Wesen«. Er hat es weder mit dem Körper noch mit der Seele, noch mit beiden zugleich oder mit einem Gemisch aus beiden zu tun, sondern mit Rauschen. Durch dieses Rauschen hindurch muss er die Elemente einer Botschaft hören. Um sie hören zu können, muss er Folgendes tun:

– Er muss das Rauschen ausblenden und sich die Ohren für alles verstopfen, was nicht Element der Botschaft ist;
– er muss die Unterscheidungsmerkmale jedes Elements erkennen (die beiden Operationen sind offensichtlich korrelativ);
– und er muss sie aufzeichnen, soweit sie erkennbar sind.

Hier tritt nun ein Problem auf:

Der Unterschied zwischen einem Arzt und einem Botschaftssekretär liegt darin, dass der Sekretär das Ende der verschlüsselten Botschaft abwartet, während der Arzt nicht darauf warten kann und darf, dass das Rauschen der Krankheit zu einem Ende kommt, also eine Heilung oder der Tod eintritt. Er ist verpflichtet, sich nach einer Weile des Zuhörens ans Übersetzen zu machen (und diese Übersetzung kann, wie gesagt, in einer bloßen Verordnung bestehen). Hier liegt die Schwierigkeit der Diagnose begründet, auch wenn man unter »Diagnose« die elementarste Antwort des Arztes auf die Botschaft der Krankheit versteht.

## Der Einsatz von Modellen

Um die Botschaft baldmöglichst zu übersetzen, muss man Modelle einsetzen, das heißt Formen (Konfigurationen oder Sequenzen aus bereits gehörten Signalen). Diese Modelle können und müssen von zweierlei Art sein:

– solche, die es gestatten, unter den Elementen der Botschaft jene auszuwählen, die sich auf unterschiedliche Funktionsebenen beziehen (Psyche oder organische Verletzung oder physiologische Anpassung); hier greift man zu einem »grammatischen« Modell, das die Möglichkeit bietet, zwischen den großen Gruppen zu unterscheiden, zu denen die Signale gehören können;
– solche, die es gestatten, eine Übersetzung zu wagen, das heißt, einen Zusammenhang zwischen den Elementen der Botschaft und den Elementen einer bereits definierten Krankheit herzustellen.

Die Modelle der zweiten Art können ihrerseits auf zweifache Weise eingesetzt werden:

– Entweder man ist sicher, die Botschaft gehört zu einer nicht sonderlich umfangreichen Klasse, und die Zahl der Modelle, denen sie gehorchen kann, ist gleichfalls nicht sonderlich hoch. Dann kann man annehmen, dass alle Modelle dieser Klasse gleichermaßen tauglich sind, und jenes Modell für die Interpretation heranziehen, das die beste Korrelation mit der aufgezeichneten Botschaft aufweist. Das ist die Diagnose des »Spezialisten«.
– Oder die Klasse, zu der die Botschaft gehört, ist zwar nicht theoretisch, wohl aber praktisch unendlich (wie es bei Allgemeinmedizinern die Regel ist). Daher wählt man ein Modell, das man wegen einer (in externen oder internen Faktoren begründeten) größeren Wahrscheinlichkeit bevorzugt und das man bei Bedarf aufgibt, korrigiert oder präzisiert.

Man kann sich fragen, ob die Theorie der medizinischen Praxis nicht auf der Grundlage von Begriffen neu durchdacht werden kann, die nicht mehr positivistisch sind, sondern aus der Sprachanalyse und der Datenverarbeitung stammen.

Wann wird es ein »Seminar« geben, das Ärzte und Sprachtheoretiker und Vertreter aller damit verbundenen Fachrichtungen vereint?

*Übersetzt von Michael Bischoff*

# Jean Hyppolite. 1907-1968

»Jean Hyppolite. 1907-1968«, *Revue de métaphysique et de morale*, 74. Jahrgang, Nr. 2, April-Juni 1969, S. 131-136. (Abdruck der am 19. Januar 1969 an der École normale supérieure vorgetragenen Hommage an Jean Hyppolite.)

Alle, die sich kurz nach dem Krieg auf die Aufnahmeprüfung vorbereiteten, erinnern sich an Hyppolites Vorlesungen über die *Phänomenologie des Geistes*. In diese Stimme, die sich ständig zurücknahm, als meditierte sie in ihrer eigenen Bewegung, erkannten wir nicht nur die Stimme eines Professors; wir hörten auch etwas von der Stimme Hegels und vielleicht sogar von der Stimme der Philosophie schlechthin. Ich glaube nicht, dass jemand die Kraft dieser Präsenz vergessen kann und auch nicht die Nähe, die sie geduldig erzeugte.

Ich hoffe, die Erinnerung an diese Offenbarung gibt mir das Recht, im Namen all derer zu sprechen, die sie mit mir geteilt und ganz sicher einen besseren Gebrauch davon gemacht haben als ich.

Er verstand sich nicht wirklich als Philosophiehistoriker. Lieber und präziser sprach er von einer Geschichte des philosophischen Denkens. In dieser Unterscheidung lag ohne Zweifel das Besondere und die Weite seines Unternehmens.

Philosophisches Denken: Darunter verstand Jean Hyppolite, was an einem System – so abgeschlossen es auch erscheinen mag – über dieses System hinausgeht und es in ein Verhältnis des Austauschs wie auch des Mangels zur Philosophie als solcher bringt. Philosophisches Denken war für ihn nicht die erste intuitive, noch nicht ausformulierte Erfassung eines Systems, sondern die Schuld, die es nicht zu begleichen, die Leere, die keine seiner Aussagen jemals zu füllen vermag; das, wodurch es, soweit man es auch vorantreiben mag, doch stets hinter der Philosophie zurückbleibt. Unter philosophischem Denken verstand er auch jenes schwer zu erfassende, bei seinem Erscheinen bereits überdeckte Moment, in dem der philosophische Diskurs sich entscheidet, seine Stummheit überwindet und auf Distanz gegenüber dem geht, was von nun an als Nichtphilosophie erscheinen wird. Philosophisches Denken ist dann weniger die dunkle, vorläufige Bestimmung eines Systems als die plötzliche und immer wieder erneuerte Abgrenzung, durch die das System entsteht. Unter philosophischem Denken verstand Hyppolite schließlich, wie ich glaube, diese Spannung und Verdopplung, dieses Fragen und stets erneuerte Erfassen seiner selbst, durch die der philosophische Diskurs sagt, was er ist; durch die er sich rechtfertigt, sich von seiner unmittelbaren Form abhebt und aufzeigt, was ihn zu begründen und seine Grenzen festzulegen vermag.

So verstanden, hält das philosophische Denken den Diskurs des Philosophen im Zustand einer unablässigen Schwingung, die sich über jeden Tod hinaus fortsetzt; es sorgt dafür, dass Philosophie mehr ist als jede einzelne Philosophie: ein Licht, das schon vor jedem Diskurs leuchtete; eine Klinge, die auch dann noch einmal aufblitzt, wenn der Diskurs bereits in den Schlaf gesunken ist.

Wenn Jean Hyppolite das philosophische Denken zu seinem Thema machte, so wollte er damit zweifellos sagen, dass die Philosophie niemals in einem Diskurs oder Text in ihrer ganzen Aktualität präsent ist; dass die Philosophie eigentlich gar nicht existiert; dass sie vielmehr in allen Philosophien ihre eigene Abwesenheit und den Mangel anzeigt, in dem sie weiterexistieren, verschwinden, einander folgen und in jener Schwebe bleiben, in der man sie wieder aufgreifen muss.

Was heißt es also, das philosophische Denken zu analysieren? Hyppolite wollte nicht die Bewegung jener – wissenschaftlichen, politischen, moralischen – Ideen beschreiben, die nach und nach und ohne feste Reihenfolge in die Philosophie eindrangen, sich darin festsetzten und einen neuen Systemcharakter annahmen. Er wollte vielmehr beschreiben, auf welche Weise alle Philosophien in sich etwas Unmittelbares bewahren, das sie schon nicht mehr sind; auf welche Weise sie auf etwas Absolutes zielen, das sie niemals erreichen werden; auf welche Weise sie Grenzen festlegen, die sie ständig überschreiten. Es ging ihm darum, die Philosophien in jenem Dunkel und jenem Licht spielen zu lassen, in dem ihre Distanz zur Philosophie deutlich wird und verschwindet.

Das Problem, das Hyppolite unablässig beschäftigt hat, ließe sich vielleicht so formulieren: Worin liegt diese Beschränktheit des philosophischen Diskurses begründet, die dafür sorgt, dass darin die Philosophie selbst zu sprechen scheint? Mit einem Wort: *Was ist die Endlichkeit der Philosophie?*

Wenn es zutrifft, dass der philosophische Diskurs seit Kant eher ein Diskurs über die Endlichkeit als über das Absolute ist, könnte man vielleicht sagen, Hyppolites Werk – der Punkt seiner Originalität und seiner Entscheidung – bestehe in der Verdopplung der Frage: Vom philosophischen Diskurs, der von der Endlichkeit des Menschen, den Grenzen der Erkenntnis oder den Bestimmungsgründen der Freiheit sprach, verlangte er Rechenschaft über die Endlichkeit, die ihm selbst anhaftet. Eine philosophische Frage an den Grenzen der Philosophie.

*

Die historische Analyse der Werke, ihres Anfangs und unablässigen Neuanfangs, ihres stets unabgeschlossenen Endes, war eher eine natürliche Folge dieser Frage als das Ergebnis einer Wahlentscheidung. Ist die Geschichte nicht der privilegierte Ort, an dem die Endlichkeit der Philosophie sichtbar werden kann?

Aber die Geschichte bestand für Hyppolite nicht in der Suche nach den Besonderheiten oder Determinanten, die für die Geburt eines Werkes charakteristisch sein mochten; und auch nicht in dem Aufweis, inwiefern solch ein Monument Zeugnis von der Zeit ablegt, in der es entstehen konnte, oder von den Menschen, die es erdacht hatten, oder von der Zivilisation, die ihm ihre Werte aufgeprägt hatte. Über ein philosophisches Werk sprechen hieß für ihn nicht, ein Objekt zu beschreiben, abzugrenzen und in seine Umrisse einzuschließen, sondern es zu öffnen, seine Brüche, Verwerfungen, Leerstellen aufzuzeigen, es in seinem Einbruch und in seiner Schwebe darzustellen und es in jenem Mangel oder Nichtgesagten zu entfalten, aus denen die Philosophie selbst spricht. Deshalb stellte er sich als Historiker dennoch nicht außerhalb des Raumes der Philosophie, über die er sprach, sondern in ihn hinein und blendete seine eigene Subjektivität systematisch aus.

Jean Hyppolite zitierte gerne Hegels Wort von der Bescheidenheit des Philosophen, der jede Besonderheit verliert. Alle, die ihn gehört haben, erinnern sich an die tiefe Bescheidenheit seiner Worte; alle, die ihn gelesen haben, kennen die Weite seines Schreibens, die nie von der Indiskretion der ersten Person zerstört wird. Eine Bescheidenheit, die weder Neutralität noch Selbstverleugnung bedeutete, sondern ihm die Möglichkeit gab, in dem, was er sagte, die vielgestaltige Weite einer Stimme spürbar zu machen, die nicht die seine war; und in seinen Schriften, die bruchlos vom Zitat zum Kommentar und vom Verweis zur Analyse übergingen, fast ohne dass dazu Anführungsstriche nötig gewesen wären, schrieb die Philosophie sich fort. Eine Prosa des Denkens, die stimmloser und eindringlicher war als alles, was die Menschen im Einzelnen zu denken vermochten.

Mehrfach ist Hyppolite auf die in der Bergson'schen Philosophie so wichtige Analyse des Gedächtnisses zurückgekommen. Vielleicht täusche ich mich, aber ich nehme an, dass er darin mehr als eine Wahrheit, nämlich ein Modell für die Geschichte des Denkens erblickte. Und zwar weil die Gegenwart des Denkens sich in seinen Augen nicht von dessen Vergangenheit trennen lässt und die Aufmerksamkeit des Historikers nur die aktuelle, freie Spitze einer Vergangenheit sein soll, die nichts von ihrem Sein verloren hat. Und wie es nach Bergson vorkommt, dass die Gegenwart ihren Schatten zu fassen vermag, indem sie sich auf sich selbst zurückwendet, so markiert der Historiker – jener Historiker, der er selbst war – den Punkt, von dem aus die Philosophie den Schatten erfassen kann und muss, der sie in jedem Augenblick durchschneidet, aber zugleich auch mit ihrer unbesiegbaren Kontinuität verbindet.

Hyppolite befragte alle Philosophien aus dem Inneren der Philosophie heraus. Und er befragte sie in ihrem stets verwischten, aber niemals aufgelösten Verhältnis zur Philosophie. Er wollte sie in jenem Punkt fassen, an dem sie beginnen, und an jenem anderen Punkt, an dem sie enden und sich als kohärentes System abgrenzen. Er wollte an einem Werk das niemals ganz hergestellte, niemals ganz beherrschte Verhältnis zwischen Erfahrung und Strenge, zwischen einem Unmittelbaren und einer Form erfassen, die Spannung zwischen dem kaum wahrnehmbaren Licht eines Anfangs und der Exaktheit einer Architektur.

Jean Hyppolite verglich sein eigenes Unterfangen gerne mit zwei großen zeitgenössischen Werken, die er beide in seiner Antrittsvorlesung am Collège de France begrüßte.[1] Das von Merleau-Ponty, das nach der ursprünglichen Verbindung zwischen Sinn und Existenz sucht, und das von Guéroult, eine axiomatische Analyse der philosophischen Zusammenhänge und Strukturen. Hyppolites

1 [Hyppolite, J., »Leçon inaugurale au Collège de France« (19. Dezember 1963), abgedruckt in: ders., *Figures de la pensée philosophique*, Paris 1971, Bd. II, S. 1003-1028.]

Werk hat sich stets und von Anfang an bemüht, zwischen diesen beiden Bezugsgrößen – in einem zugleich philosophischen und historischen Diskurs – den Punkt zu bezeichnen und hervortreten zu lassen, an dem das Tragische des Lebens seinen Sinn in einem Logos erhält, an dem die Genese eines Gedankens zur Struktur eines Systems wird, an dem das Dasein selbst sich in einer Logik ausgedrückt findet. Zwischen einer Phänomenologie der vordiskursiven Erfahrung – nach Art eines Merleau-Ponty – und einer Epistemologie der philosophischen Systeme – wie sie bei Guéroult zu finden ist – lässt Hyppolites Werk sich gleichermaßen als eine Phänomenologie der philosophischen Strenge und als eine Epistemologie des philosophisch reflektierten Daseins verstehen.

*

In welcher Beziehung steht die Philosophie zu dem, was sie nicht ist und ohne das sie dennoch nicht sein könnte? Um diese Frage zu beantworten, verwarf Hyppolite zwei vertraute Auffassungen: die eine, wonach die Philosophie über äußere Gegenstände nachzudenken hat, ob es sich dabei nun um die Wissenschaft handelt oder um das Alltagsleben, um Religion oder Recht, Begehren oder Tod; die andere, wonach die Philosophie all diese naiven Vorstellungen befragen, die darin verborgenen Bedeutungen aufdecken, ihre stumme Positivität erschüttern und Rechenschaft über deren mögliche Grundlagen verlangen soll. Für ihn ist die Philosophie weder Reflexion noch Begründung dessen, was sie nicht ist; vielmehr muss sie die Innerlichkeit erfassen, aufgrund deren sie stillschweigend schon immer in dem ist, was sie nicht ist (sie ist immer schon im Tun des Mathematikers und in der Unschuld der schönen Seele), und zugleich die Äußerlichkeit, aufgrund deren sie niemals notwendig in einer Wissenschaft oder einer Praxis impliziert ist. Dieses Verhältnis der Innerlichkeit und der Äußerlichkeit, der Nähe und der Distanz muss die Philosophie in sich selbst aufnehmen.

Von daher dürften einige charakteristische Züge im Werk Jean Hyppolites verständlich werden.

Dabei denke ich zunächst an sein Verhältnis zu Hegel. Für ihn markierte Hegel den Augenblick, da der philosophische Diskurs sich selbst setzte und innerhalb seiner selbst das Problem seines Anfangs und seines Endes: den Augenblick, da die Philosophie sich selbst die unerschöpfliche Aufgabe stellte, den gesamten Bereich der Nichtphilosophie auszusprechen, und den Versuch machte, in aller Souveränität ihr eigenes Ziel zu formulieren. Hegel markierte für ihn den Augenblick, da die abendländische Philosophie wieder die Aufgabe übernahm, das Sein innerhalb einer Logik zu sagen; da sie sich vornimmt, die Bedeutungen des Daseins in einer Phänomenologie zu enthüllen, und da sie den Versuch macht, sich selbst als Vollendung und Abschluss der Philosophie zu denken. Die Hegel'sche Philosophie markierte auf diese Weise den Augenblick, da die Philosophie innerhalb ihres eigenen Diskurses zum Träger des Problems ihres Anfangs und ihrer Vollendung wurde; den Augenblick, da sie gewissermaßen an die Grenze ihrer eigenen Grenzen ging und zur Frage nach dem Unmittelbaren und dem Absoluten wurde – nach jenem Unmittelbaren, von dem sie sich dennoch nicht befreit, obwohl sie es vermittelt; und nach jenem Absoluten, das sie nur um den Preis seines Verschwindens zu vollziehen vermag. Die Philosophie, die zumindest seit Descartes in einem unaufhebbaren Verhältnis zur Nichtphilosophie stand, wurde mit Hegel nicht nur zum Bewusstsein dieses Verhältnisses, sondern zu dessen tatsächlichem Diskurs, der das Spiel der Philosophie und der Nichtphilosophie effektiv ins Werk setzte. Während andere im Hegel'schen Denken die Rückwendung der Philosophie auf sich selbst sahen, den Augenblick, da sie zur Darstellung ihrer eigenen Geschichte überging, erblickte Hyppolite darin den Augenblick, da sie ihre eigenen Grenzen überschritt, um Philosophie der Nichtphilosophie zu werden oder vielleicht auch Nichtphilosophie der Philosophie.

Aber dieses Thema, das ihn bei seinen Studien zu Hegel verfolgte, ging weit über Hegel hinaus und lenkte sein Interesse auch auf andere Bereiche. So sah er das Verhältnis zwischen Philosophie und Nichtphilosophie auch bei Marx realisiert – der die Hegel'sche Philosophie in seinen Augen vollendete und zugleich verkehrte, der jegliche Philosophie in ihrem Idealismus kritisierte und der Welt die Aufgabe stellte, Philosophie zu werden, zugleich aber der Philosophie, Welt zu werden. Er sah dieses Verhältnis aber auch – und in den letzten Jahren immer deutlicher – in der Beziehung zur Wissenschaft. Damit knüpfte er an Interessen aus jungen Jahren an und auch an seine Diplomarbeit über Descartes' mathematische Methode und seinen philosophischen Werdegang. Und er näherte sich den Arbeiten zweier Männer an, mit denen ihn dieselbe Bewunderung und dieselbe rückhaltlose Treue verband und die für uns die zwei großen Philosophen der physikalischen und der biologischen Rationalität sind.

Seine Reflexion wandte sich folgenden Gebieten zu: einerseits Fichte und der Möglichkeit eines exakten, ganz auf den Beweis[2] ausgerichteten philosophischen Diskurses über die Wissenschaft; und andererseits jener Informationstheorie, die es gestattet, im dichten Geflecht der Naturprozesse und der Austauschprozesse im Bereich des Lebendigen die Struktur der Botschaft aufzudecken.[3] Mit Fichte warf er die Frage auf, ob man einen wissenschaftlichen Diskurs über die Wissenschaft halten und auf der Basis eines rein formalen Denkens an die tatsächlichen Inhalte des Wissens herankommen kann. Während er mit der Informationstheorie die Frage stellte, welchen Status man in Wissenschaften wie der Biologie oder der Genetik Texten einräumen soll, die von niemandem ausgesprochen oder niedergeschrieben worden sind.

Diese Fragen eröffneten zahlreiche Themenbereiche und Forschungsfelder: im Blick auf Freud die Analyse der formalen Bedeutung der Verneinung für das Begehren;[4] im Blick auf Mallarmé die Reflexion über das Spiel zwischen Zufall und Notwendigkeit in einem Werk;[5] im Blick auf Lapoujade die Analyse, wie die Malerei sich in der nackten, ursprünglichen Form ihrer Elemente malen lässt.[6]

Wir dürfen uns nicht täuschen: All die Probleme, mit denen wir – als Schüler seines Verhältnisses zur Vergangenheit und als seine ehemaligen Schüler – uns befassen, hat er für uns aufgeworfen; er hat sie für uns in dieser Sprache formuliert, die stark und ernst und dennoch immer vertraut war; er hat sie in seinem Buch *Logique et*

2 [Hyppolite, J., »L'idée fichtéenne de la doctrine de la science et le projet husserlien« (1959), ebd., Bd. I, S. 21-31.]

3 [»Information et communication« (1967), ebd., Bd. II, S. 928-971.]

4 [»Commentaire parlé sur la Verneinung de Freud« (Diskussionsbeitrag vom 10. Februar 1954 im Seminar über Freud'sche Technik, das Jacques Lacan 1953-1954 an der Universitätsklinik Sainte-Anne über Freuds Schriften zur psychoanalytischen Technik gehalten hat); ebd., Bd. I, S. 385-396.]

5 [»Le ›Coup de dés‹ de Stéphane Mallarmé et le message« (1958), ebd., Bd. II, S. 877-884.]

6 [»Préface aux ›Mécanismes de la fascination‹ de Lapoujade« (Paris 1955), ebd., Bd. II, S. 831-836.]

*Existence*[7] niedergeschrieben, das zu den großen Büchern unserer Zeit gehört. Kurz nach dem Krieg lehrte er uns, über das Verhältnis zwischen Gewalt und Diskurs nachzudenken; gestern lehrte er uns, über die Beziehungen zwischen Logik und Existenz nachzudenken; und gerade erst hat er uns vorgeschlagen, über das Verhältnis zwischen dem Inhalt des Wissens und der formalen Notwendigkeit nachzudenken. Er hat uns schließlich gelehrt, dass Philosophie eine Praxis ist, die niemals endet; dass sie eine bestimmte Art und Weise ist, die Nichtphilosophie ins Werk zu setzen, ihr dabei aber stets so nahe wie möglich zu bleiben: dort nämlich, wo sie an das Dasein anknüpft. Mit ihm sollten wir immer daran denken: »Die Theorie mag grau sein, der goldene Baum des Lebens ist grün.«

*Übersetzt von Michael Bischoff*

7 [Hyppolite, J., *Logique et Existence. Essai sur la Logique de Hegel*, Paris 1953.]

# Wachsen und vermehren

»Croître et multiplier« (sur François Jacob), in: *Le Monde*, Nr. 8037, 15.-16. November 1970, S. 13. (Über François Jacob, *La Logique du vivant. Une histoire de l'hérédité*, Paris, Gallimard, 1970; dt.: *Die Logik des Lebendigen. Von der Urzeugung zum genetischen Code*, Frankfurt am Main 1972.)

François Jacob hat ein wirklich großes Buch der Geschichtsschreibung verfasst. Er erzählt nicht, wie nach und nach die Gesetze und Mechanismen der Vererbung entdeckt wurden, sondern berichtet von der Umwälzung des ältesten überkommenen Wissens des Okzidents durch die Genetik, die zunächst im Stillen, in langwieriger Arbeit und gleichsam durch unterirdische Gräben hindurch verläuft, die im letzten Jahrhundert angelegt worden waren; und die uns dann plötzlich unter großem Getöse die alltäglichsten Vertrautheiten raubt. Dieses bemerkenswerte Buch sagt uns, wie und warum man das Leben, die Zeit, das Individuum, den Zufall ganz anders denken muss. Und dies nicht an den Grenzen der Welt, sondern genau hier, in der kleinen Maschinerie unserer Zellen.

*

Wissen ist nicht dazu bestimmt, uns zu trösten: Es enttäuscht, beunruhigt, schneidet, verletzt. François Jacob demonstriert dies: Die Biologie zeigte seit dem Ende des 18. Jahrhunderts keine Nachsicht gegen all das, was wir um uns herum geschart hatten, um das Unvorhersehbare zu bannen. Über Jahrhunderte hatte der Mensch die frühere Arbeit Adams mühsam noch einmal getan: Er hatte den Tieren, den Kieseln und den Pflanzen Namen gegeben und sie klassifiziert; er hatte eingeteilt, aufgestellt, die Lücken ausgefüllt, hatte diese große Kette der Lebewesen geknüpft, die sich bruchlos vom Mineral – schwarze Vegetation im beinahe unveränderlichen Herzen der Dinge – bis zum vernünftigen, von einer Seele gekrönten Lebewesen erstrecken sollte.

Dieses Reich haben vier Erschütterungen im Verlauf von hundertfünfzig Jahren vollständig umgewälzt. François Jacob gibt jeder einen Namen, und zwar den des sich jeweils konstitutierenden Gegenstandsbereichs, der der Biologie ein neues Erfahrungsfeld eröffnet und in den sich die Beobachtungen, die Begriffe, die

Hypothesen einfügen: die *Organisation*, die *Zeit*, das *Gen*, das *Molekül*.

Die Anatomie Cuviers sprengte die alte Kette der Wesen und setzte die großen Klassen nebeneinander. Darwin demütigte den Menschen möglicherweise dadurch, dass er ihn vom Affen abstammen ließ; sehr viel wichtiger jedoch war, dass er durch die Untersuchung der Zufallsvariationen einer Population im Zeitverlauf das Individuum seiner Privilegien beraubte. Mendel und später die Genetiker zerlegten das Lebende in Erbmerkmale, deren Träger Chromosomen sind, die die sexuelle Reproduktion gemäß berechenbarer Wahrscheinlichkeiten kombiniert, die nur Mutationen plötzlich durchbrechen können. Schließlich hat die Molekularbiologie im Zellkern eine Verbindung zwischen Nukleinsäuren und Proteinen entdeckt, die arbiträr ist wie ein Code; mehr noch: Sie hat bei der Übertragung dieses Codes Irrtümer, Auslassungen, Vertauschungen ermittelt, vergleichbar den Fehlern oder unfreiwilligen Erfindungen eines Schreibers, der einen Augenblick lang zerstreut ist. Das ganze Leben hindurch spielt der Zufall mit dem Diskontinuierlichen.

Man sagt oft, dass der Mensch seit Kopernikus daran leidet, dass er weiß, dass er sich nicht mehr im Zentrum der Welt befindet: die große kosmologische Enttäuschung. Die biologische und zelluläre Enttäuschung ist anderer Art: Sie lehrt uns, dass das Diskontinuierliche uns nicht nur begrenzt, sondern zugleich durchdringt: sie lehrt uns, dass die Würfel uns regieren.

Die Genetik kränkt uns noch auf vielfältige andere Weisen; sie verletzt einige der grundlegenden Postulate, in denen sich, auf konfuse Art und Weise, unsere vergänglichen Wahrheiten bilden und einige unserer alterslosen Träume verdichten. Das Buch von François Jacob stellt sie erneut in Frage.

Ich werde mich darauf beschränken, eines der am besten verankerten in Erinnerung zu rufen: dasjenige, das die Fortpflanzung vom Individuum, seinem Wachstum und seinem Tod abhängig macht. Lange Zeit glaubte man, dass die Fortpflanzung für das im Sinne seines Wachstums »reife« Individuum ein Mittel bedeutete, sich gewissermaßen über sich selbst hinaus zu verlängern und den Tod zu kompensieren, indem es sich durch die ferne Verdopplung seiner Form in die Zukunft überträgt. Man benötigte fünfzig Jahre, um zu erkennen, dass der Metabolismus der Zelle und die Mechanismen des Wachstums des Individuums durch einen Code bestimmt sind, der in der DNA des Zellkerns festgelegt ist und durch Botenelemente übertragen wird, um zu wissen, dass die gesamte chemische Miniaturfabrik eines Bakteriums darauf gerichtet ist, ein zweites zu produzieren (dies ist sein »Traum«, wie François Jacob sagt), um zu wissen, dass die komplexeren Organisationsformen (mit der Sexualität, dem Tode, ihrem Begleiter, den Zeichen und der Sprache, ihren fernen Effekten) nichts anderes sind als Umwege, um immer wieder die Reproduktion zu sichern.

Ja gewiss, das Ei existiert vor der Henne. So lange man es zu tun hat mit einem, relativ gesehen, so einfachen Organismus wie einem Bakterium, kann man dann wirklich von einem Individuum sprechen? Kann man sagen, dass es einen Anfang hat, da es schließlich nur die Hälfte einer früheren Zelle ist, die ihrerseits die Hälfte einer anderen Zelle war und so weiter bis in die fernste Vergangenheit des ältesten Bakteriums der Welt? Und kann man sagen, dass es stirbt, wenn es sich teilt, zwei Bakterien Platz macht, die unablässig bestrebt sind, sich alsbald ihrerseits zu teilen? Das Bakterium: eine Reproduktionsmaschine, die ihren Reproduktionsmechanismus reproduziert, ein Erbmaterial, das sich um seiner selbst willen ins Unendliche vermehrt, reine Wiederholung vor der Singularität des Individuums. Im Verlauf der Evolution war das Lebende eine Verdopplungsmaschine, bevor es individueller Organismus wurde.

Es kommt indes vor, dass zur Übertragung dieser Erbinformationen zwei distinkte Zellen erforderlich sind, von denen jede ihre Chromosomen trägt, die in Verbindung treten, um den Kern einer neuen Zelle zu bilden. Dies ist das Prinzip der geschlechtlichen Fortpflanzung: Auf seiner Grundlage kann man vom Auftreten eines Individuums sprechen, das seinerseits und in mehr oder weniger langen Zyklen sexuelle Zellen tragen wird, die fähig sind, sich zu kombinieren: Es selbst hat dann nur noch zu verschwinden. Geburt und Tod der Individuen sind die Lösung, die die Evolution wählte, um die geschlechtliche Fortpflanzung zu begleiten. Der Tod, sagt François Jacob, ist »eine im genetischen Programm *ex ovo* vorgeschriebene Notwendigkeit«.[1]

Man muss daher die vertraute Reihe umkehren: das Individuum (das geboren wird und stirbt), die Sexualität (die es ihm ermög-

1 S. 331 [frz. Ausg.] und S. 329 [dt. Ausg.].

licht, sich fortzupflanzen), die Vererbung (die Generationen nach und nach über die Zeit hinweg verbindet). Man muss sagen, dass das Lebende zunächst und vor allem ein Vererbungssystem ist; dass die Sexualität, die Geburt und der Tod der Individuen nur verdeckte Weisen darstellen, das Erbgut weiterzugeben. Das alte Gesetz schrieb vor: »Wachset und mehret Euch«, als ob es zu verstehen gäbe, dass die Vermehrung nach dem Wachstum käme und um sie zu verlängern. Das Neue Testament der Biologie sagt demgegenüber: »Vermehrt Euch, vermehrt Euch: Dann werdet Ihr wachsen, als Art und als Individuen; die Sexualität, der Tod werden Euch dabei bereitwillig helfen.«

Gilt es hier eine zweite große Kränkung zu erkennen, die der von der Psychoanalyse ausgehenden, die vom Begehren sprechen lässt, wenn der Mensch es zum Schweigen bringen oder darum herumreden möchte, zugleich ähnlich und verschieden ist? Wir stehen nun vor der erstaunlichen »Ungeniertheit« der Biologie, die den Reproduktionsdrang sogar vor das Individuum stellt.

Für die Wissenschaften vom Leben blieb die Kenntnis der Vererbung lange Zeit marginal. Noch in der Mitte des 19. Jahrhunderts wusste man nicht genau, gemäß welcher Gesetze die Erbeigenschaften im Verlaufe der Generationen und Kreuzungen verschwanden und wieder auftraten. Mendels Formulierung dieser einfachen Arithmetik blieb lange Zeit toter Buchstabe, aber was im Laufe des 19. Jahrhunderts von den Physiologen auf der Ebene der Zelle, von den Mikrobiologen über die Bakterien, durch die Chemiker und Biochemiker in Bezug auf die Diastase, die Enzyme und Proteine analysiert wurde, gestattete schließlich zu zeigen, dass das Lebewesen ein Vererbungssystem ist, und setzte zugleich die Genetik an die Spitze aller biologischen Wissenschaften. Dies gestattete der Genetik, sich in einer Rückwende wieder all den Gebieten zuzuwenden, die sie von langer Hand vorbereitet hatten, deren Platz zu definieren und sich selbst als erste allgemeine Theorie lebender Systeme zu präsentieren.

Dies ist es, was François Jacob in seinem Buch analysiert und erklärt. »Geschichte der Vererbung« lautet allzu bescheiden der (französische) Untertitel. In Wirklichkeit handelt es sich um eine Geschichte der gesamten Biologie; es geht um deren umfassende Neueinteilung in der gegenwärtigen Epoche; es geht vor unseren Augen um die Grundlegung einer ebenso wichtigen und revolutionären Theorie, wie dies zu ihrer Zeit die Theorien von Newton oder Maxwell waren (und an deren Entwicklung François Jacob selbst wesentlichen Anteil hatte). Kurz, es handelt sich um die größte Umwälzung des Wissens, die sich um uns herum vollzieht.

Und hier tritt eines der für unser Denken befremdlichsten Ergebnisse der modernen Biologie auf – auf den ersten Blick eines der enttäuschendsten und letztlich doch wunderbarsten: Sie raubt uns genau das, was wir seit so langer Zeit von ihr erwarten: das Geheimnis des Lebens selbst. Tatsächlich analysiert sie das Lebende nach der Art eines im Kern niedergelegten Programms, das für den Organismus die Grenzen seiner möglichen Reaktionen festlegt; alles vollzieht sich so, als ob angesichts eines beliebigen Stimulus eine Konsultation des Programms erfolgte, Information durch Boten übermittelt, Anweisungen weitergegeben, Befehle umgesetzt würden.

Entscheidend ist zunächst, wie man sieht, dass das Alphabet des Programms nicht dem gleicht, was es vorschreibt; das Lebende, so formuliert François Jacob, schreibt nicht auf Chinesisch; Arbitrarität durchzieht die grundlegenden Strukturen der lebenden Zelle, und dies absolut universell. Man muss jedoch überdies beachten, dass die Interpreten hier die Reaktionen selbst sind: Es gibt keinen Leser, keinen Sinn, sondern ein Programm und eine Produktion. Es ist sinnlos, hier von einer Sprache zu sprechen, und sei es die Sprache »der Natur«.

Die Biologie besaß lange Zeit sehr spannungsgeladene Verbindungen zur Chemie, zur Physik, zur Maschinentechnik. Den Reduktionsversuchen setzte man das Prinzip der Nichtreduzierbarkeit entgegen. Man erklärte, dass die Chemie vom Leben nur parzellierte und willkürlich geschnittene Prozesse untersuche; indem sie nur das verschwindend Kleine untersuche, vernachlässige sie die Spezifität des Ganzen; denen jedoch, die nur das Ganze des Individuums oder die Masse einer Population in ihrem Milieu betrachten wollten, hielt man entgegen, dass sie eine komplette Metaphysik des Lebens eindringen ließen. Seitdem die Biologie die ultramikroskopische Ebene des Moleküls erreichte, konnte sie schließlich begreifen, wie sich auf der Ebene der Massen und in der Abfolge der Jahrtausende die Transmission der Vererbung, das Spiel der Mutationen und die Gesetze der evolutiven Selektion vollzogen. All diese kleinen Maschinerien der Physikochemie begründen die

Darwin'sche Theorie und erklären die wachsende Komplexität der Arten im Laufe der Geschichte der Welt.

Bedeutet dies die Rückkehr zur Tier-Maschine, den Triumph der Existenz-Fermentation, da nun die mysteriöse Besonderheit des Lebens verschwunden ist? Die Frage macht kaum noch Sinn; man kann jetzt jedoch sagen, in welchem Maße die Zelle ein System physikochemischer Reaktionen ist, in welchem Maße sie wie eine Rechenmaschine funktioniert. Nunmehr steht der Begriff des Programms im Mittelpunkt der Biologie.

Eine Biologie ohne Leben? Wir stehen damit zum dritten Mal vor der Notwendigkeit, ganz anders zu denken als zuvor. Kann man diese produktive Ernüchterung mit derjenigen vergleichen, die man heute erfährt, wenn man gewahr wird, dass man den »Menschen« oder die »menschliche Natur« meiden muss, wenn man die Systeme der Gesellschaft und des Menschen analysieren will? Hören wir auf die glänzende Lektion von François Jacob: »Man untersucht heute in den Labors nicht mehr das Leben. Man sucht nicht mehr dessen Konturen zu erfassen. Man bemüht sich lediglich, lebende Systeme zu analysieren, ihre Struktur, ihr Funktionieren, ihre Geschichte … Ein lebendes System zu beschreiben heißt, sich sowohl auf die Logik seiner Organisation wie auf die seiner Evolution zu beziehen. Die Biologie interessiert sich heute für die Algorithmen der lebenden Welt.«

Man kann das Leben nicht länger als große kontinuierliche und absichtsvolle Erschaffung von Individuen denken; man muss das Lebende als das kalkulierbare Spiel des Zufalls und der Reproduktion denken. Das Buch von François Jacob ist die bemerkenswerteste Geschichte der Biologie, die jemals geschrieben wurde: Es lädt jedoch gleichzeitig zu einem großen Wiedererlernen des Denkens ein. *Die Logik des Lebenden* zeigt zugleich, welches Wissen für die Wissenschaft erforderlich war und was dieses Wissen das Denken selbst kostet.

*Übersetzt von Hermann Kocyba*

# Ein nicht hinnehmbarer Tod

»Une mort inacceptable (l'affaire Mirval)«, Vorwort zu Cuau, B., in: *L'Affaire Mirval ou Comment le récit abolit le crime*, Paris 1976, S. VII-XI.

Am 22. Februar 1974 stirbt Patrick Mirval, ein zwanzigjähriger athletischer Antillaner, im Gefängnis von Fleury-Mérogis. Selbstmord, erklärt die Verwaltung. Der Richter Michau leitet eine Untersuchung ein, zu der zehn Rechtsmediziner hinzugezogen werden. Zwei Jahre später kann sich der Justizminister immer noch nicht zwischen Einstellung des Verfahrens und Anklage gegen die Aufseher wegen körperlicher Misshandlung entscheiden. Die Experten waren zu dem Schluss gekommen, dass »Mirvals Erregungszustand eine determinierende Rolle bei seinem Tod durch ein asphyktisches Ödem gespielt hat«. Pierre Vidal-Naquet, der einstmals das Komitee Audin ins Leben gerufen hatte und der ein weiteres Vorwort zu *L'Affaire Mirval* schrieb, stellt zum Abschluss der rechtsmedizinischen Begutachtung ironisch fest: »Es bleibt nur noch ein Verrückter übrig.«

Unter all den Gründen, warum man Ihren Text zu schätzen hat, steht dieser hier an erster Stelle: Er ist die Demontage einer der vertrautesten, aber am wenigsten bekannten Großtaten der Justiz. Oft hat man den Gerichtsapparat angegriffen, wenn er Irrtümer für rechtens erklärte, wenn er Fälschungen oder Lügen fabrizierte und wenn er auf Befehl oder in spontaner Komplizenschaft schwieg. Weniger gut kennt man die Art und Weise, wie er in kleinen Schritten am Faden der Tage und der Dokumente mittels Berichten, Zeugnissen und Indizien das fabriziert, »was man nicht wissen kann«: gewisse einfache offensichtliche Tatsachen, die man augenscheinlich unmöglich auslöschen kann, und dann, durch kaum wahrnehmbare Überdeckungen, kleine Verschiebungen und heimliche Verzerrungen wird das Mysterium immer undurchdringlicher. In den Kriminalromanen sind die Rätsel dazu da, am Ende gelöst zu werden: Es gibt eine ganze Gerichts»literatur« – und eine ganz und gar alltägliche im Dienstzimmer gewisser Untersuchungsrichter –, die damit endet, dass sie ein unlösbares Rätsel konstruiert. Das Geheimnis wird mitunter durch Entscheidung von oben fabriziert, doch zumeist liegt dem eine subtile Verwirrung zugrunde, die dann besonders wirkungsvoll ist, wenn der Schuldige, die Polizei, der untersuchende Richter und die Staatsanwaltschaft Komplizen sind. In diesem Fall hat die Untersuchung die Funktion, alles mit dem zuzudecken, was die Informatiker »Rauschen« nennen; und wenn dann der Augenblick der endgültigen Entscheidung gekommen sein wird, werden an das geschickt zerstreute Ohr des Richters nur »Geräusche« gelangen, unerfreuliche und unbewiesene Gerüchte, die unbesonnen von einem Privatkläger verbreitet werden, den man als gehässig bezeichnen wird, und so wird es am Ende angebracht sein, diesen durch eine zu begrüßende Einstellung des Verfahrens bzw. einen entsprechenden Freispruch aus dem Feld zu schlagen. Nicht immer fabrizieren Staat, Justiz und Verwaltung Geheimnisse, indem sie die Wahrheit unterschlagen; sie wissen, wie man das Reale in den Beweisurkunden verschwinden lassen kann. Ein schönes Beispiel unter all den Techniken der Macht.

Auf jeden Fall kann uns Ihr Buch, so mein Eindruck, zum Modell dienen. Es vereint in ein und derselben Hand die beiden unerlässlichen Zielsetzungen für Interventionen dieser Art: nachweisen und anklagen, analysieren und benennen. Man neigt zu sehr dazu, einen der beiden Wege zu wählen: Entweder entlarvt man den Widersacher, ergreift ihn, gibt man dem Feind ein Gesicht und einen Namen – eine von Gewalt und Mut geprägte Lösung, doch zuweilen übereilt und eher symbolisch als exakt. Oder man zeigt, dass keiner verantwortlich ist, außer die große Mechanik des Staates oder die allgemeine Verfaulung der Gesellschaft: Dies sind die stets sicheren und häufig nutzlosen Wege der abstrakten Kritik. Nun zeigen Sie in allen Einzelheiten, wie die Maschinerie funktioniert mit Individuen, die einen Namen haben, mit kleinen Niederträchtigkeiten, die ihr Datum und ihre Urheber haben, mit Wünschen weiterzukommen, Gefälligkeiten und Befürchtungen. Die Justiz, das darf man nicht vergessen, hängt von den Richtern ab; und die Richter tragen mittels der Justiz ihre ganz persönliche mickrige Mittelmäßigkeit in den Körper, in die Zeit, die Freiheit, das Leben und den Tod der anderen ein. Das ist die Kehrseite von dem, was man Berufsrisiken nennt. Und so stellt sich denn auch kraft des Apparates die Größe dieser Menschen wie die von uns allen dar: Am Ende begehen sie mit minimaler individualisierter Willensschwäche namenlos große Ungerechtigkeiten. Letztere muss man rational auseinandernehmen, doch indem man zugleich wohlüberlegt auf Erstere mit dem Finger zeigt: Die Michau-Richter müssen bei ihrem Namen genannt werden.

Ihre Analyse zeigt konkret, was heute die Aufgabe eines Intellektuellen sein kann: Es ist ganz einfach die Arbeit der Wahrheit. Viele fragen sich seit Jahren, bevor sie sprechen, ob sie die »richtige« Ideologie haben, oder besser noch, während sie bereits sprechen, versuchen sie zu beweisen, dass sie sie haben. Die Wahrheit aber, es gibt sie, sie hat Macht und sie hat Wirkungen, aber auch Gefahren. Und anstatt sich noch einmal in die Auseinandersetzungen über die Ideologie, die Theorie und die Praxis hineinziehen zu lassen: Sollte die politische Aufgabe von jetzt nicht eher die sein, Wahrheit hervorzubringen, sie überall, wo es möglich ist, dagegenzusetzen und aus ihr einen unnachgiebigen Widerstandspunkt zu machen? Die Wahrheit ist niemals politisch gleichgültig oder nutzlos – von der Theorie würde ich das nicht im gleichen Maße behaupten. Vor bald zwanzig Jahren hat Vidal-Naquet uns gezeigt, was die Wahrheit »vermochte«, in jener Affäre Audin,[1] in der er selbst sein Leben in Gefahr brachte; und das politische Gewicht dieser Wahrheit wog mit Sicherheit schwerer in den Kämpfen von damals als die schwerfälligen Theorien. Denken wir auch an die jüngst von Pierre Goldman[2] und seinem Anwalt Georges Kiejman geleistete Wahrheitsarbeit in einer Affäre, die ebenfalls eine »politische« war.

Und dann verzeihen Sie mir diese letzte Überlegung; sie wird Sie zweifellos schockieren, geht es doch dabei um den Tod eines Menschen: In Ihrer unpathetischen Beweisführung, in Ihrer nahezu stummen Aufmerksamkeit, die durch die Dokumente, Zitate, Daten, das Hin und Her im Verfolgen einer Spur hindurch die unerträglichen Dinge und die verborgene Erdrosselung eines Menschen am Fuße eines Fahrstuhls wieder aufsteigen lässt, gibt es etwas Stillschweigendes und Schönes: Dieser eines frühen Morgens eingetretene Tod, der um ein Haar namenlos geblieben wäre, wird für uns für lange Zeit nicht hinnehmbar bleiben. Zu welcher Entscheidung auch diejenigen kommen, die über uns richten.

*Übersetzt von Hans-Dieter Gondek*

1 [Maurice Audin, Mathematiker an der Fakultät von Algier, war am 21. Juni 1957 in El-Biar von einem Offizier des französischen Geheimdienstes wegen seiner Unterstützung der algerischen Unabhängigkeitsbewegung erdrosselt worden.]

2 [Goldman, P., *Souvenirs obscurs d'un juif polonais né en France*, Paris 1975.]

# Die Sorge um die Wahrheit

»Le souci de la vérité«, in: *Le Nouvel Observateur*, Nr. 1006, 17.-23. Februar 1984, S. 74-75. (Über den Tod des Historikers P. Ariès.)

Lange Zeit konnte man ihn nahe des Rond-point Bugeaud in einem alten herrschaftlichen Haus antreffen, das eine Verwaltung mit einem rätselhaften Namenszug in Büros umgewandelt hatte. Ich erinnere mich – doch täusche ich mich nicht? – an ein großes Zimmer mit dunkler Holzvertäfelung; es schien, als wäre es auf der abschüssigen Bahn seiner unbezwinglichen Geschichte vom Genius Loci einen Moment lang zurückgehalten worden; es hatte etwas von dem Salon bewahrt, der es einst war; seine Dunkelheit ähnelte dem Düsteren einer Bibliothek.

Philippe Ariès war ein Mensch, den nicht zu mögen schwergefallen wäre: Er ging regelmäßig zur Messe seiner Gemeinde, hatte aber stets sein Ohropax dabei, um sich die liturgischen Albernheiten des Zweiten Vatikanums nicht anhören zu müssen. Seine Familie stammte aus Martinique und zählte zur Anhängerschaft von Maurras, aber sie rang darum, Daudet (der nicht zuhörte) davon zu überzeugen, dass Saint-John Perse kein Neger war. Ein anerkannter Hochschullehrer, den man fragte, was das also für ein einzigartiger Historiker wäre und welches Vertrauen man ihm schenken könnte, brachte die Neugier seines Gesprächspartners und dessen etwaiges Wohlwollen mit einer Antwort im typischen Nachkriegs-Sorbonne-Stil zum Erliegen: »Das ist einer, der ein Vermögen haben muss.« In der Tat hatte Ariès Eleganz – moralische und intellektuelle Eleganz, was sehr wohl ein recht seltenes Vermögen ist.

Die Dummköpfe – ich meine Herrn Lawrence Stone – glaubten, sie enthüllten sein Geheimnis, als sie daran erinnerten, dass er rechts stand, dass er Traditionalist blieb, dass er der *Action française* angehört und für einige Zeit auf der Seite Vichys gestanden hatte. Andere, durchtriebenere, meinten, er würde darunter leiden, dass er ein Amateurhistoriker war, durch die Zwänge des Berufs genötigt, dies zu bleiben, und in ängstlicher Erwartung, endlich von der Institution anerkannt zu werden. Ich glaube, das Wesentliche lag woanders: Wie bei fast allen lag sein Geheimnis im Zentrum seines Lebens und in seinem sichtbarsten Teil. Über dreißig Jahre hinweg übte Ariès einen Beruf aus, der ihn begeisterte und der ihn an einen Kreuzungspunkt der Moderne versetzte: Er hatte sich mit der landwirtschaftlichen Entwicklung in ehemaligen Kolonialländern zu beschäftigen, er hatte ein Dokumentationszentrum aufzubauen, und er war einer der Ersten, der dabei die revolutionären Möglichkeiten der Informatik anwandte; er bereiste die Welt und traf sich mit jenen großen internationalen Technokraten, deren Entscheidungen mitunter solche über Leben und Tod sind, die ganze Bevölkerungsgruppen retten oder dem Hunger preisgeben.

»Ein Sonntagshistoriker«, wie er selbst sagte. Doch gerade diese beruflichen Aktivitäten und seine gut gefüllte Woche gaben ihm die Kraft zu seinen Historiker-Wochenenden. An die direkte Erfahrung einer planetarischen und technischen Moderne schloss sich bei ihm eine niemals aufgegebene, niemals erloschene Empfindsamkeit an: die eines Bürgers aus der Provinz. Seine berufliche Praxis erlaubte es ihm, in die allgemein verbreitete historische Forschung ein Unbehagen hineinzutragen, das bezeichnend war für das Milieu, aus dem er kam: die Schwierigkeit, die Werte und Normen einer Lebensweise mit der Entwicklung der technischen Rationalitäten in Einklang zu bringen. Dies führte ihn zu Problemstellungen, die von denen eines Max Weber nicht sehr weit entfernt waren (den er nicht kannte, den er aber auch nicht wie manche Ignoranten mit Spengler verwechselte).

Max Weber interessierte sich vor allem für die ökonomischen Verhaltensführungen; Ariès dagegen für die Verhaltensführungen, die das Leben betreffen. Zweifellos war die Bedeutung biologischer Prozesse in der Geschichte nichts, was er zu entdecken hatte; aber er erkannte, dass Leben und Tod nicht allein durch ihre Auswirkungen auf die Gattung im Werden der Menschen präsent waren; sie wirken sich auch mittels der Einstellungen aus, die die Gesellschaft, die Gruppen und die Individuen ihnen gegenüber einnehmen können. Geboren werden, groß werden, sterben, krank sein: so einfache und scheinbar so beständige Dinge. Aber die Menschen haben ihnen gegenüber komplexe und wechselnde Einstellungen entwickelt, die nicht nur den Sinn verändern, den man ihnen verleiht, sondern mitunter auch die Konsequenzen, die sie haben können. Ariès hatte die Idee, die Analyse dieser komplexen Figuren durchzuführen, die innerhalb der menschlichen Kultur dem Elementaren des Lebens Gestalt verleihen.

Nacheinander untersuchte er die demographischen Sachverhalte, und zwar nicht als biologischen Hintergrund einer Gesellschaft, sondern als eine Weise, sich zu sich selbst, zu seiner Herkunft und zur Zukunft zu verhalten, dann die Kindheit, die für ihn eine Gestalt des Lebens war, die von der Einstellung und der Empfindsamkeit der Erwachsenenwelt umgrenzt, bewertet und geformt wurde, und schließlich den Tod, das von den Menschen ritualisierte, inszenierte, glorifizierte und mitunter auch, wie heute, neutralisierte und annullierte Schicksal aller. »Geschichte der Mentalitäten« – er selbst hat dieses Wort gebraucht. Aber man braucht nur seine Bücher zu lesen: Er hat eher eine »Geschichte der Praktiken« geschrieben, der Praktiken, die die Form einfacher und fester Gewohnheiten haben, sowie der Praktiken, die eine prunkvolle Kunst erschaffen können; und er hat die Einstellung, die Weise des Vorgehens oder des Seins, des Handelns oder des Empfindens aufzudecken gesucht, die für beides die Wurzel sein konnte. Mit aufmerksamem Blick sowohl für die stumme Geste, die Jahrhunderte überdauert, als auch für das einzigartige Werk, das in einem Museum ruht, gründete er das Prinzip einer »Stilistik der Existenz« – ich meine damit eine Untersuchung der Formen, durch welche der Mensch in dem ihm beschiedenen Schicksal seiner Lebendigkeit und Sterblichkeit sich äußert, sich erfindet oder sich verneint.

Ariès erzählte gern von den Ideenschlachten der Vorkriegszeit, in denen er seine von Rauflust geprägte Jugend geformt hatte. Er hätte zwischen zwei Denkweisen zu wählen gehabt, sagte er. Die eine, »von rechts«: Man legte sein Vertrauen in die Kontinuität einer Nation, um sich keine Sorgen um die Auswirkungen zu machen, die darin die Fortschritte der Technik und der Rationalisierung hervorbringen konnten. Die andere war die »von links«: Sie legte genügend Vertrauen in den Fortschritt, um geduldig die notwendigen oder nützlichen Auswirkungen abwarten zu können. Ariès hatte sich also für Erstere entschieden. Doch die Gründe für seine Wahl – seine Bindung an einen Stil, an Werte, an eine Lebensweise – hatten ihn rasch zur Anerkennung von Postulaten geführt, die denen der Gegenposition näher standen.

Und diesem Denken, von dem er ausgegangen war, brachte er am Ende einige ernsthafte Verletzungen bei, die einige seiner Freunde ihm nur mit Mühe verzeihen konnten. Wie kann man denn, wenn man mit der monarchistischen Tradition die große

Kontinuität einer Nation begründen will, jene tief greifenden Diskontinuitäten annehmen, die, oft stillschweigend, die Empfindsamkeit und die Einstellungen einer ganzen Gesellschaft prägen? Wie kann man den politischen Strukturen eine größere Wichtigkeit einräumen, wenn man die Geschichte über dunkle Gesten laufen lässt, die häufig schlecht definierte Gruppen beibehalten oder abändern? Die ganze Rechte hatte da durchaus Mühe, sich darin wiederzuerkennen. Eine bestimmte Weise, seine Tradition zu sehen und zu lieben, hatte diesen Traditionalisten eine andere Geschichte entdecken lassen.

Und mit dieser Generosität, dieser Ironie und dieser Losgelöstheit des großen Herrn, die man allesamt in seinem Lachen vernahm, machte er der anderen Geschichte, der Geschichte der Historiker an den Universitäten, die ihn ihrerseits mit Bedacht vernachlässigt hatten, das unverhoffte Geschenk dieses neuen Blicks.

Wir alle sind dieser Konvertiten des Marxismus überdrüssig, die geräuschvoll ihre Grundsätze und ihre Grundwerte ändern, aber im *Figaro* von heute genauso kurzschlüssig denken wie in *La Nouvelle Critique* von gestern. Ariès dagegen hatte die Treue des Erfindungsreichen: Das war seine intellektuelle Moral. Seiner Arbeit verdanken wir alle außerordentlich viel. Doch um die persönliche Schuld für das, was ich ihm verdanke, zu begleichen, würde ich mir wünschen, dass das Beispiel dieses Mannes bewahrt wird, der seine Treue zu erarbeiten, seine dauerhaften Entscheidungen anders zu reflektieren und in eifriger Beharrlichkeit seine Kraft darauf zu verwenden wusste, aus Sorge um die Wahrheit sich selbst zu verändern.

*Übersetzt von Hans-Dieter Gondek*

# Der Stil der Geschichte

»Le style de l'histoire« (Gespräch mit A. Farge und den Journalisten des *Matin*, F. Dumont und J.-P. Iommi-Amunategui), in: *Le Matin*, Nr. 2168, 21. Februar 1984, S. 20-21.

– *Michel Foucault, wie sind Sie Philippe Ariès begegnet?*

*M. Foucault:* Das war Zufall, reiner Zufall. Ich hatte zu der Zeit gerade die *Histoire de la folie* [*Wahnsinn und Gesellschaft*] beendet, die niemand verlegen wollte. Auf Anraten eines Freundes habe ich also mein Manuskript zu Plon gebracht. Keine Antwort. Nach einigen Monaten ging ich dorthin, um es zurückzuholen. Man gab mir zu verstehen, dass man es, um es mir zurückgeben zu können, erst einmal wiederfinden müsse. Und dann fand man es eines Tages in einer Schublade wieder und stellte da erst fest, dass es ein Buch über Geschichte war. Man gab es Ariès zu lesen. So lernte ich ihn kennen.

– *Sie haben niemals mit ihm gearbeitet?*

*M. Foucault:* Nein, da wir beide außerhalb eines der raren Orte in Frankreich waren, an denen man eine kollektive Forschungsarbeit durchführen konnte, den *Hautes Etudes*. Die Tür war für uns beide verschlossen. Ich bin ins Ausland gegangen, er hat weiter seine Forschungsagentur betrieben. Doch dieser Beruf hatte, das hat er oft gesagt, einen positiven Einfluss auf seine Arbeit als Historiker. Ein »Bananenhändler«, wie das einer seiner Historikerkollegen behauptete? Er war in der Tat mit einem Dokumentationszentrum über die Landwirtschaft in der Dritten Welt beschäftigt, was ihn sehr aufmerksam werden ließ für die Beziehungen zwischen Leben, Tod und Geschichte, und was ihn auch sehr vertraut machte mit den modernen Techniken der Informatik.

– *Sie sagten über seine Schriften, dass sie eine* »Stilistik der Existenz« *erschaffen würden, dass sie aufmerksam wären »für die stummen Gesten, die überdauern«. Kann man nicht dasselbe über Ihre Arbeiten sagen?*

*M. Foucault:* Ariès war der Initiator. Er legte großen Wert auf die Idee, dass es zwischen einem in der entlegensten Tabelle dargestellten Geschehen und der ganzen Schicht alltäglicher Geschehnisse etwas Gemeinsames zu lesen geben könnte. Hierin und darin sah er eine Gestaltung der Existenz, der Verhaltensführung, des Gefühls – ein Stil des Seins, der ihnen gemeinsam war. Und darin ist Ariès, glaube ich, ein wichtiger Vorläufer für eine ganze Reihe an aktuell laufenden Forschungen. So misst ein Historiker der Spätantike, Peter Brown, dem Stilbegriff in den menschlichen Beziehungen und den Verhaltensweisen eine beträchtliche Bedeutung bei. Ich bin nicht sicher, dass Ariès genau das Wort »Stil« verwandt hätte, aber darum ging es.

*A. Farge:* Sehr wichtig ist der Moment, an den Philippe Ariès im Anschluss an Lucien Febvre während des Bruchs der sechziger Jahre gelangt: als man mit den »Errungenschaften« des Vulgärmarxismus brach. Und bei Ariès gab es kein Dogma, keinen Willen zur Schulbildung; es gab vielmehr eine Intuition, eine Naivität, eine Fähigkeit, das Wirkliche auf eine neue Weise aufzunehmen. Und das ist auch der Grund, warum er, wie ich glaube, auf jemanden gestoßen ist, der gleichfalls außerhalb der *Annales* stand, Robert Mandrou; und aus diesem Grunde hat er auch mit ihm am Ansatz der historischen Psychologie arbeiten und mit ihm eine Buchreihe zur Geschichte der Mentalitäten auf die Beine stellen können. Das ist ein sehr wichtiger, aber wenig bekannter Moment der französischen Geschichtsschreibung.

*M. Foucault:* Ich habe neulich in den Zeitungen gelesen, die französischen Intellektuellen seien seit 1975 nicht länger Marxisten, und zwar wegen Solschenizyn. Es gibt da was, worüber man nur lachen kann. Beckett, *Warten auf Godot*,[1] das ist wann? Die ersten Artikel von Barthes über die *Mythen des Alltags*,[2] das ist wann? Die Konzerte des *Domaine musical*,[3] das ist wann? Lévi-Strauss, das ist wann? Und Ariès?

Es gab, sagen wir, von 1950 bis 1960 eine ganze Reihe von größeren Ereignissen, die einen kulturellen, ästhetischen, wissenschaftlichen und künstlerischen Planeten von einer ganz anderen Art ausgebildet haben als das, was von Marxismus und Phänomenologie

1 [Beckett, S., *En attendant Godot*, Paris 1953; dt.: *Warten auf Godot*, Berlin/Frankfurt am Main 1953.]

2 [Barthes, R., *Mythologies*, Paris 1957; dt.: *Mythen des Alltags*, Frankfurt am Main 1964.]

3 [*Domaine musical* war seit 1955 der Titel für eine von Pierre Boulez 1954 zunächst als *Concerts du Petit Marigny* gegründete und bis 1967 geleitete Konzertreihe. A. d. Ü.]

hatte ausgearbeitet und hinterlassen werden können. Was nicht die geringste Missachtung impliziert: Diese Denkweisen waren ganz und gar wichtig. Doch wenn die Dinge sich ändern, dann ändern sie sich, und Ariès gehörte eben zu jener Menge neuer Dinge. Wogegen die *Annales* offensichtlich, obwohl sie kontinuierlich ihre Methode, ihre Probleme usw. veränderten, in dieser Form einer zutiefst mit dem Marxismus verschwägerten Geschichte verwurzelt waren …

*A. Farge:* Einer gesellschaftlichen Geschichte der Klassenbildungen …

*M. Foucault:* Ja, einer Geschichte der Gesellschaft und der Ökonomie, wie sie sagten.

*A. Farge:* Ich glaube auch, dass Ariès' großer Bruch, das, weshalb er im Übrigen lange Zeit ignoriert wurde, das vollständige Fehlen jeder Quantifizierung in diesen Büchern ist. Die Demographie war freilich zu jener Zeit schon vollkommen souverän.

*M. Foucault:* Seine Einzigartigkeit besteht darin, dass er von jenem Material ausging, welches das bevorzugte Terrain des Quantitativismus war, und er daraus etwas anderes machte, das nicht dem Maß unterstand.

*A. Farge:* Ja, und das, was man ihm häufig vorwarf, war die Repräsentativität: Ist das repräsentativ, und für was, für wen? Also holte man das System der Klassenbildungen wieder hervor. Andererseits hat er über die lange Dauer gearbeitet, was bei derlei Themen ebenfalls nicht üblich war.

– *Letztlich haben die Arbeiten von Ariès am Ende doch die Dinge in Bewegung versetzt; die Ihren ebenfalls.*

*M. Foucault:* In der französischen Universität, zumindest in den geisteswissenschaftlichen Disziplinen und den Humanwissenschaften, ist vor allem in der Geschichte die fruchtbarste und die interessanteste Arbeit geleistet worden. Was man im Ausland die französische historische Schule nennt, ist etwas, wofür man nichts Vergleichbares in anderen Disziplinen findet … Die Geschichte ist seit dem 19. Jahrhundert die große Wissensinstitution in der geisteswissenschaftlichen Universität gewesen. Und alle Institutionen haben ihre Starrheit, ihre Kontinuität, ihr Gewicht und ihre inneren Konflikte, die sie vor Überfällen von außen schützen.

Eines Tages wird es sicherlich interessant sein zu sehen, warum eine bestimmte Anzahl von Leuten mit Bedacht draußen gehalten wurde, oder zu sehen, wie diejenigen, die eben von innerhalb der Institution die Dinge ein wenig in Bewegung versetzen konnten, oft eine andere Ausbildung hatten (so kommt Arlette Farge aus der juristischen Fakultät).

– *Ariès und Sie haben dazu beigetragen, die Untersuchungsthemen zu verändern. Man braucht nur an die Titel historischer Werke aus jüngster Zeit zu denken:* Le Purgatoire, Le Péché et la Peur[4] *sind zu Gegenständen der Historie geworden. Beide haben Sie eine Archäologie der Repräsentation begonnen.*

*M. Foucault:* Noch einmal, ich glaube, es ist Ariès, der wichtig ist, er hat die Dinge in Bewegung gebracht.

*A. Farge:* Sie hatten dennoch in der Historie eine ähnliche, »bilderstürmerische« Herangehensweise. Ariès' Beitrag ist der des Empfindsamen, eine Geschichte der Empfindsamkeiten zu schreiben, das war äußerst subversiv. Ariès widersetzte sich so einem kollektiven Unbewussten, und zugleich mit Mandrou und nach der von Lucien Febvre geforderten Öffnung sorgte er für die Entdeckung all dessen, was zum Alltäglichen gehörte. Und Sie haben einen vergleichbaren Beitrag erbracht: derselbe Bruch in der Methode, als Erstes. Ich denke an *Surveiller et Punir* [*Überwachen und Strafen*]: Sie arbeiten zugleich über die institutionellen Verschiebungen und über den auf die Institutionen gerichteten Blick. Auch die Herangehensweise war subversiv.

*M. Foucault:* Ja, aber Ariès war Historiker, hat das Werk eines Historikers schreiben wollen. Während ich im Grunde Philosophie betrieb. Was mich umgehauen hatte, das war, dass in der Philosophie, so marxistisch die Leute zu jener Zeit auch waren, und Gott weiß, wie sehr sie es waren, ihre Ignoranz der Geschichte, ich will nicht sagen, eine totale, aber eine prinzipielle war. Bei den Philosophiestudenten war es eine Grundregel: Da man ja Marxist war, brauchte man die Geschichte nicht zu kennen; man kannte sie, wie man ein altes Familiengeheimnis kennt, zu dem der Schlüssel seit langem aufgedeckt ist.

Und das, was ich machen wollte, lag innerhalb der Ordnung der Philosophie: Kann man eher philosophisch über die Geschichte der Wissensarten als historischem Material als über eine Theorie oder eine Philosophie der Geschichte reflektieren? Auf eine irgend-

4 [Delumeau, J., *Le Péché et la Peur: la culpabilisation en Occident, XIIIe-XVIII[e] siècle*, Paris 1983.]

wie empirische und wenig geschickte Weise nahm ich eine Arbeit in Angriff, die der Arbeit der Historiker so nah wie möglich war, ich tat es allerdings, um philosophische Fragen zu stellen, die die Geschichte der Erkenntnis betrafen. Ich setzte auf den guten Willen der Historiker.

*A. Farge:* Gegen Ende seines Lebens schloss Ariès ein wenig an das an, was Sie in den Büchern untersuchen, die bald herauskommen werden. Er war verantwortlich für einen der Bände einer *Geschichte des privaten Lebens*[5] bei Seuil. Und er nahm diese ganzen Probleme auf, über die wir gerade sprachen: der Stil, vielleicht, mit Sicherheit aber die Selbstkenntnis, die Intimität, den Rückzug auf sich. Das waren seine letzten Forschungsrichtungen: eine Arbeit über das »In-Sich«, das »Über-Sich«.

*M. Foucault:* Und noch dabei haben wir uns auf einer gemeinsamen Grenze getroffen, doch gingen wir von zwei verschiedenen Bereichen aus. Als ich bei den Philosophen der Antike die erste Formulierung einer bestimmten Sexualethik suchte, wurde ich überrascht von der Wichtigkeit dessen, was man die Selbstpraktiken nennen konnte, die Aufmerksamkeit auf sich selbst, die Ausgestaltung der Selbstbeziehung.

*A. Farge:* Und auch Ariès sprach letztes Jahr vom Geschmack, vom Selbstbewusstsein.

*M. Foucault:* Er hatte, glaube ich, vollkommen erfasst, dass die Selbstbeziehung, die sich selbst eingeräumte Wichtigkeit, die Selbstkultur nicht, wie man gewöhnlich sagt, ein bloßer Effekt des Individualismus ist. Man kann ganz und gar gesellschaftliche Gruppen haben, die nicht individualistisch sind und in denen es Selbstkultur gibt. Ein Kloster ist keine individualistische Institution, und doch sind das Innenleben und die Aufmerksamkeit auf sich darin aufs Äußerste entwickelt. In bestimmten Gruppen des reformierten Christentums im 17. Jahrhundert wurde ebenfalls mit dieser Selbstkultur eine äußerste Bedeutung verbunden, und dies in Gruppen, Familien, Gemeinschaften, Gemeinden, die nicht individualistisch waren. Ariès war, wenn ich es richtig verstanden habe, diesen Problemen nahe …

*A. Farge:* Ja, aber er stolperte über das Problem des Staates. Für

5 [*Histoire de la vie privée*, Paris [1986]; Bd. III: *De la Renaissance aux Lumières*, herausgegeben von P. Ariès und R. Chartier; dt.: *Geschichte des privaten Lebens*, Bd. 3: *Von der Renaissance zur Aufklärung*, Frankfurt am Main 1991.]

ihn existierte der Staat nicht; er sah das Privatleben außerhalb des Staates, während doch in der Periode, die er untersuchte, vom 15. bis zum 18. Jahrhundert, der Staat sehr prägnant wurde. Und während der letzten Monate hatte er versucht, das Problem wieder aufzunehmen, unter Berücksichtigung des Staates – denn er war offen für sämtliche Einwände. Aber das ist ja ein Thema, auf das Sie eingegangen sind?

*M. Foucault:* Ja, aber ich bin den umgekehrten Weg gegangen. Der Staat schien mir eine konstitutive Bedeutung zu haben, und in der Arbeit, die Arlette Farge und ich gemeinsam unternommen hatten,[6] war es eine begeisternde Sache, zu sehen, wie Staat und Privatleben sich überlappten, aneinanderstießen und sich zugleich ineinanderfügten. Doch wenn man tiefer in die Antike zurücksteigt, wird man gewahr, dass das Selbstverhältnis sich nur außerhalb des Staates analysieren lässt, weil man damals nicht wirklich von einem Staat sprechen kann. Sicher, die Modi einer Gesellschaftlichkeit fehlen niemals bei den vom Selbstverhältnis ausgefüllten Formen, doch muss man sich von dem vereinfachenden Schema befreien, gemäß welchem sich der Individualismus in dem Maße entwickelt, wie sich der Staat entwickelt.

*A. Farge:* Würden Sie so weit gehen wie Rancière und behaupten, dass das Volkstümliche nicht einfach nur Praktiken und Verhaltensweisen sind, sondern auch ein Denken?

*M. Foucault:* Wenn es stimmt, dass die Vorstellungen allzu oft in Ideologiebegriffen interpretiert wurden (der erste Fehler) und dass das Wissen allzu oft als eine Menge von Vorstellungen betrachtet wurde (der zweite Fehler), dann besteht der dritte Fehler darin, dass man vergisst, dass die Leute denken und dass ihren Verhaltensweisen, ihren Einstellungen und ihren Praktiken ein Denken innewohnt.

*A. Farge:* Die Geschichtswissenschaft wird nun einen weiten Weg gehen müssen. Wenn man heute nicht über die Eliten, sondern über die unteren Klassen des Volkes arbeitet, untersucht man deren Praktiken und deren Verhaltensweisen. Man nimmt eine Gleichsetzung vor: Sie haben Praktiken, Vorstellungen, unter Umständen eine Symbolik, und das ist dann ihre Kultur. Das ist nicht haltbar.

6 [*Le Désordre des familles*, Paris 1982; dt.: *Familiäre Konflikte*, Frankfurt am Main 1989.]

*M. Foucault:* Es stimmt nicht, dass es nur einige wenige gibt, welche denken, und andere, die nicht denken. Es verhält sich mit dem Denken wie mit der Macht. Es stimmt nicht, dass es in einer Gesellschaft Leute gibt, die *die* Macht haben, und unterhalb davon Leute, die überhaupt *keine* Macht haben. Die Macht ist in der Form von komplexen und beweglichen strategischen Relationen zu analysieren, in denen niemand dieselbe Position einnimmt und nicht immer dieselbe behält. So verhält es sich auch mit dem Denken. Es gibt nicht einerseits zum Beispiel das medizinische Wissen, das in der Form einer Geschichte des Denkens zu untersuchen ist, und darunter das Verhalten der Kranken, das der Stoff zu einer historischen Ethnologie wäre.

Seit zwanzig Jahren scheint es mir so, dass das Objekt der Geschichte zu einem anderen wird. Seit dem Ende des 19. Jahrhunderts bis ungefähr 1960 war die Gesellschaft das Grundobjekt der Geschichte. Alles das, was nicht als Analyse einer Gesellschaft betrachtet werden konnte, gehörte nicht zur Geschichte. Es ist bemerkenswert, dass die *Annales* niemals über die französischen Wissenschaftshistoriker wie Bachelard und Canguilhem gesprochen haben, zumindest nicht vor 1970. Das war keine Geschichte, weil es keine Sozialgeschichte war. Die Geschichte der Rekrutierung der Population der Ärzte zu schreiben, das war Geschichte, die Verwandlungen des Begriffs »normal« dagegen waren das nicht. Und dennoch hatten diese Verwandlungen auf die ärztlichen Praktiken und auf die Gesundheit der Bevölkerung nicht zu vernachlässigende Auswirkungen gehabt. Man muss sich eben mit Max Weber in Erinnerung rufen, dass die Rationalität nicht nur das Produkt einer Gesellschaft, sondern auch ein konstitutiver Faktor für die Geschichte der Menschen ist.

*A. Farge:* Jetzt ändert sich das, und doch sind das Bereiche, über welche man seit ungefähr fünf Jahren arbeitet. Gleichzeitig gab es aufgrund genau des Einflusses von Ariès eine sehr starke Zerbröckelung des historischen Gegenstands. Man hat jetzt eine sehr weitgehend in Stücke zerschnittene Historie: die Ernährung, die Sexualität, die Krankheit, die Furcht, die Frauen. Und das Überraschende daran ist sicherlich die Entleerung vom Marxismus und im Grunde die Entleerung vom Konflikt. Und alle diejenigen, die auf eine sehr heitere, sehr friedliche Weise Geschichte schreiben über derartige Themen, verlassen sich auf Ariès. Ich bin im Übrigen nicht sicher, dass Ariès dies gewünscht hätte. Tatsache ist, dass man so die Zusammenstöße, die Konflikte und die Kräfteverhältnisse außen vor lässt, und das ist vielleicht eine ernste Sache.

*M. Foucault:* Sie haben Recht, wenn Sie diese Grenzen und diese Probleme hervorheben. Sie haben Recht, wenn Sie ebenfalls unterstreichen, dass das die Konsequenz einer schematischen Reproduktion ist, die Ariès nicht gewollt hätte; was uns zu der Frage der Wissensinstitutionen und zu der Tatsache zurückführt, dass sie in Frankreich sehr wenig fähig scheinen, eine ihrer wesentlichen Funktionen zu übernehmen: Diskussionsorte zu eröffnen. Sie dienen mitunter noch dazu, die Autorität derer, die urteilen und ausschließen, zu stabilisieren. Wer hat, außer Vovelle in Aix, in Paris Ariès während der sechziger Jahr die Möglichkeit gegeben, seine Ideen in die Auseinandersetzung einzubringen und sie mit den Historikern »vom Fach« zu diskutieren? Dass er seine Revanche hatte, ist umso besser, dass er mit einem Lächeln davon Gebrauch machte, ist sein Verdienst. Doch dass in unserer Zeit ein Historiker von dieser Bedeutung so lange aus dem Austausch und den Diskussionen herausgehalten wurde, stellt ein Problem dar und sollte ein Problem darstellen.

*Übersetzt von Hans-Dieter Gondek*

# Medienmacht

# Das Poster von Staatsfeind Nr. 1

»Le poster de l'ennemi public n° 1«, in: *Le Matin*, Nr. 6, 7. März 1977, S. 11 (über J. Mesrine, *L'Instinct de mort*, Paris 1979).[1]

Am 2. März 1977 fand eine Durchsuchung am Sitz des Verlagshauses Jean-Claude Lattès mit dem Ziel statt, herauszufinden, unter welchen Umständen das Jacques Mesrine zugeschriebene Manuskript von *L'Instinct de mort* das Gefängnis *La Santé* verlassen konnte.

Es scheint, dass Mesrine existiert. Nicht *L'Instinct de mort* überzeugt mich davon. Dieser Text soll ihm den Kopf kosten können? Man sagt uns das, ich wünsche es ihm nicht. Immerhin hat er bereits sein Gesicht ausgelöscht. Banalitäten, Klischees, ganz und gar vorgestanzte Phrasen, die Klinge des Messers in der Nacht, die zusammengepressten Kinnbacken des Killers, der bestürzte Blick des Opfers, die über die Dächer des Gefängnisses hereinbrechende Nacht: Wäre nicht das Vertrauen, das man dem Verleger und dem Autor entgegenbringen muss, würde man an ein *rewriting* für den Supermarkt glauben. Doch vielleicht ist das ein gewollter Effekt.

Wie auch das Grau in Grau der dargestellten Person gewollt ist: Man hat eine glückliche und rosige Kindheit, man himmelt seine Mutter an, man dreht einer Meise den Hals um (der einzige Gewissensbiss, der für das Leben von Gewicht ist), man rettet die Ehre eines Mädchens und man verachtet die Frauen; die verfaulte Gesellschaft bringt euch bei, wie man tötet, ohne euch die Mittel zu geben, um zu leben; man wird hart wie eine Klinge, schnell wie ein Feuer und gerecht wie eine abgesägte Flinte. Und wenn man sich erwischen lässt, begießt man das zusammen mit dem Inspektor mit Champagner, denn man ist ja unter Menschen, unter »wahren« Menschen. Was nun euch angeht, Leute, die ihr nichts seid, die ihr auf der Stelle bleibt – und darüber hinaus noch arbeiten müsst –, diese Hoheiten überragen euch, und ihr werdet das niemals begreifen.

Werden wir ihm darin gerecht, vor allem anderen: Der Autor hat sich korrekt gekleidet; er hat alles getan, um den Erwartungen zu entsprechen, ihnen zu ähneln, vertraut und konform zu sein;

1 [Dt.: *Der Todestrieb. Lebensbericht eines Staatsfeindes*, Reinbek 1984; *Der Todestrieb. Autobiographie eines Staatsfeindes*, Hamburg 1990, ²2002. A. d. Ü.]

man konnte glauben, ein mit Bedacht vorgehender Requisitenverwalter habe ihn fertiggestellt. Ein Poster für das Zimmer einer jungen Näherin. Aber machen wir uns über ihn nicht lustig, er hat nichts erfunden. Das alles hat er aus den Romanen, den Zeitungen, den Illustrierten sowie aus den Filmen, die uns seit einhundertundfünfzig Jahren im Schnellbetrieb die monotone Saga der großen Verbrecher erzählen.

Man wird sich wohl eines Tages fragen müssen, wie diese *fiction*, die noch abgenutzter ist als *Un bon petit diable*, noch und immer noch funktionieren kann. Und wie sie so viel Geld bewegen und so viele Herzen in Bewegung setzen kann.

Heute liegt das Problem woanders. Nämlich darin, dass diese Schablone einen Skandal verursacht. Denn schließlich haben wir uns gegenüber den durchschnittlichsten Gauner, der am stärksten darauf bedacht ist, für irgendjemand anderes gehalten zu werden: für Guillery oder Jack the Ripper, Arsène Lupin oder Lacenaire. Und siehe da, man schreit auf: Das Fernsehen befragt Anwälte und Kriminologen; die Justiz macht sich lächerlich und verhasst, indem sie beim Verleger eine Durchsuchung durchführt. Und dennoch, wenn es einen Tag gegeben hat, an dem dieser Strolch das Spiel mitgespielt und dem Gesetzbuch gehorcht hat, so war das, als er diesen Text geschrieben hat.

Warum also sagen die Autoritäten: »Das ist kein Spiel«? Weil man sich gerne Angst macht, indem man sich Räuberpistolen erzählt, es aber nicht so gern mag, wenn die Diebe selbst sie erzählen? Vielleicht. Aber das ist nicht der einzige Grund. Denn die Memoiren von Verbrechern sind ein sehr altes Genre und befinden sich in sehr guter Gesellschaft. Der Beweis: Die Polizisten antworten ihnen gern mit einem komplizenhaften Augenzwinkern: Canler ist ein Echo auf Lacenaire, und der unvermeidliche Kommissar, dessen Namen ich vergessen habe, ist für Mesrine die symmetrische Chinavase auf der anderen Seite des Kamins.

Nun, was sagen die Autoritäten? »Wir können nicht zulassen, dass Mesrine so *vor* seinem Prozess spricht.« Nicht der (vorgestanzte und vorweg verkaufte) Inhalt sorgt für den Skandal, sondern der Zeitpunkt. Was könnte sich jedoch die Strafjustiz Besseres wünschen als einen Verbrecher, der gesteht? Welche Mühen er erspart! Allerdings muss das Geständnis immer noch in gebührender Form und innerhalb des Verfahrens erfolgen. Von ihm hervorgebracht, von ihm verwendet und im richtigen Moment öffentlich gemacht, ist es gewissermaßen die Signatur des Angeklagten auf den Beweisstücken, die es erlauben, ihn zu verurteilen. Es ist ein Akt des Sich-Ergebens (»Bravo! Sie haben gewonnen, Herr Inspektor«), es ist ein Quasi-Vertrag (»Ich nehme im Voraus meine Strafe an, Herr Richter«); aber auf jeden Fall muss sich das in dem einzigartigen Zwiegespräch zwischen der Justiz und dem der Gerichtsbarkeit Unterworfenen abspielen.

Man wird es ohne weiteres dulden, wenn dieses Geständnis nach der Verurteilung an die öffentliche Meinung gerichtet wird, denn auf diese Weise sagt man dem redlichen Volk: »Eure Richter, die mich bestraft haben, hatten Recht.« Doch wenn man seine Geständnisse einfach über die Schulter des Richters hinweg in den Raum hinausschleudert, während man ein einfacher Angeklagter ist, dann macht man das Spiel kaputt. Darin besteht das Unzulässige.

Man darf nicht vergessen, dass dieser Appell in Gestalt eines öffentlichen Bekenntnisses dem Muster des modernen Strafwesens entspricht (das auf die Französische Revolution zurückgeht). Man richtet im Namen des Volkes, das im Recht ist zu wissen. Die Geschworenen dürfen nichts anderes sein als der Ausdruck des kollektiven Gewissens; die Öffentlichkeit muss imstande sein zu kennen, worüber gestritten wird. Das Unerträgliche am Verbrechen und das Notwendige an der Bestrafung zu erkennen ist Sache des Gesellschaftskörpers im Ganzen. Es kann sein, dass Mesrines Manuskript entgegen den bestehenden Regeln aus dem Gefängnis herausgebracht wurde. Doch nach Sinn und allgemeinem Rechtsempfinden ist seine Veröffentlichung nicht zu verurteilen.

Ich würde sogar sagen, dass sie nützlich ist. Sie stürzt diese feinsinnigen Spiele von Publizität und Geheimhaltung um, von denen der Gerichtsapparat Gebrauch macht, um sein Funktionieren zu sichern. Mit ihr wird auf eine andere Weise diese Frage gestellt, der man in letzter Zeit so häufig begegnen konnte: Was hat die gesetzlich verordnete Geheimhaltung in einer demokratischen Justiz zu suchen? Die Richter, die das Recht haben zu strafen und mitunter auch zu töten, welches Recht haben sie, Schweigen über das zu gebieten, was bei ihnen vorgeht, und denen, über die sie richten, Stummheit aufzuerlegen? Man diskutiert häufig über die Verpflichtung der Richter zur Zurückhaltung. Doch muss man das Problem umdrehen und es allgemein so stellen: Es steht für uns heute an, das Recht auf Geheimhaltung zu überprüfen, das sich der Gerichtsapparat angemaßt hat.

Und von daher frage ich mich – und komme damit auf die Banalität des Buches von Mesrine zurück, die mich gerade noch zum Lachen brachte – zu guter Letzt, ob sie nicht selbst ein von ihm ausgeübtes Recht, eine Art legitimer Verteidigung ist. Denn was für ein Bild haben die Medien von ihm, solange er verfolgt bzw. seitdem er verhaftet wurde, der öffentlichen Meinung, also auch den eventuellen Geschworenen, außer diesen Klischees und diesen Schablonen vermittelt? Mesrine tut nichts anderes, als sie dorthin zurückzuschicken, woher sie kommen. Alles in allem sagt er: »Zu Zwecken, die über mich hinausgehen, hat man, was mich betrifft, aus gebrauchten Stücken und Splittern ein Bild zusammengebaut. Man hat das Kasperletheater vom ›Staatsfeind Nummer Eins‹ gezeichnet. Nun gut, so soll es sein, ich bin's. Ich zeichne nicht nur meine Verbrechen gegen, sondern auch die Karikatur eines Verbrechers, mit dem Sie sie haben zudecken wollen. Ich werde nicht darüber klagen, mich nicht damit herumschlagen, und auch nicht irgendeine erbarmungswürdige Wirklichkeit gegen diese Fabel geltend machen. Ich passe mich exakt dieser Darstellung an, aus der Sie mittels Büchern und Filmen Geld, Entsetzen und Genuss herausziehen. Schluss mit diesem Doppelspiel, es lebe das Theater der Wahrheit! Verurteilen Sie, wenn Sie das wollen, doch in einem wahren Tribunal und zu einer wahren Strafe, dieses schillernde, unwirkliche und schwarze Idol, aus dem die einen Profit, die anderen Lust und alle einen guten Grund ziehen, nicht zu erkennen, wie die Justiz funktioniert.«

Bewundern wir die Schachpartie, die Mesrine spielt, und den »schönen Zug«, den er gerade gemacht hat. Doch soll uns dieses geschickte Buch nicht daran hindern, auf der anderen Seite der Mauern ernsthaftere Reden zu vernehmen.

Vergessen wir eines nicht: nämlich den Tag, an dem die Leute so sehr gesättigt sind von dem, was sich auf der Seite des Verbrechens abspielt, dass sie es hinnehmen, nicht mehr zu wissen, was sich auf der Seite einer Gerechtigkeit abspielt, die in ihrem Namen ergeht.

*Übersetzt von Hans-Dieter Gondek*

# Sexualität und Politik

»Sei to seiji wo Kataru« (Gespräch mit C. Nemoto und M. Watanabe am 27. April 1978 in den Räumen der Zeitschrift *Asahi*), in: *Asahi Jaanaru*, 20. Jg., Nr. 19, 12. Mai 1978, S. 15-20. [Der Text ist gegenüber der französischen Ausgabe an einigen Stellen korrigiert.]

*M. Watanabe:* Herr Foucault, heute, am 27. April, haben Sie im Vortragssaal der Zeitschrift *Asahi* einen sehr interessanten Vortrag über »Philosophie und Macht in der westlichen Welt« gehalten. In den nächsten Ausgaben dieser Zeitschrift erscheint eine Zusammenfassung Ihrer Analyse der Rolle, die einst in Europa die Machttechnik der katholischen Kirche, die von Ihnen so genannte »Morphologie der pastoralen Macht«, und ihre Rolle bei der Bildung des Individuums, dieser Machtfunktion, der das Individuum unterworfen war. Da Sie morgen nach Paris zurückfliegen, ist dieses Interview das letzte Ihres gegenwärtigen Aufenthalts in Japan, und ich möchte gerne, dass wir hier über Sexualität und Politik diskutieren.

Nun könnte man sagen, Sexualität und Politik oder eher Sexualität und Macht seien doch das wichtigste Thema und das Hauptmotiv der *Histoire de la sexualité [Geschichte der Sexualität], an der Sie im Augenblick arbeiten. Der erste Band, La Volonté de savoir [Der Wille zum Wissen],*[1] ist letztes Jahr erschienen. Ich habe einen Teil davon für Chuoo Korons *Umi* übersetzt, und die Gesamtübersetzung ist in Arbeit. Ich möchte Ihnen ein paar Fragen zu einigen Thesen und Hypothesen stellen, die Sie dort vorgetragen haben.

Ein Thema wie Sexualität und Macht lässt sogleich an das Problem des Verbots und der sexuellen Freiheit denken, die ja eng miteinander verbunden sind.

Eine der wichtigsten Thesen in *La Volonté de savoir* besagt, dass uns bei all dem Gerede über sexuelle Befreiung und die Willkür der Zensur die eigentlich wichtigen Erscheinungen im Bereich der Sexualität entgehen. Das heißt, die Repressionshypothese verdeckt die anomale Wucherung der Diskurse über den Sex. Und gerade dieses Phänomen ist wesentlich für die Analyse des Verhältnisses

1 [Dt. *Sexualität und Wahrheit 1: Der Wille zum Wissen*, Frankfurt am Main 1977.]

zwischen Sexualität und Macht. Das ist keine Aufforderung, die Willkür der Zensur zu unterschätzen, aber man sollte sie als Teil eines umfassenden Machtapparats begreifen.

Obwohl die Regierung des Staatspräsidenten Giscard d'Estaing das Pornographieverbot aufgehoben hat, nehme ich an, dass Sie in Frankreich auf diesem Gebiet ebenfalls gewisse Formen von Zensur und diverse Ausschließungssysteme besitzen. In Japan geschieht das auf so offenkundig absurde Weise, dass es nur allzu verständlich ist, wenn die sexuelle Befreiung ein Ziel für jene darstellt, die sich der Macht widersetzen.

Da die Zensur nach vollkommen willkürlichen Normen verfährt, liegt für uns auf der Hand, dass es sich um eine Machtstrategie handelt. So haben Sie vielleicht schon gehört, dass die Zensur bei Bildern sehr viel strenger ist als bei Texten. Bei Bildern achtet die Zensur darauf, dass Schamhaare und Geschlecht niemals zu sehen sind. Die exhibitionistischen Texte in den Wochenblättern werden dagegen toleriert, während man literarische Werke zensiert. Wie Ihre anderen Arbeiten, so hat auch *La Volonté de savoir* uns Dinge gezeigt, die wir noch nicht genauer untersucht oder nicht richtig eingeordnet hatten, obwohl wir sie im Alltag durchaus wahrnahmen und darüber nachdachten. Außerdem haben Sie diese Dinge in ihren systematischen Zusammenhang gestellt. In Japan gibt es einerseits die stupide Zensur, die selbst die Einfuhr weltweit verbreiteter Zeitschriften verbietet, sofern auf Bildern die Schamhaare nicht verdeckt sind, und andererseits werden wir mit Texten über den Sex überschwemmt. Darauf möchte ich später noch einmal zurückkommen.

*C. Nemoto:* Zunächst einmal möchten wir über Nagisa Oshimas Film *L'Empire des sens*[2] sprechen, der in Frankreich Erfolg hatte und wegen der Zensur in Japan einen gewissen Ruf erlangt hat. Haben Sie diesen Film gesehen?

*M. Foucault:* Aber sicher, ich habe ihn zweimal gesehen.

*C. Nemoto:* Wissen Sie, was geschah, als der Film nach Japan importiert wurde?

*M. Watanabe:* Das Bild war mitten auf der Leinwand in zwei Teile zerfallen, weil man die verbotenen Stellen herausgeschnitten hatte.

2 [*Ai no corrida/L'Empire des sens*, Japan/Frankreich 1976; dt. *Im Reich der Sinne.*]

*M. Foucault:* Ich bin nicht sonderlich bewandert in Anatomie, aber ich kann mir gut vorstellen, wie das ausgesehen hat. Es ist ein Skandal.

*M. Watanabe:* Und welchen Eindruck hatten Sie von diesem Film?

*M. Foucault:* Ich kann nichts über das Problem der in Japan verbotenen oder tolerierten Bilder sagen und auch nichts über die Tatsache, dass dieser Film in Japan als besonders skandalös empfunden wurde, denn in Frankreich haben wir ein völlig anderes Zensursystem. Jedenfalls gibt es eine Zensur … Aber ich glaube nicht, dass dieser Film Bilder gezeigt hätte, die noch niemals zuvor gezeigt worden wären. Das heißt nicht, dass der Film harmlos wäre. Wenn ich von Bildern spreche, »die man noch niemals gesehen hat«, meine ich nicht unbedingt sexuelle Bilder oder Sexbilder. In neueren Filmen wird der ganze menschliche Körper, der Kopf, die Arme, die Haut, in einem vollkommen neuen Blickwinkel gezeigt; es handelt sich also um neue Perspektiven. In diesem Film sehen wir dagegen keine Bilder, die noch nie gezeigt worden sind.

Sehr beeindruckt hat mich allerdings die Form der Beziehung zwischen Mann und Frau oder genauer das Verhältnis dieser beiden Personen zum männlichen Geschlecht. Dieses Objekt ist das Bindeglied zwischen beiden, für den Mann geradeso wie für die Frau, und es scheint auf unterschiedliche Weise beiden zu gehören. Die Amputation am Ende des Films ist vollkommen logisch, und so etwas wird in französischen Filmen oder in der französischen Kultur niemals vorkommen.

Für die Franzosen ist das männliche Geschlechtsteil buchstäblich das männliche Attribut schlechthin. Die Männer identifizieren sich mit ihrem Geschlechtsteil und unterhalten eine absolut privilegierte Beziehung zu ihm. Das ist eine unbestreitbare Tatsache. Die Frauen kommen nur dann in den Genuss des männlichen Geschlechtsteils, wenn die Männer ihnen das Recht dazu geben, entweder indem sie es ihnen zur Verfügung stellen oder indem sie es ihnen aufzwingen. Daher der Gedanke, die männliche Lust habe den Vorrang und sei das Wesentliche.

In diesem Film ist das männliche Geschlechtsteil dagegen ein Objekt, das zwischen den beiden Personen existiert und an dem jede von ihnen ein Recht eigener Art besitzt. Für beide ist es ein Instrument der Lust, und da beide auf ihre je eigene Art Lust daraus beziehen, hat derjenige, der größere Lust daraus bezieht, am Ende ein größeres Recht auf dieses Objekt. Genau deshalb besitzt die Frau dieses Geschlecht am Ende ganz allein, es gehört nur ihr, und der Mann lässt zu, dass es ihm genommen wird. Dabei handelt es sich nicht um eine Kastration im üblichen Sinne. Denn der Mann war nicht auf der Höhe der Lust, die sein Geschlechtsteil der Frau bereitete, und ich denke, man sollte eher sagen, er wurde von seinem Geschlechtsteil getrennt oder sein Geschlechtsteil wurde von ihm getrennt.

*M. Watanabe:* Ihre Interpretation ist sehr interessant. Wenn dieses Geschehen weit über den Rahmen einer Sensationsnachricht hinausging und die Fantasie der Japaner bewegte und immer noch bewegt, so ist dafür vielleicht eine kollektive mythische Illusion hinsichtlich des männlichen Geschlechtsteils verantwortlich, der sich die Japaner seit alten Zeiten hingeben. Jedenfalls denke ich, dass dies etwas ganz anderes ist als eine einfache Kastration.

Was nun die Repressionshypothese und die Vervielfältigung der Diskurse über die Sexualität angeht, bildete den Ausgangspunkt der *Histoire de la sexualité*, wie Sie in Ihrem Seminar über »Sex und Macht« an der Universität Tokio ausgeführt haben, ein Vergleich zwischen der Zunahme der Hysterikerinnen Ende des 18. sowie im 19. Jahrhundert und den medizinischen Ansätzen für die Sexualität, die sich im 19. Jahrhundert entwickelten. Das heißt, einerseits entwickelte sich die Hysterie, die das Geschlecht vergisst, und andererseits bemüht man sich zunehmend, alle geschlechtlichen Äußerungsformen in den Diskurs über die Sexualität aufzunehmen.

Sie sehen darin eine für die westliche Welt typische Einstellung zum Geschlechtlichen, die sich mit der Sexualität nur im Rahmen eines Wissens auseinandersetzt, das Sie als *scientia sexualis* bezeichnen. Dagegen nehmen Sie an, im antiken Griechenland, im Römischen Reich und in Asien habe man die Sexualität anders gesehen und im Sinne einer *ars erotica* praktiziert, der es allein darum ging, die Lust beim Geschlechtsakt zu steigern.

Sie sagen selbst, dass diese Aufteilung keinen Bezugspunkt darstellt. Seit der Meiji-Zeit haben ein asketischer Konfuzianismus und ein asketischer Protestantismus Tabus geschaffen, die man in Japan vorher nicht kannte. Wir leben keineswegs nach dem Prinzip der pornographischen Drucke, und es gibt Dinge, die in unserer Gesellschaft auch ohne religiöses oder gesetzliches Verbot als pervers gelten, zum Beispiel die Homosexualität. In solch einer Gesellschaft gibt es keine einfache Erklärung für sexuelle Verbote oder Formen sexueller Anregung, denn beides ist an die Schichtstruktur der geschichtlichen Zeit gebunden. Vor der Modernisierung, also vor der Europäisierung, scheint der Sex in den Bereich der *ars erotica* gefallen zu sein, und heute geht er eine seltsame Verbindung mit der *scientia sexualis* Europas ein. Die Frauenzeitschriften zum Beispiel sind voll von Texten über die sexuelle Befreiung im europäischen Sinne, die auf dem Gedanken basiert, größeres Wissen über die Sexualität ermögliche größere Lust. Das Spektrum reicht von Sondernummern des Typs »Alles, was Sie über den männlichen Körper nicht wissen« bis hin zu Titeln wie »Was Sie über die Homosexualität nicht wissen«. Überall wird die Sexualität zum Thema gemacht. Diese Art von Diskurs ist allerdings auf die Frauenzeitschriften beschränkt. In Zeitschriften, die für Männer gedacht sind, geht es vulgärer zu: »In welchem türkischen Bad ...« Sie haben scherzhaft gesagt, die erste Kategorie gehöre zur *scientia sexualis*, die zweite zur *ars erotica*. Ich sehe jedenfalls zwei Dinge: einerseits, dass die wuchernden Diskurse vom Typ *scientia sexualis*, also eine Überfülle an Wissen über die Sexualität, zu neuer Frustration führen, und andererseits, dass unter den heutigen Bedingungen *scientia sexualis* und *ars erotica* nur schwer voneinander zu unterscheiden sind.

*M. Foucault:* Solche Funktionen lassen sich in der Tat nur schwer messen. Wenn das wissenschaftliche oder pseudowissenschaftliche Wissen über die Sexualität nicht mehr nur bei Ärzten und Soziologen liegt, sondern auch bei gewöhnlichen Menschen, und wenn diese Menschen das Wissen auf ihre eigene sexuelle Betätigung anwenden können, dann befindet sich dieses Wissen zwischen *scientia sexualis* und *ars erotica*. Das gilt etwa für Reich und seine Anhänger. Sie glauben, wenn man sein Unbewusstes und seine Wünsche wirklich gut kennt, kann man zum Orgasmus gelangen; dieser Orgasmus wird dann gut sein und sollte einem viel Lust schenken. In diesem Fall bildet die *scientia sexualis* ein rudimentäres Element der *ars erotica* – rudimentär, weil der Orgasmus das einzige Kriterium darstellt.

*M. Watanabe:* Hier sollte man noch hinzufügen, dass in Ihrer Analyse der Diskurs über die Sexualität in der europäischen Tradition des Bekenntnisses erfasst wird, die von der katholischen Beichte bis zur Psychoanalyse reicht. Sie ist unlösbar mit einer christlichen Machttechnik verbunden, die Sie in ihrem Vortrag heute als »Morphologie der pastoralen Macht« bezeichnet haben. Die Verantwortung des Priester-Hirten für das Seelenheil seiner Schäfchen macht es erforderlich, dass er genau weiß, was im Innersten jedes einzelnen Gläubigen vorgeht. So entstanden Subjekt und Subjektivität in der westlichen Welt.

In Japan, das sich nach dem Vorbild der westlichen Welt im 19. Jahrhundert modernisierte, war die Frage des Subjekts auf philosophischer und ethischer Ebene ein äußerst wichtiges Problem, und viele Japaner dürften es als störend empfinden, wenn die Entstehung des Subjekts oder Individuums aus der Perspektive einer Technologie der Macht erfasst wird, wie Sie es heute in Ihrem Vortrag getan haben. Doch abgesehen davon, haben Sie selbst darauf hingewiesen, dass weder der Buddhismus noch der Shintoismus das Menschsein in dieser Weise begreift, und ich glaube, die Frage ist komplexer.

*M. Foucault:* Ganz sicher. Wenn Europäer nach Japan kommen, sind sie erstaunt, dass Japan die Technologie des modernen Westens vollkommen assimiliert hat. Auf dieser Ebene sehen sie keinen Unterschied zu der Gesellschaft, in der sie leben. Aber auf menschlicher Ebene sind Mentalität und zwischenmenschliche Beziehungen ganz anders geartet. Die Art, wie man vor der Modernisierung dachte, und die Denkweise des modernen Europa existieren hier nebeneinander, und ich hoffe, diese Fragen einmal gemeinsam mit japanischen Fachleuten untersuchen zu können.

*M. Watanabe:* In *La Volonté de savoir* haben Sie geschrieben, »im Körper und in der Lust« könne man eine möglicherweise antagonistische Basis für das Paar Sexualität – Lust finden. Aber der Körper selbst ist mehrdeutig und könnte als ein von Macht durchdrungenes Gebilde gedacht werden.

*M. Foucault:* Diese Frage ist schwer zu beantworten, denn die Zusammenhänge sind mir selbst noch nicht ganz klar, aber ich glaube, man könnte sagen, der von den Bewegungen zur sexuellen Befreiung aufgestellten Forderung nach einer Befreiung der Lust fehlt es nicht nur an Überzeugungskraft, sie scheint mir vielmehr auch ein wenig gefährlich zu sein. Denn die Lust, die da befreit werden soll, ist in Wirklichkeit ein konstitutives Element der Sexualität, das durch die Disziplin der katholischen Kirche und die

Technik der Gewissenserforschung in Gestalt der Fleischeslust vom Rest abgetrennt wurde. Seit dem Mittelalter analysiert man in der christlichen Welt die Elemente des Begehrens. Man glaubte, mit dem Begehren nehme die Sünde ihren Anfang, und seine Wirkung sei nicht nur in sexuellen Handlungen zu erkennen, sondern im gesamten menschlichen Verhalten. Das Begehren wurde so zum konstitutiven Element der Sünde. Die Befreiung des Begehrens ist damit nichts anderes als die Entschlüsselung des eigenen Unbewussten, wie die Psychoanalytiker sie betreiben und schon lange vor ihnen die Disziplin der katholischen Kirche sie betrieben hat. Von der Lust spricht man bei alledem nicht.

Deshalb habe ich geschrieben, wenn man sich von der *scientia sexualis* befreien wolle, müsse man sich auf die Lust stützen, auf größtmögliche Lust.

*M. Watanabe:* Wie es scheint, haben Sie sich in ein buddhistisches Zen-Kloster zurückgezogen. Wollten Sie an Ort und Stelle klären, ob der Körper in der Praxis des Zen eine andere Bedeutung hat?

*M. Foucault:* Natürlich. Die Einstellung zum Körper ist im Zen ganz anders als im Christentum, obwohl es sich in beiden Fällen um eine religiöse Praxis handelt. In der Praxis des christlichen Bekenntnisses ist allein der Körper Gegenstand der Prüfung. Man untersucht ihn, um festzustellen, welche unsittlichen Dinge sich da anbahnen. In dieser Hinsicht ist die Bekenntnisdisziplin, zum Beispiel die Untersuchung des Problems der Masturbation, sehr interessant. Es geht zweifellos um den Körper, aber im Sinne eines Bewegungsprinzips, das in Gestalt des Begehrens auf die Seele ausstrahlt. Man misstraut dem Begehren, und so wird der Körper zum Problem.

Das Zen ist eine ganz andere religiöse Übung, in der dem Körper gleichsam die Rolle eines Werkzeugs zufällt. In dieser Praxis dient der Körper als Basis, und man unterwirft ihn strengen Regeln, um über ihn etwas zu erreichen.

*C. Nemoto:* Im März war ich in Frankreich, um Informationen über die Parlamentswahlen zu sammeln. Ich war sehr erstaunt über die unerwartete Niederlage der Linken. Bei Ihrem Vortrag hatte ich den Eindruck, dass Sie den neuen alltäglichen Kämpfen der Bürger weit größere Bedeutung zumessen als dem Wahlkampf der Parteien, und mir schien, dass Sie das Ergebnis der Wahlen nicht für sonderlich wichtig halten.

*M. Foucault:* Nein, ich habe weder über meine Position noch über meine Meinung gesprochen. Ich habe nicht gesagt, das Ergebnis sei nicht wichtig. Mich hat allerdings erstens erstaunt, dass sowohl die Parteien der Mehrheit als auch die der Minderheit die Lage dramatisiert haben. Und zweitens, dass die Wahlbeteiligung so hoch ausfiel wie noch niemals zuvor. Aber die hohe Wahlbeteiligung bedeutet nicht, dass die Lage auch im Bewusstsein der Wähler dramatisch gewesen wäre. Sie sind zur Wahl gegangen, weil das eine staatsbürgerliche Pflicht ist, aber von Begeisterung war eigentlich nichts zu spüren. Im Wahlkampf fürchtete man, viele würden nicht zur Wahl gehen, weil die Rechte und die Linke sich auf Dinge beschränkten, die nur die Gleichgültigkeit der Wähler verdienten. Während des Wahlkampfs gab es dann einige Fernsehsendungen und Publikationen, die viele Menschen sehr bewegt haben. Das war weder die Rede von Chirac noch die von Mitterrand. Vielmehr ging es dort um das Problem des Todes, um die Macht, die heute die medizinischen Institutionen über unseren Körper, unser Leben und unseren Tod ausüben. Natürlich verbindet jeder ganz persönliche Gefühle mit dem Problem des Todes, doch diesmal wurde es als soziales Problem verstanden. Insgesamt lehnte man es ab, der Medizin das Recht einzuräumen, über unseren Tod zu entscheiden, ohne uns zu fragen. Man hatte keine Angst vor der Unwissenheit der Medizin, sondern im Gegenteil vor dem medizinischen Wissen. Man befürchtete eine Verbindung zwischen diesem Wissen und einem Übermaß an Macht.

*C. Nemoto:* Die neue Form von Kampf, die Sie in ihrem Vortrag erwähnt haben, also der direkte Kampf gegen die alltägliche Macht, gilt nicht der politischen Macht auf nationaler Ebene oder den ökonomischen Mechanismen, sondern entspricht der Selbstverwaltung, der Ökologie und der feministischen Bewegung. Mir scheint, diese Bewegungen sind letztlich bei den Wahlen unter die Räder gekommen.

*M. Foucault:* In dieser Hinsicht ist eines sehr interessant. Früher interessierten sich die Parteien sehr für den Stimmenanteil der Umweltpartei, weil sie bei den Kantonalwahlen vergangenes Jahr in einigen Regionen 10 % der Stimmen erreicht hatten. Da war es sehr erstaunlich, dass die Umweltpartei bei den Parlamentswahlen nur ebenso viele Stimmen erreichte wie die feministische Partei. Ich sehe darin keinen Rückschlag, denn die Menschen wussten sehr wohl, dass Methode und Ziel des Kampfes gegen die alltägliche Macht anders geartet sind als die Dinge, die bei den Parlamentswahlen auf dem Spiel stehen, also bei den Wahlen, in denen es um die Zentralmacht geht. Ich glaube nicht, dass die Umweltbewegung durch den Misserfolg bei den letzten Wahlen geschwächt worden ist. Aber das ist natürlich nur eine Vermutung.

*C. Nemoto:* Es handelt sich also um Kämpfe, deren letztes Ziel nicht darin besteht, die Macht auf nationaler Ebene zu erringen?

*M. Foucault:* Nein. Der Kampf gegen die alltägliche Macht will nicht die Macht erringen, sondern lehnt diese Macht ab. Die einfache Macht auf nationaler Ebene ist nicht ihr Ziel.

*C. Nemoto:* Werden Kämpfe dieser Art nicht von den politischen Parteien oder Bewegungen benutzt und letztlich auch wieder von ihnen vereinnahmt, so dass sie ihren Biss verlieren?

*M. Foucault:* Wenn politische Parteien und Bewegungen sich für diese Kämpfe interessieren, so ist das ein Beweis dafür, dass sie wichtig sind. Natürlich besteht immer die Gefahr, vom bestehenden System vereinnahmt zu werden.

Aber was heißt vereinnahmt werden? Es ist ganz natürlich, dass man Angst hat, wieder in das bestehende System der Verwaltung und Kontrolle integriert zu werden. Ich weiß nicht, wie das in Japan ist, aber in Europa zeigen die angeblichen Parteien der extremen Linken einen »Hang zum Scheitern«, wie man es nennen könnte.

*C. Nemoto:* Das ist in Japan ganz ähnlich.

*M. Foucault:* Sobald etwas Erfolg hat und Wirklichkeit wird, schreien sie, es sei vom bestehenden System vereinnahmt worden. Sie versetzen sich in eine Lage, in der sie nie vereinnahmt werden können. Anders gesagt, das Scheitern ist unausweichlich. So gab es von 1972 bis 1974 in Frankreich eine Bewegung, die sich um das Gefängnis kümmerte. Als Giscard d'Estaing zum Staatspräsidenten gewählt wurde und seine erste Regierung bildete, verwirklichte er zahlreiche echte Reformen und richtete insbesondere die Stelle eines Unterstaatssekretärs im Justizministerium ein, der ausschließlich für die Probleme des Gefängnisses zuständig war. Und diese Stelle wurde mit einer Frau besetzt.

Sofort kam Kritik von der reinen und harten Linken: »Seht nur, es ist vom System vereinnahmt worden.« Aber ich sehe das nicht so. Ich sehe darin eher einen Beweis dafür, dass dieses Problem auf einer bestimmten Ebene der Vorstellungswelt unserer Regierung als wichtig erkannt worden ist.

Ein Unterschied zwischen den revolutionären Bewegungen und den Kämpfen gegen die alltägliche Macht liegt gerade darin, dass die revolutionären Bewegungen keinen Erfolg haben wollen. Was bedeutet Erfolg haben? Es bedeutet, dass eine Forderung, irgendeine Forderung, zum Beispiel nach einem Streik, erfüllt wird. Wenn eine Forderung erfüllt wird, bedeutet dies, dass die kapitalistischen Gegner immer noch flexibel sind, diverse Strategien haben und zu überleben vermögen. Das wollen revolutionäre Bewegungen nicht. Zweitens glaubt man nach einer schon bei Marx anzutreffenden Vorstellung, die Stärke der revolutionären Bewegung wachse mit der Zahl der Unzufriedenen. Wenn eine Forderung erfüllt wird, wenn man also Erfolg hat, verringert sich dadurch nach dieser Vorstellung das revolutionäre Potenzial. In Frankreich folgten alle linksextremen Bewegungen von 1967 bis 1972 diesem Schema.

Letztlich tut man alles, um keinen Erfolg zu haben. Die Theorie besagt, wenn einer verhaftet wird, gehen zehn Demonstranten auf die Straße; wenn fünf verhaftet werden, gehen dreihundert auf die Straße, und auf diese Weise soll es schließlich gelingen, fünfhunderttausend Menschen zu mobilisieren. Es ist bekannt, zu welch katastrophalen Ergebnissen das geführt hat.

Der Kampf gegen die alltägliche Macht will dagegen Erfolg haben. Die Menschen glauben wirklich an den Sieg. Wenn sie den Bau eines Flughafens oder Kraftwerks an einem bestimmten Ort für falsch halten, kämpfen sie dagegen, bis sie ihr Ziel erreicht haben. Sie begnügen sich nicht mit einem Erfolg wie die extreme Linke der revolutionären Bewegungen, die sagt: »Unsere Bewegung hat einen Schritt nach vorne getan, aber die Revolution zwei Schritte zurück.« Erfolg haben heißt Erfolg haben.

*M. Watanabe:* Herr Foucault, Sie haben selbst an der Bewegung der *Groupe d'information sur les prisons* teilgenommen. Welche Aufgabe hat der Intellektuelle in diesem Zusammenhang?

*M. Foucault:* Man kann sagen, heute werden die meisten Funktionen der Macht – gegen die sich die Menschen wehren – über das Wissen verbreitet. Das Wissen, um das es hier geht, beschränkt sich nicht auf die Wissenschaft, sondern umfasst das Wissen im weitesten Sinne, und dazu gehören auch Spezialgebiete wie das technologische oder technokratische Wissen. So gab es zu Zeiten der absoluten Monarchie Steuerpächter, die den König finanzierten und es sich zum Ausgleich erlaubten, dem Volk möglichst hohe Steuern aufzuerlegen. Das mochten die Menschen nicht ertragen, und sie revoltierten gegen dieses Vorgehen, das Ähnlichkeit mit modernen Gangstern hatte.

Heute folgen die Machtmechanismen nicht mehr dem Modell solch eines Gangstertums. Sie benötigen ein gewaltiges Netz von Wissen, und zwar nicht nur um zu funktionieren, sondern auch um sich selbst zu kaschieren. Nehmen Sie zum Beispiel das Krankenhaus. Die medizinische Behandlung ist sicher besser geworden, aber zugleich ist auch die ärztliche Macht gewachsen und willkürlicher geworden. Der Widerstand der Intellektuellen gegen diese Art von Macht darf daher die Medizin oder das therapeutische Wissen nicht außer Acht lassen. Im Gegenteil, auf allen Fachgebieten, in der Medizin wie in der Jurisprudenz, können die Intellektuellen, die ja mit dem Netz des Wissens und der Macht in Verbindung stehen, eine wichtige Rolle übernehmen, die darin besteht, Informationen zu verbreiten, die bislang als Expertenwissen geheim waren. Und die Enthüllung dieser Geheimnisse macht es möglich, die Wirkungsweise der Macht zu kontrollieren.

Diese Veränderung ist in den 50er und 60er Jahren eingetreten. Davor hatten die Intellektuellen als universelles Gewissen fungiert.

*C. Nemeto:* Gilt das nicht für Sartre?

*M. Foucault:* Ich habe nicht die Absicht, Sartre zu kritisieren. Aber das typische Beispiel ist eigentlich Zola. Er hat *Germinal*[3] nicht als Bergmann geschrieben.

Im heutigen Kampf gegen die alltägliche Macht beruht die Möglichkeit der Intellektuellen, eine Rolle zu spielen und sich nützlich zu machen, nicht mehr darin, dass sie Träger eines universellen Bewusstseins sind, sondern auf ihrem Fachwissen.

Wichtig und interessant ist hier die Tatsache, dass der Kreis der Intellektuellen sich plötzlich erweitert, wenn man so denkt. Es ist nicht mehr notwendig, ein Universalphilosoph oder Schriftsteller zu sein wie früher im Fall des universellen Intellektuellen. Ob Anwalt oder Psychiater, jeder kann sich gegen die Nutzung der mit dem Wissen verbundenen Macht, die er innehat, wehren und dazu beitragen, dass sie nicht ausgeübt wird.

3 [E. Zola, *Germinal*, Paris 1885; dt. *Germinal*, Frankfurt am Main 1955.]

*M. Watanabe:* Das ist die Rolle des Intellektuellen, den sie den spezifischen Intellektuellen nennen.

*Übersetzt von Michael Bischoff*

# Die »Ideenreportagen«

»I ›reportages‹ di idee«, in: *Corriere della sera*, Jg. 103, Nr. 267, 12. November 1978, S. 1.

Dieser Artikel, der eine Reportage von Alain Finkielkraut über die Vereinigten Staaten einleitete, stellt das Gesamtprojekt der »Ideenreportagen« vor. Vorgesehen war jeweils eine Reportage von Susan Sontag über Vietnam, von Arpad Ajtony über Ungarn, von Jorge Semprun über die Demokratisierung in Spanien und von Ronald Laing über den kollektiven Selbstmord der Sekte des Pastor Jones in Guyana. Es erschienen jedoch nur die Reportagen von M. Foucault über den Iran, von Alain Finkielkraut über die Vereinigten Staaten und von André Glucksmann über die Boat-People.

Im September haben wir mit einer Serie von Reportagen für den *Corriere* begonnen. Die erste befasste sich mit der iranischen Revolution. Heute folgt nun die zweite: über die Vereinigten Staaten mitten in der Amtszeit der Carter-Regierung oder eher am Ende jener 70er Jahre, die für die Amerikaner so wichtig und rutschig waren. Die Gruppe ständiger Mitarbeiter, die mit mir in Paris zusammenarbeitet – um gemeinsam mit dem *Corriere della sera* und dem Rizzoli-Verlag Untersuchungen zu hochaktuellen Themen zu initiieren –, hat sich diesmal für einen jungen Autor entschieden: Alain Finkielkraut, Franzose, 29 Jahre alt und Autor eines Buches, das sogleich Berühmtheit erlangte: *Le Nouveau Désordre amoureux.*[1] Seine Lehrerfahrung in Berkeley, seine neuartige Sicht auf die Probleme der Zeit und seine von Vorurteilen freie Sprache garantieren einen neuen und gänzlich anderen Blick auf Amerika, wie wir ihn bisher nicht gewohnt sind.

In kurzen Abständen werden weitere Untersuchungen folgen, die wir als »Ideenreportagen« konzipiert haben. Manche sagen, die großen Ideologien seien im Absterben begriffen, während andere meinen, sie überschwemmten uns mit ihrer Monotonie. Aber in der heutigen Welt wimmelt es von Ideen, die entstehen, sich bewegen, verschwinden oder wieder auftauchen und den Menschen wie auch den Dingen Stöße versetzen. Und das nicht nur in intellektuellen Kreisen oder in den Universitäten Westeuropas, sondern

1 [P. Bruckner und A. Finkielkraut, *Le Nouveau Désordre amoureux*, Paris 1977; dt. *Die neue Liebesunordnung*, München 1979.]

überall in der Welt und unter anderem auch bei Minderheiten oder Völkern, die in ihrer Geschichte bislang noch nie daran gewöhnt waren, das Wort zu ergreifen oder sich Gehör zu verschaffen.

Es gibt in der Welt weit mehr Ideen, als die Intellektuellen sich träumen lassen. Und diese Ideen sind aktiver, stärker, hartnäckiger und leidenschaftlicher, als die Politiker es sich vorzustellen vermögen. Es gilt, der Geburt der Ideen beizuwohnen und ihre explosive Kraft zu erleben, und dies nicht in den Büchern, in denen sie vorgestellt werden, sondern in den Ereignissen, in denen sich ihre Kraft zeigt, und in den Kämpfen, die für oder gegen sie geführt werden.

Nicht die Ideen führen die Welt. Aber weil die Welt Ideen hat (und ständig viele Ideen produziert), wird sie nicht von jenen geführt, die sie lenken, oder von jenen, die ihr das Denken ein für alle Mal beibringen möchten.

Das ist der Sinn, den wir diesen Reportagen geben wollen, in denen die Analyse des Gedachten stets mit der Analyse des Geschehens verknüpft sein soll. Dabei werden Intellektuelle und Journalisten jeweils zusammenarbeiten, um Ideen und Ereignisse miteinander zu kreuzen.

*Übersetzt von Michael Bischoff*

# Die iranische Revolte breitet sich mittels Tonbandkassetten aus

»La rivolta dell'Iran corre sui nostri delle minicassette«, in: *Corriere della sera*, Jg. 103, Nr. 273, 19. November 1978, S. 1-2.

Diesen Artikel schrieb M. Foucault während seines zweiten Aufenthalts im Iran. Die internationale Presse hatte sich nach Abadan begeben, um nach einer organisierten Arbeiterklasse zu suchen, die nun, nach der Armee, von der man im Westen eine Lösung erwartet oder befürchtet hatte, ihrerseits eine Entscheidung herbeiführen konnte.

Teheran. Im Iran bestimmt der Kalender die Termine der Politik. Am 2. Dezember beginnen die Feierlichkeiten des Trauermonats Moharram, mit denen man an den Tod des Imam Hussein erinnert. Es handelt sich um ein großes Bußritual (noch vor kurzem sah man Geißlerprozessionen). Doch das Gefühl der Schuld, das an das Christentum erinnern könnte, ist hier unlösbar mit der Verherrlichung des für eine gerechte Sache erlittenen Martyriums verknüpft. In dieser Zeit sind die Massen bereit, im Rausch des Opfermuts den Tod auf sich zu nehmen. Das schiitische Volk gibt sich den Extremen hin.

Es heißt, nach und nach werde die Ordnung im Iran wiederhergestellt. Tatsächlich halten alle den Atem an. Ein amerikanischer Berater hofft: »Wenn wir den Moharram durchhalten, kann alles gut gehen. Wenn nicht ...« Auch das State Department wartet auf den Jahrestag des zum Märtyrer gewordenen Imam.

Zwischen den Demonstrationen des Ramadan im September und den drohenden Demonstrationen des Trauermonats stellt sich die Frage, was zu tun ist. Zunächst die sanfte Lösung mit Charif Hamani: Man gibt Gefangenen die Freiheit, lässt Parteien zu, schafft die Zensur ab. Man versucht, die politische Spannung zu senken, damit das religiöse Fieber sich nicht daraus speisen kann. Dann am 5. November plötzlich die harte Lösung: Militärs übernehmen die Macht, die Armee greift durch, so entschlossen, dass die Auswirkungen des Moharram sich in Grenzen halten, aber zugleich auch so maßvoll, dass es nicht zu einer Explosion der Hoffnungslosigkeit kommt.

Wie es scheint, hat eine kleine Lobby dem Schah diesen Kurswechsel nahegelegt oder aufgezwungen. General Hoveissi, Industrielle wie Ayami (Automobile) und Rezahi (Kupfer), Politiker wie Fouroud (der ehemalige Bürgermeister von Teheran) oder Massoudi (Teilnehmer des Staatsstreichs von 1953). Vielleicht. Doch wenn man sich plötzlich entschlossen hat, die Mannschaft zu wechseln, um im Moharram »hart aufzutreten«, so wegen der Lage im ganzen Land und insbesondere wegen der Streiks, die wie ein Präriebrand von einer Provinz auf die nächste überspringen: Streik in der Öl- und der Stahlindustrie, Streik in den Minoo-Werken, im gesamten Verkehrsbereich, bei Iran Air, Streik der Beamten in der Staatsverwaltung. Besonders überraschend war die Arbeitsniederlegung beim Zoll und in den Finanzämtern, denn die Beamten dort können ihre Bezüge durch Schmuggel und Schmiergelder leicht verzehn- oder verhundertfachen. Wenn in einem Regime wie dem des Schahs selbst die Korruption in Streik tritt …

Ich wollte wissen, wie es um diese Bewegung stand, deren wahres Ausmaß die Zensur verdeckt. In Teheran traf ich die »Privilegierten« des Streiks, das fliegende Personal der Iran Air: elegante Wohnungen, Möbel aus Teakholz, amerikanische Zeitschriften. Tausend Kilometer weiter südlich traf ich die »Harten«, die Arbeiter der Ölindustrie. Welcher Europäer träumte nicht von Abadan, von den sechs Millionen Barrel, die dort täglich gefördert werden, von der größten Raffinerie der Welt? Man ist überrascht, wenn man feststellt, dass sie zwar riesig, aber doch auch ältlich wirkt, eingezwängt in dieses Wellblech, mit diesen Verwaltungsbauten im britischen Stil, halb industriell, halb kolonial, die man unterhalb der Abfackeltürme und Schornsteine liegen sieht: wie der Palast eines Kolonialgouverneurs, korrigiert um die schmucklose Strenge einer Großspinnerei in Manchester. Doch dass es sich um eine mächtige, respektable und reiche Institution handelt, erkennt man an dem gewaltigen Elend, das sie auf dieser Insel zwischen zwei lehmig gelben Flüssen hat entstehen lassen. Es beginnt mit einer Art subtropischer Arbeitersiedlung um das Werksgelände herum, es folgen sehr bald Elendsquartiere, wo die Kinder zwischen verrosteten Lastwagen und Schrott spielen, und endet mit Gruben voller getrocknetem Schlamm und anderem Unrat. Dort kauern Kinder am Boden, die weder schreien noch sich bewegen. Dann verschwindet alles in den Palmenhainen, die bis in die Wüste reichen, Vorder- und Rückseite eines der Reichtümer dieser Erde.

Zwischen den Streikenden von Iran Air, die uns in ihrem Wohnzimmer empfangen, und denen von Abadan, die wir heimlich nach undurchsichtigen Absprachen treffen, gibt es erstaunliche Übereinstimmungen. Und wären es auch nur diese: Sie streiken zum ersten Mal, Erstere, weil sie bisher nie Lust darauf, Letztere, weil sie nicht das Recht dazu hatten. Außerdem verbinden all diese Streiks ihre ökonomischen Forderungen ganz direkt mit politischen Motiven. Die Arbeiter der Raffinerie hatten im März des Jahres eine Lohnerhöhung von 25 Prozent erhalten. Nach dem 23. Oktober, an dem der Streik begann, erhielten sie ohne große Diskussionen soziale Vorteile, eine Lohnerhöhung von 10 Prozent und eine »Werksprämie« von 10 Prozent (»Man musste einen Ausdruck finden, um diese Erhöhung zu rechtfertigen«, erklärte mir ein Vertreter der Werksleitung) und schließlich noch 100 Rial täglich für das Essen. Man hat den Eindruck, sie könnten endlos weitermachen. Aber wie die Piloten von Iran Air, die sich über ihre Gehälter nicht beklagen können, wollen sie etwas anderes, nämlich die Aufhebung des Kriegsrechts, die Freilassung aller politischen Gefangenen, die Auflösung des Savak – wie manche sagen – und die Verurteilung derjenigen, die geraubt oder gefoltert haben. Weder die Piloten noch die Arbeiter fordern die Abdankung des Schahs oder das »Ende des Regimes« (und das schien mir zunächst sonderbar). Dagegen versichern alle, dass sie es wünschen. Vorsicht? Vielleicht. Jedenfalls glauben sie, dass es Sache des ganzen Volkes ist, diese erste und letzte Forderung zu stellen und dann auch durchzusetzen, wenn die Zeit dafür gekommen ist. Im Augenblick genügt es, dass der greise Heilige im Pariser Exil sie unermüdlich stellt. Heute ist allen klar, dass es sich um einen politischen Streik handelt, weil sie ihn in der Solidarität mit dem ganzen Volk durchführen. Ein Bordkommandant der Iran Air erklärte mir, er sei während des Fluges für die *safety* der Passagiere verantwortlich. Wenn er nun nicht fliege, so weil er über die *safety* des Landes wachen müsse. Die Arbeiter in Abadan sagen, die Produktion sei niemals vollständig eingestellt worden, und man habe die Arbeit teilweise wiederaufgenommen, weil man an die Bedürfnisse des Landes denken müsse. Die 28 Tanker dagegen, die in der Bucht auf Reede liegen, warten immer noch. Einfache Grundsatzerklärungen? Ohne Zweifel. Dennoch sagen sie etwas über diese zerstreuten Bewegungen: Sie bilden zusammen noch keinen *Generalstreik*, aber jede von ihnen glaubt, eine *nationale* Aufgabe zu haben.

Deshalb können sie einander auch leicht die Hand reichen. Die Lehrer von Abadan und die Arbeiter der Ölindustrie haben ihre wechselseitige Solidarität erklärt. Am 4. November hielten die Arbeiter der Iran Nippon, der Iran Japan Petroleum Company, des petrochemischen Komplexes und der Raffinerie eine gemeinsame Versammlung ab. Darum auch wird stets gefordert, dass die Ausländer das Land verlassen, die amerikanischen Techniker ebenso wie die französischen Stewardessen oder die afghanischen Hilfsarbeiter. »Wir wollen, dass unser Land nationalisiert wird.« Ob diese Streiks von nationaler Bedeutung sich zu einem Generalstreik zusammenfassen lassen, ist gegenwärtig die große Frage. Keine Partei hat die Kraft dazu (der landesweite Streik, zu dem einige Politiker für den 12. November aufgerufen haben, war, wie manche sagen, nicht einmal ein Fehlschlag, denn er hat gar nicht stattgefunden). Einerseits stützt die außergewöhnliche Kraft der Bewegung sich lokal auf einige zerstreute Geheimorganisationen (sie gehen auf ehemalige islamische oder marxistische Guerillabewegungen wie die Eittehadieh Communist Iran[1] zurück, von denen man mir in Abadan berichtet hat). Aber andererseits liegt der Kohäsionspunkt außerhalb des Landes, außerhalb der politischen Organisationen und jenseits jeglicher Verhandlungsmöglichkeit: bei Khomeyni nämlich, in seiner unbeugsamen Ablehnung und in der Liebe, die alle ganz individuell für ihn empfinden. Es war eindrucksvoll, den Piloten einer Boeing im Namen seiner Kollegen sagen zu hören: »Ihr habt in Frankreich das Kostbarste, was der Iran seit einem Jahrhundert besitzt. Sein Schutz ist eure Pflicht.« Und das sagte er in gebieterischem Ton. Noch eindrucksvoller waren die Aussagen der Streikenden in Abadan: »Wir sind nicht sonderlich religiös.« – »Wem vertraut ihr dann? Einer politischen Partei?« – »Nein, keiner.« – »Einem Menschen?« – »Nein, keinem, außer Khomeyni und nur ihm allein.«

Die Regierung der Militärs hat es sich zur Hauptaufgabe gemacht, die Streiks zu beenden: eine klassische und daher ungewisse Notlösung. Der Savak, diese politische Polizei und Schande des Regimes, steht dagegen für ihren schmählichsten Misserfolg. Deren Mitglieder kehren zu ihrer alten Berufung als brutale Kämpfer

1 [Eine Bewegung von Arbeitern und aus dem Ausland zurückgekehrten Studenten.]

zurück und werden ausgeschickt, um zu provozieren, Brände zu legen und mit Knüppeln um sich zu schlagen. All das schiebt man dann den Streikenden und Demonstranten in die Schuhe, auch auf die Gefahr hin, dadurch das Feuer anzufachen und eine echte Explosion wie in Teheran auszulösen. Selbst die Armee greift ein. Sie ist in die Raffinerie von Abadan eingedrungen, hat dort Menschen verletzt und steht nun mit Panzern hinter dem Werksgelände. Soldaten sind in die Häuser der Arbeiter eingedrungen, um sie gewaltsam in die Raffinerie zu bringen. Aber wie könnte man sie zwingen, auch tatsächlich zu arbeiten?

In den zwei Monaten der Regierung Hamami hatten die von den nun wieder freien Zeitungen verbreiteten Nachrichten einen Streik nach dem anderen »entfacht«. Die Militärs mussten die Zensur wieder einführen. Darauf reagierten die Journalisten mit dem Entschluss, die Zeitungen gar nicht mehr erscheinen zu lassen. Sie wussten sehr genau, dass diese Lücke durch ein Informationsnetz gefüllt würde, welches in fünfzehn Jahren Obskurantismus entstanden war und sich auf Telefone, Tonbandkassetten,[2] Moscheen und Predigten, Anwaltskanzleien und Intellektuellenzirkel stützt.

Ich konnte eine dieser »Basiszellen« des Informationsnetzes bei der Arbeit beobachten. In der Nähe einer Moschee in Abadan. Abgesehen von einigen Teppichen, bietet der Raum die üblichen Zeichen großer Armut. Der Mullah sitzt vor einer Bibliothek mit religiösen Büchern, umgeben von einem Dutzend Gläubigen, neben ihm ein altes Telefon, das unablässig läutet: Arbeitsniederlegung in Ahwaz, mehrere Tote in Lahidjan usw. Im selben Augenblick, da der für Öffentlichkeitsarbeit zuständige Vertreter der NIOC[3] vor Journalisten die »internationale Wahrheit« über den Streik fabriziert (ökonomische Forderungen erfüllt, keinerlei politische Forderungen, die Arbeit allenthalben wieder aufgenommen), höre ich den Mullah die »iranische Wahrheit« über dasselbe Geschehen fabrizieren. Es gibt keinerlei ökonomische Forderungen, sämtliche Ziele sind politischen Charakters.

Wie es scheint, konnte de Gaulle den Putsch von Algier wegen der Transistorradios überstehen. Falls der Schah stürzt, wird das zum Teil wegen der Tonbandkassetten geschehen. Sie sind

2 [Die von den Terrassen der Häuser per Lautsprecher ausgestrahlten Predigten trotzten der Ausgangssperre.]

3 [National Iranian Oil Company.]

ein ausgezeichnetes Instrument der Gegeninformation. Vergangenen Sonntag ging ich auf den Friedhof von Teheran, den einzigen Ort, an dem unter dem Kriegsrecht noch Versammlungen geduldet werden. Die Menschen hielten sich hinter Spruchbändern und Kränzen, die den Schah verfluchten. Dann setzten sie sich auf den Boden. Nacheinander standen drei Männer auf, darunter ein Geistlicher, und begannen mit großer Intensität und fast schon Heftigkeit zu sprechen. Doch als sie den Friedhof verließen, versperrten zweihundert Soldaten mit Maschinenpistolen, gepanzerten Mannschaftswagen und zwei Panzern den Ausgang. Die drei Redner wurden verhaftet, ebenso alle, die ein Megaphon bei sich trugen.

Doch an den Türen der meisten Moscheen in der Provinz kann man für wenig Geld Kassetten der angesehensten Prediger kaufen. Gelegentlich trifft man selbst in den belebtesten Straßen Kinder mit Megaphonen in der Hand. Sie lassen die Stimmen aus Qom, Mesched und Isphahan so laut erschallen, dass sie sogar den Lärm der Autos übertönen. Die Passanten brauchen nicht einmal stehen zu bleiben, um die Predigten zu hören. Und von Stadt zu Stadt flammen Streiks auf, verlöschen, beginnen erneut wie blinkende Leuchtfeuer vor den Nächten des Moharram.

*Übersetzt von Michael Bischoff*

# Gespräch mit Ducio Trombadori
# [Auszug]

»Conversazione con Michel Foucault« (»Entretien avec Michel Foucault«; geführt mit D. Trombadori, Paris, Ende 1978), in: *Il Contributo*, 4. Jg., Nr. 1, Jan.-März 1980, S. 23-84.

[...]

– *Ihre Inauguralvorlesung am Collège de France, die danach unter dem Titel* Die Ordnung des Diskurses *veröffentlicht wurde, datiert von 1970. Ausgehend von einer Analyse der Ausschließungsverfahren, die den Diskurs kontrollieren, beginnen Sie in dieser akademischen Abhandlung damit, deutlicher als zuvor das Verhältnis zwischen Wissen und Macht zu bestimmen. Die Frage der Herrschaft, welche die Macht auf die Wahrheit ausübt, also die Frage nach dem Willen zur Wahrheit, bezeichnet eine neue, wichtige Etappe Ihres Denkens. Wie kamen Sie dazu, dieses Problem in diesen Begriffen zu stellen oder vielmehr zu lokalisieren? Und wie, glauben Sie, traf sich die Thematik der Macht, so wie Sie sie entwickelt haben, mit den Bestrebungen der Bewegung der jungen Leute von 1968?*

– Worum ging es mir während meines ganzen bisherigen Lebens? Was bedeutete dieses tiefe Unbehagen, das ich in der schwedischen Gesellschaft verspürte? Und das Unbehagen, das ich in Polen empfand? Viele Polen gaben durchaus zu, dass die materiellen Lebensbedingungen gegenüber früheren Zeiten besser geworden seien. Ich frage mich auch, was dieser Elan einer radikalen Revolte bedeuten sollte, den die Studenten von Tunis gezeigt hatten.

Worum ging es dabei jedes Mal? Um die Art und Weise der Machtausübung, nicht nur der Staatsmacht, sondern auch derjenigen, die sich über andere Institutionen oder Formen des Zwangs durchsetzt, eine Art permanenter Unterdrückung im Alltagsleben. Was man kaum ertrug, was unablässig in Frage gestellt wurde, was jenes Unbehagen hervorrief und worüber man seit zwölf Jahren nicht gesprochen hatte, das war die Macht. Und nicht nur die Staatsmacht, sondern diejenige, die im Inneren des Gesellschaftskörpers ausgeübt wird, über ganz unterschiedliche Kanäle, Formen und Institutionen. Man wollte nicht mehr regiert werden – im weiten Sinne des Wortes Regierung. Ich spreche nicht von der Staatsregierung in dem Sinne, den der Ausdruck im öffentlichen Recht hat, sondern von jenen Menschen, die unser alltägliches Leben mit Hilfe von Befehlen, Anweisungen, direkten oder indirekten Einflüssen – etwa denen der Medien – lenken. Als ich *Wahnsinn und Gesellschaft* schrieb, als ich an der *Geburt der Klinik* arbeitete, glaubte ich eine genealogische Geschichte des Wissens zu schreiben. Aber der eigentliche rote Faden war dieses Problem der Macht.

Im Grunde habe ich nichts anderes unternommen als den Versuch, zu verfolgen, wie eine bestimmte Anzahl von Institutionen, die im Namen von Vernunft und Normalität zu funktionieren beginnen, ihre Macht auf Gruppen von Individuen ausgeübt haben, auf deren Verhaltensweisen, Seinsweisen, Weisen des Handelns und Sprechens, die als Anomalie, Wahnsinn, Krankheit und so weiter konstituiert werden. Im Grunde habe ich nichts anderes geschrieben als eine Geschichte der Macht. Heute sind sich alle einig, dass es sich beim Mai 68 um eine Rebellion gegen eine ganze Reihe von Formen der Macht gehandelt habe, die mit besonderer Intensität auf bestimmte Altersklassen in bestimmten sozialen Milieus ausgeübt wurde. Aus all diesen Erfahrungen, meine eigenen eingeschlossen, tauchte ein Wort auf, ähnlich denen, die mit unsichtbarer Tinte geschrieben wurden und auf dem Papier sichtbar werden, wenn man es mit dem richtigen Reagens behandelt: das Wort Macht.

– *Seit Beginn der siebziger Jahre bis heute haben Sie Ihren Diskurs über die Macht und die Machtbeziehungen in Artikeln, Interviews, Dialogen mit Studenten, jungen linksradikalen Aktivisten, Intellektuellen präzisiert. Diese Serie von Reflexionen haben Sie dann auf einigen Seiten des Buches* Der Wille zum Wissen *zusammengefasst. Ich möchte Sie fragen, ob wir hier ein neues Erklärungsprinzip des Realen vor uns haben, wie viele bemerkt haben, oder ob es sich um etwas anderes handelt.*

– Es gab grobe Fehldeutungen, vielleicht habe ich mich aber auch schlecht ausgedrückt. Ich habe niemals behauptet, die Macht sei das, was alles erklärt. Mein Problem bestand nicht darin, an die Stelle einer ökonomischen Erklärung eine Erklärung durch die Macht zu setzen. Ich habe versucht, die verschiedenen Analysen, die ich zur Frage der Macht angestellt habe, zu koordinieren, zu systematisieren, ohne ihnen das zu rauben, was an ihnen noch empirisch, das heißt, was an ihnen gewissermaßen noch blind war.

Für mich ist die Macht das, was es zu erklären gilt. Wenn ich mir die Erfahrungen vergegenwärtige, die ich in den heutigen Gesellschaften gemacht habe, oder die historischen Forschungen, die ich durchgeführt habe, stoße ich immer wieder auf die Frage der Macht. Kein theoretisches System – sei es die Geschichtsphilosophie, die allgemeine Theorie der Gesellschaft oder sogar die politische Theorie – vermag diese Frage angemessen zu behandeln, jene Machttatsachen, Machtmechanismen, Machtbeziehungen zu erklären, die im Problem des Wahnsinns, der Medizin, des Gefängnisses und so weiter am Werk sind. Mit den Machtbeziehungen, diesem Bündel empirischer Tatsachen, auf die noch wenig Licht gefallen ist, habe ich mich herumzuschlagen versucht: als etwas, was erklärungsbedürftig war, und gewiss nicht als Erklärungsprinzip für alles andere. Doch ich bin erst am Anfang meiner Arbeit, ich bin damit natürlich noch nicht fertig. Auch deshalb verstehe ich nicht, wie man hat sagen können, für mich sei die Macht eine Art abstraktes Erklärungsprinzip, das sich als solches aufzwingt, für das ich aber selbst wiederum keinerlei Rechenschaft gebe.

Aber das hat bisher niemand getan. Ich gehe schrittweise vor, prüfe nacheinander verschiedene Bereiche, um zu sehen, wie sich eine allgemeine Konzeption der Beziehungen zwischen der Konstitution eines Wissens und der Ausübung von Macht entwickeln ließe. Ich stehe erst ganz am Anfang.

– *Eine der Bemerkungen, die man über die Art und Weise machen könnte, wie Sie das Thema der Macht angehen, lautet folgendermaßen: Die extreme Parzellierung oder Lokalisierung der Fragen führt letztlich dazu, dass jeder Übergang von einer, sagen wir, korporativen Dimension in der Analyse der Macht zu einer Gesamtschau, in der das spezielle Problem seinen Platz findet, unmöglich wird.*

– Das ist eine Frage, die mir häufig gestellt wird: Sie werfen begrenzte Probleme auf, beziehen aber niemals Stellung zu Gesamtentscheidungen. Gewiss, die Probleme, die ich formuliere, betreffen immer begrenzte und spezielle Fragen. Das gilt für den Wahnsinn und die psychiatrischen Institutionen oder auch für die Gefängnisse. Wenn wir Probleme streng, präzise und in einer Weise stellen wollen, in denen sie sich ernsthaft untersuchen lassen, muss man sie dann nicht gerade in ihren eigentümlichsten und konkretesten Formen aufsuchen? Mir scheint, dass keiner der vorliegenden großen Diskurse über die Gesellschaft überzeugend genug ist, dass man ihm vertrauen könnte. Wenn man andererseits wirklich etwas Neues errichten will oder jedenfalls möchte, dass sich die großen Systeme einer Reihe von realen Problemen öffnen, muss man die Gegebenheiten und die Fragen dort suchen, wo sie sind. Und im Übrigen bezweifle ich, dass der Intellektuelle mit seinem Buchwissen und seiner akademisch-gelehrten Forschung allein die wirklichen Probleme der Gesellschaft, in der er lebt, formulieren kann. Im Gegenteil, eine der ersten Formen der Zusammenarbeit mit Nicht-Intellektuellen besteht gerade darin, ihre Probleme anzuhören und mit ihnen an der Formulierung dieser Probleme zu arbeiten: Was sagen die Irren? Wie sieht das Leben in einem psychiatrischen Krankenhaus aus? Welche Arbeit tut ein Krankenpfleger? Wie reagieren sie?

– *Vielleicht habe ich mich schlecht ausgedrückt. Ich bestreite nicht die Notwendigkeit, begrenzte und, wenn es sein muss, sogar radikal begrenzte Probleme zu stellen. Erst recht bin ich empfänglich für das, was Sie über die intellektuelle Arbeit sagen. Trotzdem scheint mir, dass eine gewisse partikularisierende Behandlungsweise der Probleme am Ende die Möglichkeit beseitigt, sie mit anderen zu einem Gesamtbild einer bestimmten historischen und politischen Situation zusammenzufügen.*

– Man kommt aus theoretischen und politischen Gründen nicht darum herum, die Probleme zu lokalisieren. Aber das bedeutet nicht, dass sie keine allgemeinen Probleme wären. Was wäre letztlich in einer Gesellschaft allgemeiner als die Art, wie sie ihr Verhältnis zum Wahnsinn bestimmt? Wie sie sich als vernünftig reflektiert? Wie sie der Vernunft und ihrer Vernunft Macht verleiht? Wie konstituiert sie ihre Rationalität, und wie bringt sie es fertig, diese für die Vernunft schlechthin auszugeben? Wie etabliert sie im Namen der Vernunft die Macht der Menschen über die Dinge? Immerhin eine der allgemeinsten Fragen, die man einer Gesellschaft nach ihrem Funktionieren und ihrer Geschichte stellen kann. Oder: Wie grenzt man das, was legal ist, von dem ab, was es nicht ist? Die Macht, die dem Gesetz verliehen ist, die Effekte der Aufteilung, die das Gesetz in eine Gesellschaft einführt, die Zwangsmechanismen, die das Funktionieren des Gesetzes stützen, gehören ebenso zu den allgemeinsten Fragen, die man einer Gesellschaft stellen kann. Es ist gewiss richtig, dass ich die Probleme in lokalen Begriffen formuliere; aber ich glaube, dass es mir dadurch möglich wird, Probleme sichtbar werden zu lassen, die mindestens ebenso allgemein sind wie diejenigen, die man als solche zu betrachten gewohnt ist. Ist die Herrschaft der Vernunft letztlich nicht ebenso allgemein wie die Herrschaft der Bourgeoisie?

– *Wenn ich von einem Gesamtbild sprach, so meinte ich damit im Wesentlichen die politische Dimension eines Problems und seine notwendige Eingliederung in eine Aktion oder in ein Programm, die einerseits breiter angelegt, andererseits mit bestimmten historisch-politischen Kontingenzen verbunden sind.*

– Die Allgemeinheit, die ich sichtbar zu machen versuche, ist von anderer Art. Und wenn man mir vorwirft, nur lokale Probleme zu formulieren, so verwechselt man den lokalen Charakter meiner Analysen, die Probleme sichtbar machen sollen, mit einer bestimmten Allgemeinheit, die gewöhnlich die Historiker, die Soziologen, die Ökonomen und so weiter ansetzen.

Die Probleme, die ich formuliere, sind nicht weniger allgemein als jene, die von den politischen Parteien oder von den großen theoretischen Institutionen formuliert werden, die festlegen, welches die großen gesellschaftlichen Probleme sind. Es ist zum Beispiel nie vorgekommen, dass die kommunistischen oder die sozialistischen Parteien bei ihrer Arbeit die Analyse der Macht der Vernunft über die Unvernunft auf die Tagesordnung gesetzt hätten. Vielleicht ist das nicht ihre Aufgabe. Aber wenn das nicht ihr Problem ist, ist das Ihre nicht unbedingt meines.

– *Was Sie sagen, ist völlig akzeptabel. Aber mir scheint, Sie bestätigen eine gewisse Abgeschlossenheit oder einen gewissen Unwillen dagegen, Ihren Diskurs genau zur Ebene der Politik hin zu öffnen …*

– Aber wie kommt es, dass die großen theoretisch-politischen Apparate, welche die Kriterien für den Konsens in unserer Gesellschaft festlegen, niemals auf so allgemeine Probleme reagiert haben, wie ich sie formuliere? Wenn ich das Problem des Wahnsinns aufgeworfen habe, das ein generelles Problem in jeder Gesellschaft und ein besonders wichtiges in der Geschichte der unsrigen ist: Wie kommt es, dass man darauf zuerst mit Schweigen und dann mit ideologischer Verdammung reagiert hat? Wenn ich, neben anderen, versucht habe, in Zusammenarbeit mit denen, die aus dem Gefängnis kamen, in Zusammenarbeit mit Bewährungshelfern und mit den Familien von Inhaftierten, das Problem des Gefängniswesens in Frankreich konkret zu stellen – wissen Sie, wie die KPF darauf geantwortet hat? Eine ihrer lokalen Tageszeitungen aus der Pariser Banlieue hat die Frage gestellt, warum wir noch nicht ins Gefängnis gesteckt worden seien, wir, die wir diese Arbeit taten, und welche Beziehungen wir zur Polizei haben müssten, wenn diese uns tolerierte.

Darum sage ich: »Wie kann man mir vorwerfen, keine allgemeinen Probleme zu formulieren, niemals Stellung zu beziehen zu den großen Fragen, die von den großen politischen Parteien aufgeworfen werden?« In Wirklichkeit formuliere ich allgemeine Probleme, und man überhäuft mich mit Bannflüchen; und wenn man dann merkt, dass Bannflüche nichts bewirken, oder wenn man vielmehr zugestehen muss, dass die aufgeworfenen Probleme eine gewisse Bedeutung haben, dann hält man mir vor, nicht imstande zu sein, eine ganze Reihe von Fragen eben in allgemeinen Begriffen zu stellen. Aber ich lehne diese Art von Allgemeinheit ab, die im Übrigen, so wie sie angelegt ist, in erster Linie dazu dient, entweder mich in die Probleme einzumauern, die ich formuliere, oder mich von der Arbeit auszuschließen, die ich tue. Ich bin es, der ihnen die Frage stellt: Warum verweigert ihr euch den Problemen, die ich aufwerfe?

– *Ich kenne die Episode nicht, die Sie mir eben über Ihre Arbeit an den Problemen des Gefängniswesens berichtet haben. Jedenfalls ging es mir nicht um Ihre Beziehungen zur französischen Politik, insbesondere zur Politik der KPF. Meine Frage war allgemeiner. Jedes lokalisierte Problem erfordert stets Lösungen, seien sie auch provisorisch und nicht von Dauer, in politischen Begriffen. Daraus erwächst die Notwendigkeit, die Sichtweise einer bestimmten Analyse am Maßstab der realen Möglichkeiten zu überprüfen, so dass sich zwischen beiden ein Veränderungs- und Transformationsprozess entwickeln kann. In dieser Balance zwischen lokalisierter Situation und allgemeinem Rahmen liegt die Aufgabe der Politik.*

– Auch das ist eine Bemerkung, die mir gegenüber oft gemacht wird: »Sie sagen nie, was Ihre konkreten Lösungen für die Probleme wären, die Sie formulieren; Sie machen keine Vorschläge. Die politischen Parteien sind dagegen gezwungen, sich zu dieser oder jener Situation zu verhalten; Sie, mit Ihrer Haltung, helfen ihnen dabei nicht.« Ich werde darauf antworten: Aus Gründen, die zutiefst mit meiner politischen Wahl – im weiten Sinne des Wortes – zusammenhängen, will ich auf keinen Fall die Rolle von jemandem spielen, der Lösungen vorgibt. Ich bin der Ansicht, dass die Rolle des Intellektuellen heute nicht darin besteht, das Gesetz zu machen, Lösungen vorzuschlagen, zu prophezeien; denn in dieser Funktion trägt er zwangsläufig dazu bei, eine bestimmte Machtsituation zu zementieren, die meines Erachtens kritisiert werden muss.

Ich verstehe, warum die politischen Parteien es vorziehen, Beziehungen zu Intellektuellen zu unterhalten, die Lösungen anbieten. Auf diese Weise können sie mit ihnen Beziehungen von Gleich zu Gleich herstellen; der Intellektuelle macht einen Vorschlag, die Partei kritisiert ihn oder formuliert einen anderen. Ich lehne das Funktionieren des Intellektuellen als Alter Ego, als Double und zugleich als Alibi der politischen Partei ab.

– *Aber glauben Sie nicht, dass Ihnen – mit Ihren Schriften, Ihren Artikeln, Ihren Interviews – eine Rolle zukommt, egal welche, und welche wäre das?*

– Meine Rolle besteht darin, effektiv und möglichst rigoros Fragen zu stellen; Fragen, die so komplex und so diffizil sind, dass eine Lösung nicht mit einem Schlag aus dem Kopf irgendeines reformerischen Intellektuellen oder aus dem Kopf des Politbüros einer Partei entspringen kann. Die Fragen, die ich zu stellen versuche und die so verwickelt sind wie das Verbrechen, der Wahnsinn, der Sex, Dinge zudem, die unser alltägliches Leben berühren, sind nicht leicht zu lösen. Es bedarf jahrelanger, jahrzehntelanger Arbeit an der Basis mit den direkt Betroffenen, die das Recht haben müssen, selbst das Wort zu ergreifen, und es bedarf politischer Phantasie. Vielleicht wird es dann gelingen, eine Situation zu erneuern, die – so, wie sie heute formuliert wird – nur in Sackgassen und Blockaden führt. Ich hüte mich, Gesetze zu geben. Ich versuche eher, Probleme zu formulieren, sie wirken zu lassen, sie in einer Komplexität darzustellen, welche die Propheten und die Gesetzgeber zum Schweigen bringt, all jene, die für die anderen und vor den anderen sprechen. Folglich kann auch erst dann die Komplexität des Problems in seiner Verbindung mit dem Leben der Leute sichtbar werden, und erst dann kann sich auch die Legitimität einer gemeinsamen Arbeit erweisen – über konkrete Fragen, schwierige Fälle, Revolten, Reflexionen, Zeugnisse der Betroffenen. Es geht darum, wenn nicht Lösungen zu finden, so doch Schritt für Schritt spürbare Modifikationen zu bewirken, zumindest die Gegebenheiten des Problems zu verändern.

Es ist eine gesellschaftliche Arbeit, der ich den Weg bahnen möchte, eine Arbeit innerhalb des Körpers der Gesellschaft und an der Gesellschaft. Ich möchte selbst an dieser Arbeit teilnehmen, ohne Verantwortung an irgendeinen Spezialisten zu delegieren, an mich so wenig wie an andere. So handeln, dass sich im Inneren der Gesellschaft selbst die Gegebenheiten des Problems verändern und die Sackgassen sich öffnen. Kurz, Schluss machen mit den Wortführern.

– *Ich will Ihnen ein konkretes Beispiel nennen. Vor zwei oder drei Jahren war die italienische Öffentlichkeit erschüttert über den Fall eines Jungen, der seinen Vater getötet und damit einer tragischen Geschichte von Schlägen und Erniedrigungen ein Ende gesetzt hatte, denen er und seine Mutter ausgesetzt waren. Wie wäre über diesen Mord zu urteilen, in diesem Falle begangen von einem Minderjährigen auf dem Höhepunkt einer Serie unerhörter väterlicher Gewalttaten? Ratlosigkeit der Richter und Staatsanwälte, die öffentliche Meinung tief gespalten, hitzige Diskussionen. Das ist eine Situation, in der man eine Lösung finden muss, gewiss eine vorläufige, für ein höchst delikates Problem. Und da kommt es nun darauf an, Gegensätzliches abzuwägen und eine politische Wahl zu treffen. Der minderjährige Mörder erhielt, gemessen an den geltenden Strafbestimmungen, eine verhältnismäßig niedrige Strafe; und natürlich streitet man immer noch darüber. Müsste man nicht in derartigen Situationen Stellung beziehen?*

– Ich wurde von Italien um Erklärungen zu dieser Affäre gebeten. Ich habe geantwortet, dass ich die Situation nicht kenne. Aber etwas Ähnliches ist in Frankreich passiert. Ein junger Mann von dreißig Jahren hatte zuerst seine Frau getötet, dann ein zwölfjähriges Mädchen zum Analverkehr gezwungen und ihm dann mit Hammerschlägen den Rest gegeben. Nun hatte der Mörder mehr als fünfzehn Jahre in psychiatrischen Anstalten verbracht (ungefähr vom zehnten bis zum fünfundzwanzigsten Lebensjahr): Die Gesellschaft, die Psychiater, die medizinischen Institutionen hatten ihn für unzurechnungsfähig erklärt, indem sie ihn in Verwahrung nahmen und ihn sein Leben unter abscheulichen Bedingungen führen ließen. Er kam heraus und beging zwei Jahre später jenes schreckliche Verbrechen. Also jemand, der, bis gestern für unzurechnungsfähig erklärt, nun mit einem Mal verantwortlich sein soll. Aber das Erstaunlichste an dieser Affäre ist, dass der Mörder erklärte: »Es stimmt, ich bin verantwortlich; ihr habt aus mir ein Ungeheuer gemacht, und da ich ein Ungeheuer bin, schlagt mir folglich den

Kopf ab.« Er wurde zu »lebenslänglich« verurteilt. Nun war es so, dass ich in meinem Seminar am Collège de France mehrere Jahre lang die Probleme psychiatrischer Gutachten behandelt hatte; einer der Anwälte des Mörders, der mit mir zusammengearbeitet hatte, bat mich, in der Presse zu intervenieren und zu diesem Fall Stellung zu nehmen. Ich habe abgelehnt, ich hätte mich nicht wohl dabei gefühlt. Welchen Sinn hätte es gehabt, Prophezeiungen zu machen oder den Richter zu spielen? Ich habe meine politische Rolle gespielt, indem ich das Problem in seiner ganzen Komplexität sichtbar gemacht habe, indem ich Zweifel geweckt und Unsicherheiten hervorgerufen habe, so dass sich heute kein Reformer, kein Präsident einer psychiatrischen Standesvereinigung mehr hinstellen und sagen kann: »Das und das ist zu tun.« Heute stellt sich das Problem unter Bedingungen, wie sie noch über Jahre hinweg wirken und Unbehagen schaffen werden. Dabei werden viel radikalere Veränderungen herauskommen, als wenn man mich gebeten hätte, an der Ausarbeitung eines Gesetzes mitzuwirken, das die Frage der psychiatrischen Gutachten regelt.

Das Problem ist komplizierter und reicht tiefer. Es hat den Anschein einer technischen Frage; aber dabei ist nicht nur das ganze Problem der Beziehungen zwischen Medizin und Justiz im Spiel, sondern auch das der Beziehungen zwischen dem Gesetz und dem Wissen, das heißt der Art und Weise, wie ein wissenschaftliches Wissen innerhalb eines Systems, des juristischen Systems, funktionieren kann. Ein gewaltiges, ungeheures Problem. Ich meine: Was bedeutet es, wenn man die Tragweite dieses Problems darauf reduziert, dass man irgendeinem Gesetzgeber – handele es sich um einen Philosophen oder einen Politiker – die Aufgabe zuweist, ein neues Gesetz abzufassen? Entscheidend ist, dass der kaum überwindliche Konflikt zwischen dem Gesetz und dem Wissen so lange durchgespielt und im Innersten der Gesellschaft ausgetragen wird, bis sie ein anderes Verhältnis zum Gesetz und zum Wissen definiert.

– *Ich wäre nicht so optimistisch, was die Chancen eines solchen Automatismus angeht, den Sie sich wünschen und der dazu führen müsste, die Balance zwischen dem Gesetz und dem Wissen neu auszutarieren, vermittelt durch eine Bewegung innerhalb der bürgerlichen Gesellschaft ...*

– Ich habe nicht von bürgerlicher Gesellschaft gesprochen. Ich halte den theoretischen Gegensatz zwischen Staat und bürgerlicher Gesellschaft, an dem die politische Theorie seit hundertfünfzig Jahren laboriert, für nicht sonderlich fruchtbar. Einer der Gründe, die mich dazu bewogen haben, die Frage der Macht gewissermaßen in ihrem eigenen Milieu zu stellen, dort, wo sie ausgeübt wird, ohne nach einer allgemeinen Formel oder nach den Grundlagen der Macht zu suchen, ist gerade der, dass ich den Gegensatz zwischen einem Staat, der als Besitzer der Macht seine Souveränität über die bürgerliche Gesellschaft ausübt, und einer Gesellschaft, die eigentlich nur Inhaber solcher Machtprozesse ist, ablehne. Nach meiner Hypothese ist die Opposition zwischen Staat und bürgerlicher Gesellschaft nicht relevant.

– *Wie dem auch sei, fürchten Sie nicht, dass Ihr Vorschlag, indem er in gewisser Weise der politischen Dimension ausweicht, letztlich eine Art Ablenkung von den kontingenten und komplexen Einsätzen darstellt, die sich in der Gesellschaft stellen, die sich aber auch auf der Ebene der Institutionen und der Parteien unmittelbar niederschlagen?*

– Ein alter Tadel linker Sekten: Wenn Sie nicht dasselbe tun wie wir, betreiben Sie ideologische Diversion. Die Probleme, mit denen ich mich beschäftige, sind allgemeine Probleme. Wir leben in einer Gesellschaft, in der die Bildung, die Zirkulation und Konsumtion des Wissens eine fundamentale Gegebenheit sind. Wenn die Kapitalakkumulation eines der Grundmerkmale unserer Gesellschaft war, so verhält es sich mit der Wissensakkumulation nicht anders. Nun sind aber die Anwendung, die Produktion, die Akkumulation des Wissens nicht zu trennen von den Mechanismen der Macht, mit denen sie komplexe Beziehungen unterhalten, die analysiert werden müssen. Seit dem sechzehnten Jahrhundert hat man stets angenommen, dass die Entfaltung der Formen und Inhalte des Wissens eine der größten Freiheitsgarantien für die Menschheit sei. Dies ist eines der großen Postulate unserer Zivilisation, die sich über die ganze Welt verbreitet hat. Dennoch hat bereits die Frankfurter Schule festgestellt, dass die Formulierung der großen Wissenssysteme auch Unterwerfungseffekte hatte und Herrschaftsfunktionen ausübte. Das führt zu einer vollständigen Revision des Postulats, dem zufolge die Entwicklung des Wissens einen Garanten der Freiheit darstellt. Ist das etwa kein allgemeines Problem?

Glauben Sie, Probleme dieser Art zu stellen heiße, von denen abzulenken, welche die politischen Parteien stellen? Zweifellos lassen sie sich demjenigen Typus von Allgemeinheiten, welche die politischen Parteien formulieren, nicht ohne weiteres assimilieren. Die Parteien akzeptieren im Grunde nur Allgemeinheiten, die so kodiert sind, dass sie in ein Programm eingehen können, um die herum sich ihre jeweilige Klientel sammeln kann und die zu der Wahltaktik der betreffenden Partei passen. Aber man kann nicht hinnehmen, dass Probleme als marginal, als lokal betrachtet und der ideologischen Diversion verdächtigt werden, nur weil sie nicht im Filter der von den politischen Parteien akzeptierten und kodifizierten Allgemeinheiten hängen bleiben.

– *Wenn Sie die Frage der Macht behandeln, nehmen Sie offenbar nicht direkt Bezug auf den Unterschied zwischen den Wirkungen, in denen sich die Macht im Inneren der Staaten und der verschiedenen Institutionen äußert. In diesem Sinne ist behauptet worden, die Macht habe für Sie kein Gesicht, sei allgegenwärtig. Sollte es also keinen Unterschied etwa zwischen einem totalitären Regime und einem demokratischen Regime geben?*

– In *Überwachen und Strafen* habe ich zu zeigen versucht, wie ein bestimmter Machttyp, der über die Erziehung und über die Persönlichkeitsbildung auf die Individuen wirkt, im Abendland nicht nur mit der Geburt einer Ideologie, sondern auch einer Regierungsform liberalen Typs einhergeht. In anderen politischen und sozialen Systemen – in der bürokratischen Monarchie oder im Feudalsystem – wäre keine derartige Ausübung von Macht über die Individuen möglich gewesen. Ich analysiere stets sehr genaue und genau lokalisierte Phänomene: zum Beispiel die Bildung von Disziplinensystemen im Europa des achtzehnten Jahrhunderts. Ich tue das nicht, um zu sagen, die westliche Zivilisation sei in jeder Hinsicht eine Zivilisation der Disziplinierung. Die Disziplinensysteme werden von bestimmten Leuten auf bestimmte andere angewandt. Ich mache einen Unterschied zwischen Regierenden und Regierten. Ich bemühe mich zu erklären, warum und wie diese Systeme in welcher Zeit, in welchem Land, zur Erfüllung welcher Bedürfnisse entstanden sind. Ich spreche nicht von Gesellschaften, die weder Geographie noch Kalender haben. Ich sehe wirklich nicht, wie man mir vorhalten könnte, ich träfe keine Unterscheidung beispielsweise zwischen totalitären Regimes und solchen, die es nicht sind. Im achtzehnten Jahrhundert gab es keine totalitären Regimes im modernen Sinne.

– *Wenn man aber Ihre Forschung als eine Erfahrung der Modernität betrachten wollte, welche Lehre könnte man daraus ziehen? Denn indem die großen Fragen des Verhältnisses zwischen Wissen und Macht – als in den demokratischen Gesellschaften und in den totalitären Gesellschaften gleichermaßen ungelöste Fragen – reformuliert werden, würde letztlich keine substanzielle Unterscheidung zwischen diesen und jenen getroffen. Anders gesagt, die Machtmechanismen, die Sie analysieren, sind in allen Gesellschaftstypen der modernen Welt dieselben oder fast dieselben.*

– Wenn man einen solchen Einwand gegen mich erhebt, muss ich an jene Psychiater denken, die nach der Lektüre von *Wahnsinn und Gesellschaft* – ein Buch, das Argumente aus dem achtzehnten Jahrhundert behandelt – sagten: »Foucault greift uns an.« Es ist nun wahrlich nicht meine Schuld, wenn sie sich in dem, was ich geschrieben hatte, wiedererkannten. Das beweist ganz einfach, dass sich eine ganze Reihe von Dingen nicht geändert hat.

Als ich das Gefängnisbuch schrieb, machte ich selbstverständlich keinerlei Anspielung auf die Gefängnisse der Volksdemokratien oder der Sowjetunion; mein Thema war das Frankreich des achtzehnten Jahrhunderts, genau gesagt: zwischen 1760 und 1840. Die Analyse endet im Jahre 1840. Trotzdem wird mir entgegengehalten: »Sie machen keinen Unterschied zwischen einem totalitären Regime und einer demokratischen Regierungsform!« Wie kommen Sie darauf? Eine solche Reaktion beweist nur, dass das, was ich sage, letztlich als aktuell betrachtet wird. Sie können es in die Sowjetunion oder in ein westliches Land verlegen, darauf kommt es nicht an, das ist Ihre Sache. Ich dagegen bemühe mich zu zeigen, wie sehr es sich um historische, in einer bestimmten Epoche situierte Probleme handelt.

Davon abgesehen glaube ich allerdings, dass die Techniken der Macht im Laufe der Geschichte übertragbar sind, von der Armee zur Schule und so weiter. Ihre Geschichte ist relativ autonom gegenüber der Entwicklung der ökonomischen Prozesse. Denken Sie an die Techniken, die in den Sklavenkolonien in Lateinamerika eingesetzt wurden und die man im Frankreich oder im England des neunzehnten Jahrhunderts wiederfinden kann. Es besteht also eine relative, keine absolute Autonomie der Machttechniken. Aber ich habe niemals behauptet, dass ein Machtmechanismus genüge, um eine Gesellschaft hinreichend zu charakterisieren.

Die Konzentrationslager? Man sagt, sie seien eine englische Erfindung; aber das heißt nicht und legitimiert nicht die Behauptung, England sei ein totalitäres Land. Wenn es in der europäischen Geschichte ein Land gibt, das nicht totalitär war, dann gerade England. Aber es hat die Konzentrationslager erfunden, die eines der wichtigsten Instrumente der totalitären Regimes waren. Da haben Sie ein Beispiel für eine Übertragung von Machttechniken. Aber ich habe nie gesagt und nie auch nur mit dem Gedanken gespielt, die Existenz von Konzentrationslagern in demokratischen wie in totalitären Ländern könne bedeuten, es gebe zwischen diesen und jenen keine Unterschiede.

– *Einverstanden. Aber denken Sie einen Augenblick an die politische Funktionalisierung, an die Rückwirkungen Ihres Diskurses auf die Bildung des gesunden Menschenverstandes. Führt nicht vielleicht die strenge, aber derart begrenzte Analyse der Technologien der Macht zu einer Art »Indifferentismus« gegenüber den Werten, den großen Entscheidungen zwischen den verschiedenen politischen und sozialen Systemen unserer Zeit?*

– Es gibt eine gewisse Tendenz, ein bestimmtes politisches Regime im Namen der Prinzipien, von denen es sich leiten lässt, von allem freizusprechen, was es zu tun imstande ist. Die Demokratie oder vielmehr ein bestimmter, im neunzehnten Jahrhundert entstandener Liberalismus hat Techniken extremen Zwangs entwickelt, die gewissermaßen das Gegengewicht zu der ansonsten eingeräumten ökonomischen und sozialen Freiheit bildeten. Natürlich konnte man die Individuen nicht befreien, ohne sie zu dressieren. Ich sehe nicht, wieso man die Besonderheit einer Demokratie verkennen sollte, wenn man sagt, wie und warum sie diese Techniken brauchte. Dass diese Techniken von Regimes totalitären Typs vereinnahmt wurden, die sie in einer bestimmten Weise einsetzten, ist möglich und führt nicht dazu, den Unterschied zwischen den beiden Regimes zu nivellieren. Man kann nicht von einem Unterschied der Werte sprechen, wenn dieser sich nicht in einer analysierbaren Differenz äußert. Es geht nicht, zu sagen: »Dies ist besser als jenes«, wenn man nicht sagt, worin dies besteht und worin jenes.

Als Intellektueller will ich weder Prophezeiungen machen noch den Moralisten spielen und verkünden, die westlichen Länder seien besser als die des Ostens oder dergleichen. Die Leute sind politisch und moralisch erwachsen geworden. Es ist ihre Sache, individuell und kollektiv eine Wahl zu treffen. Es ist wichtig zu sagen, wie ein bestimmtes Regime funktioniert, worin es besteht, und eine ganze Reihe von Manipulationen und Mystifikationen zu verhindern. Aber die Wahl müssen die Leute selbst treffen.

– *Vor zwei oder drei Jahren hat sich die Mode der »neuen Philosophen« in Frankreich ausgebreitet: eine kulturelle Strömung, die man mit einem Wort vielleicht so charakterisieren könnte, dass sie sich auf einer Linie der Politikverweigerung ansiedelt. Wie standen Sie zu ihnen? Wie beurteilten Sie sie?*

– Ich weiß nicht, was die neuen Philosophen vertreten. Ich habe nicht viel von ihnen gelesen. Man schreibt ihnen die These zu, es gebe keinen Unterschied: Die Herren blieben immer die Herren, und wir säßen in der Falle, was auch immer geschehe. Ich weiß nicht, ob das wirklich ihre These ist. Jedenfalls ist es absolut nicht meine. Ich versuche, möglichst präzise und differenzierte Analysen vorzunehmen, um zu zeigen, wie sich die Dinge verändern, transformieren, verschieben.

Wenn ich die Machtmechanismen studiere, versuche ich sie in ihrer Spezifität zu studieren; nichts ist mir fremder als der Gedanke eines Herrn, der Ihnen sein eigenes Gesetz aufzwingt. Ich akzeptiere weder die Vorstellung der Herrschaft noch der Universalität des Gesetzes. Ich bin vielmehr bestrebt, Mechanismen der effektiven Machtausübung zu erfassen; und ich tue es, weil diejenigen, die in diese Machtbeziehungen eingebunden sind, die in sie verwickelt sind, in ihrem Handeln, in ihrem Widerstand und in ihrer Rebellion diesen Machtbeziehungen entkommen können, sie transformieren können, kurz, ihnen nicht mehr unterworfen sein müssen. Und wenn ich nicht sage, was zu tun ist, so nicht, weil ich glaubte, es gebe nichts zu tun. Im Gegenteil, ich denke, dass es tausend Dinge zu tun, zu erfinden, zu planen gibt von denen, die – in Kenntnis der Machtbeziehungen, in die sie verwickelt sind – beschlossen haben, ihnen zu widerstehen oder ihnen zu entkommen. So gesehen beruht meine gesamte Forschung auf dem Postulat eines unbedingten Optimismus. Ich unternehme meine Analysen nicht, um zu sagen: Seht, die Dinge stehen so und so, ihr sitzt in der Falle. Sondern weil ich meine, dass das, was ich sage, geeignet ist, die Dinge zu ändern. Ich sage alles, was ich sage, damit es nützt.

– *Ich möchte Sie jetzt an den Inhalt eines Briefes erinnern, den Sie am 1. Dezember 1978 an L'Unità geschickt haben; Sie äußern darin vor allem Ihre Bereitschaft zu einer Begegnung und einer Diskussion mit italienischen kommunistischen Intellektuellen über eine ganze Reihe strittiger Fragen. Ich zitiere aus Ihrem Brief: »Funktionsweise der kapitalistischen und der kommunistischen Staaten, die Gesellschaftstypen, die diesen verschiedenen Ländern eigen sind, das Ergebnis der revolutionären Bewegungen in der Welt, die Organisation der Strategie der Parteien in Westeuropa, die Entwicklung der Repressionsapparate, die mehr oder weniger überall stattfindet, der Sicherheitsinstitutionen, das schwierige Verhältnis zwischen lokalen Kämpfen und globalen Einsätzen …« Eine solche Diskussion solle nicht polemisch sein und auch nicht dazu dienen, Gräben zwischen den Lagern und den Rednern aufzureißen, die Differenzen, die sie trennen, hervorzukehren und folglich die unterschiedlichen Dimensionen ihrer Forschung ins Licht zu rücken. Ich möchte Sie fragen, ob Sie den Sinn Ihres Vorschlags präzisieren könnten.*

– Es handelt sich um Themenvorschläge als Grundlage einer möglichen Diskussion. Mir scheint in der Tat, dass sich hinter der gegenwärtigen ökonomischen Krise und den großen Gegensätzen und Konflikten, die zwischen reichen und armen Nationen (industrialisierten und nichtindustrialisierten Ländern) absehbar werden, eine Krise der Regierung abzeichnet. Unter Regierung verstehe ich die Gesamtheit der Institutionen und Praktiken, mittels deren man die Menschen lenkt, von der Verwaltung bis zur Erziehung. Diese Gesamtheit von Prozeduren, Techniken, Methoden, welche die Lenkung der Menschen untereinander gewährleisten, scheint mir heute in die Krise geraten zu sein, und zwar sowohl in der westlichen wie in der sozialistischen Welt. Auch dort empfinden die Leute die Weise, wie man sie lenkt, immer unbehaglicher, schwieriger, unerträglicher. Dieses Phänomen äußert sich in Formen des Widerstands, manchmal der Revolte, und richtet sich auf Fragen, die ebenso wohl alltägliche Dinge wie große Entscheidungen betreffen: den Bau von Atomfabriken oder die Einordnung der Leute in einen ökonomisch-politischen Block, in dem sie sich nicht wiedererkennen. Ich glaube, dass man in der Geschichte des Abendlands eine Periode finden kann, die der unseren ähnelt, auch wenn sich die Dinge natürlich nicht wiederholen, nicht einmal die Tragödien in Form der Komödie: nämlich das Ende des Mittelalters. Vom fünfzehnten zum sechzehnten Jahrhundert bemerkt man eine völlige Reorganisation der Regierung der Menschen, jenen Aufruhr, der zum Protestantismus geführt hat, zur Bildung der großen Nationalstaaten, zur Konstitution der autoritären Monarchien, zur Verteilung der Territorien unter der Autorität der Verwaltungen, zur Gegenreformation, zu der neuen weltlichen Präsenz der katholischen Kirche. All das war gewissermaßen eine große Umgestaltung der Art und Weise, wie die Menschen regiert wurden, sowohl in ihren individuellen wie in ihren sozialen, politischen Beziehungen. Mir scheint, dass wir uns erneut in einer Krise der Regierung befinden. Sämtliche Prozeduren, mit denen die Menschen einander führen, sind erneut in Frage gestellt worden, natürlich nicht von denen, die die Führung innehaben, die regieren, selbst wenn sie nicht umhinkönnen, die Schwierigkeiten zur Kenntnis zu nehmen. Wir stehen vielleicht am Beginn einer großen krisenhaften Neueinschätzung des Problems der Regierung.

[…]

*Übersetzt von Horst Brühmann*

# Der maskierte Philosoph

»Le philosophe masqué«, Gespräch mit C. Delacampagne, Februar 1980, in: *Le Monde*, Nr. 10.945, 6. April 1980: *Le Monde-Dimanche*, S. I und XVII.

Im Januar 1980 bat Christian Delacampagne Michel Foucault um ein großes Interview für *Le Monde*, dessen Hauptteil der Diskussion von Ideen gewidmet sein sollte. M. Foucault willigte sogleich ein, stellte aber die Bedingung, dass dieses Gespräch anonym erschien, sein Name also ungenannt bleiben sollte und alle Hinweise, die eine Identifizierung ermöglichen konnten, getilgt würden. M. Foucault begründete diese Forderung mit dem Hinweis, die intellektuelle Szene sei zum Spielball der Medien geworden, die Stars seien wichtiger als die Idee, auf die Gedanken komme es gar nicht mehr an, und was gesagt werde, zähle weniger als die Person dessen, der etwas sagt. Und selbst solch eine Kritik an der Vereinnahmung durch die Medien laufe Gefahr, entwertet zu werten – nämlich zu stärken, was sie beklagt –, wenn sie von jemandem geäußert wird, der, ohne es zu wollen, schon seinen Platz in den Medien hat, wie es bei M. Foucault der Fall war. Wer dieser Pervertierung entgegentreten und einem Gedanken ganz unabhängig von der Frage, wer ihn vorträgt, Gehör verschaffen wolle, der müsse beschließen, anonym zu bleiben. Die Idee gefiel C. Delacampagne. Man kam überein, das Gespräch als Interview mit einem »maskierten Philosophen« auszuweisen, dessen Identität im Unklaren blieb. Nun mussten sie nur noch *Le Monde* überzeugen – die ein Interview mit M. Foucault haben wollte –, sich mit einem Text zu begnügen, der von einem »Niemand« stammte. Das war nicht leicht, aber Foucault zeigte sich unnachgiebig.

Das Geheimnis blieb bis zu Foucaults Tod gewahrt. Offenbar gelang es nur wenigen, dahinterzukommen. Später veröffentlichten *Le Monde* und *La Découverte* dieses Gespräch zusammen mit anderen Interviews aus derselben Reihe in Buchform. Wie so oft in solchen Fällen beschloss *Le Monde* einseitig, den wahren Namen des »maskierten Philosophen« zu enthüllen. Der Text des Gesprächs geht vollständig auf Michel Foucault zurück, der sogar die Fragen gemeinsam mit C. Delacampagne formulierte und seine Antworten mit größter Sorgfalt überarbeitete.

*C. Delacampagne:* Zunächst möchte ich Sie fragen, warum Sie anonym bleiben wollen.

*M. Foucault:* Sie kennen doch sicher die Geschichte von den Psychologen, die in einem Dorf im tiefsten Afrika einen kurzen Testfilm vorführten. Anschließend baten sie die Zuschauer, die

Geschichte so zu erzählen, wie sie sie wahrgenommen hatten. An der ganzen Story, an der drei Personen beteiligt waren, hatte sie nur eines interessiert: wie Licht und Schatten über die Bäume strichen.

Bei uns stehen Personen im Mittelpunkt der Wahrnehmung. Unsere Augen heften sich mit Vorliebe auf die Figuren, die kommen und gehen, auftauchen und verschwinden.

Warum habe ich Ihnen vorgeschlagen, das Gespräch anonym zu veröffentlichen? Aus wehmütiger Erinnerung an die Zeit, als ich noch unbekannt war und die Dinge, die ich sagte, noch eine Chance hatten, verstanden zu werden. Die Berührungsfläche zum späteren Leser war faltenlos. Das Buch entfaltete an ganz unerwarteten Orten Wirkungen und zeichnete Formen, an die ich nie gedacht hatte. Der Name tut nichts zur Sache.

Ich möchte hier ein Spiel vorschlagen: das Spiel des »Jahres ohne Namen«. Ein Jahr lang werden alle Bücher ohne Angabe der Autoren veröffentlicht. Die Kritik müsste sich an einer vollkommen anonymen Produktion abmühen. Aber vielleicht hätten die Kritiker dann gar nichts zu tun, weil alle Autoren mit der Veröffentlichung ihrer Bücher bis zum nächsten Jahr warteten …

*C. Delacampagne:* Finden Sie, dass die Intellektuellen von heute zu viel reden? Dass sie uns ihre Meinung zu jedem Thema aufdrängen und meist noch am Thema vorbeireden?

*M. Foucault:* Ich finde die Bezeichnung »Intellektueller« merkwürdig. Ich bin noch nie einem Intellektuellen begegnet. Ich habe Leute getroffen, die Romane schreiben, und Leute, die Kranke pflegen. Leute, die ökonomische Forschung betreiben, und solche, die elektronische Musik komponieren. Ich habe Leute getroffen, die lehren, und Leute, die malen, und Leute, von denen ich nicht recht verstand, was sie taten. Aber Intellektuelle habe ich noch nie getroffen.

Dagegen bin ich vielen Leuten begegnet, die von Intellektuellen reden. Und aus dem, was sie sagten, habe ich mir ein Bild von diesem sonderbaren Tier gemacht. Die Sache ist ganz einfach. Der Intellektuelle ist der Schuldige. Und zwar aus allen erdenklichen Gründen: weil er spricht, weil er schweigt, weil er nichts sagt, weil er sich überall einmischt … Kurz gesagt, der Intellektuelle ist der Urstoff des Schuldspruchs, des Schuldurteils, der Verdammung, des Ausschlusses …

Ich finde nicht, dass die Intellektuellen zu viel reden, denn in meinen Augen gibt es sie gar nicht. Aber das Gerede über die Intellektuellen finde ich ziemlich geisttötend und reichlich zweifelhaft.

Ich habe eine unangenehme Angewohnheit. Wenn die Leute so dahinreden, versuche ich mir vorzustellen, wie es wäre, wenn das Wirklichkeit würde. Wenn sie jemanden »kritisieren«, wenn sie seine Ideen »anprangern«, wenn sie »verurteilen«, was er sagt, dann stelle ich mir vor, diese Leute hätten tatsächlich einmal alle Macht über den so Kritisierten. Und ich nehme die von ihnen benutzten Ausdrücke in ihrer ursprünglichen, wörtlichen Bedeutung: »Zugrunderichten«, »Abschlachten«, »Zum Schweigen bringen«, »Begraben«. Dann sehe ich die strahlende Stadt vor mir, in der die Intellektuellen ins Gefängnis geworfen und aufgehängt werden, vor allem, wenn es sich um Theoretiker handelt. Gewiss, wir leben nicht in einer Weltgegend, in der man die Intellektuellen auf die Reisfelder schickt. Aber Sie haben doch sicher schon einmal von einem gewissen Toni Negri gehört?[1] Befindet der sich nicht im Gefängnis, weil er ein Intellektueller ist?

*C. Delacampagne:* Aber was veranlasst Sie nun, in die Anonymität zu flüchten? Der Gebrauch, den manche Philosophen heute in den Medien von ihrem Namen machen oder machen lassen?

*M. Foucault:* Das schreckt mich nicht. Auf den Fluren meines Gymnasiums habe ich früher die Gipsbüsten großer Männer gesehen. Und heute sehe ich unten auf der Seite der Zeitungen ein Foto des Denkers. Ich weiß nicht, ob die Ästhetik besser geworden ist. Die ökonomische Rationalität allemal …

Mich berührt sehr ein Brief, den Kant geschrieben hat, als er schon recht alt war. Darin heißt es, er beeile sich gegen das vorrückende Alter, die abnehmende Sehkraft und das schwindende Vorstellungsvermögen ein Buch noch vor der Buchmesse in Leipzig abzuschließen. Ich erzähle das, um zu zeigen, dass solche Dinge gar keine Bedeutung haben. Ob Reklame in den Medien

1 Italienischer Philosoph, Professor an der Universität Padua, Vordenker der linksextremen Arbeiterautonomie. Verbrachte wegen bewaffneten Aufstands gegen den Staat, subversiver Tätigkeit und Bildung bewaffneter Banden vier Jahre und drei Monate in Vorbeugehaft. Wurde am 8. Juli 1983 freigelassen, nachdem er als radikaler Abgeordneter ins Parlament gewählt worden war. Als das Parlament seine Immunität aufhob, wurde erneut Haftbefehl gegen ihn erlassen, und er flüchtete nach Frankreich. Nach seiner Rückkehr nach Italien 1997 wurde er in Haft genommen; derzeit ist er Freigänger des Gefängnisses Rebibbia in Rom.

oder Buchmesse, das Buch ist etwas anderes. Man wird mich nie glauben machen, ein Buch sei schlecht, weil sein Autor nicht im Fernsehen zu sehen war. Aber auch nicht, dass es allein deshalb schon gut wäre.

Ich habe mich nicht für die Anonymität entschieden, um diesen oder jenen zu kritisieren. So etwas tue ich nie. Ich möchte anonym bleiben, weil ich mich auf diese Weise unmittelbarer an den Leser wenden kann, die einzige Person, die mich hier interessiert. »Da du nicht weißt, wer ich bin, wirst du nicht in Versuchung kommen, nach den Gründen zu fragen, weshalb ich sage, was ich hier sage. Sage du dir einfach: Das ist wahr, das ist falsch. Das gefällt mir, das gefällt mir nicht. Ein Punkt, mehr nicht.«

*C. Delacampagne:* Aber erwartet das Publikum nicht, dass die Kritik ihr eine präzise Einschätzung des Werts eines Werkes liefert?

*M. Foucault:* Ich weiß nicht, ob das Publikum erwartet, dass Kritiker über Werke oder Autoren urteilen. Ich denke, die Richter waren da, bevor es sagen konnte, was es will.

Ich glaube, Courbet hatte einen Freund, der eines Nachts aufwachte und schrie: »Urteilen, ich will urteilen.« Es ist verrückt, dass die Menschen so gerne urteilen. Überall wird ständig geurteilt. Ohne Zweifel gehört das Urteilen zu den einfachsten Dingen, die den Menschen gegeben sind. Und der letzte Mensch wird sich, wenn die letzte Strahlung endlich seinen letzten Feind in Asche verwandelt hat, hinter einen wackligen Tisch setzen, um dem Schuldigen den Prozess zu machen.

Ich kann mir nicht helfen, aber ich stelle mir eine Kritik vor, die nicht zu urteilen versucht, sondern einem Werk, einem Buch, einem Satz, einer Idee zum Dasein verhilft; die ein Licht entzündet, dem Gras beim Wachsen zusieht, dem Wind lauscht und den Schaum im Fluge ergreift, um ihn zu zerstreuen. Sie vermehrte nicht Urteile, sondern Zeichen des Daseins; sie riefe sie und weckte sie aus ihrem Schlaf. Und falls sie solche Zeichen gelegentlich erfände – umso besser. Die auf Urteilssprüche fixierte Kritik langweilt mich. Ich wünschte mir eine vor Fantasie sprühende Kritik. Sie wäre nicht souverän und kleidete sich nicht in rote Roben. Sie trüge den Blitz möglicher Gewitterstürme.

*C. Delacampagne:* Es gibt so viel Wissenswertes und so viele interessante Arbeiten, dass die Medien ständig über Philosophie sprechen sollten …

*M. Foucault:* Natürlich besteht von jeher ein unglückliches Verhältnis zwischen der »Kritik« und denen, die Bücher schreiben. Die einen fühlen sich nicht richtig verstanden, und die anderen meinen, man wolle ihnen ans Leder. Aber so ist nun einmal das Spiel.

Ich glaube, wir befinden uns heute in einer ganz besonderen Situation. Wir haben Mangelinstitutionen, obwohl wir im Überfluss leben.

Wir kennen alle die Übertreibungen, die heute die Veröffentlichung (oder Wiederveröffentlichung) von Werken begleiten, welche ansonsten durchaus interessant sein mögen. Sie sind nie etwas Geringeres als der »Umsturz aller Codes«, das »Gegenteil der zeitgenössischen Kultur«, die »radikale Infragestellung all unserer Denkweisen«. Ihr Autor muss eine verkannte Randfigur sein.

Umgekehrt werden die anderen natürlich in eine Dunkelheit verwiesen, aus der sie nie hätten hervortreten sollen. Sie waren nur die Schaumkrone einer »kurzlebigen Mode«, das bloße Produkt der Institution usw.

Man sagt, das sei eine oberflächliche Erscheinung, wie sie typisch für Paris ist. Ich sehe darin eher die Folge einer tief greifenden Verunsicherung. Des Gefühls »kein Platz«, »er oder ich«, »jeder für sich«. Man steht Schlange, weil der Ort, an dem man hören und sich Gehör verschaffen kann, extrem eng ist.

Daraus resultiert eine Angst, die sich in zahlreichen lustigen und weniger lustigen Symptomen äußert. Etwa das Ohnmachtsgefühl der Schreibenden gegenüber den Medien, denen sie vorwerfen, die Welt der Bücher zu beherrschen und zum Durchbruch zu verhelfen, was ihnen gefällt, oder verschwinden zu lassen, was ihnen missfällt. Oder das Gefühl der Kritiker, kein Gehör zu finden, wenn sie nicht lautstark auftreten und jede Woche ein Kaninchen aus dem Hut zaubern. Oder die Pseudopolitisierung, die vorgibt, den »ideologischen Kampf« führen oder »gefährliche Ideen« entlarven zu müssen, aber unter dieser Maske nur die Angst verbirgt, nicht gelesen oder gehört zu werden. Oder die krankhafte Angst vor der Macht: Wer schreibt, übt eine beunruhigende Macht aus, der man ein Ende oder zumindest Grenzen setzen muss. Oder auch die wie eine Beschwörungsformel wiederholte Behauptung, heute sei alles leer, trostlos, uninteressant und unwichtig. Sie stammt offensichtlich von Leuten, die selbst nichts tun und deshalb meinen, auch alle anderen seien überflüssig.

*C. Delacampagne:* Aber glauben Sie nicht auch, dass es unserer Zeit tatsächlich an Geistern fehlt, die auf der Höhe der heutigen Probleme stehen, und an großen Schriftstellern?

*M. Foucault:* Nein, ich glaube nicht an das ständige Gerede von Dekadenz, nicht vorhandenen Schriftstellern, sterilem Denken, verbauten Horizonten und trübseligen Aussichten.

Ich glaube vielmehr an Überfluss. Wir leiden nicht unter Leere, sondern unter unzureichenden Mitteln, mit denen wir die Fülle des Geschehens denken könnten. Es gibt unzählige Dinge, die wir wissen sollten: wesentliche oder schreckliche, großartige oder lächerliche, große und kleine zugleich. Und dann gibt es da eine gewaltige Neugier, das Bedürfnis und den Wunsch nach Wissen. Immer wieder wird darüber geklagt, die Medien stopften die Köpfe der Leute voll. Darin liegt eine gewisse Misanthropie. Ich glaube dagegen, dass die Menschen reagieren. Je mehr man sie zu überzeugen versucht, desto mehr fragen sie. Der Geist ist kein weiches Wachs. Er ist eine reaktionsfähige Substanz. Und der Wunsch nach mehr, nach besserem, nach anderem Wissen wächst im selben Maß, wie die Köpfe vollgestopft werden.

Wenn Sie das zugeben und außerdem noch bedenken, dass an den Universitäten und anderswo zahllose Menschen ausgebildet werden, die als Vermittler zwischen dieser Vielzahl von Dingen und diesem Wissensdurst dienen können, wird Ihnen rasch klar, wie absurd die Arbeitslosigkeit der Hochschulabsolventen ist. In Wirklichkeit geht es darum, die Zahl der Kanäle, Brücken und Kommunikationsmittel, der Radio- und Fernsehsender, der Zeitungen und Zeitschriften noch zu vergrößern.

Die Neugier ist ein Laster, das nacheinander vom Christentum, von der Philosophie und sogar von einem bestimmten Wissenschaftsverständnis stigmatisiert wurde. Neugier wurde als etwas Nichtiges verstanden. Aber das Wort gefällt mir. Es lässt mich an etwas ganz anderes denken: an »Sorge« und »Sorgfalt«; an die Sorgfalt, die man auf die Dinge verwendet, die existieren oder existieren könnten; an ein geschärftes Gespür für die Wirklichkeit, die aber davor nicht in Bewegungslosigkeit verfällt; an die Bereitschaft, alles um uns herum als merkwürdig und einzigartig zu empfinden; an den Willen, uns von Vertrautem zu lösen und dieselben Dinge ganz anders zu sehen; an den brennenden Wunsch, zu erfassen, was vor sich geht und vor unseren Augen geschieht; an eine gewisse Nachlässigkeit gegenüber den traditionellen Hierarchien zwischen dem Wichtigen und dem Wesentlichen.

Ich träume von einem neuen Zeitalter der Neugier. Die technischen Möglichkeiten dazu haben wir. Der Wunsch ist vorhanden. Es gibt unendlich viel zu wissen. Und die für diese Arbeit nötigen Menschen sind ebenfalls da. Worunter leiden wir? An zu wenig: an zu engen, nahezu monopolistischen, unzureichenden Kanälen. Wir brauchen keinen Protektionismus, der »schlechte« Information hinderte, die »guten« zu überschwemmen und zu erdrücken. Wir müssen vielmehr die Wege und Möglichkeiten des Austauschs vermehren. Wir brauchen keinen Colbertismus auf diesem Gebiet. Das bedeutet keineswegs Gleichmacherei und Nivellierung auf niedrigem Niveau, wie oft behauptet wird, sondern Differenzierung und ein Nebeneinander unterschiedlicher Netzwerke.

*C. Delacampagne:* Ich stelle mir vor, auf dieser Ebene könnten die Medien und die Universität einander eines Tages ergänzen, statt gegeneinanderzuarbeiten.

*M. Foucault:* Erinnern Sie sich an den wunderbaren Ausspruch von Sylvain Lévi: Man lehrt, wenn man einen Hörer hat. Sind es zwei, handelt es sich um Vulgarisierung. Bücher, Universität und Fachzeitschriften sind gleichfalls Medien. Wir sollten uns hüten, nur solche Informationskanäle als Medien zu bezeichnen, zu denen wir keinen Zugang haben können oder wollen. Entscheidend ist die Frage, ob wir eine Schutzzone, einen »Kulturpark« für die gefährdeten Arten unter den Wissenschaftlern einrichten sollen, die von den großen Raubvögeln der Information bedroht werden, während der ganze übrige Raum ein riesiger Markt für Schund wäre. Solch eine Aufteilung scheint mir nicht der Realität zu entsprechen. Und vor allem scheint sie mir nicht wünschenswert zu sein. Für eine nützliche Differenzierung wäre solch eine Aufteilung schädlich.

*C. Delacampagne:* Wagen wir doch ein paar konkrete Vorschläge. Wenn alles im Argen liegt, wo sollen wir dann anfangen?

*M. Foucault:* Aber nein, es liegt nicht alles im Argen. Jedenfalls meine ich, dürfen wir nützliche Kritik an den Dingen nicht mit Jeremiaden gegen Personen verwechseln. Konkrete Vorschläge können nur als Spielmaterial wirken, falls man sich nicht zuvor zu einigen allgemeinen Grundsätzen bekennt. Vor allem aber darf das Recht auf Wissen nicht einem bestimmten Lebensalter und bestimmten Gruppen von Menschen vorbehalten bleiben. Vielmehr sollte man es ohne Ende und in vielfältigen Formen ausüben können.

*C. Delacampagne*: Ist diese Lust auf Wissen nicht auch etwas zweischneidig? Schließlich fragt sich, was die Leute denn mit all dem Wissen anfangen werden und wozu sie es nutzen können.

*M. Foucault:* Zu den Hauptfunktionen des Bildungswesens gehört neben der Bildung des Einzelnen die Bestimmung seiner gesellschaftlichen Stellung. Heute müsste man diese Funktion so ausgestalten, dass der Einzelne die Möglichkeit hat, sich nach seinen Wünschen zu verändern, und das ist nur möglich, wenn Bildung zu einem »permanenten« Angebot wird.

*C. Delacampagne*: Letztlich wünschen Sie sich eine Wissensgesellschaft?

*M. Foucault:* Ich sage, die Verbindung der Menschen zur Bildung sollte so dauerhaft und vielfältig wie möglich sein. Es darf nicht auf der einen Seite die Ausbildung geben, die man erfährt, und auf der anderen die Information, der man ausgeliefert ist.

*C. Delacampagne:* Was wird in dieser Wissensgesellschaft aus der ewigen Philosophie? Ist da überhaupt noch Bedarf für sie, für ihre Fragen, die ohne Antwort bleiben, und für ihr Schweigen angesichts des Unerkennbaren?

*M. Foucault:* Was ist denn Philosophie anderes als Nachdenken, und zwar nicht so sehr über Wahres und Falsches, sondern über unser Verhältnis zur Wahrheit? Oft wird geklagt, es gäbe in Frankreich keine herrschende Philosophie. Umso besser. Es gibt keine herrschende Philosophie, wohl aber eine Philosophie oder eher noch Philosophien in Aktion. Die Bewegung, in der wir uns nicht ohne tastende Versuche, Träume und Illusionen von dem lösen, was als wahr gilt, und nach anderen Spielregeln suchen – diese Bewegung ist Philosophie. Die Verschiebung und Transformation des Denkrahmens, die Veränderung der überkommenen Werte, die ganzen Bemühungen, anders zu denken, zu handeln und zu sein – all das ist Philosophie. So gesehen waren die letzten drei Jahrzehnte von intensiven philosophischen Aktivitäten geprägt. Es bestand durchgängig eine ganz beträchtliche Wechselwirkung zwischen Analyse, Forschung, »wissenschaftlicher« oder »theoretischer« Kritik und den Veränderungen im realen Verhalten der Menschen, ihrer Art zu sein, ihrem Verhältnis zu sich selbst und zu den anderen.

Ich habe eben gesagt, die Philosophie sei eine Form des Nachdenkens über unser Verhältnis zur Wahrheit. Das wäre zu ergänzen, denn sie fragt zugleich auch: Wenn das unser Verhältnis zur Wahrheit ist, wie müssen wir uns dann verhalten? Ich glaube, es gab und gibt immer noch beträchtliche und vielfältige Bemühungen, die unser Verhältnis zur Wahrheit und zugleich auch unser Verhalten verändern. Und das im komplexen Zusammenwirken einer ganzen Reihe von Forschungen und einer ganzen Reihe sozialer Bewegungen. Genau das ist lebendige Philosophie.

Man versteht ja, dass manche sich über die heutige Leere beklagen und sich im Reich der Ideen ein wenig Monarchie wünschen. Aber wer einmal in seinem Leben einen neuen Ton gefunden hat, eine neue Sichtweise, einen neuen Weg, etwas zu tun, der wird, glaube ich, niemals mehr das Bedürfnis verspüren, darüber zu lamentieren, dass die Welt ein Irrtum und die Geschichte voller inexistenter Dinge sei. Es ist an der Zeit, dass die anderen schweigen, damit wir ihre Missfallensbekundungen nicht mehr hören müssen.

*Übersetzt von Michael Bischoff*

# Strukturalismus und Poststrukturalismus
[Auszug]

»Structuralism and Post-Structuralism« (»Structuralisme et poststructuralisme«; Gespräch mit G. Raulet), in: *Telos*, Bd. XVI, Nr. 55, Frühjahr 1983, S. 195-211.

*M. Foucault:* [...] Ich glaube, dass man in Frankreich folgende Situation berücksichtigen muss: Es gab in Frankreich bis in die fünfziger Jahre zwei Kreise des Denkens, die praktisch, wenn nicht einander fremd, zumindest voneinander unabhängig waren: auf der einen Seite das, was ich einen universitären Kreis oder akademischen Kreis nennen würde, einen Kreis des wissenschaftlichen Denkens, und dann auf der anderen Seite der Kreis des offenen Denkens oder des gängigen Denkens; wenn ich sage »gängig«, will ich ganz und gar nicht sagen, dass es zwangsläufig von schlechter Qualität ist. Ein universitäres Buch, eine Dissertation, eine Vorlesung jedoch waren Dinge, die in den Universitätsverlagen verblieben, universitären Lesern zur Verfügung standen und außer auf die Universitäten kaum Einfluss hatten. Es hat den Sonderfall Bergson gegeben; das war eine Ausnahme. Seit der Nachkriegszeit – und dabei hat zweifellos der Existentialismus eine Rolle gespielt – hat man Denkarten gesehen, die universitären Ursprungs, zutiefst in der Universität verwurzelt waren – denn schließlich, die Verwurzelung von Sartre, das ist Husserl und das ist Heidegger, die keine öffentlichen Tanzdamen waren – und die sich an einen viel größeren Kreis als nur an das universitäre Publikum wandten. Nun ist dieses Phänomen, selbst wenn es in Frankreich keinen mehr von der Dimension Sartres gibt, um es durchzuführen, demokratisiert worden. Sartre allein oder vielleicht Sartre und Merleau-Ponty konnten das machen, und dann ist das ein wenig für alle erreichbar geworden, aus einer gewissen Anzahl von Gründen, darunter als Erstes die Neuausrichtung der Universität, die Vervielfachung der Zahl der Studenten und der Professoren, die am Ende eine Art soziale Masse darstellten, die Neuausrichtung der internen Strukturen und eine Erweiterung des universitären Publikums, und auch die größere Verbreitung – was weit davon entfernt ist, ein negatives Phänomen zu sein – der Kultur. Das kulturelle Durchschnittsniveau der Bevölkerung ist dennoch beträchtlich angehoben worden, und, man mag dazu sagen, was man will, eine große Rolle spielt das Fernsehen: Die Leute lernen, dass es eine neue Geschichte gibt, usw. Nehmen wir noch all die politischen Phänomene, Gruppen und Bewegungen hinzu, die innerhalb und außerhalb der Universität sich darum kümmern. All das hat der universitären Arbeit ein Echo gegeben, das sehr weit über die universitäre Institution oder auch die Gruppe der spezialisierten, professionellen Intellektuellen hinausging. In Frankreich ist aktuell ein bezeichnendes Phänomen zu konstatieren: Wir haben fast keine auf Philosophie spezialisierten Zeitschriften mehr, oder sie sind fast gleich null. Wenn man etwas schreiben will, wo schreibt man, kann man es schreiben? Letztlich kann es einem nur in den Wochenschriften mit hoher Auflage oder den Zeitschriften von allgemeinem Interesse gelingen, etwas unterzubringen. Das ist ein sehr wichtiges Phänomen. Nun kommt es jedoch dazu, was in Situationen wie dieser hier fatal ist, dass ein etwas anspruchsvollerer Diskurs, statt durch eine zusätzliche Arbeit fortgesetzt zu werden, die ihn als Echo oder als Kritik vervollkommnet, diffiziler macht und verfeinert, im Gegenteil das Echo von unten her erfährt; und Schritt für Schritt, vom Büchlein zum Artikel, vom Artikel auf Papier für die Zeitungen, und von den Zeitungen zum Fernsehen bringt man es fertig, ein Buch, eine Arbeit, ein Problem in Schlagworten zusammenzufassen. Die Verantwortung für diesen Übergang von der philosophischen Frage zum Schlagwort, für diese Verwandlung der Frage des Marxismus, die zum »Der Marxismus ist am Ende« wird, darf man nicht diesem oder jenem zuschreiben; man nimmt vielmehr die Rutschbahn wahr, auf der das philosophische Denken oder die philosophische Frage sich so in einen gängigen Verbrauchsstoff verwandelt; während es einst zwei verschiedene Kreise gab, und der institutionelle Kreis, der seine Schattenseiten hatte – seine Geschlossenheit, seinen Dogmatismus, seinen Akademismus –, zwar nicht alle Verderbnisse vermeiden konnte, aber einen weniger großen Verlust erlitt; die Tendenz zur Entropie war geringer, während sich jetzt die Entropie mit erstaunlicher Schnelligkeit vollendet. Ich könnte persönliche Beispiele geben: Es hat fünfzehn Jahre gebraucht, bis man mein Buch über den Wahnsinn in ein Schlagwort verwandelt hatte: »Alle Verrückten wurden im 18. Jahrhundert eingesperrt«, aber es hat nicht einmal fünfzehn Monate, sondern drei Wochen gebraucht, um mein Buch über den Willen zum Wissen in dieses Schlagwort zu verwandeln: »Die Sexualität ist niemals unterdrückt worden.« Ich habe in meiner eigenen Erfahrung die Beschleunigung dieses Phänomens der Entropie in einem für das philosophische Denken abscheulichen Sinne gesehen, aber man muss sich auch sagen, dass das denen, die schreiben, eine noch größere Verantwortung gibt.

[...]

*Übersetzt von Hans-Dieter Gondek*

# Coda

# Pierre Boulez, der durchstoßene Schirm

»Pierre Boulez, l'écran traversé«, in: M. Colin und J.-P. Markovits (Hg.), *Dix ans et après. Album souvenir du festival d'automne*, Paris 1982, S. 232-236.

Sie fragen mich, wie es war, durch Zufall oder dank des Privilegs einer Freundschaft ein wenig von dem mitbekommen zu haben, was sich vor nun fast dreißig Jahren in der Musik getan hat. Ich war damals nur ein Passant, der aus Zuneigung, Neugier oder einer gewissen Verwirrung heraus stehen blieb und das seltsame Gefühl hatte, etwas mitzuerleben, dessen Zeitgenosse zu sein ich kaum die Fähigkeit hatte. Es war ein glücklicher Zufall, denn die Musik war damals noch frei von Diskursen, die von außen kamen.

Die Malerei dieser Zeit machte von sich reden. Zumindest glaubten Ästhetik, Philosophie, Reflexion, Geschmack – und wenn ich mich recht erinnere, auch die Politik – damals das Recht zu haben, etwas darüber zu sagen, und man tat es, als handelte es sich um eine Pflicht: Piero della Francesca, die Venezianer, Cézanne oder Braque. Die Musik war dagegen durch ein Schweigen geschützt, das ihre Vermessenheit deckte. Eine der größten Veränderungen in der Kunst des 20. Jahrhunderts blieb so von Denkformen unberührt, in denen uns einzurichten wir damals Gefahr liefen.

Ich bin heute ebenso wenig fähig, über Musik zu sprechen, wie damals. Ich weiß nur eines: Weil ich, meist durch Vermittlung eines anderen, ahnte, was bei Boulez geschah, war es mir möglich, mich in jener Welt des Denkens fremd zu fühlen, aus der ich kam, der ich immer noch angehörte und die für mich wie für viele auch weiterhin ihre Überzeugungskraft besaß. Vielleicht war es besser so. Hätte ich diese Erfahrung verstanden, hätte ich womöglich einen Weg gefunden, sie in unangemessener Weise einzuordnen.

Man glaubt gerne, eine Kultur hänge stärker an ihren Inhalten als an ihren Formen, so dass die Formen sich leichter verändern, aufgeben oder neuerlich aufnehmen ließen. Nur der Sinn sei tief verwurzelt. Wer das meint, verkennt aber, welches Erstaunen oder auch welchen Hass es auslösen kann, wenn Formen sich auflösen oder neue Formen entstehen. Er verkennt, dass man mehr an der Art des Sehens, Sagens, Tuns oder Denkens hängt als an dem, was man sieht, denkt, sagt oder tut. Der Kampf der Formen ist im Westen ebenso heftig geführt worden wie der Kampf der Ideen oder Inhalte und vielleicht sogar noch heftiger. Doch im 20. Jahrhundert stellten die Dinge sich ganz anders dar. Nun machte man das »Formale«, die Reflexion über das System der Formen selbst zum Objekt. Und zu einem bemerkenswerten Objekt moralischer Vorwürfe, ästhetischer Debatten und politischer Auseinandersetzungen.

Boulez und der Musik in einer Zeit zu begegnen, als man die besondere Bedeutung des Sinns, des Erlebens, des Körperlichen, der ursprünglichen Erfahrung, der subjektiven Inhalte und der sozialen Bedeutungen lehrte, das hieß, das 20. Jahrhundert unter einem gar nicht vertrauten Blickwinkel zu betrachten: dem eines langen Kampfes um das »Formale«. Es hieß zu erkennen, dass die Arbeit am Formalen in Russland, in Deutschland, in Österreich, in Mitteleuropa über Musik, Malerei, Architektur oder Philosophie, Linguistik und Mythologie die alten Probleme ganz neu formuliert und die alten Denkweisen erschüttert hatte. Man könnte eine ganze Geschichte des Formalen im 20. Jahrhundert schreiben und dabei auszuloten versuchen, in welchem Maße es als verändernde, erneuernde Kraft und als Ort des Denkens jenseits der Bilder des »Formalismus« fungierte, hinter denen man es gerne versteckt hätte. Und man müsste auch seine diffizilen Beziehungen zur Politik aufzeigen. Wir dürfen nicht vergessen, dass es in stalinistischen oder faschistischen Ländern sogleich als feindliche Ideologie und verachtungswürdige Kunst abgetan wurde. Das Formale war der große Gegner der dogmatischen Akademismen und Parteilehren. Der Kampf um das Formale war eines der großen Merkmale der Kultur im 20. Jahrhundert.

Zugang zu Mallarmé, Klee, Char, Michaux wie auch später zu Cummings fand Boulez auf ganz geradem Wege, ohne jeden Umweg und ohne Vermittlung. Musiker gelangen oft zur Malerei,[1] Maler zur Poesie, Theaterschriftsteller zur Musik durch Vermittlung einer umfassenden Figur oder über eine Ästhetik mit universalisierender Funktion: Romantik, Expressionismus usw. Boulez ging dagegen direkt von einem Punkt zum anderen, von einer Erfahrung zur anderen, und zwar nicht aufgrund einer scheinbar idealen Verwandtschaft, sondern eines notwendigen Zusammentreffens.

1 [Aus »zur Musik« in der Druckvorlage korrigiert nach der französischen Ausgabe (*Dits et écrits* IV, S. 220) – A. d. Hg.]

In einem bestimmten Augenblick seiner Arbeit und weil ihn sein Weg an einen bestimmten Punkt geführt hatte (wobei dieser Punkt und dieser Augenblick gänzlich innerhalb der Musik lagen), kam es plötzlich zu einem Zusammentreffen, einer blitzartig aufscheinenden Nähe. Es wäre ganz sinnlos, danach zu fragen, welche gemeinsame Ästhetik oder welches analoge Weltbild hinter den beiden *Visage nuptial*, den beiden *Marteau sans maître* standen, dem von Char und dem von Boulez.[2] Es gab keine. Mit dem ersten Zusammentreffen begann eine Arbeit des einen am anderen. Die Musik arbeitete das Gedicht heraus, das wiederum die Musik herausarbeitete. Und diese Arbeit war gerade deshalb so präzise und verlangte eine so genaue Analyse, weil sie nicht auf eine vorgängige Zugehörigkeit vertraute.

Diese vom Zufall bestimmte und zugleich reflektierte Herstellung einer Korrelation war eine einzigartige Lektion gegen die Kategorien des Universellen. Es war kein Aufstieg zum höchsten Punkt, keine Suche nach dem möglichst umfassenden Standort, der das meiste Licht schenkt. Das lebendige Licht fällt seitwärts ein, als käme es durch eine Trennwand oder eine Mauer, als näherte man zwei Intensitäten einander an oder überbrückte eine Distanz mit einem einzigen Sprung. Den großen unscharfen Linien, die ein Gesicht verschwimmen lassen und die Kanten glätten, ist die präzise Abgrenzung vorzuziehen. Wer will, mag bedauern, dass hier nichts auf einem gemeinsamen Diskurs und einer Gesamttheorie basiert. In der Kunst wie im Denken rechtfertigt sich ein Zusammentreffen allein durch die neue Notwendigkeit, die dadurch geschaffen wird.

Boulez hatte ein intensives und kämpferisches Verhältnis zur Geschichte – und damit meine ich die Geschichte seiner eigenen Praxis. Für viele – und auch für mich – blieb er lange ein Rätsel. Boulez verachtete die Einstellung, die in der Vergangenheit ein festes Modul sucht, um es in der aktuellen Musik abzuwandeln. Eine »klassizistische« Einstellung nannte er das. Ebenso verachtete er jene »archaisierende« Einstellung, welche die aktuelle Musik zum Ausgangspunkt nimmt, um ihr die künstliche Jugend vergangener Elemente aufzupfropfen. Ich glaube, ihm ging es bei seiner

2 [R. Char, *Le Visage nuptial*, in: *Fureur et Mystère*, Paris 1949; dt. *Das bräutliche Antlitz*, Frankfurt am Main 1952; *Le Marteau sans maître*, Paris 1934 und 1945; dt. *Der herrenlose Hammer*, Stuttgart 2002.]

Aufmerksamkeit für die Geschichte darum, dass nichts darin fest bleibt, weder die Gegenwart noch die Vergangenheit. Er wollte, dass beide sich ständig gegeneinanderbewegen. Wenn er sich einem gegebenen Werk näherte, um dessen dynamisches Prinzip durch seine möglichst feingliedrige Dekomposition zu finden, versuchte er kein Monument zu schaffen. Er versuchte, es zu durchdringen, »auf die andere Seite zu gelangen«, es so zu zerlegen, dass es selbst sich in die Gegenwart hineinzubewegen vermochte. »Es wie einen Schirm durchbohren«, sagt er heute gern im Blick auf jenen Zerstörungsakt, durch den man – wie in *Les Paravents*[3] – selbst stirbt und auf die andere Seite des Todes zu gelangen vermag.

Dieses Verhältnis zur Geschichte hatte etwas Verwirrendes. Die darin vorausgesetzten Bedeutungen verwiesen nicht auf eine Polarität innerhalb der Zeit, auf Fortschritt oder Verfall, und sie definierten keine heiligen Orte. Sie markierten Intensitätspunkte, die zugleich Objekte notwendiger Reflexion waren. Die musikalische Analyse war die Form, die dieses Verhältnis zur Geschichte annahm – eine Analyse, die nicht die Anwendungsregeln einer kanonischen Form zu finden, sondern ein Prinzip vielfältiger Beziehungen zu entdecken versuchte. In dieser Praxis entwickelte sich ein Verhältnis zur Geschichte, das Anhäufungen missachtete und sich über Totalitäten lustig machte. Ihr Gesetz war eine gleichzeitige Veränderung der Vergangenheit und der Gegenwart, die beide entwickelt und dadurch zu beiden Distanz schafft.

Boulez hat nie die Auffassung vertreten, in der künstlerischen Praxis sei jeder Gedanke überflüssig, der nicht der Reflexion über die Regel einer Technik und über deren Funktionsweise gelte. Auch hat er Valéry kaum gemocht. Vom Denken erwartete er, dass es ihn immer wieder in die Lage versetzte, etwas anderes zu tun, als er gerade tat. Er erwartete, dass es ihm in dem so stark geregelten und reflektierten Spiel, das er spielte, einen neuen Freiraum eröffnete. Manche haben ihm technische Beliebigkeit vorgeworfen, andere ein Übermaß an Theorie. Doch entscheidend für ihn war es, die Praxis so zu denken, dass er ihren inneren Notwendigkeiten möglichst nahe kam, ohne sich ihnen zu beugen, als handelte es sich um unabweisbare Forderungen. Welche Rolle spielt nun das Denken in dem, was man tut, wenn es weder bloßes Know-how

3 [J. Genet, *Les Paravents*, Lyon 1961; dt. *Wände überall*, Hamburg 1960.]

noch reine Theorie sein soll? Boulez hat es gezeigt. Es soll die Kraft verleihen, die Regeln in dem Akt, der sie zur Anwendung bringt, zu brechen.

*Übersetzt von Michael Bischoff*

*Bernhard J. Dotzler*

# Nachwort

# Nachwort

Foucault war kein Medienwissenschaftler. Die Auswahl vorstehender Schriften und verschriftlichter mündlicher Äußerungen hat auch nicht zum Ziel, ihn nachträglich für diese ungewisse Disziplin zu vereinnahmen – so sehr ihre Ungewissheit, als Auszeichnung begriffen, ihm womöglich zugesagt hätte und jedenfalls dem intellektuellen Habitus seiner Hinterlassenschaft entspricht.

Foucault war Philosoph. Dies würdigt vorab der anstelle eines Vorworts ausgewählte Text: »Worüber denken die Philosophen nach?«[1]

Um aber nicht für einen jener Denker gehalten zu werden, die Wahrheit und immerwährende Gültigkeit, wo nicht gar Ewigkeit, miteinander verwechseln, weil im Gegenteil die Fährnisse und dadurch Ereignishaftigkeit der je und je verschiedenen wahren Erkenntnisse seine Sache war, bezeichnete er sich selbst immer wieder – lieber – als Historiker: »Von der Archäologie zur Dynastik« (S. 13-26), so lauteten Zentralbegriffe seiner Erkenntnisinteressen. Immerhin hatte man ihm am Collège de France einen »Lehrstuhl für die Geschichte der Denksysteme« eingerichtet. Aber kaum hatte er die Freiheit einer solchen Professur erlangt, nahm er sie sich auch sogleich und betätigte sich nicht nur als Journalist, etwa in Gestalt der von ihm so genannten »Ideenreportagen« (S. 273 f.), sondern bekannte sich auch für sein hauptberufliches Tun zu diesem Metier: »Ich betrachte mich als Journalisten, insoweit das, was mich interessiert, das Tagesgeschehen ist, das, was sich um uns herum abspielt, was wir selber sind, was in der Welt geschieht.«[2]

Was man ›die Medien‹ nennt, spielt deshalb eine durchaus zentrale Rolle in – bei näherem Hinsehen – erstaunlich weiten Teilen dessen, was Foucault sagte (*Dits*) und schrieb (*et Ecrits*). »In Wirklichkeit geht es darum, die Zahl der Kanäle, Brücken und Kommunikationsmittel, der Radio- und Fernsehsender, der Zeitungen

1 In diesem Band, S. 7-10. – Im Folgenden beziehen sich in Klammern gesetzte Seitenzahlen im Text und in den Fußnoten auf die vorliegende Auswahl.

2 »Die Welt ist eine große Anstalt« (1973), *Schriften* II, S. 541. – Angaben ohne Autor beziehen sich durchgängig auf Schriften Foucaults. Zur Sigle *Schriften* s. die ausführlichen Angaben unten bei den Nachweisen.

und Zeitschriften noch zu vergrößern« (S. 302), befindet er als (nun doch wieder) Philosoph, genauer: als der »maskierte Philosoph« (S. 297-305), der sein zu wollen er im Interview gleichen Titels vorgibt, wie häufig auf einen der Meisterdenker der philosophischen Tradition anspielend und aktualistisch, in diesem Fall nämlich auf eben die Medien bezogen, sie verfremdend, wo nicht parodierend zugleich. *Larvatus prodeo*, »maskiert trete ich auf die Bühne«, hatte sich kein geringerer als Descartes in seinen *Cogitationes privatae* zur Devise gemacht. Während aber Descartes mit seinen Schriften wie dem *Discours de la méthode* auf ein Philosophie und Wissenschaft systematisch neu begründendes Werk zielte, wollte Foucault – selbst oder gerade – als Begründer der Diskursanalyse nichts weniger, als dass ihm »ein Werk« nachgesagt werde, dem am Ende sogar methodisch-methodologische »Rezepte« zu entnehmen seien. »Die Verwendung eines Buches steht in enger Verbindung mit der Lust, die es bereiten kann, aber ich begreife das, was ich tue, überhaupt nicht als ein Werk«,[3] sagt er ums eine wie ums andere Mal: Keines seiner Bücher liefere »eine allgemeine Methode, die für andere oder für mich definitiv gültig wäre. Was ich geschrieben habe, sind keine Rezepte, weder für mich noch für sonst jemand. Es sind bestenfalls Werkzeuge – und Träume.«[4] Eine »experimentelle Haltung«,[5] eine »anspruchsvolle, vorsichtige, ›experimentelle‹ Haltung«[6] intendierten demgemäß sowohl die großen Abhandlungen Foucaults als auch seine Gelegenheitsäußerungen, die systematisierenden Vorträge ebenso wie die Miniaturen zu Wagner, Syberberg, Boulez und anderen, die Foucault in großer Zahl publizierte. Er wisse »genau«, welche Radio- oder Fernsehsendungen er gerne machen würde (S. 20), behauptet Foucault in einer zugleich selbstgewissen wie tentativen Weise in der besagten Selbstauskunft »Von der Archäologie zur Dynastik« über seine Arbeit – als Historiker.

Im selben Interview wird Foucault auf die Geschichte des Shogun angesprochen, die er drei Jahre zuvor in seiner Antrittsvorlesung am Collège de France teils nacherzählt, teils erfunden hatte.

3 »Auf dem Präsentierteller« (1975), *Schriften* II, S. 895 – wobei Foucault hier noch fortfährt: »Ich bin ein Händler von Instrumenten, ein Verfasser von Rezepten [...]«!

4 »Gespräch mit Ducio Trombadori« (1980), *Schriften* IV, S. 53.

5 »Was ist Aufklärung?« (1984), *Schriften* IV, S. 703.

6 »Politik und Ethik: ein Interview« (1984), *Schriften* IV, S. 717.

Woher, wollte der Shogun wissen, stammte die Machtüberlegenheit der Europäer? Sie verstünden sich auf Mathematik, lautete die Antwort. Also nahm der Shogun erstens den englischen Seefahrer William Adams bei sich in Gefangenschaft, ließ sich zweitens von diesem unterrichten und durchschaute drittens das Geheimnis des Abendlands als das einer Kultur, »in der Wissen und Macht tief miteinander verbunden sind« (S. 24). Mit seiner Inauguralvorlesung über *Die Ordnung des Diskurses* hatte Foucault erstmals die für ihn aus dieser Fabel resultierende Notwendigkeit der Verbindung einer, wie er jetzt erläutert, »Geschichte bestimmter Diskurstypen« mit einer »Analyse von Machtverhältnissen« (S. 18) skizziert und so den Boden für seine fortan dominante Stellung als Theoretiker der Macht bereitet. Ebenso – und konsequenter, als dies bislang unternommen worden ist – kann man aber in der Art, wie Foucault im Zeichen jener Koppelung den Diskurs fokussiert, auch eine Medientheorie des Diskurses erkennen. Von der *Geburt der Klinik* an definiert sich »Diskursanalyse« als die Methode, »die in dem, was gesagt worden ist, keinen Rest und keinen Überschuß, sondern nur das Faktum seines historischen Erscheinens voraussetzt«.[7] Für *Die Ordnung des Diskurses* lautet die Generalthese dann, »daß in jeder Gesellschaft die Produktion des Diskurses zugleich kontrolliert, selektiert, organisiert und kanalisiert wird« – »Diskurs« wird definiert als die Rede in ihrer »materiellen Wirklichkeit als gesprochenes oder geschriebenes Ding«.[8]

Um die gleiche Zeit, in der Foucault dies formulierte, grenzt er sich zwar dezidiert ab: »Es geht hier nicht um McLuhan«,[9] doch sieht man leicht, wie nahe er diesem mit seiner Generalthese kommt. Kanalisierung, Selektion und Kontrolle sind ja seit Claude Shannon genuin medientheoretische Kategorien, und mit der Hinwendung zu dieser Realität des Diskurses heißt die Devise so frei

7 *Die Geburt der Klinik. Eine Archäologie des ärztlichen Blicks* (1963/72), Frankfurt/M. – Berlin – Wien 1976, S. 15.

8 *Die Ordnung des Diskurses. Inauguralvorlesung am Collège de France, 2. Dezember 1970* (1972), Frankfurt/M. 1991, S. 10 f.

9 »Wahnsinn, Literatur, Gesellschaft« (1970), *Schriften* II, S. 155 – derweil sich McLuhan seinerseits durchaus auf Foucault berief: »Steht das nicht auch im Werk von Michel Foucault?«, fragte er sich und sein Gegenüber in einem Interview: »›I ain't got no body ...‹ Gespräch mit Louis Forsdale« (1978), in: Marshall McLuhan, *Das Medium ist die Botschaft*, hrsg. u. übersetzt v. Martin Baltes et al., Dresden 2001, S. 34.

wie zugleich streng nach McLuhan: Der Diskurs ist die Botschaft. Begriffen »in der systematischen Form der Äußerlichkeit«, heißt es bereits in der *Archäologie des Wissens*, erscheint der Diskurs als ein »Gut«: ein »endliches« Gut; ein Gut, das allein »mit seiner Existenz [...] die Frage nach der Macht stellt«; ein Gut, »das von Natur aus der Gegenstand eines Kampfes und eines politischen Kampfes ist«.[10] Ohne auf Medientheorie abzuzielen, hat Foucault also jedenfalls den lingualen – oder eben: diskursiven – Medienbereich genuin medientheoretisch konzipiert. Am Diskurs elaborierte er an Beispielen wie dem Wahnsinn, der Klinik, den Humanwissenschaften, dem Gefängnis, der Sexualität und der Sorge-um-sich »eine Geschichte der Ebenen der Erkenntnisgegenstände, eine Geschichte der Funktionen und Positionen des erkennenden Subjekts, eine Geschichte der materiellen, technischen, instrumentellen Investitionen der Erkenntnis«[11] – was alles wie Arbeitsaufträge an die Medienwissenschaft zu verstehen ist: zu erforschen, wie die Ordnung der Medien ebendiese »Ebenen der Erkenntnisgegenstände«, diese »Funktionen und Positionen des erkennenden Subjekts« sowie die »materiellen, technischen, instrumentellen Investitionen der Erkenntnis« reglementiert.

Allerdings, so ließe sich weiter einwenden, hat Foucault damit zwar den Diskurs als Medium konzipiert, seinen Begriff von Medialität aber doch mehr oder minder auf den des Diskurses beschränkt. Sicher, kurz nach Erscheinen der *Ordnung der Dinge*, worin die berühmt gewordene Analyse der *Hoffräulein* von Velazquez den Auftakt gibt, und während er sich anschickt, über Magritte zu schreiben, stößt Foucault auf Panofsky und beschwört geradezu die je »eigene Seinsweise« der »Worte und Bilder« (S.29-32) sowie die daraus folgenden »Probleme, wenn man die Grenzen der Sprache überschreiten möchte« (S.32). Ferner sind da die Einlassungen Foucaults beispielsweise zum Film. Eine davon heißt nicht umsonst: »Der Diskurs darf nicht gehalten werden für ...« (S.192f.). Er soll nicht nur für das Gesagte und das Wie des Sagens gehalten werden, sondern auch für die »Gesten, Haltungen, Seinsweisen,

10 *Archäologie des Wissens* (1969), Frankfurt/M. 1981, S.175.

11 *Die Ordnung des Diskurses* (Anm. 8), S.15. – Zur medientheoretischen Relevanz des hier skizzierten Programms vgl. ausführlicher: Bernhard J. Dotzler, »Foucault, der Diskurs, die Medien«, in: Alexander Roesler/Bernd Stiegler (Hrsg.), *Philosophie in der Medientheorie*, München 2008, S.101-116.

Verhaltensschemata und Gestaltungen von Räumen« (S. 192), um die es in dem besprochenen Film geht. Foucault gab somit durchaus einen erweiterten, über das Medium Sprache hinausgehenden Diskursbegriff zu denken, doch könnte dies eben auch umgekehrt bedeuten, dass er durchweg diesem einen, in sich vielleicht vielfältigen, um so mehr aber auf seine Weise monopolistischen Konzept verhaftet blieb. Es scheint bezeichnend, dass seine (horribile dictu) Hauptwerke ab *Wahnsinn und Gesellschaft*, das 1889 den Schlussstrich zieht, »alle mit genau der Epoche« enden, »als das gedruckte Buch sein Wissensmonopol einbüßte«.[12] Man könne, erklärt er anlässlich der *Pierre-Rivière*-Adaption René Allios, »dem Kino nicht die Frage nach dem Wissen stellen, es stünde ganz und gar auf verlorenem Posten« (S. 188).

Und doch –: Foucault preist einen Film wie *Les Enfants du paradis* dafür, dass er »in seinen historischen Bezügen exakt ist«;[13] er erkennt in »Fernsehen und Kino« Instrumente, »das Gedächtnis der Leute«, also sehr wohl ihr Wissen wie ihre Erfahrung, ihre Entwicklung »*neu zu codieren*« (S. 130); er moniert die »Gewalt des Fernsehens« (S. 8), den Leuten die Zeiteinteilung seines Programmschemas aufzuzwingen, als das Skandalon weniger des schlechten als vielmehr des qualitativ hochwertigen Fernsehens; er identifiziert die Medien allgemein als eine jener Regierungsmächte (»im weiten Sinne des Wortes Regierung«), »die unser alltägliches Leben [...] lenken« (S. 281 f.),[14] womit erneut die Frage der Macht auf dem Tapet wäre, also wiederum auch die des Wissens.

Eben von diesem seinem Begriff des Wissens her war Foucault ein Historiker und Philosoph der Vernetzung. Lange bevor die Netzwerkgesellschaft erstens in aller Munde oder gar zweitens in der Ungestalt des Web schon zur gewußt-ungewußten Realität aller geraten war, erklärte er: »Was an einem Punkt des Wissens geschieht, findet heute stets und sehr schnell seinen Niederschlag und seinen Widerhall an anderen Punkten des Wissens. Und in diesem Sinne glaube ich, das Wissen war zwar niemals so speziali-

12 Friedrich Kittler, »Zum Geleit«, in: *Botschaften der Macht. Der Foucault-Reader Diskurs und Medien*, hrsg. v. Jan Engelmann, Stuttgart 1999, S. 8.

13 »Raum, Wissen und Macht« (1982), *Schriften* IV, S. 336.

14 Vgl. zu diesem Begriff von »Regierung« auch »Die Sorge um die Wahrheit« (S. 242-245), wo von »Verhaltensführungen, die das Leben betreffen« die Rede ist (S. 243).

siert wie heute, aber es kommunizierte auch niemals so schnell mit sich selbst.«[15] Woraus er an anderer Stelle den Schluss zog: »Die Welt wird heute nicht so sehr als ein großes Lebewesen verstanden, das sich in der Zeit entwickelt, sondern als ein Netz, dessen Stränge sich kreuzen und Punkte verbinden.«[16] Folgerichtig benennt er auch nicht nur die Informationstheorie als »einen wesentlichen Teil unserer heutigen Kultur« (S. 217) und rühmt deren Kenntnis und Anwendung bei einem Jean Hyppolite wie einem Philippe Ariès,[17] sondern argumentiert zugleich selber mit dem Begriff der Information wie dessen Komplementärbegriff des Rauschens: okkasionell, wenn er etwa das moderne Verhältnis von medizinischer Theorie und Praxis, die moderne Genetik oder einen aktuellen Fall politisch funktionalisierter Rechtsmedizin beschreibt,[18] und sehr grundsätzlich, wenn er methodisch empfiehlt, »Geschwätz« eben Geschwätz sein zu lassen,[19] ohne die Gegenbegrifflichkeit einer ihm gegenüber eigentlichen Rede.

Vom Netz oder von Netzen spricht Foucault sodann auch noch auf andere Weise, nicht zuletzt mit Bezug auf diverse Einzelmedien. Seine Forderung einer Vermehrung der »Kanäle, Brücken und Kommunikationsmittel« impliziert für ihn die Forderung nach einer »Differenzierung« und einem »Nebeneinander unterschiedlicher Netzwerke«. Denn man dürfe nicht nur die Massenmedien, »zu denen wir keinen Zugang haben«, als Medien bezeichnen. »Bücher, Universität und Fachzeitschriften sind gleichfalls Medien« (S. 303). Nicht anders, versteht sich, als beispielsweise der Film, zu dem es da wiederum heißt: »Das politisch bedeutsame Phänomen ist in meinen Augen nicht dieser oder jener Film, sondern das Phänomen der Serie, das Netz, das diese Filme geschaffen haben und in dem sie [...] einen Platz einnehmen« (S. 132). Oder dann auch das Telefon, über das Foucault im Dezember 1966 in einem Radiovortrag sagte, nachdem er Friedhöfe, Bordelle, die Dörfer des Club Méditerranée als zugleich lokalisierte und jenseitige Orte, als »Gegenräume« oder – terminologisch – »Heterotopien« (S. 119-127)

15 »Foucault antwortet Sartre« (1968), *Schriften* I, S. 853.

16 »Von anderen Räumen« (1967/1984), *Schriften* IV, S. 931.

17 Vgl. S. 225, 242 und 246.

18 Vgl. »Botschaft oder Rauschen?« (S. 221-224), »Wachsen und vermehren« (S. 233-238), »Ein nicht hinnehmbarer Tod« (S. 239 f.).

19 *Archäologie des Wissens* (Anm. 10), S. 112.

eingeführt hatte: »Im Laufe ihrer Geschichte kann jede Gesellschaft ohne weiteres bereits geschaffene Heterotopien wieder auflösen und zum Verschwinden bringen oder neue Heterotopien schaffen. So bemüht man sich seit gut zwei Jahrzehnten in den meisten europäischen Ländern, die Bordelle abzuschaffen, bekanntlich mit mäßigem Erfolg, denn das Telefon hat an die Stelle der alten Bordelle ein weitaus feineres Netz treten lassen« (S. 121).

Als Foucault ein Vierteljahr später den gleichen (aber nicht mehr ganz denselben) Vortrag noch einmal hielt, ließ er das Beispiel des Telefons unter den Tisch fallen (während ihm das Kino weiterhin einer Erwähnung wert erschien),[20] und es ist diese Art des Auftauchens und Verschwindens der Medien, die vielleicht am meisten Beachtung verdient – wenn anders Foucaults Fokussierung der Medien nun einmal nicht auf systematischem medientheoretischen Erkenntnisinteresse beruhte, bei allem systematischen Wert, den seine Diskurstheorie für die Medienwissenschaft doch hat. Die Medien bei Foucault, so könnte man sagen, *blitzen auf*.

Es geht nicht um Kunsttheorie im Allgemeinen, wenn er Manet oder Magritte oder Panofsky bespricht: »Ich bin kein Kunsthistoriker« (S. 29). Aber es geht sehr wohl um den »tiefe[n], grundstürzende[n] Bruch«, den Manet, um nur dieses Beispiel hier herauszugreifen, »herbeiführte«. Manet habe nicht nur dem Impressionismus den Weg bereitet, sondern »die ganze nachimpressionistische Malerei möglich gemacht, die ganze Malerei des 20. Jahrhunderts, die Malerei, in deren Bahn sich auch heute noch die aktuelle Kunst entwickelt«, und zwar durch die »Erfindung des Bildes als Objekt«, die »Einbeziehung der Materialität der Leinwand in das, was dargestellt wird« (S. 53 f). Manet habe »die Bilder in der Kunst selbst zum Existieren gebracht«,[21] heißt es an früherer Stelle, und über die Themen, die Träume der Philosophen befragt, ist es wieder Manet, der Foucault in den Sinn kommt: als Beispiel, wie man durch die Malerei »wirklich genötigt wird zu schauen« und wie es von da aus um die »Rechte des Bildes« (S. 8 f.) geht, um das Moment seiner »materiellen Eigenschaften« (S. 53), anhand derer nicht nur seine Medialität als solche (be)greifbar wird, sondern durch deren Funktionalisierung das Medium Tafelbild sich selbst zum Inhalt macht.

20 Vgl. »Von anderen Räumen« (Anm. 16), S. 937 f.

21 »Nachwort« [zu Flauberts *Tentation*] (1964), *Schriften* I, S. 404.

In gleicher Weise geht es auch nicht um die Theorie der Photographie, wenn Foucault sich da und dort auf Photographien einlässt. Ausdrücklich verweigert er den Rekurs auf die etablierte Theorie der Referentialität oder Indexikalität des Mediums, seine »Augenfunktion«, um stattdessen bei der Konkretheit dessen zu bleiben, was zu sehen ist, einschließlich der Spiele des Sichtbaren mit dem Unsichtbaren (»Denken, Fühlen«, S. 108-116). »Ich liebe die Formen von Arbeit«, sagt er bei derselben Gelegenheit, »die nicht wie ein Werk voranschreiten, sondern sich öffnen, weil sie Erfahrungen sind: Magritte, Bob Wilson, *Unter dem Vulkan*, *Der Tod der Maria Malibran*« (S. 108) oder etwa die Filme Marguerite Duras', die Foucault als das Gegenteil ihrer Bücher rühmt: hier, in den Texten, die »ständige Annullierung, sobald etwas wie eine Anwesenheit sich abzuzeichnen beginnt«, Annullierung jedweden »Appell[s] an die Erinnerung«; da, in den Filmen, ein spezifisches »Auftauchen«, »dieses plötzliche Auftauchen«, »das Auftauchen einer Geste, das Auftauchen eines Auges«, gleichfalls nicht Anwesenheit oder Präsenz (natürlich nicht), doch aber Sichtbarkeit, Verleiblichung, Dichte (S. 148). Ganz auf derselben Linie äußert er sich gegenüber Werner Schroeter, in dessen Filmen gebe es »eine unmittelbare Evidenz, die nicht zu sagen versucht, was da vor sich geht, sondern sogar erlaubt, sich die Frage gar nicht zu stellen. Ihre Art, den psychologischen Film hinter sich zu lassen, erscheint mir fruchtbar. Man sieht Körper, Gesichter, Lippen, Augen. Und Sie verleihen ihnen eine leidenschaftliche Evidenz« (S. 205).

So mit der Unmittelbarkeit gegebener Medieninhalte zu argumentieren, muss aus der Sicht einer Medientheorie nach McLuhan wohl der Hypnotisiertheit durch die Medien verdächtig erscheinen. Aber ein McLuhan selbst benannte zwar diesen Medieneffekt und seine Ursächlichkeit für eine fundamentale Verkennung der Medien, fundierte auf ihm jedoch seinerseits gewichtige oder zumindest ihn berühmt machende Thesen. »Elektrisch zusammengezogen ist die Welt nur mehr ein Dorf«:[22] das *global village* also, die Rückkehr der ganzen Menschheit zur Stammeskultur, der Fernsehapparat als globales Lagerfeuer – ob wahr oder falsch, solche Charakterisierungen der Mediengegenwart basieren jedenfalls nur zur Hälfte auf der bloßen Geschwindigkeit und dadurch weltweiten

22 Marshall McLuhan, *Die magischen Kanäle. Understanding Media* (1964), Düsseldorf u. a. 1992, S. 13.

Synchronizität der elektronischen Medien; vorausgesetzt ist ebenso der Gemeinsamkeit stiftende gleiche Inhalt auf den Millionen von Bildschirmen bei Fernsehgroßereignissen. Die Divergenz der Wahrnehmung ist daher nicht auf die Opposition einer Geblendetheit des einen, Scharfsicht des anderen zurückzuführen, sondern resultiert aus der eben kaum genug zu betonenden Divergenz der Erkenntnisinteressen. Zufällig (so ist anzunehmen) haben beide, Foucault wie McLuhan, sich einmal auf die gleiche ethnographische Anekdote bezogen, die sowohl an sich selbst für dergleichen Divergenzen steht als auch in den Deutungen, die sie jeweils erfährt, den fraglichen Unterschied hervortreten lässt.

»Sie kennen doch sicher die Geschichte von den Psychologen, die in einem Dorf im tiefsten Afrika einen kurzen Testfilm vorführten. Anschließend baten sie die Zuschauer, die Geschichte so zu erzählen, wie sie sie wahrgenommen hatten. An der ganzen Story, an der drei Personen beteiligt waren, hatte sie nur eines interessiert: wie Licht und Schatten über die Bäume strichen« (S. 298) – so kolportiert Foucault die *story*, die man bei McLuhan folgendermaßen liest: »Wir zeigten diesen Film einem Zuschauerkreis und fragten die Leute, was sie gesehen hätten, und sie sagten, sie hätten ein Huhn gesehen, und dabei wußten wir nicht einmal, dass im Film ein Huhn vorkam! So suchten wir ein Filmbild nach dem anderen sorgfältig nach diesem Huhn ab, und tatsächlich ging, ungefähr eine Sekunde lang, ein Huhn über die Ecke des Bildrahmens. Jemand hatte das Huhn aufgescheucht, und es hatte die Flucht ergriffen über die rechte untere Ecke des Bildfeldes. Das war alles, was die Leute gesehen hatten. Alles andere, das sie vom Film hätten mitbekommen sollen, hatten sie überhaupt nicht erfaßt, dafür hatten sie etwas aufgeschnappt, von dem wir überhaupt nicht wußten, dass es im Film war, bis wir ihn ganz genau durchsahen. Warum?«[23]

McLuhan antwortet auf diese Frage schlicht mit dem Hinweis auf mangelnde Medienkompetenz. »Warum nicht-alphabetische Kulturen ohne lange Übung keine Filme oder Fotos ansehen können« heißt der Abschnitt der *Gutenberg-Galaxis*, worin er die Anekdote nacherzählt. »Nichtalphabeten« alias »afrikanisches Filmpublikum« unterliegen nicht der »Gewohnheit unserer Zivilisation, die Bewe-

23 Marshall McLuhan, *Die Gutenberg-Galaxis. Das Ende des Buchzeitalters* (1962), Bonn u. a. 1995, S. 45.

gung des Auges der Kamera, wenn es eine Gestalt verfolgt oder von der Bildfläche verschwinden läßt, einfach hinzunehmen«.[24] Foucault dagegen (nicht nur, weil er ohnehin die Geschichte in ganz anderem Zusammenhang aufgreift) geht es gerade um die andere Wahrnehmung selber, um die Lichter und Schatten, die sich ihr zeigen, um das Filmbild »auf der Ebene seiner bloßen Existenz«,[25] wie diese Art »zu schauen« sie zu entdecken oder vielleicht auch wiederzuentdecken lehrt. Das »afrikanische Filmpublikum« hat ja nicht nichts mitbekommen, sondern im Gegenteil die bewegten Bilder in einer Konkretheit wahrgenommen, als hätte es gegolten, David Wark Griffiths Diktum von der »Schönheit wehenden Windes in den Bäumen«[26] die Ehre zu erweisen.

Diese Konkretheit, um die es Foucault zu tun ist, verleiht den Bildern in einer Art umgekehrtem oder geerdetem Platonismus die Realität von Ideen. Die Idee, wenn Foucault das Wort in positiver Absicht verwendet (selten genug), ist nicht notwendig Bild oder *eidos*, aber die Bilder, wie Foucault sich für sie interessiert, sind gleich den Ideen, von denen er schreibt, »in der heutigen Welt wimmel[e] es von Ideen, die entstehen, sich bewegen, verschwinden oder wieder auftauchen und den Menschen wie auch den Dingen Stöße versetzen« (S. 273). Und so auch die verschiedenen Medien anderer Art. Von Streiks, die »aufflammen«, »verlöschen« und »erneut wie blinkende Leuchtfeuer« (S. 280) beginnen, berichtet eine seiner »Ideenreportagen«, die um der besagten Idee von Idee willen so heißen, und die die inzwischen weitestgehend verschwundene Kassette (die gute alte CC beziehungsweise Compact Cassette) als revolutionäres Medium preisen, wie das aktuell, ob zu Recht oder Unrecht, mit den *Social Media*, den diversen Plattformen des *Social Web* geschieht: »Wie es scheint, konnte de Gaulle den Putsch von Algier wegen der Transistorradios überstehen. Falls der Schah stürzt, wird das zum Teil wegen der Tonbandkassetten geschehen« (S. 279).

Foucaults verstreute Äußerungen zu den Medien gehen fast gänzlich in dieser Beobachtung ihrer jeweiligen spontanen Kräfte, ihrer *Impulsivität* und *Situativität*, auf. Bei Gelegenheit ist da *auch* die Kritik der Kehrseite beider Momente: dass ›die Medien‹

24 McLuhan, *Die magischen Kanäle* (Anm. 22), S. 327.

25 »Die Hoffräulein« (1965), *Schriften* I, S. 612.

26 Zit. n. Siegfried Kracauer, *Theorie des Films* (1960), Frankfurt/M. 1985, S. 95.

simplifizieren und dadurch »die philosophische Frage« entropisch in einen »gängigen Verbrauchsstoff«, reduziert auf ein Schlagwort, verwandeln. Aber die Konsequenz aus dieser Erfahrung am eigenen Leib, recte: Denken und Schreiben, ist dann sogleich wieder die Sorge um den Impuls, den eben der aus seinem Denken heraus Schreibende selber setzt: »Ich habe in meiner eigenen Erfahrung die Beschleunigung dieses Phänomens der Entropie in einem für das philosophische Denken abscheulichen Sinne gesehen, aber man muss sich auch sagen, dass das denen, die schreiben, eine noch größere Verantwortung gibt« (S. 308).

Daher, so darf man vielleicht unterstellen, hat die Art der punktuellen Medienaufmerksamkeit bei Foucault durchaus Methode. Situativ die Medieneffekte, die ihn beschäftigen; situativ seine Einlassungen. Impulsiv der Inhalt der Medien, wo immer er sie bespricht; impulsiv diese die Medien da und dort aufblitzen lassenden Besprechungen selber. »Ich unternehme meine Analysen nicht, um zu sagen: Seht, die Dinge stehen so und so, ihr sitzt in der Falle. Sondern weil ich meine, dass das, was ich sage, geeignet ist, die Dinge zu ändern. Ich sage alles, was ich sage, damit es nützt« (S. 294) – so der Vorsatz der eigenen Arbeit, dessen »unbedingte[r] Optimismus« (wie Foucault an derselben Stelle sagt) sich gegenüber den Arbeiten anderer als Anerkennung artikuliert. »Die Malerei hat zumindest das mit der Rede gemein: Wenn sie eine Kraft vermittelt, die Geschichte schafft, ist sie politisch« (S. 86), schrieb er etwa über die Bilder Paul Rebeyrolles, und zur Würdigung der Gemälde Gérard Fromangers (der sich mit einem Foucault-Porträt dafür bedankte) träumte Foucault von einer »Blütezeit« der Photographie, in der genau diese politische Virulenz der Bilder am Werk gewesen sei. Im letzten Drittel des 19. Jahrhunderts, führt er aus, habe »an der gemeinsamen Grenze von Malerei und Photographie« ein anarchischer Kommunismus des Bilds geherrscht, eine ikonisch-ikonologische Ökonomie des Wunsches, der Lust und der Freiheit, die erst in der Folge, durch die technische Enteignung vonseiten Kodaks und durch die »griesgrämige[n] Diskurse« moderner Kunsttheorie, wieder verloren ging: »Der technischen Möglichkeiten beraubt, Bilder anzufertigen; zur Ästhetik einer bildlosen Kunst gezwungen; der theoretischen Verpflichtung unterworfen, die Bilder zu disqualifizieren; angewiesen, die Bilder nur als eine Sprache zu lesen, so kam es, dass wir, an Händen und Füßen gefesselt, der Kraft anderer – politischer, kommerzieller – Bilder ausgeliefert wurden, über die wir keine Macht hatten« (S. 99).

Kraft und Gegenkraft heißt demgemäß die Matrix der Medientheorie Foucaults. Ob Wort oder Bild, ob Rede, Malerei, Photographie oder Film, ob Zeitung oder Fernsehen, stets ist da die Machtausübung der Medien einerseits wie die Möglichkeit andererseits, »Widerstandspunkte« zu setzen, also selber Macht auszuüben, womöglich einen Kommunismus des Bilds wieder ins Recht zu setzen, jedenfalls Gedächtnis und Gegengedächtnis zu sein, Erinnerung und Vergessen. Worüber denken die Philosophen nach? »[...] das Kräfteverhältnis« (S. 8), antwortete Foucault auf diese Frage nach der Philosophie seiner Philosophie.

# Zur Textauswahl

Die vorliegende Auswahl versammelt erstmals das Gros jener *Dits et écrits* Foucaults (weitestgehend nach der gleichnamigen Ausgabe), in denen er die Entstehung, die Bedeutung und den Wandel der heutigen Medienkultur auf diese oder jene Weise bedenkt und zu bedenken gibt. Verzichtet wurde auf die Aufnahme von Schriften, die andernorts in Einzelausgaben zugänglich sind, wie etwa *Die Hoffräulein*, die erweiterte Fassung von *Dies ist keine Pfeife* sowie *Die Ordnung des Diskurses*. Weil dies auch für das »Gespräch mit Ducio Trombadori« gilt, wurde – wie aus Gründen des Umfangs im Fall des Gesprächs über »Strukturalismus und Poststrukturalismus« – hieraus nur ein thematisch unverzichtbarer Auszug gewählt. Alle anderen Texte sind ungekürzt. Ihre Anordnung innerhalb der thematischen Gruppierungen des Bandes folgt jeweils der Chronologie ihrer Erstveröffentlichung. Eine Ausnahme hiervon stellt lediglich »Über ›Histoire de Paul‹« dar; dieser Dialog mit dem Regisseur und Autor von »Pauls Geschichte« wurde entgegen der Chronologie unmittelbar nach Foucaults Besprechung desselben Films eingeschoben.

# Nachweise

Die bibliographischen Nachweise zur Erstpublikation vorstehender Texte finden sich jeweils unmittelbar nach ihrem Titel aufgeführt. Das Gros ist entnommen aus: Michel Foucault, *Dits et écrits 1954-1988*, édition établie sous la direction de Daniel Defert et François Ewald avec la collaboration de Jacques Lagrange, Paris: Éditions Gallimard 1994 (4 Bde.) (= *Dits et écrits*), beziehungsweise Michel Foucault, *Schriften in vier Bänden. Dits et Écrits*, herausgegeben von Daniel Defert und François Ewald unter Mitarbeit von Jacques Lagrange, aus dem Französischen übersetzt von Reiner Ansén, Michael Bischoff, Hans-Dieter Gondek, Hermann Kocyba und Jürgen Schröder, Frankfurt am Main: Suhrkamp Verlag 2001-2004 (4 Bde.) (= *Schriften*). Es handelt sich im Einzelnen um:

149. »À quoi rêvent les philosophes?« (1975), in *Dits et écrits* II, S. 704-707; »Worüber denken die Philosophen nach?« (1975), in: *Schriften* II, S. 867-870.
119. »De l'archéologie à la dynastique« (1973), in: *Dits et écrits* II, S. 405-416; »Von der Archäologie zur Dynastik« (1973), in: *Schriften* II, S. 504-518.
51. »Les mots et les images« (1967), in: *Dits et écrits* I, S. 620-623; »Worte und Bilder« (1967), in: *Schriften* I, S. 794-797.
53. »Ceci n'est pas une pipe« (1968), in *Dits et écrits* I, S. 635-650; »Dies ist keine Pfeife« (1968), in: *Schriften* I, S. 812-830.
63. »Maxime Defert« (1969), in: *Dits et écrits* I, S. 766-767; »Maxime Defert« (1969), in: *Schriften* I, S. 974-975.
118. »La force de fuir« (1973), in: *Dits et écrits* II, S. 401-405; »Die Kraft zu fliehen« (1973), in: *Schriften* II, S. 499-504.
135. »(Sur D. Byzantinos) (Présentation)« (1974), in: *Dits et écrits* II, S. 518-521; »(Über D. Byzantinos) (Ausstellung)« (1974), in: *Schriften* II, S. 644-647.
150. »La peinture photogénique« (1975), in: *Dits et écrits* II, S. 707-715; »Die photogene Malerei« (1975), in: *Schriften* II, S. 871-882.
203. »Présentation« (1977), in: *Dits et écrits* III, S. 275-276; »Präsentation« (1977), in: *Schriften* III, S. 362 f.
307. »La pensée, l'émotion« (1982), in: *Dits et écrits* IV, S. 243-250; »Denken, Fühlen« (1982), in: *Schriften* IV, S. 294-302.
140. »Anti-Retro« (1974), in: *Dits et écrits* II, S. 646-660; »Anti-Retro« (1974), in: *Schriften* II, S. 793-811.
159. »À propos de Marguerite Duras« (1975), in: *Dits et écrits* II, S. 762-770; »Über Marguerite Duras« (1975), in: *Schriften* II, S. 943-954.

162. »Faire les fous« (1975), in: *Dits et écrits* II, S. 802-805; »Die Verrückten spielen« (1975), in: *Schriften* II, S. 997-1001.
171. »Sur ›Histoire de Paul‹« (1976), in: *Dits et écrits* III, S. 58-62; »Über Histoire de Paul« (1976), in: *Schriften* III, S. 77-83.
164. »Sade, sergent du sexe« (1975), in: *Dits et écrits* II, S. 818-822; »Sade, Offizier des Geschlechts« (1975), in: *Schriften* II, S. 1018-1023.
180. »Entretien avec Michel Foucault« (1976), in: *Dits et écrits* III, S. 97-101; »Gespräch mit Michel Foucault« (1976), in: *Schriften* III, S. 129-134.
182. »Pourqoui le crime de Pierre Rivière?« (1976), in: *Dits et écrits* III, S. 106-108; »Warum das Verbrechen von Pierre Rivière?« (1976), in: *Schriften* III, S. 141-143.
185. »Le retour de Pierre Rivière« (1976), in: *Dits et écrits* III, S. 114-123; »Die Rückkehr des Pierre Rivière« (1976), in: *Schriften* III, S. 152-164.
186. »Le discours ne doit pas être pris comme ...« (1976), in: *Dits et écrits* III, S. 123 f.; »Der Diskurs darf nicht gehalten werden für ...« (1976), in: *Schriften* III, S. 164 f.
201. »Les matins gris de la tolérance« (1977), in: *Dits et écrits* III, S. 269-271; »Die grauen Morgen der Toleranz« (1977), in: *Schriften* III, S. 354-362.
284. »Les quatre cavaliers de l'Apocalypse et les vermisseaux quotidiens« (1980), in: *Dits et écrits* IV, S. 102 f.; »Die vier apokalyptischen Reiter und das alltägliche Gewürm« (1980), in: *Schriften* IV, S. 126-128.
308. »Conversation avec Werner Schroeter« (1982), in: *Dits et écrits* IV, S. 251-260; »Gespräch mit Werner Schroeter« (1982), in: *Schriften* IV, S. 303-314.
39. »L'homme est-il mort?« (1966), in: *Dits et écrits* I, S. 540-544; »Ist der Mensch tot?« (1966), in: *Schriften* I, S. 697-703.
44. »Message ou bruit?« (1966), in: *Dits et écrits* I, S. 557-560; »Botschaft oder Rauschen?« (1966), in: *Schriften* I, S. 718-722.
67. »Jean Hyppolite. 1907-1968?« (1969), in: *Dits et écrits* I, S. 779-785; »Jean Hyppolite. 1907-1968« (1969), in: *Schriften* I, S. 991-998.
81. »Croître et multiplier« (1970), in: *Dits et écrits* II, S. 99-104; »Wachsen und vermehren« (1970), in: *Schriften* II, S. 123-128.
166. »Une mort inacceptable« (1976), in: *Dits et écrits* III, S. 7-9; »Ein nicht hinnehmbarer Tod« (1976), in: *Schriften* III, S. 11-14.
347. »Le souci de la vérité« (1984), in: *Dits et écrits* IV, S. 646-649; »Die Sorge um die Wahrheit« (1984), in: *Schriften* IV, S. 795-799.
348. »Le style de l'histoire« (1984), in: *Dits et écrits* IV, S. 649-655; »Der Stil der Geschichte« (1984), in: *Schriften* IV, S. 799-807.
199. »Le poster de l'ennemi public n° 1« (1977), in: *Dits et écrits* III, S. 253-256; »Das Poster von Staatsfeind Nr. 1« (1977), in: *Schriften* III, S. 332-336.

230. »Sexualité et politique« (1978), in: *Dits et écrits* III, S. 522-531; »Sexualität und Politik« (1978), in: *Schriften* III, S. 660-671.
250. »Les ›reportages‹ d'idées« (1978), in: *Dits et écrits* III, S. 706 f.; »Die Ideenreportagen« (1978), in: *Schriften* III, S. 885 f.
252. »La révolte iranienne se propage sur les rubans des cassettes« (1978), in: *Dits et écrits* III, S. 709-713; »Die iranische Revolution breitet sich mittels Tonbandkassetten aus« (1978), in: *Schriften* III, S. 888-893.
281. »Entretien avec Michel Foucault« (1980), in: *Dits et écrits* IV, S. 41-95; »Gespräch mit Ducio Trombadori« (1980), in: *Schriften* IV, S. 101-117 [Auszug].
285. »Le philosophe masqué« (1980), in: *Dits et écrits* IV, S. 104-110; »Der maskierte Philosoph« (1980), in: *Schriften* IV, S. 128-137.
330. »Structuralisme et poststructuralisme« (1983), in: *Dits et écrits* IV, S. 431-457; »Strukturalismus und Poststrukturalismus« (1983), in: *Schriften* IV, S. 552-554 [Auszug].
305. »Pierre Boulez, l'écran traversé« (1982), in: *Dits et écrits* IV, S. 219-222; »Pierre Boulez, der durchstoßene Schirm« (1982), in: *Schriften* IV, S. 265-269.

»Die Heterotopien« (1966), entnommen aus: Michel Foucault, *Die Heterotopien. Der utopische Körper.* Zwei Radiovorträge. Zweisprachige Ausgabe mit CD. Übersetzt von Michael Bischoff, Frankfurt am Main 2005, S. 7-22.

*»Die Malerei von Manet«* (1971), wiederabgedruckt nach: Michel Foucault, *Die Malerei von Manet.* Aus dem Französischen von Peter Geble, Berlin 1999.